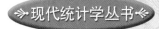
现代统计学丛书

统计思维
科学家入门导引

Statistical Thinking from Scratch A Primer for Scientists

[美] M. D.埃奇（M. D.Edge）著

冉启康 译

机械工业出版社
CHINA MACHINE PRESS

图书在版编目（CIP）数据

统计思维：科学家入门导引 /（美）M. D. 埃奇（M. D. Edge）著；冉启康译 . —北京：机械工业出版社，2023.10

（现代统计学丛书）

书名原文：Statistical Thinking from Scratch：A Primer for Scientists

ISBN 978-7-111-73805-3

Ⅰ. ①统… Ⅱ. ① M… ②冉… Ⅲ. ①统计学 Ⅳ. ① C8

中国国家版本馆 CIP 数据核字（2023）第 170556 号

机械工业出版社（北京市百万庄大街 22 号　邮政编码 100037）

策划编辑：刘　慧　　　　　　责任编辑：刘　慧

责任校对：张爱妮　陈　越　　责任印制：李　昂

河北鹏盛贤印刷有限公司印刷

2024 年 1 月第 1 版第 1 次印刷

186mm × 240mm · 17 印张 · 399 千字

标准书号：ISBN 978-7-111-73805-3

定价：79.00 元

电话服务　　　　　　　　　　网络服务

客服电话：010-88361066　　　机　工　官　网：www.cmpbook.com

　　　　　010-88379833　　　机　工　官　博：weibo.com/cmp1952

　　　　　010-68326294　　　金　书　网：www.golden-book.com

封底无防伪标均为盗版　　　机工教育服务网：www.cmpedu.com

译者序

概率论和统计学都是从数量上研究随机现象规律性的数学学科，统计学更侧重于从实验数据出发去认识随机现象的规律。目前，统计学在金融、经济、企业管理、工农业生产、军事、医疗、气象与自然灾害预报等方面都有重要的作用。因此，统计学已经成为高等学校理工农医、经管法教等学科专业的一门重要的基础课程。

传统统计课程都有一个前提：读者在学习该课程之前必须掌握一定的大学数学知识，比如微积分、线性代数、概率论，这就使得没有系统地学习过这些课程的学生只能望而却步。南加州大学的 M. D. Edge 教授编写的《统计思维》让人眼前一亮。本书从简单线性回归开始，带领读者从零基础出发学习一种方法，建立估计和推断的整个理论框架，进而获得适用于其他背景的工具、方法和直觉。本书对数学的要求非常低，甚至不要求读者对微积分、线性代数和概率论有系统的理解，只需要掌握附录 A 中列出的相关知识就够了。这就使得本书可以作为理工科学生学习数理统计的预备资料，也可以作为法学、心理学及其他人文社科专业学生的统计学教材，还可以作为希望提高对统计技术的理解的业界人员和将解释研究结果作为其工作的一部分的专业人员的自学指导书。

本书包含大量富有启发性的练习，并且每一个练习都有解答，或包含在本书后面的部分练习答案中，或在本书的 GitHub 资源库 github. com/mdedge/stfs/中，或在配套网站 www. oup. co. uk/companion/edge 上。

受机械工业出版社的委托，我将此书翻译成中文，相信此书一定会受到国内统计界的欢迎。限于时间和水平，译文的不当之处在所难免，敬请读者和相关领域的专家、学者批评指正。

冉启康

2023 年 6 月

前　言

　　每个实证学科的从业者都必须学会分析数据。绝大多数学生的第一次，可能也是唯一一次数据分析方面的培训来自学校提供的课程。在这样的课程中，前几周教师通常教授学生阅读数据和汇总数据的技能。余下的课程用于讨论与从业者所在领域相关的一系列统计检验：心理学的课程可能会侧重于 t 检验和方差分析（ANOVA）；经济学的课程可能会教授线性回归和一些旨在进行因果推断的扩展；未来的医生可能会学习生存分析和 Cox 模型。这种教学方法至少有三个优点。第一，考虑到学生可能只学习一门数据分析课程，尽快教授他们成为函数型数据分析师所需的技能是合理的。第二，侧重教授学生相关专业方法的课程很有用，教师能够挑选引发学生兴趣的相关例子。第三，学生只需要具备算术的数学基础就能学习数据分析。

　　但是，在课程的后半段引入一个又一个检验也有很多缺点。首先，正如教师经常会从学生口中听到的那样，一次又一次的检验可能会让人难以理解。此外，将这些方法统一起来的知识被压缩在很短的时间里教授。因此，从学生的角度看，每一个方法都是一个独立的主题，很难形成整体统计思维。其次，对于有积极性的学生来说，标准入门课程可能会给人这样的印象：尽管数据可能是令人兴奋的，但统计学却是无趣的。对这些学生来说，掌握统计学就是记住一棵有众多假设和检验的大树，在满足某些条件时可以从一堆方法中选出适当的检验。对学习这种数据分析风格的学生，不能责怪他们没有看到统计学这门学科令人兴奋的地方，甚至没有看到统计学在思维上的根深蒂固。最后，应用精心选择的统计方法的能力可能会让学生成为一个函数型研究者，但这对于数据分析师的成长来说，基础根本不够。我们已经传授了一套"食谱"，而且是多功能且有针对性的"食谱"，但我们没有培养出"大厨"。当新方法出现时，对我们的学生来说，学习这些方法并不比他们学习第一套方法更容易。也就是说，这是一个大工程，成功与否将取决于一个人能否将统计语言翻译成其领域的语言。

　　大多数大学的统计专业以不同的方式培养未来的统计学家。首先，他们要求学生在开始统计学课程之前学习尽可能多的大学水平的数学。微积分是必需的，通常还需要多变量微积分和线性代数，也许还需要一门实分析的课程。在满足了数学上的要求后，未来的统计学家要学习一到两门完整的严格意义上的概率论课程，然后再学数理统计课程。在这至少一年的大学水平数学的准备和一年的统计学课程中，未来的统计学家从未被要求应用甚至从未听说过（比如）未来的心理学家入门课程中应用的方法。

　　在这一阶段，训练有素的统计学专业的学生可能没有应用过三因素方差分析，但他深刻理解自己所知道的技术，他领略到了统计学作为一门学科的趣味性和相通性。此外，如果需要使用三因素方差分析，他将能够在很少或没有外部帮助的情况下迅速学会它。

初出茅庐的研究人员时间紧迫，可能只接受过少量的数学训练，却需要应用和解释各种统计技术，如何才能获得统计学家那种理解能力和扩展能力？本书建议，研究人员应该"从头开始"深入学习至少一种方法。这种练习将使人们了解统计方法是如何设计的，对在研究中应用统计学时隐含的哲学思维有所了解，对统计技术的优势和劣势有更清晰的认识。

虽然本书不能把一个非统计学家变成统计学家，但它将为统计学家的培养提供概念框架，对读者已经知道如何应用的技术，则增加其深度，激发读者的学习兴趣。本书可用作高级入门课程的主要教材或补充教材，例如，为低年级研究生或高年级本科生开设的相关课程，或数据分析的高级教程。本书假设读者对理解统计方法的基本推导有兴趣，对从数据中学习的重要性有认识，对基本数据显示和描述性统计有一定的了解。以前接触过微积分和编程是有帮助的，但不是必需的——涉及的主要概念将在第 2 章以及附录 A 和附录 B 中做简要介绍。概率论是根据需要讲授的，而不求全。在一些院系，本书适合作为入门教材，但对数学的要求有点高，教师可能会发现他们更愿意将这本书用于决心从事实证研究的学生。另一种可能的调整是将本书分成两个学期使用，将插叙作为高级教程的序言，用学生研究领域的数据实例作为补充。本书也可作为研究人员的自学指导书，以提高他们对日常所用技术的理解，或提高对研究结果的解释能力。

有许多优秀的统计学教科书可供非统计学家使用，因此任何新书都必须明确说明它与其他书的不同之处。本书有几个不具普遍性的特点，结合起来可能是独一无二的。

第一，本书的重点是只说明一种统计方法，即简单线性回归。本书的目的是：通过从零开始学习一种方法，考虑在这一背景下的估计和推断的整个概念框架，获得适用于其他背景的工具、理解和直觉。在大数据时代，我们一直用小数据——两个变量，在最常使用的数据集中，只有 11 个观测值——并对其做认真的思考。说"从零开始"，意思是不把任何事情当作理所当然，而是用数学、模拟、思想实验和例子的组合来探索尽可能多的基本问题。我选择简单线性回归作为分析方法，一方面是因为它在数学上很简单，另一方面是因为许多应用广泛的统计技术——包括 t 检验、多元回归和方差分析，以及机器学习方法，如 Lasso 和 Ridge 回归——都可以看作简单线性回归的特例或推广。在尾叙中，我们将简要介绍或举例说明这些推广。

第二，本书要求的数学水平，比大多数为统计学专业的学生准备的教材低，但比大多数为非统计学专业的学生准备的统计学入门教材高。这样做的一个目的是，本书可以为那些已经意识到他们需要学习统计学中的数学知识的学生充当桥梁。学会阅读这些内容可以"解锁"高级教科书和课程，而且在需要建议时，也更容易与统计学家交流。第二个目的是，我尽可能多地加入数学来提高读者对统计学的兴趣——统计学中许多丰富的思想都是用数学来表达的，如果不接触一些数学，统计学课程很容易变成一张"处方表"。阅读本书主要的数学要求是对代数不陌生（或者至少可以捡起尘封的代数知识并重新投入使用）。本书要求对微积分的主要思想有一定的了解，附录 A 中简要介绍了这些思想，但不要求对微积分问题有多么透彻的理解。对数学的要求随着本书内容的推进而增加（大约到第 9 章为止），理论上，读者在每一章都能获得技能和信心。几乎所有的式子都附有解释性的叙述。

第三，练习是本书的重要组成部分。大多数练习题都建议读者认真完成——例外情况标记为"选做"。每一个练习题都有解答，解答或包含在本书末尾，或在本书的 GitHub 资源库 github. com/mdedge/stfs/中，或在配套网站 www. oup. co. uk/companion/edge 上。[⊖]这些问题穿插在本书的正文中，是论述的一部分，它们提供了实践、关键原理的证明、重要的推论，以及对后面主题的预览。一些问题比较难，如果学生发现这些问题很棘手，不应该觉得沮丧——做尝试和研究解决方案的过程比得到正确答案更重要。对学生来说，好的方法是用大约 75％的阅读时间来做练习，当卡住超过几分钟的时候，可以参考答案。

第四，部分问题是用统计软件 R 进行的计算练习，其中许多问题涉及模拟数据的分析。这有两个原因。首先，R 是统计学家的首选统计语言。截至目前，它是最通用的统计软件，有志于从事数据分析的人应该对它有一定的了解。其次，在 R 语言中可以用模拟来回答困难的统计问题。在从事统计工作时，我们经常会遇到用自己熟悉的数学或其他知识不能回答的问题。当这种情况发生时，模拟往往能提供可用的解决方案。读者将学习如何进行模拟，从而得到有价值的解决方案。用于演示、完成练习和制作图表的 R 代码都可以在本书的 GitHub 资源库 github. com/mdedge/stfs/中找到，其中还有一个包括本书特定函数的 R 包（安装说明见第 2 章末练习集 2-2 的问题 3）。

本书各章需要按顺序阅读。它们共同介绍了统计学的两个重要用途：估计（即使用数据来猜测描述数据生成过程的参数值）及推断（即检验关于可能产生观测数据集的过程的假设）。（第三个重要用途是预测，我们将在尾叙中简要讨论它。）估计和推断都依赖于这样的想法：观测到的数据代表了可能的由同一过程产生的许多其他数据集。统计学家用概率论将这一想法公式化，因而我们需要在讨论估计和推断之前先了解概率论。

第 1 章介绍了一些富有启发性的问题。第 2 章是关于统计软件 R 的教程。（附录 A

⊖ 教师可以获得我在教授本书时用于家庭作业和考试的单独问题。给我写信可获得更多问题。

和附录 B 补充了很多背景知识，其中附录 A 专门介绍微积分，附录 B 介绍计算机编程和 R 的更多细节。)第 3 章介绍了用直线概括数据的想法。第 4 章和第 5 章涉及概率论。插叙是概率论和统计学的传统分界线，是后半部分的序言。第 6 章涉及估计，将第 4 章和第 5 章的内容付诸实践。第 7 章涉及推断：给定一个模型(第 4 章和第 5 章)和一个样本，我们可以对现实世界做出什么样的论断？第 8 章、第 9 章和第 10 章描述了估计和推断的三种广泛使用的方法。这三种方法有共同的目标，并共享概率论的框架，但它们的假定不同。在尾叙中，我讨论了简单线性回归的一些扩展，并指出进一步学习的几个可能方向。

致　　谢

　　当人们想到概率论与随机过程时，头脑中马上会出现生活中的一些意外场景。每个人一生中经历的几乎所有的事件都可能是以略有不同的方式发生的，未定的结果可能会演变成一个大不相同的故事。以我自己生活中的一件事情为例，我在大学里修了一门决定我职业生涯的课，可以说，如果没有这门课，也就没有这本书的出现。而告诉我学校将开设这门课的恰好是在该课程申请截止的前一天来拜访我室友的人，他是我室友的一位朋友。这个人我之前从没见过，后来也没有再遇见。如果当初我室友的朋友没有登门，那么我可能就会在接下来的秋季学期中选修其他课程。正是我的室友、他的朋友、上课的教师，以及所有选择上那堂课并与我互动的人，促成了这本书的写作。除此之外，成千上万的其他事件以或深或浅的方式影响了这本书，而这些事件中的每一个都是由一系列偶然事件导致的。从这个角度讲，说数十亿人——不论是活着的人还是他们的祖先——都通过一张关系网与这本书联系在一起也就不奇怪了。因此致谢部分并不是为了将贡献者与非贡献者区分开，而仅是根据我模糊的记忆，将印象最深的一些人列出来。

　　牛津大学出版社的编辑 Ian Sherman 和 Bethany Kershaw 在我修改和完善这本书的过程中给予了细心的指导。我一直觉得这本书在他们手里是最安全的。Mac Clarke 的文字编辑能力在很多方面给了我极大的帮助。由 Saranya Jayakumar 管理的 SPi 排版团队出色地完成了本书的制作。由 Alex Walker 设计的封面为本书赢得了很多赞誉。

　　Tim Campellone、Paul Connor、Audun Dahl、Carolyn Fredericks、Arbel Harpak、Aaron Hirsh、Susan Johnston、Emily Josephs、Jaehee Kim、Joe Larkin、Jeff Long、Sandy Lwi、Koshlan Mayer-Blackwell、Tom Pamukcu、Ben Roberts、Maimon Rose、William Ryan、Rav Suri、Mike Whitlock、Rasmus Winther、Ye Xia、Alisa Zhao 和一些匿名审稿人以及我在加州大学伯克利分校心理学班级的 102 名学生都阅读了本书的部分内容，并提出诸多建设性意见。由于他们的付出，本书有了极大的改进。特别感谢 Arbel Harpak、Aaron Hirsh 和 Sandy Lwi 对书中的很多地方提出了详细的建议。我的优秀学生勇敢地成为第一批使用本书作为教材的人，而 Rav Suri 也是第一个将本书作为教材的教师（在我之后），他们都有资格分享这份喜悦。

　　如果不是 Aaron Hirsh 和 Ben Roberts，这本书可能最终只会流于想法。Aaron 和 Ben，还有我的妻子 Isabel Edge，他们让我相信自己可以写出这本书且这一尝试并不荒谬。他们还在内容和框架的塑造方面给我提供了帮助，并在我寻求出版的可能性时指明了方向。确定了写作思路，Melanie Mitchell 协助我制订了每周至少完成 1000 字的写作计划，不能坚持计划将面临向一个支持占星术的机构捐款 5 美元的惩罚，这一计划促使我多年来一直坚持写作。

如果我不是曾经同时作为一个实证研究者和统计方法的开发者接受培训，写这本书的想法也不会出现在我的脑海中。我在这些领域的导师，包括 Tricia Clement、Graham Coop、Emily Drabant、Russ Fernald、James Gross、Sheri Johnson、Viveka Ramel 和 Noah Rosenberg，使我写这本书的想法成为现实。我对本学科的兴趣源于许多优秀的老师：Cari Kaufman，他的数理统计入门课程给了我一种想要分享的念头；Ron Peet 对我的数学兴趣影响最大，也是他让我第一次接触到了统计学领域；Bin Yu 在一个学期里教会了我超乎想象的数据处理知识；Gary "GH" Hanel 教会了我微积分，我也从他那里学到了表达微分和积分多项式法则的难懂短语——"放前面，并减一"⊖和"上加一，放下面"⊖，无论我忘记了多少微积分并重学了多少次，它们（以及其他几个辅助记忆短语）总是伴随着我，我在此书中借用他的这些说法。

最后，在写作（和准备写作）过程中，我的家人一直支持着我。我的父母 Chloe 和 Don，一直支持着我的学习和成长目标。我的妻子 Isabel，一直让我相信我的努力是值得的，并在我数年如一日的写作过程中扮演着倾听者和顾问的角色。我们三岁的孩子 Maceo 虽然没有提供任何具有建设性的意见，但我们非常喜欢他。

M. D. Edge

加州，戴维斯

⊖ 将指数放多项式前面，并将原指数减一。——译者注
⊖ 将指数加一，并作为分母放多项式系数下面。——译者注

目 录

译者序

前言

致谢

第1章　初识数据 ……………………… 1

第2章　R软件与探索性数据分析 …… 7

　2.1　与R软件交互 ………………… 8

　2.2　教程：鸢尾数据 ……………… 11

　2.3　本章小结 ……………………… 20

　2.4　延伸阅读 ……………………… 20

第3章　最佳拟合线 ………………… 21

　3.1　定义"最佳"拟合 …………… 23

　3.2　推导：求最小二乘线 ………… 25

　3.3　结论 …………………………… 29

　3.4　本章小结 ……………………… 31

　3.5　延伸阅读 ……………………… 31

第4章　概率与随机变量 …………… 32

　4.1　[选读]概率公理 ……………… 35

　4.2　事件之间的关系：条件概率和
　　　　独立性 ………………………… 36

　4.3　贝叶斯定理 …………………… 38

　4.4　离散随机变量及其分布 ……… 41

　4.5　连续随机变量及其分布 ……… 43

　4.6　概率密度函数 ………………… 45

　4.7　分布族 ………………………… 46

　4.8　本章小结 ……………………… 50

　4.9　延伸阅读 ……………………… 50

第5章　随机变量的性质 …………… 51

　5.1　数学期望与大数定律 ………… 51

　5.2　方差与标准差 ………………… 55

　5.3　联合分布、协方差与相关性 …… 57

　5.4　[选读]条件分布、期望和方差 … 61

　5.5　中心极限定理 ………………… 62

　5.6　一个简单线性回归的概率
　　　　模型 ………………………… 66

　5.7　本章小结 ……………………… 72

　5.8　延伸阅读 ……………………… 73

插叙 …………………………………… 74

第6章　点估计量的性质 …………… 77

　6.1　偏差 …………………………… 80

　6.2　方差 …………………………… 81

　6.3　均方误差 ……………………… 82

　6.4　一致性 ………………………… 82

　6.5　有效性 ………………………… 84

　6.6　[选读]统计决策理论与风险 …… 85

　6.7　稳健性 ………………………… 89

　6.8　简单线性回归模型的估计量 … 90

　6.9　结论 …………………………… 94

　6.10　本章小结 …………………… 94

　6.11　延伸阅读 …………………… 94

第7章　区间估计与推断 …………… 96

　7.1　标准误差 ……………………… 96

　7.2　置信区间 ……………………… 97

　7.3　频率推断Ⅰ：零假设、检验
　　　　统计量和 p 值 …………… 101

　7.4　频率推断Ⅱ：备择假设和拒绝
　　　　框架 …………………………… 105

　7.5　[选读]假设检验和置信区间的
　　　　关系 …………………………… 107

　7.6　零假设显著性检验及检验的
　　　　滥用 …………………………… 108

　　7.6.1　缺乏复制性 ……………… 108

7.6.2 几乎固化了的 $\alpha=0.05$ ······ 109

7.6.3 把 $\alpha=0.05$ 作为一个关卡 ··· 109

7.6.4 科学假设与统计假设的区别 ··· 109

7.6.5 忽视其他目标，如估计和
预测 ······ 110

7.6.6 退化的知识文化 ······ 110

7.6.7 根据零假设显著性检验评估
显著性检验 ······ 112

7.7 频率推断Ⅲ：功效 ······ 114

7.8 综合分析：当样本量增加时
会发生什么 ······ 117

7.9 本章小结 ······ 119

7.10 延伸阅读 ······ 119

第8章 半参数估计与推断 ······ 121

8.1 半参数点估计的矩方法 ······ 123

8.1.1 嵌入式估计量 ······ 124

8.1.2 矩方法估计 ······ 126

8.2 使用 bootstrap 进行半参数区间
估计 ······ 129

8.3 使用置换检验的半参数假设
检验 ······ 137

8.4 结论 ······ 142

8.5 本章小结 ······ 143

8.6 延伸阅读 ······ 143

第9章 参数估计与推断 ······ 144

9.1 参数估计的极大似然估计法 ······ 146

9.2 参数的区间估计：直接方法和
费希尔信息方法 ······ 153

9.2.1 直接方法 ······ 153

9.2.2 ［选读］费希尔信息方法 ······ 154

9.3 使用瓦尔德检验进行参数假设
检验 ······ 157

9.4 ［选读］使用似然比检验进行
参数假设检验 ······ 158

9.5 本章小结 ······ 161

9.6 延伸阅读 ······ 162

第10章 贝叶斯估计与推断 ······ 163

10.1 如何选择一个先验分布 ······ 164

10.2 未缩放的后验、共轭以及
从后验分布中抽样 ······ 165

10.3 使用贝叶斯估计方法获得点
估计量 ······ 169

10.4 使用可信区间进行贝叶斯区间
估计 ······ 172

10.5 ［选读］使用贝叶斯因子进行
贝叶斯"假设检验" ······ 174

10.6 结论：贝叶斯方法与频率
方法 ······ 176

10.7 本章小结 ······ 178

10.8 延伸阅读 ······ 178

尾叙 模型与数据 ······ 179

尾叙1 评估假定 ······ 179

尾叙1.1 绘图 ······ 180

尾叙1.2 假定的检验 ······ 182

尾叙1.3 样本外预测 ······ 183

尾叙2 简单线性回归的拓展 ······ 184

尾叙2.1 多元回归 ······ 185

尾叙2.2 广义线性模型 ······ 188

尾叙2.3 混合模型 ······ 191

尾叙3 结论 ······ 194

尾叙4 延伸阅读 ······ 195

附录 ······ 197

附录A 微积分 ······ 197

附录B R语言拓展 ······ 208

附录C 部分练习答案 ······ 223

数学符号表 ······ 246

术语表 ······ 248

参考文献 ······ 257

第1章 初识数据

关键词：计算，数据，统计，简单线性回归，R 语言。

> 任何书一旦进入我们手中，我们不禁会问，其中是否存在相关数量或者数字的抽象推理？如果没有，那么它是否包含基于事实和存在的实验推理？如果都没有，那请把它烧了吧，因为里面充斥着诡辩和虚幻。
>
> ——David Hume(大卫·休谟)，*An Enquiry Concerning Human Understanding*(1748)

在引用的这段文字中，休谟认为有两种类型的论据我们应该考虑接受，即通过数学推理得到的论据和通过观测世界经验推理出的论据。虽然休谟理论的具体细节超出了我们讨论的范畴，但是作为统计理论的使用者与休谟理论的拥护者是相容的。本书包含若干关于数字的推理，以及对观测事实进行"实验性推理"的例子。因此，休谟理论的铁粉就不需要将我们这本书烧掉了。

休谟的这段话也为我们思考统计学提供了一种思路。我们希望在观测的基础上对客观世界做出推断。例如，我们可能希望知道关于光的波动理论的结论是否与实验结果一致；或者，我们可能想知道一种新的糖尿病治疗法是否有效；我们可能还想知道拥有大学文凭的人能否比没有大学文凭的同龄人挣得更多。在物理科学、生物科学、社会科学、工程、医学或商业等众多领域，我们都需要包含实验内容的问题的答案。

但是，休谟所提到的"基于事实的推理"到底是什么？收集有关事实的数据是一回事，但使用这些数据得出结论是另一回事。图 1-1 是 11 个撒哈拉以南非洲国家的肥料消耗量和谷物产量的数据散点图。⊖在这些国家，土壤中氮含量限制了农业产量。增加土壤氮素的一种方法是使用肥料。数据集中的每一个国家都由图中的一个点表示。对于每一个点，x 坐标——横轴——表示该国在给定年份的肥料消耗量。y 坐标——纵轴——代表该国当年的谷物产量。现在我们要在图 1-1 的基础上，推断出类似于抽样的国家的肥料消耗量和谷物产量之间存在的具体关系。（注意：我们并没有声称任何可以解释这种关系的因果联系，我们只是假设这种关系在某种意义上"存在"。）

如果你不认同我们的观点，你可能会反驳说图像并不能展现那种具体关系：数据不多，能观测的变量之间的关系很弱，而且你不知道数据的来源。这些反驳者的观点可能是合理的。亲爱的读者，你和我陷入了僵局：我根据数据提出了观点，而你查看了相同的数据后却提出了不同的观点。如果缺少对数据进行推理的方法，就不清楚该如何解决我们之间的分歧。

⊖ 这些数据不是真实数据，但是反映出的问题是真实的，在本章的末尾有更多关于这些数据的信息。图 1-1 中的数据与 2008 年至 2010 年粮食产量低的一些撒哈拉以南非洲国家的实际数据大致相似。例如，2010 年莫桑比克农民消耗大约 9kg/ha 的肥料，谷物产量大约为 945kg/ha。实际数据可从世界银行获得。

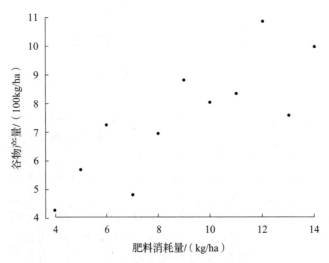

图 1-1   11 个撒哈拉以南非洲国家的肥料消耗量和谷物产量

　　我们应该如何建立从数据进行推理的概念？统计学这门学科为这个问题提供了答案。统计学将休谟的另一候选方法变为非虚幻的学科——数学推理——建立一个我们可以在其中设置数据的数学框架。[⊖]一旦我们将数据推理问题数学化，就可以通过采用假设以及数学推理得出结论。所得结论的好坏通常取决于我们开始时的假设是否适当。当你正在阅读有关数据推理的统计方法时，需要考虑它们是否适用或者在什么条件下适用。后面我们将以各种各样的形式重新审视这个问题。

　　在前言中，我们承诺本书涉及的数学很少，但在这里，我们又提出了统计是利用数学思维来对数据进行推理的方法。那么，本书将如何帮助读者在不涉及繁重数学的条件下加深对统计的理解呢？

　　在现代计算机出现之前，统计学就已经形成了一门学科，本书中许多重要的思想也早在十九世纪末二十世纪初已经出现。在那个时代，许多重要的统计学家都是训练有素的数学家，他们接受过充分的数学训练，但受限于有限的计算能力，只能凭借数学方式推动学科的发展。而如今，计算机技术的发展使得我们这些只受过有限数学训练的人都能够回答那些即使是经验丰富的数学家也难以直接回答的问题，我们将利用计算去解决那些初等数学难以解决的统计问题。

接下来的事

　　在开始本书的主题之前，让我们花点时间预习一下为了探索图 1-1 中的数据规律将要引入的主要方法，重点是简单线性回归。简单线性回归是指利用图中的数据点确定一条与数据相"匹配"的直线。线性回归包括简单线性回归及其推广——多元回归。多元回归可能是应用统计学中使用最广泛的方法，特别是当考虑它的特殊情况 t 检验、相关分析和方

⊖　这不意味着强大的数学推理能力是数据分析师唯一或者最重要的能力，拥有数据、计算机、学科领域知识、科学敏锐度和常识同等重要。

差分析(ANOVA)时。在统计软件 R 中运行简单线性回归只需要几个命令。(下一章,我们将提供 R 软件教程。)它的数据存储在名为 anscombe 的 R 对象中,为了拟合线性回归模型,我们运行

```
mod.fit <- lm(y1 ~ x1, data = anscombe)
```

下面我们将介绍,函数 lm() 将数据集拟合为一个线性回归模型。通过"拟合"一个回归模型,我们能得到拟合图 1-1 中数据的一条"最佳"直线。你可以通过输入

```
plot(anscombe$x1, anscombe$y1)
abline(mod.fit)
```

查看图 1-1 中的数据以及它的"最佳拟合"直线图。

添加拟合直线后的散点图如图 1-2 所示(添加了一些标签并在视图上做了改进[⊖])。函数 plot() 的功能是生成一个散点图,也就是说,该图中标出的点表示 x 轴和 y 轴的变量值。

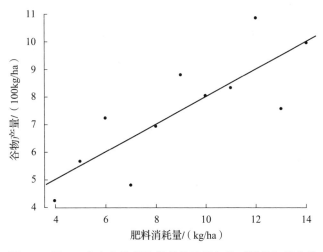

图 1-2   图 1-1 中农业数据的简单线性回归的"最佳"拟合线

函数 abline() 的功能是绘制线性回归模型的直线图像。拟合的直线是某种意义下的"最佳"直线,这是第 3 章将要讨论的主要内容。正如我们即将看到的,实际上有许多不同的直线都可以被描述为"最佳"。但根据一个在统计学上有着悠久历史的标准,图 1-2 中的直线是最佳的。

图 1-2 中所画的直线,其数学方程可以表示为 $y = a + bx$,其中 a 和 b 为常数。换句话说,要找到任意值 x 对应的直线上的 y 坐标,首先找到 a 值,然后加上 b 和 x 的乘积。a 和 b 的值可用函数 summary() 获得:

```
summary(mod.fit)
```

⊖   本书中所有由 R 语言生成的图像,其代码均可在 github. com/mdedge/stfs 上获取。

其输出结果为：

```
Call:
lm(formula = y1 ~ x1, data = anscombe)
Residuals:
     Min      1Q  Median      3Q     Max
-1.92127 -0.45577 -0.04136 0.70941 1.83882
Coefficients:
            Estimate Std. Error    t    value Pr(>|t|)
(Intercept)   3.0001     1.1247     2.667    0.02573 *
x1            0.5001     0.1179     4.241    0.00217 **
- - -
Signif. codes: 0 '***' 0.001 '**' 0.01 '*' 0.05 '.' 0.1 ' ' 1

Residual standard error: 1.237 on 9 degrees of freedom
Multiple R-squared: 0.6665,  Adjusted R-squared: 0.6295
F-statistic: 17.99 on 1 and 9 DF, p-value: 0.00217
```

这个输出表的关键部分是回归表，我们用粗体字显示。表格的第一列标记为"Estimate"，我们可以看到数字 3 和 0.5。它们是图 1-2 中直线的截距 a 的值和斜率 b 的值。"Estimate"一词让我们用一种新的视角审视图 1-2 中的直线。在我们最初的观点中，图 1-2 中的直线在某种意义上是"最"符合数据的，换句话说，它是对样本的一种描述。而"Estimate"一词意味着它也是对一些未知量的猜测，或许是对样本本该反映的更大群体或过程的属性的猜测。如果我们假定数据是由一个特定的过程生成的，那么可以对产生可能结果的该类数据做出推断。这将是第 4 章和第 5 章所讨论的概率论的主题。当我们决定要做估计，即使用数据来确定假设的基本过程中的参数时，应该如何设计估计方法呢？这些方法具有什么属性呢？这是第 6 章将要讨论的主要内容。

从回归表向右移动，我们看到下一列标记为"Std. Error"，它是"standard error"的缩写。标准误差是试图量化估计精度的一种度量。在后面将要建立的特定意义下，标准误差回答了这样一个问题："如果我们从同类总体中抽取另一个数据集，估计值会有多大的变化？"所以，表中的 0.1179 表明，如果我们用与本例相同的过程抽取另外 11 个样本——也许是其他 11 个撒哈拉以南非洲国家的农业数据——由它们得到的最佳拟合直线的斜率与当前估计值相差约为 0.12 时，我们不应感到惊讶。确定估计精度的方法称为区间估计(interval estimation)，这将是第 7 章的主要内容之一。

回归表的最后一列为"Pr(>|t|)"，对应的数据称为"p 值"。它们所刻画的结论是巧妙的，又是有点笨拙的。粗略地说，p 值度量了在特定假设下数据的合理性。检验的零假设是：数据是由截距为 0(第一行)或斜率为 0(第二行)的直线所描述的过程生成的。例如此表中的 p 值小表明：零假设是错误的，或零假设引申的其他假设是错误的，或小概率事件发生了。假设检验是第 7 章除了区间估计之外的另一个主要内容。

前面已经间接提到了"基本"假设这个概念，本书后面各章的很大一部分内容将解释统计分析中涉及的建立模型的假设形式。根据数据分析人员确定的不同假设，使用不同的统计方法。在第 8 章、第 9 章和第 10 章中，我们对数据集使用不同的假设集，分别得到点估计、区间估计和假设检验的不同方法。R 软件中，函数 lm() 生成的标准回归表所采用的基本假设是第 9 章中的假设。在本书的尾叙中，我们将所建立的原理推广到其他类型数据集的统计分析，这将不再是简单线性回归分析的直接应用。

我们打算用一个对简单线性回归进行深度思考后想到的问题来结束本章。毕竟，实证研究人员都很忙，而且我们可以启发式地教会读者理解回归表中的统计数据，这种教学很快，而且能让实证研究人员在最简单的例子中得到有用的答案。为什么要花这么多时间在统计思维上？为什么不把理论交给专业统计学家呢？

答案喜忧参半。从积极的方面讲，当一个分析师真正了解他在做什么以后，数据分析将会变得更加有趣。通过对统计理论的了解，可以将科学结论与经验联系起来，将数据与证明结论合理性的数学框架联系起来。这可以增强研究人员的信心，也可以激发他们的创造力。正如如果你知道了机器的工作原理，就可以将它拆开并重新调整它的用途一样。

相比之下，完全依靠启发式死记硬背的方法不能使人获得成就感，并可能引发焦虑、扼杀创造力，长期来说，这或许是一种危险的方式。下面是一个值得重视的有趣例子：假设你像我们之前所做的那样对一个新的数据集用线性模型进行拟合。鉴于前面我们在 anscombe 数据集中用变量 y1 和 x1 拟合了一个简单线性回归，现在，我们改用变量 y3 和 x3 去进行新的拟合：

```
mod.fit2 <- lm(y3 ~ x3, data = anscombe)
summary(mod.fit2)
```

所生成的回归表包括

```
Coefficients:
            Estimate  Std. Error  t value  Pr(>|t|)
(Intercept)  3.0025    1.1245      2.670    0.02562 *
x3           0.4997    0.1179      4.239    0.00218 **
```

表中的每一项几乎都与前面数据所得的值相同。对于只是死记硬背模型结论的数据分析师来说，对这两个模型的解释也必然是相同的。但是如图 1-3 所示，看一看这个分析背后的数据。图 1-2 中的数据似乎是随机地散布在直线周围，但是图 1-3 中除了一个点偏离了一条直线，似乎更加遵循这种系统的模式。因此，图 1-2 中的直线似乎是对数据的恰当描述，那么图 1-3 就有必要再认真审视一下了。那个离群点是怎么回事？为什么其他的点都排成了一条完美的直线？这些问题很重要，在不知道答案的情况下无法解释回归表。⊖换句话说，严重依赖回归表的机械回答会导致愚蠢的结论。

⊖ 这些数据来自 Francis Anscombe 的一篇著名论文，其中包括四个虚构的数据集，它们给出了完全相同的回归结果，但它们的图有着截然不同的形状。这篇论文是 1973 年发表在 *American Statistician* 上的 "Graphs in statistical analysis"。

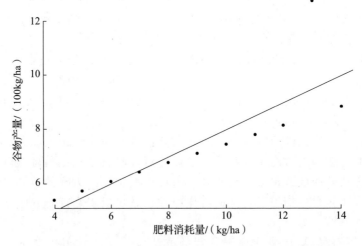

图 1-3　基于 anscombe 数据集中变量 y3 和 x3 的分析数据

在本书接下来的各章，我们将为读者打下一些基础，从而可以完整地解释回归表中的数字并解释数字想要回答的问题，以及解释应该如何选取那些解释数字所依赖的假设条件。

第2章 R软件与探索性数据分析

关键词: 数据框架, 探索性数据分析, for()循环, R软件, R函数, 样本均值, 散点图, 向量。

> 我给家里的电脑编程, 让自己走向未来。

> ——Kraftwerk, "Home Computer"

几乎所有以研究为目的统计计算都是使用统计软件进行的。在本书中, 我们将使用 R 软件, 这是一款为统计和数据分析而设计的编程语言。

对于许多学生来说, R 软件比大多数其他统计软件更难学。R 软件使用命令操作界面, 这意味着用户必须编写和输入命令, 而不是使用鼠标从菜单中进行选择。[⊖]但是, 一旦熟悉了 R 软件, 你将会发现它比那些容易学习的选项界面软件更加强大。

既然 R 软件比一些统计软件更难学, 为什么本书要使用它呢? 主要有几点原因:

(1) 社群性: 它是专业和学术统计学家以及许多来自其他领域的数据分析师使用的计算机语言。有一个不断提出新的问题和回答问题的活跃团体。

(2) 适应性: R 软件用户可以编写软件包来增强 R 软件的功能。有数以千计的软件包可用来处理专门的数据分析任务、实现特定的图形显示功能、与其他程序和统计软件交互, 或者简单地加快或优化典型程序任务。其中一些软件包是非常棒的。R 软件的适应性意味着未来若干年甚至几十年, 新的统计技术在专业软件包中可用之前, 在 R 软件中就可以用了。

(3) 灵活性: 如果你想运行一个统计程序, 但要对它稍微进行修改。在其他专业软件中, 这通常很困难, 因为用于运行程序的代码是隐藏的, 唯一允许更改的是包含在选项中并显示给用户的参数。但是, 在 R 软件中, 进行更改要容易得多。

(4) 性能: 与许多专用软件包相比, R 软件速度更快, 可以处理更大的数据集。虽然 R 不是可用的最快算法语言, 但它通常已经足够快了。如果你确实需要更快的速度, 可以通过编程 R 软件与更快的语言(如 C++)进行交互。

(5) 易于集成模拟和分析: 在本书中, 我们通过模拟回答几个概率和统计的问题。诸如, 如果我们对来自某分布的数据使用某估计会发生什么? 当然, 我们也可以用数学方法来回答这类问题, 但是通过模拟我们感兴趣的类型数据、应用我们感兴趣的技术, 然后看看会发生什么, 通常会更容易一些。R 软件提供了执行这种操作的框架。

(6) 性价比: R 软件是 GNU 通用公共许可证下的免费软件。它最明显的优势是不需要任何费用, 而使用一些专用软件包每年需要数百甚至数千美元的费用。更重要的是, 因为 R 软件是免费的, 所以 R 软件的社群性比其他软件更广泛。

⊖ R 软件中也有一些绘图用户界面(GUI), 比如 R 中的 Commander 功能。使 R 软件更加用户友好的另一种方法是使用交互式开发环境(IDE), 比如 RStudio 功能。在本书中, 我们默认你在使用 R 软件时不使用 GUI 或 IDE 功能。但是, 欢迎大家使用这些功能, 并特别推荐 RStudio 功能。

我希望你相信，学习 R 软件对任何对统计或数据分析感兴趣的人来说都是一个好主意。○此外，如果你以前从未编程过，我建议你花时间去学习自己的第一门编程语言，这是一个人可以拥有的非常有益的智力经验之一。要成功地为计算机编程，就必须具有逻辑性、明确性和正确性——很少有其他追求能迫使我们以同样的方式具备这些品质，并在我们做不到的时候给予我们如此清晰的反馈。

在本书中，我们将重点关注 R 软件的部分功能，包括模拟、使用 R 软件的内置数据集、基本分析和基本绘图等。我希望通过学习 R 软件的这些功能激励你探索它的许多其他功能。有许多书籍和在线教程可以教你更多关于 R 软件的知识。在本章的末尾我们列出了一些不错的参考材料。在本章的剩余部分，你将学会安装 R 软件并完成一个辅助教程，该教程将为后续章节中的练习打好基础。关于基本 R 软件命令和对象类型的更多信息可以在附录 B 中找到。

练习集 2-1

1. 在你的常用计算机上下载并安装当前版本的 R 软件。R 软件可从 Comprehensive R Archive Network (CRAN)网站下载，网址是 http://www.r-project.org。（对于 Linux 用户，最好的方法取决于你的版本。）

2. 打开 R 软件。运行成功后，你应该看到一个窗口，里面有 R 软件的许可信息和一个准备接受输入的游标。

3. （可选，但推荐）下载并安装 RStudio。关闭你打开的 R 会话框并打开 RStudio 界面。如果你更喜欢 RStudio 界面，那么在本书的其余练习中，请使用 RStudio 界面运行 R 软件。

4. 访问本书的 GitHub 资源库 github.com/mdedge/stfs 查看其他资源，包括 R 软件的脚本，其中有一个脚本可以运行本章的所有代码。

2.1 与 R 软件交互

学习 R 软件最重要的事情是学会如何获得帮助。有两个内置命令可以实现这个目的，它们是 help() 和 help.search()。help() 命令引导你查看 R 软件中其他命令的信息。例如，输入 help(mean)并按 return 键，将打开一个 web 浏览器，并将你带到一个页面，其中包含了如何使用 mean() 函数的信息，稍后我们将看到这一点。help() 的缺点是你必须知道要使用的 R 函数的名称。

如果你不知道所需函数的名称，可以使用 help.search()命令。例如，如果我们不知道 mean()是求一组数字的均值的函数，则可以尝试输入 help.search("mean")。这将产生一个与查询的"mean"匹配的函数列表。在我们这个特定的例子中，help.search()不是很有用——会出现很多函数，而我们想要的 base::mean()却被隐藏了。（我们能看到"base::mean()"是因为 mean()包含在基础包中，当 R 软件启动时，

○ 我不是想说 R 软件没有劣势，R 不能返回你的爱：

```
> I love you, R
Error: unexpected symbol in "I love"
```

基础包会自动加载。)当你不知道所需要的函数的名称时，网络搜索通常会更有帮助。

随着你的 R 软件水平的提高，你会发现 help() 命令越来越有用。在刚开始的时候，你可能会觉得 help() 页面很难理解——在理解它们之前，必须先具备一点 R 软件知识。本教程和附录 B 中的信息将帮助你熟悉它们。本章末尾有一些对你可能有帮助的资源。对于初学者来说，我优先推荐的资源是 Rob Kabacoff 的免费网站 Quick-R（http://www.statmethods.net/），里面有你需要的能用 R 语言完成的大部分任务的例子和帮助操作。如果你有一个特定的问题，也可在网络上搜索它，这个问题可能已经在 R 论坛或 Stack Overflow(www.stackoverflow.com/)上有了答案。

打开 R 软件后，你会看到这样的提示符：

```
>
```

最简单的方法是将 R 软件看作一个直接响应命令的程序。输入一个命令，然后按 return 键，那么 R 软件就返回一个答案。例如，你可以让 R 为你做算术：

```
> 3+4
[1] 7

> (9*8*7*sqrt(6))/3
[1] 411.5143
```

这里，答案之前的"[1]"意味着你的答案是 R 软件返回的向量的第一个元素，在这个例子中，它是一个长度为 1 的向量。**向量**是相同类型项的有序集合。上面的两个命令都是**表达式**——R 命令的两种主要类型之一，R 软件首先计算表达式，然后输出结果，它不保存答案。R 命令的另一种主要类型是**赋值**，我们很快就会看到。

任何出现在一行中的"#"符号之后的内容都被视为注释并忽略。对于 R 来说，

```
> #The next line gives the sum I need
> 2 + 3 #2 and 3 are important numbers
```

与

```
> 2 + 3
```

的执行结果是一样的。好的注释对于程序的可读性至关重要。注释将帮助你理解并调试代码。

你可以使用 R 终端中的"向上"和"向下"箭头键返回已经输入的命令。"向上"箭头会显示你最近输入的命令，再按"向上"箭头会显示之前输入的命令。当你需要重新输入或修改前面的一个命令时，这个策略特别有用。

你可以在 R 中存储变量的值。例如，如果你想给一个叫作"x"的变量赋值 7，可以输入

```
> x <- 7
```

组合键"<-"用于给变量赋值。可以省略 x 之后和 7 之前的空格，这不会影响命

令的工作方式。一般来说，R 软件对变量或函数前的空格的处理是灵活的。你也可以输入

```
> x = 7
```

来做相同的事情。前面两个命令都是赋值命令。与表达式命令不同，赋值命令的值不会输出。相反，它们被储存起来以备以后使用。要查看当前赋给 x 的值，可以输入

```
> x
[1] 7
```

你可以在计算中使用 x，它的值就是你最后使用赋值语句赋给 x 的值：

```
> x*7
[1] 49
```

这里有三个重要的提醒。首先，R 软件是区分字母大小写的。如果你试图把"x"输入成大写的"X"，会得到一条错误消息：

```
> X*7
Error: object 'X' not found
```

更一般地，R 软件不能识别名字拼写错误的对象或函数。对于初学者来说，这是一个常见的烦恼，所有人在使用 R 软件时偶尔都会出现这种情况。如果 R 返回了一个你意想不到的错误，请仔细检查是否有错误拼写。

其次，你可以将命令分散在多行输入。如果你输入一个不完整的命令，然后按回车键，将看到典型的">"提示符被"+"符号替换。"+"表示 R 软件在执行命令之前需要更多输入。例如，人们很容易忘记结束括号，

```
> (1+3+5)/(2+4+6
+ )
[1] 0.75
```

当出现"+"提示符时，你需要补全命令。如果你不知道如何补全命令，可以在 Windows 或 Mac 上按 escape 键或在 Linux 上按 ctrl-c 获得一个新的提示符。

最后，你已经看到输入的细节是很重要的。虽然你可以直接将所有命令输入 R 软件中，但最好将 R 命令保存在一个单独的文件中，这样更容易纠正键入错误并快速复制分析。当使用文本编辑器保存命令时，不要在每行中包含提示符">"——提示符号内置在 R 中，并不是输入的一部分。

纯文本编辑器可以很好地保存命令。不要使用为文本添加格式的软件，如 Microsoft Word，因为格式会干扰命令本身。如果你将文件保存为扩展名为 .R 的文件，那么许多文本编辑器(如 gedit)将有助于突出显示 R 代码，以增强可读性。还有交互开发环境，可以同时突出显示代码，跟踪变量，并直接将代码输入 R 控制台。如果你想使用交互式开发环

境，RStudio 是一个很好的选择。

当然，R 软件不仅仅可用于算术。在下一节中，我们将介绍一些数据和图形处理方法。

2.2　教程：鸢尾数据

是时候编写一些代码了。记住要在单独的文本编辑器中编写 R 代码，然后你可以将其粘贴到 R 控制台中。[⊖]你应该在自己的计算机上执行本节中的所有代码。本节中所有代码的脚本（以及其他脚本，包括本书中的所有代码）可以在网站 github.com/mdedge/stfs/上找到。

在本教程中，我们将对 R 中的鸢尾（iris）数据集进行一些**探索性数据分析**，在附录 A 中我们也将讨论这一数据集。鸢尾数据结构连同许多其他数据集被内置在 R 中[⊖]。鸢尾数据结构包括来自三个不同的种类——山鸢尾、北美鸢尾和变色鸢尾——的 50 个鸢尾花的测量数据。

鸢尾数据集内置于 R 中，不需要安装。你可以通过在命令行输入 iris 来查看整个数据集。仔细检查数据结构的前几行很有用，常使用 head() 函数：

```
> head(iris)
  Sepal.Length  Sepal.Width  Petal.Length  Petal.Width  Species
1          5.1          3.5           1.4          0.2   setosa
2          4.9          3.0           1.4          0.2   setosa
3          4.7          3.2           1.3          0.2   setosa
4          4.6          3.1           1.5          0.2   setosa
5          5.0          3.6           1.4          0.2   setosa
6          5.4          3.9           1.7          0.4   setosa
```

head() 是一个 **R 函数**。与数学函数一样（见附录 A），R 函数接受输入的函数参数，并返回输出。除 R 内置的函数外，附加包中还有更多可用的函数，你也可以编写自己的函数。

在上例中，我们输入了参数 iris，表明在本例中我们希望看到名为 iris 的对象的前几行。还可以在 head() 中加入另一个参数，如果不使用，表示使用默认值 6；但如果愿意，也可以更改该参数。例如，head(iris,n=10) 将生成 iris 的前 10 行，而不是前 6 行。参数有名称，n=10 中的等号表示我们给名为 n 的参数赋值 10。参数输入有一些灵活性，例如，我们没有写 x=iris，即使 head() 的第一个参数确实被命名为 x 了。规则是，如果参数是按 head() 命令期待的顺序给出——x 第一，n 第二——那么没有命名也可以。下面这五个命令给出了相同的结果。

⊖　还有另外两种方法可以将文本文件代码转化为 R 语言代码：(1) 如果你正在使用 RStudio，可以在源文件中标记代码，同时按住 Ctrl 键（或在 Mac 上，或在 cmd 上）和回车键运行它；(2) source() 函数是另一种运行所有有用文本文件编辑的命令的方法，参见 help(source)。

⊖　你可以通过命令 library(help= "datasets") 看到所有内置数据集的名称。特别地，你可以通过在 R 语言的控制台输入数据集的名称查阅一个内置数据集，除非这个名称在前面的会话中已经被使用了。内置数据集不能用 ls() 函数查看（也不能显示在 RStudio 环境的对象中），除非它们已经被用 data() 函数加载了，比如 data("iris")。

```
> head(iris, 10)
> head(iris, n = 10)
> head(x = iris, 10)
> head(x = iris, n = 10)
> head(n = 10, x = iris)
```

但是，如果参数的顺序与 R 期望的顺序不同，并且没有命名，那么就会出现问题。例如，输入 head(10, iris) 就会给出一个错误。你可以使用 help() 查看每个函数所期望的参数顺序。

iris 是一个**数据结构**，这意味着它可以保存数据的行和列，行和列可以被命名，不同的列可以存储不同类型的数据（数字、字符等）。在 iris 数据结构中，我们可以看到每一行包含一个单独的花，列是不同特征的测量值。数据结构的每一列都是一个向量，是同一类型数据的有序集合。

我们可以使用 summary() 函数快速获得一些有用的信息：

```
> summary(iris)
 Sepal.Length     Sepal.Width      Petal.Length     Petal.Width
 Min.   :4.300    Min.   :2.000    Min.   :1.000    Min.   :0.100
 1st Qu.:5.100    1st Qu.:2.800    1st Qu.:1.600    1st Qu.:0.300
 Median :5.800    Median :3.000    Median :4.350    Median :1.300
 Mean   :5.843    Mean   :3.057    Mean   :3.758    Mean   :1.199
 3rd Qu.:6.400    3rd Qu.:3.300    3rd Qu.:5.100    3rd Qu.:1.800
 Max.   :7.900    Max.   :4.400    Max.   :6.900    Max.   :2.500
       Species
 setosa    :50
 versicolor:50
 virginica :50
```

如果我们不想一次看到整个数据集的结果，我们可以查看单个变量。要查看数据结构中的单个变量，首先输入数据结构的名称，然后输入 $，再输入要查看的变量的名称。试着输入 iris$Sepal.Length 作为 summary() 的参数，如

```
> summary(iris$Sepal.Length)
 Min.   1st Qu. Median   Mean  3rd Qu.   Max.
 4.300   5.100   5.800   5.843   6.400   7.900
```

如果我们不想看 summary() 提供的所有信息，我们也可以要求具体的值，如**样本平均值**及**中位数**：[⊖]

```
> mean(iris$Sepal.Length)
[1] 5.843333
> median(iris$Sepal.Length)
[1] 5.8
```

⊖ 平均值是算术平均数，它是所有观测值的总和除以观测数目后得到的数。中位数是处于观测值 50% 位置的数——它是一个比（除去它后）一半观测值大，又比（除去它后）另一半观测值小的数。

直方图提供了一个变量数据的可视化汇总。

```
> hist(iris$Sepal.Length)
```

生成鸢尾萼片长度数据的基本直方图。可以通过使用函数 xlab 的参数更改坐标刻度来改进它。例如，命令

```
> hist(iris$Sepal.Length, xlab = "Sepal Length", main = "")
```

生成一个与图 2-1 相似的图。（出于审美的原因，我们对图形做了一些修改；你可以查看制作图 2-1 和书中所有其他 R 图的代码，网址是 github. com/mdedge/stfs/。）请注意：参数由逗号分隔，并且当我们想引用字符串而不是命名变量时，我们将字符串放在引号中。你可以使用 help(hist) 查看 hist() 的其他选项。

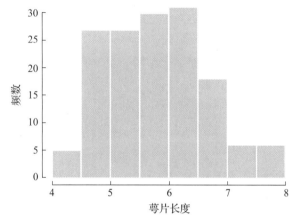

图 2-1　直方图显示了一维数据的经验分布。纵轴显示落在横轴所示范围内的观测值的数量

　　iris 数据之所以广为人知，是因为费希尔——他可能是 20 世纪最重要的统计学家——在一项著名的研究中使用了它们。[⊖]当费希尔研究 iris 数据时，他想找到一种方法：通过测量三种鸢尾的萼片和花瓣来区分它们。我们可以通过几个 R 命令来解决一些类似于费希尔提出的问题。

　　让我们看看如何利用鸢尾的萼片和花瓣测量值来区分它们所属的种类（species）。首先，我们需要一种方法来获取与特定种类相关的数据。我们需要将 species 作为变量。每个 species 是一个因子。在我们的应用中，你只要知道因子是一种用于类别识别的特殊类型的数据就足够了，因子值可以用文本标签表示。当我们使用 head(iris) 识别种类时，我们看到的正是这些文本标签。我们可以利用文本标签提取与特定种类相关的数据。例如，要查看山鸢尾的平均萼片长度，我们可以使用：

⊖　该研究（Fisher，1936）发表在 *Annals of Eugenics* 上。要看懂该文非常困难，但是必须承认它是十九世纪末和二十世纪初有关优生学统计发展的一篇重要论文。统计学派的创新人，包括 Francis Galton、Karl Pearson 和 R. A. Fisher 支持优生学的观点，他们在不同程度上被优生学观点所启发。（其他人没有参与优生学运动，比如 Yule 和 Edgeworth。）要了解统计学与优生学思想早期联系和后期分离的全过程，请阅读 Louçã（2009）。

```
> mean(iris$Sepal.Length[iris$Species=="setosa"])
[1] 5.006
```

方括号中的语句可以解释为一个条件，只有当该条件满足时，才能将该观测结果包括在计算中。在英语中，对该语句的字面解释可能很复杂，"返回 iris 数据结构中萼片长度观测值的平均值，该值对应于 iris 数据结构中物种类变量标签值为 'setosa' 的条目"。注意，我们使用双等号 "==" 来判断两个对象（在本例中是两个向量中的对应元素）是否相等。请注意这个区分：一个等号是将右边的对象赋值给左边，但两个等号是检查左边的对象是否等于右边的对象。想要了解这是如何工作的，请在命令行中输入 iris$Species == "setosa"，然后尝试输入 iris$Species.Length[iris$Species=="setosa"]。

如果不同种类的平均萼片长度不同，那么萼片长度可能有助于区分种类。查看每个种类的平均萼片长度值的一种方法是使用 for() 循环命令。虽然使用 for() 循环不是解决这个问题的最简单或最好的方法，⊖但是 for() 循环将是解决我们稍后将看到的一些练习的一个最方便的方法，所以我们还是详细介绍一下它。

一个 for() 命令有两部分：粗略地说，一个是 R 应该做什么，一个是 R 应该做多少次。将 R 需重复多少次的指令放在前面，并放在圆括号里。在圆括号后面，我们用花括号括起 R 应该做什么的指令。（通常，你可以将花括号视为一种将命令集组合在一起的方法。）下面是一个简单的 for() 循环，它输出一些数字：

```
> for(i in 1:3){
    print(i)
}
[1] 1
[1] 2
[1] 3
```

让我们来分析一下。第一部分，for(i in 1:3)，告诉 R 定义一个变量 i，称为索引，是一个包含数字 1，2，3 的向量。（a:b 表示法是告诉 R 创建一个包含从 a 到 b 的所有整数的向量的一种速记方法。）第二部分，在花括号里，print(i)，告诉 R 我们想要对 i 中的每个条目做什么——我们想要把它打印到输出设备上。简单地说，在英语中，for 语句读作："循环遍历向量 i 中的每一个条目，包含整数 1，2，3[这是第一行]，并打印该条目[这是花括号中的部分]。"我们可以用下列命令序列得到完全相同的输出。

⊖ 一种比较好的方法是使用函数 tapply()，它是函数族 apply() 的一部分。输入命令

```
> tapply(iris$Sepal.Length, iris$Species, mean)
```

分别给出各个种类的均值，它比 for() 循环更快（在此例中差别非常细微，几乎觉察不到），且有更加美观的标签。一旦你掌握了它，你会发现它也是非常灵活的。另一种较好的方法是输入命令

```
> aggregate(iris$Sepal.Length, list(iris$Species), mean)
```

尽管 for() 循环的效率有可能比任何其他函数都差，但是 for() 循环仍然是值得学习的。

```
> i <- 1
> print(i)
[1] 1
> i <- 2
> print(i)
[1] 2
> i <- 3
> print(i)
[1] 3
```

在这个命令序列中,我们手动地重新分配 i 的值,并重复印执行打印它的命令。这正是 for() 循环所做的——它重新赋值索引变量,然后重复花括号中的命令——但是 for() 循环是一种不那么麻烦的指定序列的方法,特别是当循环需要重复多次时。

我们可以使用 for() 循环做更有趣的事情。例如,下面的代码是打印数据集中三个种类中每个种类的平均萼片长度:

```
> for(i in unique(iris$Species)){
      print(mean(iris$Sepal.Length[iris$Species == i]))
}
[1] 5.006
[1] 5.936
[1] 6.588
```

下面是一些评论。我们通过输入 for(i in unique (iris$Species)) 开始了 for() 语句。命令 unique(iris$Species) 的执行结果为

```
[1] setosa versicolor virginica.
```

这是一个有三个元素的向量。记住,向量是相同类型条目的有序集合。这个向量包含了 Species 变量中不同的条目恰好一次。接下来我们指示 R,"请为向量 unique(iris $Species) 中的每个元素完成一次以下操作"。此外,我们还告诉 R,在后面的命令中,我们将循环使用 unique(iris$Species) 的元素,当前使用 i。最后,在花括号中,我们要求 R 输出种类为 i 的鸢尾花的平均萼片长度。[⊖]也就是说,我们告诉 R,"对每个 unique(iris$species) 中的种类,输出所观测到的该种类的平均萼片长度"。[⊖]

检查了每个种类的平均萼片长度后,我们可能想检查一下萼片宽度。最直接的方法是重新运行上面的代码,用 Sepal.Width 替换 Sepal.Length。但是,如果你觉得复制和粘贴代码并替换变量名很麻烦,那么编写一个自定义函数通常可以避免这些麻烦。像数学函数一样,R 函数接受一组参数并返回一个输出。在此处,我们需要定义一个函数来给出

⊖ 强调一下 R 语言中三种括号符号——圆括号、方括号和花括号——之间的区别是值得的:圆括号用来围住函数的参数——比如 head(iris, n=10)——并且指定数学表达式中运算的顺序;方括号用于数据提取和取子集,例如,设 x 是一个数值向量,则 x[3] 表示提取 x 的第三个元素,而 x[x>5] 表示提取 x 中比 5 大的元素;而花括号用于围住想要一起执行的命令块,比如,在一个 for() 循环语句中,每次迭代期间将要执行的那些命令。

⊖ 在编写 for() 或 if() 语句的代码时,将嵌套代码进行缩格是一种传统,是为了便于人们阅读代码,但它不是必需的。

一个向量子集的均值。特别地，我们想要对应于种类这个子集的均值，但是我们可以把函数写得更灵活一些。下面我们写一个函数来输出向量 x 的子集的均值，子集由用户提供的向量 y 指定：

```
conditional.mean <- function(x, y){
    for(i in unique(y)){
        print(mean(x[y == i]))
    }
}
```

注意，在第一组花括号中，我们使用了与求每个种类萼片长度平均值完全相同的代码，但是用 x 替换了 iris$Sepal.Length，使用 y 替换了 iris$Species。我们现在可以运行函数 conditional.mean() 了，设 x 和 y 我们想要检查的向量。为了得到与上面相同的结果，我们可以这样写：

```
> conditional.mean(x = iris$Sepal.Length, y = iris$Species)
[1] 5.006
[1] 5.936
[1] 6.588
```

现在，我们可以得到每个种类的平均萼片宽度值了。

```
> conditional.mean(x = iris$Sepal.Width, y = iris$Species)
[1] 3.428
[1] 2.77
[1] 2.974
```

这个例子非常简单，虽然使用 function() 在此例中并没有节省时间⊖但是知道如何使用 function() 是非常重要的，它将节省以后的时间，减少麻烦。

利用我们对每种鸢尾的平均萼片长度的了解，如果我们发现一种鸢尾花的萼片特别长，我们猜测它更可能是来自北美鸢尾，而不是山鸢尾。但要评估萼片长度对种类区分的作用，我们还需要有更多了解。萼片长度的分布在多大程度上有重叠？在这项研究中，直方图给出了每种花萼长度的整体分布数据的精确信息。但在比较多个分布时，如果它们相互之间有重叠或堆叠，用直方图区分会变得非常困难。箱线图——虽然不是最吸引人的图⊖——更能接近我们的目的。我们可以用箱线图直观地看到几种萼片宽度的整体分布。用 R 绘制箱线图的命令是

```
boxplot(iris$Sepal.Length ~ iris$Species)
```

boxplot() 函数有一个我们前面尚未见过的特性。它的参数是用公式表示的。公式符

⊖ 例如，使用前面脚注中的函数，tapply() 或者 aggregate() 会更快。要有效地使用 R 语言，你需要具备两种能力，一是在方便的时候你要能够编写自己的函数，二是你要能够在已有函数中找到能完成你任务的函数。特别地，在学习这门语言的时候，编写自己的函数之前搜寻已有函数是值得花时间的。

⊖ 比箱线图更漂亮的有小提琴图(violin plot)、核密度估计和豆图(Kampsta, 2008)，但是箱线图既是经典的，又是非常易于实现的一种图。

号左边有一个因变量，右边在一个波浪符号后面有一个或多个自变量。在本例中，自变量为种类，因变量为萼片长度。后面我们将会再次看到带公式的表示法。

我们可以添加适当的坐标轴标签从而得到如图 2-2 所示的图形。

```
title(xlab = "Species", ylab = "Sepal Length")
```

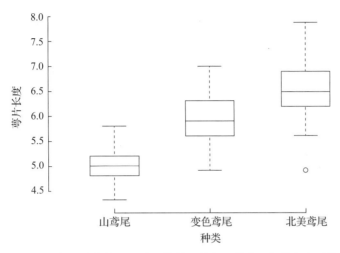

图 2-2　箱线图比较了几组数据的分布情况。对于横轴上的每一种花，粗体的水平线是萼片长度的中位数。"框"的下边线为萼片长度数据的第 25 百分位数，上边线为第 75 百分位数。下部"须"的末端——须是从盒子延伸出来的虚线——表示萼片的最小长度，上部"须"的末端表示萼片的最大长度。有时会有离群值的点发生。离群值是指那些远离其他数据的点，所谓的"远离"是由箱子的位置和长度决定的。当有离群值时，须的末端表示不是离群值的最极端点，而离群值作为单独的点绘制。在北美鸢尾数据中，萼片长度有一个离群值

对于每个种类，其萼片长度中部的 50%（即第 25 百分位数至第 75 百分位数，[⊖]也称为四分位距）用一个箱表示，萼片长度的中位数用一条穿过箱的横线表示。数据的全部范围由箱外延伸出的须表示，离群值由单个点表示。图 2-2 表明萼片长度含有丰富的关于种类的信息。萼片长度为 7.5cm 的花极有可能是北美鸢尾，萼片长度为 4.5cm 的花极有可能是山鸢尾。然而，我们不能仅仅根据萼片长度完全准确地进行分类。例如，一朵萼片长度为 5.7cm 的花可能来自这三个种类中的任何一个。为了提高我们分类的能力，我们可以观察多个变量，而不是仅仅依赖于萼片长度。

散点图使我们能够一次考察两个或三个变量的联合分布。在 R 语言中，plot()函数生成散点图。让我们看看用散点图是否可以通过考虑萼片宽度和萼片长度来更加准确地鉴别鸢尾的种类。我们从一个简单的散点图开始：

```
plot(iris$Sepal.Length, iris$Sepal.Width)
```

这个散点图并不能帮助我们解决分类问题，因为我们无法区分种类。解决这个问题的一种

⊖　第 m 百分位数表示数据中 m% 比它小。例如，观测值中有 25% 比第 25 百分位数小，数据中有 75% 比第 75 百分位数小。第一四分位数和第三四分位数分别表示第 25 百分位数和第 75 百分位数。

方法是对每个种类用一个不同的符号标出。plot() 的 pch 选项允许我们更改用于绘制散点图中点的符号。在编写本书时,R 语言可以使用 pch 指定 25 种符号。$^{\ominus}$ 我们设定 setosa 用 1 对应的符号绘制,versicolor 用 2 对应的符号绘制,virginica 用 3 对应的符号绘制。添加适当的坐标轴标签就得到下面命令:

```
plot(iris$Sepal.Length, iris$Sepal.Width, pch = as.numeric(iris$Species),
xlab = "Sepal Length", ylab = "Sepal Width")
```

加上一个 legend 命令使得散点更容易区分:

```
legend("topright", pch = c(1,2,3), legend = c("setosa", "versicolor",
"virginica"))
```

c() 命令表示连接(concatenate),它将圆括号中逗号分隔的项连接成一个向量。所以

```
> c(1,2,3)
[1] 1 2 3
```

给出一个元素为 1,2,3 的向量。添加 legend 命令得到的结果如图 2-3 所示。

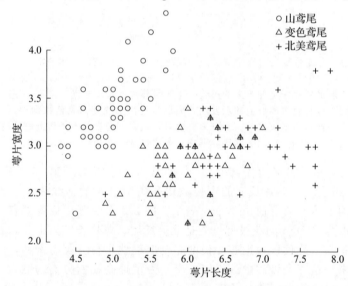

图 2-3   鸢尾数据的散点图。每个点代表一个观测值,在本例中是一朵花。点的横坐标给出了花的萼片长度,纵坐标表示萼片宽度。三个种类用不同的符号绘制

图 2-3 表明,仅使用萼片宽度和萼片长度,就可以相当准确地将山鸢尾与其他两个种类区分开来。虽然散点图没有给我们一个进行分类的正式方法,但是这个例子表明这样的方法是有可能行得通的——山鸢尾花在散点图的左上角,具有宽且短的萼片。北美鸢尾和变色鸢尾在没有进一步信息的情况下是不可将它们完全区分开的。费希尔事实上能够通过

$\ominus$ 你能用命令 plot(1:25,pch =1:25) 或者通过从网络上搜索 "R pch" 或 "CRAN pch" 查看所有编码的 pch 符号种类。

联合使用萼片宽度、萼片长度、花瓣宽度和花瓣长度来区分三种鸢尾。他开发的用于进行如此区分的所谓线性判别分析超出了我们的范围，但其思想与我们稍后将遇到方法相似。

现在你已经对 R 语言有了一定的了解——你已经遇到了数据结构、提取数据、处理各种数据类型、编写 `for()` 语句和一个函数，并学习了绘制图。所有这些技能你都将在练习和以后的章节中用到。

练习集 2-2

1. 对来自 `iris`(鸢尾)数据集的花瓣长度和花瓣宽度变量做相同的分析(例如，直方图、取均值、箱线图和散点图，如果你在学习本教程时保存了代码，这很容易做到)。你看到了什么？

2. R 语言实用的一个主要原因是它有各种各样的可用包。在本练习中，我们将安装和使用 `gpairs` 包 (Emerson et al.，2013)。`gpairs` 包使得我们可以用一个命令访问我们在教程中收集的大量信息。

   (a) 安装 `gpairs` 软件包。如果你是在 Mac 或 Windows 上使用 R 软件，进入后会出现一个 "Packages" 菜单，你可以选择 "install Packages" 选项。在任何操作系统上，你都可以选择使用命令

   ```
   > install.packages("gpairs")
   ```

   你将被要求选择一个 "mirror"(镜像)——这是一个你将从中下载软件包的服务器。选择地理上离你最近的一个通常会得到最快的安装。你只需要安装一次软件包。

   (b) 加载此软件包。使用 `library()` 命令：

   ```
   > library(gpairs)
   ```

   虽然你只需要安装这个软件包一次，但是你必须在你想要使用它的每个 R 会话中加载它。还要注意，虽然 gpairs 前后的引号在安装软件包时是必需的，但在加载软件包时它们是可选可不选的。

   (c) 现在你可以访问 gpairs 软件包中的函数和数据了。gpairs 包的核心是 `gpairs()` 函数，它生成 "广义的配对散点图"——这种图允许同时显示几个变量之间的两两对应关系。尝试以下命令：

   ```
   > gpairs(iris, scatter.pars = list(col = as.numeric(iris$Species)))
   ```

   散点图中的有些地方看起来有点熟悉。你看到了什么？

3. 在本书的后面，我们将使用若干初级 R 函数完成练习。这些 R 函数的大部分我们已经在这里给出了，使用时定义它们的一种方法是重新输入它们(或者复制粘贴它们，如果是电子阅读的话)。但是这很乏味且容易出错。更好的方法是安装该书的配套 R 软件包 stfspack。该包保存在 github.com 里，而不是在 CRAN 里，所以你将需要按照一个略有不同(但仍是很容易)的方法来获得它。首先，你需要从 CRAN 中安装并加载 devtools 包(Wickham & Chang，2016)。下面两行代码就可以做到这一点：

   ```
   install.packages("devtools")
   library(devtools)
   ```

   安装 devtools 包可能需要一到两分钟。随着 devtools 的加载，我们可以从 github 中安装 stfspack 包，命令为

   ```
   install_github("mdedge/stfspack")
   ```

   现在要加载 stfspack 包，就像通常一样使用命令 `library()` 就可以了。

```
library(stfspack)
```

如果重新启动 R 软件，并希望使用该包，则只需要执行最后一个 `library()` 命令就行了。也就是说，只需要安装这个包一次，但是需要在每次重新启动 R 并希望使用其中定义的函数时重新加载它。你还可以在本书的 GitHub 资源库 http://github.com/mdedge/stfs/ 中找到一个包含所有函数的 R 语言程序的 stfspack 包。如果你不想安装 stfspack，可以通过运行该文件中的代码来定义函数。

2.3 本章小结

R 软件是执行统计任务的一个功能强大的免费软件包。我们将用它来模拟数据、分析数据和进行数据展示。关于 R 软件的更多细节见附录 B。

2.4 延伸阅读

适合 R 语言新手的资源包括：

Beckerman，A.P.，Childs，D.Z.，& Petchey，O.L.(2017). *Getting Started with R：An Introduction for Biologists*. Oxford University Press.

这是一本数据分析入门的实用指南，内容涵盖了流行的数据管理包(dplyr)和可视化包(ggplot2)。

Dalgaard，P.(2008). *Introductory Statistics with R*. Springer，New York.

本书的第 1 章很好地介绍了 R 语言，其余部分包含了最流行的分析在 R 软件中的实现。

Kabacoff，R.I.(2010). *R in Action*. Manning，Shelter Island，NY.

本书是为想要从 SPSS 等软件切换到 R 软件的人编写的。该书对每个基本 R 函数都有简短、切中要点的介绍，并包含大量的例子。Quick-R 网站也是由该书作者 Kabacoff 建立的，是 R 初学者最喜欢的资源。

还有一个名为 swirl 的 R 软件包，它可引导用户完成多个交互式 R 教程。对于想要进一步掌握 R 语言技能的读者来说，以下资源也很有用：

Matloff，N.(2011). *The Art of R Programming：A Tour of Statistical Software Design*. No Starch Press，San Francisco，CA.

如果你想学习足够多的 R 语言用来编写软件包并提供给其他人使用，这本书应该在你的书架上。Matloff 在本书中包含了与 R 交互的基础知识，然后深入地介绍了背后的工作原理。在阅读这本书之前，你需要了解 R 语言的基础知识。

Nolan，D.，& Lang，D.T.(2015). *Data Science in R：A Case Studies Approach to Computational Reasoning and Problem Solving*. CRC Press，Boca Raton，FL.

本书的每一章都是一个解决真实数据问题的例子，各章都由 R 语言的知名专家编写。

Wickham，H.(2014). *Advanced R*. CRC Press，Boca Raton，FL.

这是一本很好的 R 语言编程指南。书中的介绍和基础部分涵盖了大多数用户需要了解的内容。你可以在网上免费阅读(http://adv-r.had.co.nz/)，也可以花钱去实体店买一本。

第 3 章 最佳拟合线

关键词：最佳拟合线，线误差，线值，损失函数。

> 有如此多的法则，
> 要建立在所有这些预测之上，
> 实在难以定义，
> 到底在哪里画线呢？

——Joe Walsh，"Half of the Time"

让我们回到第 1 章开头的数据。图 3-1 复制了图 1-1 的数据。在图 3-1 中，横坐标显示了 11 个撒哈拉以南非洲国家的肥料消耗量，纵坐标显示了谷物产量。只是按照图 3-1 所示的方式绘制点增加了一些实质性的事情——我们已经将这两个变量联合考虑而不是单独考虑，找到了一种简洁的方式来表示它们在视觉上的关系。然而，我们还想知道更多。两个自然的问题是：

(1) 有什么方法可以归纳这些数据？

(2) 如果我们知道了一个与样本中相似的国家消耗了多少肥料，我们怎样才预测那个国家的谷物产量呢？

有很多方法可以回答这些问题，但在我们这个例子中，有一种方法可以同时回答这两个问题，那就是在数据点中画一条直线。直线的方程可以作为数据的汇总，还可以用来做预测。

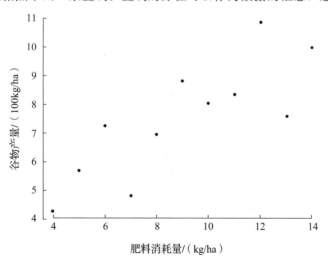

图 3-1 图 3-1 是图 1-1 的复制品

我们怎么画这条线呢？在图 3-1 的情况下，我们可以简单地画一条线，然后"观察"我们所画的线，确定出近似的斜率和截距，并写出该直线的方程。这对于某些非正式目的来说可能可以，但很容易看出它不适用于严肃的工作。一个人会以这种方式画线，但另一个人会用另外的方法画线。我们需要一种方法来绘制一条线，使得不同的数据分析师得出相同的结果。

框 3-1 本章所需的数学知识

本章假定你已经接触过一些除代数方程以外的数学知识，包括求和符号、函数的概念和微积分(特别是导数)。可能你的微积分知识曾经非常好但现在已经变生疏了——没关系——我坚信，通过一些提示，它们可以重新投入使用。如果你从未接触过本章所需要的一些概念，那也没关系，你只需要在学习之前利用一些额外的资源。本书的附录 A 中有一个微积分概念的速成介绍，在附录的末尾还列出了更多的微积分资源。

与此同时，在框 3-1 中，我们将给出所需概念的简要介绍。如果框中的介绍看起来不熟悉，或者你觉得很难，那么你可能在继续学习本书之前需要做一些预备工作(不要太多)。因为后面的一些章节对数学的要求会更高，所以现在有必要先准备一下。

数学函数是一种程序，在我们的例子中，它接受某种输入——一个数字或一组数字——然后产生输出。例如，函数 $f(x)=x^2$，取一个输入数字并对其进行平方，比如 $f(3)=3^2=9$。函数的关键属性是对于任意一个输入，其输出总是唯一确定的。

在本书中，大写 $(\sum)$ 表示求和。如 $\sum_{i=1}^{n} f(e_i)=f(e_1)+f(e_2)+\cdots+f(e_n)$。其读法为：$i$ 从 1 到 n 对 $f(e_i)$ 求和，这里 i 表示求和的指标，用语言描述就是对 i 从 1 到 n 进行函数值求和。也就是说，我们将考虑 i 从 1 到 n 的整数值对应的结果相加的值。我们经常会用到求和的两个性质。首先，任何不依赖于求和指标 i 的量，都可以提取到求和符号的外面而不改变求和的结果。所以，如果 a 是一个不依赖于 i 的常数，x_i 是一组依赖于 i 的数，则 $\sum_{i=1}^{n} ax_i=a\sum_{i=1}^{n} x_i$。(这只是分配律，比你记忆中的更抽象一些。)其次，如果求和中被求和数与指标 i 无关，那么求和就变成了被求和数与指标项数的乘积。所以，如果 a 不依赖于 i，则 $\sum_{i=1}^{n} a=a+a+\cdots+a=na$。

在本章中我们将用到的微积分概念是导数。假设有一个我们感兴趣的函数 $f(x)$，比如 $f(x)=x^2$。$f(x)$ 的导数记为 $f'(x)$ 或 $\dfrac{df(x)}{dx}$，它是表示 $f(x)$ 瞬时变化率的函数。也就是说，$f'(x)$ 将告诉我们：如果我们把 $f(x)$ 的自变量从 x 增加到 $x+\Delta x$，$f(x)$ 的变化有多快，向哪个方向变化，其中 Δx 表示一个非常小的数。

瞬时变化的概念可以定义得更加精确，但就我们的目的而言，我们的重点是利用导数来处理优化问题，以确定函数的参数值，从而给出最大或最小的可能输出。例如，我们可能想要找到使得 $f(x)=x^2$ 达到最小的 x 值。找到可能使 $f(x)$ 达到最值的 x 值的一种方法是求满足 $f'(x)=0$ 的 x 值，即 $f(x)$ 的导数为 0 的 x 值。当 $f(x)=x^2$ 时，其导数 $f'(x)=2x$(证明见附录 A)。方程 $f'(x)=0$ 成立当且仅当 $x=0$，这也是使 $f(x)=x^2$ 达到最小的 x 值。

想要求本章以及除了第 9 章之外的其他各章需要的导数，只须掌握三个法则就足够了。

（这里的公式编号为附录 A 中的编号。）第一，对一个函数形式为 $f(x)=ax^n$ 的多项式函数，其中 a 和 n 是常数，其导数为

$$f'(x)=nax^{n-1} \tag{A.2}$$

你只需记住"放前面，并减一"这句话，这正是多项式函数中对幂函数的求导运算法则。第二，如果一个函数乘以一个常数，那么它的导数也要乘以同一个常数，所以，如果 $g(x)=af(x)$，那么

$$g'(x)=af'(x) \tag{A.3}$$

第三，和的导数就是导数的和。所以，如果 $h(x)=f(x)+g(x)$，则 $h(x)$ 的导数为

$$h'(x)=f'(x)+g'(x) \tag{A.4}$$

3.1　定义"最佳"拟合

我们正在寻找一条最适合数据的直线，也称为最佳拟合线。我们所说的最佳是什么意思呢？有很多可能的意思。有的虽然有更合理的解释，但"最佳"通常没有唯一正确的选择。假设我们用下面的方程画一条直线

$$\tilde{y}=a+bx \tag{3.1}$$

它是截距为 a、斜率为 b 的一般直线方程，注意在 y 上加波浪号"～"，用来区分数据对应的直线上的值与数据点纵坐标的实际值（数据点纵坐标的实际值用 y 表示，没有～）。

图 3-2 显示了图 3-1 中的数据，并添加了一些内容。首先，有一条实线，它表示一条拟合线。它可能不是一条最佳拟合直线，但它是一个理性的人会通过数据随手绘制的一条直线。这条直线上有一些标记。这些标记是数据集中的点在直线上的对应值，它们在数据点的上方或下方。也就是说，标记的点与数据集中的点共享横坐标 x，但它们的纵坐标 y 落在我们所绘制的直线上。

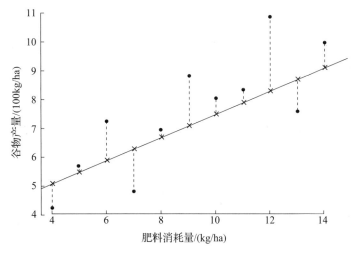

图 3-2　我们添加了拟合直线 $\tilde{y}=3.5+0.4x$，这不是一条最佳拟合线，但如果我们是徒手画，并且只用肉眼观察，那么这是一条合理的直线。线上的标记代表谷物产量在直线上的值。垂直虚线表示实际值与线上值的误差

直线上点的纵坐标 y 值就是我们所说的 y 的**线值**,第 i 个线值是 $\tilde{y}_i$。加上一些虚线连接线值与观测值。我们可以把第 i 条虚线的长度记为 e_i,我们称之为第 i 个**线误差**(残差)。^{⊖⊖}当虚线从实线向上延伸时,线误差(残差)为正数;当虚线从实线向下延伸时,线误差(残差)的符号为负。[⊜]

使用符号,我们可以把上面定义的关系写成

$$e_i = y_i - \tilde{y}_i = y_i - (a + bx_i) \tag{3.2}$$

即线误差 e_i 为观测值与线值之差,其中线值为观测值的 x 坐标对应的直线上的 y 坐标。这样定义是有帮助的,因为它允许我们把最佳拟合线想象成,在某种意义上,使线误差尽可能小的直线。具体地说,我们选择线误差的某个函数 f,最佳拟合线是使所有线误差的函数和最小——到现在为止这个函数我们还没有选择。也就是说,使

$$\sum_{i=1}^{n} f(e_i) \tag{3.3}$$

最小化,其中 $f(e_i)$ 是我们选择作用于线误差的函数——称为损失函数——n 是观测值的数目。**损失函数**,也称为成本函数或目标函数,它是用来刻画线误差的严重程度的函数。例如,如果我们认为大误差比小误差的成本高得多,那么我们可能会决定把线误差的平方作为损失函数——因为在这种情况下,将线误差的大小加倍会使损失函数对应的输出增加到四倍[比如 $(2e_i)^2 = 4e_i^2$]。对想要最小化的这个量我们称之为"总损失",如式(3.3)所示。

我们应该如何选择损失函数呢?你可能首先想到的是最小化线误差本身的总和,将损失函数取为 $f(e_i) = e_i$,则总损失为 $\sum_{i=1}^{n} e_i$。这样做会导致失败,因为如前所述,这个损失函数计算的线误差会有负值——直线经过一个观测点的上方——是好拟合的标志,会抵消正的线误差。观察图 3-2 中的直线。如果我们以同样的斜率画另一条直线,但截距增加五个单位。这条直线的总损失会比我们图 3-2 画的直线的总损失小,因为每个线误差都会少五个单位。^⑧但显然它不适合拟合我们的这些观测值,因为它将穿过所有观测值的上方。因此,最小化由损失函数 $f(e_i) = e_i$ 计算的总损失得到的结果会尽可能地偏向于选择通过所有观测值上方的直线作为拟合线。

现在,我们放弃使总损失 $\sum_{i=1}^{n} e_i$ 最小的想法,而是试图使 $\sum_{i=1}^{n} e_i$ 尽可能接近于零来解决这个问题。新策略将不允许直线通过所有观测点的上方,但是它将导致一个新问题。实践表明有很多种 a 和 b 的不同选择,使得不同拟合线的正线误差和负线误差相互抵消并且总

⊖ 此处使用"误差"一词是因为一条完美的直线应该恰好通过所有点。

⊜ 有人可能会想到可以根据点和直线之间的距离来定义线误差,而不要是竖直的那段距离。有一种方法其框架是按此思路处理的,称此方法为"总最小二乘法"——它的二变量形式称为"戴明回归"。

⊜ 在一些书本上,将线值称为"预测值",但我们现在尚未对数据进行任何预测——处理我们将来将碰到的数据,我们现在着眼于处理我们手头上已有的数据。其他材料上称线误差为"残差",但我们也将保留线误差这一术语以供以后使用。

⑭ 回忆一下,如果直线通过数据集中一个点的上方,则相应的线误差为负数,因此,当直线向上移动时,尽管大多数线误差都具有更大的绝对值,但线误差本身之和会变得更小——因为有更多负数。

误差正好为零。⊖将线误差最小化并不能得到唯一的最佳拟合线。这里真正的问题是选择的损失函数 $f(e_i)$ 使得损失可以取负值，这就使得某些类型的误差可以抵消其他类型的误差的影响。如果可能的话，我们希望在任何一个方向都没有误差，所以我们应该选择一个不能取负值的损失函数。

基于这种想法，很多线性回归的方法是这样的：因为我们需要选择一个不能取负值的损失函数，那么，我们就选择最小化由线误差平方和得到的总误差 $\sum_{i=1}^{n} e_i^2$。一个最直接的异议是选取损失函数为 $\sum_{i=1}^{n} e_i^2$ 并不是使得 $f(e_i)$ 不为负值的唯一方法。例如，我们可以选择损失函数为 $f(e_i) = |e_i|$，即线误差的绝对值。有很多函数都可以使得线误差的函数值不为负，那么为什么要选择平方呢？

提出这个异议是合理的，但我们将像其他教材一样，主要处理最小化线误差平方和，即所谓的"最小二乘法"。这有两个原因。第一，这是一个不太有说服力的原因，求误差平方和的最小值比求许多其他可能的总损失的最小值在数学上要容易得多。但计算机使这第一原因在实践中变得不那么重要了——现在很容易计算出由任何一种可能的损失函数得到的总损失——但是这样处理在历史上很重要。第二，我们将在后面的内容中看到，如果我们做出某些假设，误差平方和具有关于数据产生方式的特殊意义。虽然我们的正文中主要处理的是线误差平方和，但是在练习中也会出现一些处理线误差的绝对值之和的习题。

3.2　推导：求最小二乘线

那么，我们应该如何最小化线误差平方和呢？马上我们就将看到，使用微积分是一个好办法。不过，我要对那些数学不太好的读者做一个简要的声明：我们即将进行一个有点复杂的数学推导，本书还会有很多这样的推导，大多在练习中。一些非数学背景的学生会对这样的推导感到不适应，这很正常——因为他们要付出很大的努力，但是回报在一开始并不明显。那么，我们为什么还要推导呢？因为这本书的核心思想是为了帮助统计学的使用者明白他们所使用的统计方法是如何构建的。如果无法理解这个过程，那么在利用统计工具的过程中依然不会进行批判性思考，而是把它们视为"魔法"。只有明白了这些统计方法是如何构建的，读者才能对这些方法所包含的假设有更敏锐的直觉。这些方法的目的不是让你去记住每一步该怎么做，而是通过阅读让你理解这些推导过程的真正目的，并且明白它们是如何通过一系列具体的、可以证明的推理步骤实现的。

回忆一下微积分知识（或者附录 A 中的知识），在许多情况下，我们可以通过求导并使

⊖　通过点 $(\bar{x}, \bar{y})$ 的任何直线，其线误差之和为零，其中 $\bar{x}$ 表示所有观测值 x 的均值，$\bar{x} = \sum_{i=1}^{n} x_i/n$，$\bar{y}$ 是所有 y 的均值。要明白这一点，请注意由 $\sum_{i=1}^{n} e_i = \sum_{i=1}^{n} [y_i - (a + bx_i)] = 0$ 移项得 $\sum_{i=1}^{n} y_i = na + b\sum_{i=1}^{n} x_i$，它可以简化为 $\bar{y} = a + b\bar{x}$。这意味着任何满足 $\bar{y} = a + b\bar{x}$ 的直线其线误差的和均为 0。然而，有无限多的直线都通过点 $(\bar{x}, \bar{y})$。

导数为零来找到函数的候选最小值。我们想得到使线误差平方和最小的 a 和 b 的值，因此，我们应该把线误差平方和写成关于 a 和 b 的函数，然后对该函数求导，并令导数为零来求 a 和 b 的值。前面我们已经建立了用 a 和 b 表示的每个线误差的公式：

$$e_i = y_i - \widetilde{y}_i = y_i - (a + bx_i)$$

为了计算用 a 和 b 表示的损失函数 $f(e_i) = e_i^2$，我们对用 a 和 b 表示的 e_i 的表达式进行平方：

$$f(a, b) = e_i^2 = (y_i - a - bx_i)^2$$

我们需要最小化的函数是总损失函数，即关于所有线误差的损失函数之和。我们将总损失函数记为 $g(a, b)$：

$$g(a, b) = \sum_{i=1}^{n} (y_i - a - bx_i)^2 \tag{3.4}$$

换句话说，我们取每个线误差——每个观测点到直线的竖直距离，先对它们求平方，然后对这些平方求和。这些线误差平方和就是我们需要最小化的总损失。在对式(3.4)求导数的时候出现了两个我们可能不太熟悉的问题。第一，这是有两个变量 a 和 b 的函数，而不仅仅有一个变量。⊖ 为了达到我们的目的，我们可以一次只考虑一个变量。也就是说，我们可以分别关于 a 和 b 最小化函数，从而得到两个方程来求这两个未知数的值。第二个新问题是总损失是 n 项求和，其中 n 是我们观测到的观测值数目。这也没问题，我们可以通过先对和式中每一项求导数，然后再求和来求得和式的导数。因此，我们可以用处理其他函数的方式来处理这个函数。

　　最小化线误差平方和所得直线的截距 a 的值，出现在后文的练习中。在这里，我们推导 b 的值，它是最小化线误差平方和所得直线的斜率。首先，展开和式中的平方项：

$$g(a, b) = \sum_{i=1}^{n} (y_i^2 - 2ay_i - 2bx_iy_i + a^2 + 2abx_i + b^2x_i^2)$$

为了求得使总损失最小的直线的斜率 b 的值，即能最小化式(3.4)的 b 的值，我们对总损失函数关于 b 求导。总损失函数是一个关于 b 的多项式，这意味着我们可以用式(A.2)来求其导数。由式(A.2)知，要对一个多项式求导，比如 b^k（这里 k 是常数），我们应该把指数的值放前面，并乘以指数减去 1 后的项，所以导数是 kb^{k-1}。总损失函数中有三项没有出现 b：y_i^2、$-2ay_i$ 和 a^2。这些项都可以看成是乘以 $b^0 = 1$ 的项。应用"放前面，并减一"规则，这些项关于 b 的导数都需要乘以 b 的指数减 1——在这种情况下 b 的指数为 0——因此它们从公式中去掉了。在只含有 b 的 1 次方的两项中（$-2bx_iy_i$ 和 $2abx_i$），b 在求导数后被消去了，但这一项的其他没有变化。（把 b 想象成 b^1，所以把 1 放在前面，b 变成 $b^0 = 1$。）对于有 b^2 的项 $b^2x_i^2$，把 2 放在前面，然后指数减 1，那么 b^2 变成 $2b$。综合这些法则，我们得到导数：⊜

⊖　观测到的 x_i 和 y_i 值不应该视为变量。我们可以改变直线中的 a 和 b 的值，但我们不能改变观测到的数据。因此，我们是对以 a 和 b 为变量的函数求最小值，并将其他量视为常数。

⊜　关于这个表达式的简要说明：我们现在记为 $\frac{\partial}{\partial b} g(a, b)$，而不是 $g'(a, b)$，用以表明对 b 还是对 a 求导的区别。出现在求导运算符中的 ∂ 表明我们正在对有一个以上变量的函数的其中一个变量进行求导。

$$\frac{\partial}{\partial b}g(a,b)=\sum_{i=1}^{n}(-2x_iy_i+2ax_i+2bx_i^2)$$

为了求得使 $g(a,b)$ 达到最小的 b，我们不妨将其记为 $\widetilde{b}$，我们求解使导数等于零的 b。于是我们为得到 $\widetilde{b}$，需求解下列方程：

$$\sum_{i=1}^{n}(-2x_iy_i+2ax_i+2\widetilde{b}x_i^2)=0$$

下面我们一步一步来完成它。注意和式中每一项都有 2，所以我们可以把它从括号中提出来。又因为 2 不依赖于求和下标 i，因此我们又可以把它从求和中拿出来，从而得到

$$2\sum_{i=1}^{n}(-x_iy_i+ax_i+\widetilde{b}x_i^2)=0$$

我们知道：如果左边和式的两倍等于零，那么和式本身也等于零，所以我们可以去掉 2，从而得到

$$\sum_{i=1}^{n}(-x_iy_i+ax_i+\widetilde{b}x_i^2)=0$$

上面的和式可以展开成对每一项分别求和，最后得到相同的总和。也就是说，它可以写为

$$\sum_{i=1}^{n}(-x_iy_i)+\sum_{i=1}^{n}ax_i+\sum_{i=1}^{n}\widetilde{b}x_i^2=0$$

因为 a 与 $\widetilde{b}$ 不依赖于 i，我们可以将它们提取到求和符号的前面，得到

$$\sum_{i=1}^{n}(-x_iy_i)+a\sum_{i=1}^{n}x_i+\widetilde{b}\sum_{i=1}^{n}x_i^2=0$$

为了使得等式的左边仅出现含 $\widetilde{b}$ 的项，方程两边同时减去左边的前两项得，

$$\widetilde{b}\sum_{i=1}^{n}x_i^2=\sum_{i=1}^{n}x_iy_i-a\sum_{i=1}^{n}x_i$$

现在等式两边同时除以左边的和式，得到 $\widetilde{b}$ 的值为

$$\widetilde{b}=\frac{\sum_{i=1}^{n}x_iy_i-a\sum_{i=1}^{n}x_i}{\sum_{i=1}^{n}x_i^2} \tag{3.5}$$

这就是使线误差平方和达到最小的拟合直线的斜率 $\widetilde{b}$ 的表达式。[⊖] 这个表达式还不完全令人满意，因为里面含有截距 a，而我们现在还没有求出 a 的值。要得到一个没有 a 的表达式，我们必须先求出使线误差平方和达到最小的 a 的值，然后将得到的 a 值代入式(3.5)中。你将在后文的练习中看到使线误差平方和最小的截距 a 的值。它是

$$\widetilde{a}=\frac{\sum_{i=1}^{n}y_i-\widetilde{b}\sum_{i=1}^{n}x_i}{n} \tag{3.6}$$

⊖ 要确认多变量函数的临界点是最大值点、最小值点还是鞍点，我们需要做一些额外的工作。需要验证二阶导数矩阵的一些性质。在这里我们略去，因为它已经超出了我们的范围，其实它也并不是很难。

你可能已经注意到，最小二乘线的截距 $\widetilde{a}$ 的表达式中也包含最小二乘线的斜率 $\widetilde{b}$，但通常我们就把它写成这种形式。在后文的选做练习中，要求你将 $\widetilde{a}$ 的这个表达式代入上面得到的 $\widetilde{b}$ 的表达式，然后求解关于 $\widetilde{b}$ 的方程，再化简就得到一个不依赖于截距 a 的最小二乘线的斜率 $\widetilde{b}$ 的表达式：

$$\widetilde{b} = \frac{\sum\limits_{i=1}^{n} x_i y_i - \dfrac{1}{n} \sum\limits_{i=1}^{n} x_i \sum\limits_{i=1}^{n} y_i}{\sum\limits_{i=1}^{n} x_i^2 - \dfrac{1}{n}\left(\sum\limits_{i=1}^{n} x_i\right)^2} \tag{3.7}$$

这个表达式是用 x_i 和 y_i 的值来进行计算的，x_i 和 y_i 的值也就是我们的观测值数据。

$\widetilde{a}$ 和 $\widetilde{b}$ 的表达式看起来有点复杂，但它们是可以简化的。下面引用一些标准记号，我们将 x_i 和 y_i 的均值分别记为

$$\overline{x} = \frac{1}{n} \sum_{i=1}^{n} x_i$$

以及

$$\overline{y} = \frac{1}{n} \sum_{i=1}^{n} y_i$$

你将有机会在下面的证明中看到 $\widetilde{a}$ 和 $\widetilde{b}$ 的表达式可化简为：

$$\widetilde{a} = \overline{y} - \widetilde{b}\,\overline{x} \tag{3.8}$$

和

$$\widetilde{b} = \frac{\sum\limits_{i=1}^{n} (x_i - \overline{x})(y_i - \overline{y})}{\sum\limits_{i=1}^{n} \left[(x_i - \overline{x})^2\right]} \tag{3.9}$$

我们稍后将会看到，$\widetilde{b}$ 还可以用概率论中一些基本量的估计来重新表示。

练习集 3-1 [⊖]

1. (a) 对于图 3-1 中的数据，使用 R 语言计算最小二乘线的截距 $\widetilde{a}$ 和斜率 $\widetilde{b}$。[使用式(3.6)和式(3.7)或者式(3.8)和式(3.9)进行计算都可以，如果你选择用式(3.8)和式(3.9)，请用 mean() 函数计算 $\overline{x}$ 和 $\overline{y}$。] 图 3-1 中 x 的数据在 R 软件中可用 anscombe\$x1 读取，y 的数据可用 anscombe\$y1 读取。(anscombe 是 R 软件的内置数据集之一。)下面是一些你所需要的 R 语言的基本技能：给定两个长度相同的数值向量 x 和 y，使用 x*y，你可以得到一个新向量，它的每个元素是 x 和 y 中对应元素的乘积。使用 x^2(或 x*x)，你可以得到一个向量，它的每个元素是 x 中对应元素的平方。要计算 x 中所有元素的和，使用 sum(x)。最后，你可以用 length(x) 得到 x 中的元素个数。添加括号以确保你的数学运算以正确的顺序进行。

⊖ 详细的解答和 R 语言脚本，请参阅本书的 GitHub 资源库(github.com/mdedge/stfs/)。

(b) 验证(a)中求得的斜率和截距与使用 lm() 函数求出来的是否一样。

要将 lm() 的输出保存在名为 mod.fit 的对象中，请使用

```
mod.fit <- lm(anscombe$y1 ~ anscombe$x1)
```

或者

```
mod.fit <- lm(y1 ~ x1, data = anscombe)
```

运行上述命令之一后，要查看最小二乘直线的斜率和截距，请使用

```
summary(mod.fit)。
```

2. [选做]在本题中，请推导式(3.7)，并证明式(3.6)和式(3.7)等价于式(3.8)和式(3.9)。

(a) 用式(3.6)中得到的最小二乘截距 $\widetilde{a}$ 的值代替式(3.5)中的 a，验证式(3.7)。

(b) 证明式(3.6)可以改写为式(3.8)。

(c) [较难]证明式(3.7)可以改写为式(3.9)。[提示：从式(3.9)开始，反向推导，分别处理分子和分母。]

3.3 结论

我们已经找到了一条可能的最佳拟合线——使线误差平方和最小的直线。图 3-3 绘制了图 3-1 中的数据和穿过它们的最小二乘线。正如你在前面习题中所看到的，最小二乘线的方程是 $\widetilde{y} = 3 + 0.5x$。

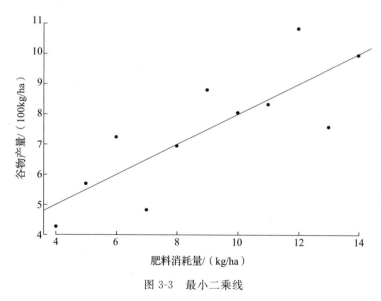

图 3-3 最小二乘线

绘制最小二乘线不需要概率或统计的假设。我们甚至还没有引入概率的概念，最小二乘线可以作为一种汇总或者视图辅助，最小二乘线也可用作粗略的预测工具。例如，如果我知道了一个撒哈拉以南非洲国家的肥料消耗为 10kg/ha，我们可能会猜测该国的谷物产量约为

3+0.5×10＝8(单位：100kg/ha)。当我们有了这种配对的数据集时，我们就可以绘制出最小二乘拟合直线，并用这种最简单、非正式的方式解释它，而不管数据的属性如何。

我们已经走了很长的路，但这些解释并不完全令人满意。我们可以用这条直线做预测，但是我们用什么保证我们的预测是好的呢？更宽泛地说，这些预测何时是合理的呢？以及这些预测可能具有哪种类型的属性呢？回到第 1 章的开头：如果我声称这条直线反映了两个变量之间重要的关系，而你却声称它们之间没有这种关系。我们应该如何澄清我们的分歧呢？

在思考这些问题时，很明显我们不想仅仅考虑我们碰巧收集到的数据，还要考虑更大的实体——总体或过程。为了确定总体，我们必须对数据是如何生成的做出假设。如果我们以数学形式写下我们的假设，那么我们就可以使用数学方法来研究我们根据最小二乘线做出的预测、最小二乘准则的合理性，以及我们得到的截距和斜率的意义。我们需要的数学分支是概率论，将在接下来的两章中介绍它。

在下面的练习中，你将探索最小二乘线的一些特性和扩展。

练习集 3-2

1. (a) 通过最小化含有截距 a 的线误差平方和[式(3.4)]推导式(3.6)，记得在求导数时使用式(A.2)～式(A.4)。

   (b) 由式(3.8)中 $\tilde{a}$ 的表达式证明最小二乘线总是通过点 $(\overline{x}, \overline{y})$。

2. 假设对于某一组数据，我们知道截距 $a＝0$。例如，我们可能在研究弹簧上挂着的重物对弹簧的拉伸程度，我们知道，当弹簧上没有挂重物时，弹簧根本就没有拉伸。我们想求得当截距被限制为零时，使线误差平方和最小的那条直线。请问，我们能使用上述方法求得满足该条件的斜率 b 的数学表达式吗？它具体是什么？

3. [选做]想象一下，我们不是求 $y_i＝a+bx_i$ 形式的最佳拟合线，而是求 $x_i＝c+dy_i$ 形式的最佳拟合线。也就是说，我们不是用 x_i 去表示 y_i，而是用 y_i 去表示 x_i。如果我们选择最小化线误差平方和的方法，那么，$\tilde{c}$ 和 $\tilde{d}$ 的表达式是什么？其数值等于 $\tilde{a}$ 和 $\tilde{b}$ 吗？

4. [选做]我们将最佳拟合线定义为使线误差平方和最小的直线。我们也可以将其定义为使线误差的其他函数最小化的线。在本题中，我们考虑使线误差绝对值之和最小的线，它有时也被称为"L1 线"。用 quantreg 包中的函数 rq() 可以求出 L1 线的斜率和截距。

   (a) 使用函数 install.packages() 和 library() 安装和加载 quantreg 包。

   (b) 对图 3-1 中的数据，使用 rq() 求 L1 线的 $\tilde{a}$ 和 $\tilde{b}$ 值，图 3-1 的数据可用 anscombe$x1 和 anscombe$y1 访问。使用参数 tau (tau=0.5) 的默认值求 L1 线。

   (c) 在同一图上绘制最小二乘线(也称为 L2 线)和 L1 线。你可以通过下列 R 语言代码完成此操作，用 abline() 函数在散点图上绘制直线：

```
plot(anscombe$x1, anscombe$y1)
mod.fit.L2 <- lm(anscombe$y1 ~ anscombe$x1)
mod.fit.L1 <- rq(anscombe$y1 ~ anscombe$x1)
abline(mod.fit.L2, lty = 1)
abline(mod.fit.L1, lty = 2)
legend("topleft", legend = c("L2", "L1"), lty = c(1,2))
```

   在此题中，关于最小二乘线和 L1 线，你注意到了什么？

(d) 现在尝试一组新的数据。考虑数据 anscombe$x3 和 anscombe$y3。首先绘制数据散点图：

```
plot(anscombe$x3, anscombe$y3)
```

观察散点图。你认为在这种情况下最小二乘线和 L1 线是相似的还是不同的呢？如果它们不同，它们会有什么不同呢，为什么？

(e) 现在绘制最小二乘线和 L1 线。你如何解释你所看到的？

3.4　本章小结

可视化有两个变量的一组数据的一种方法是将它们绘制在一对坐标轴上。然后可以画一条"最佳拟合"数据的直线作为汇总。在本章中，我们考虑了如何定义最佳拟合线——没有唯一的最佳选择。最常用的数据汇总线是最小二乘线，即能够最小化点与直线之间竖直距离平方和的线。最小二乘法普遍适用的一个原因是方便，但我们稍后将看到它也与统计估计中的一些关键思想有关。我们讨论了最小二乘线截距和斜率表达式的推导。

3.5　延伸阅读

Freedman，D. A. (2009). *Statistical Models*：*Theory and Practice*. Cambridge University Press.

有关最小二乘线的类似但更具技术性的处理，包括更一般的多元回归案例，请阅读 Freedman 的第 2 章。

第 4 章 概率与随机变量

关键词：贝叶斯定理，条件概率，连续随机变量，累积分布函数，离散随机变量，分布族，事件，独立性，实现，交集，参数，概率，概率密度函数，概率质量函数，随机变量，集合，并集。

当你看到机会时，抓住它。

——Steve Winwood，"While You See a Chance"

给定有两个变量的一组观测值，我们可以绘制一条"最佳拟合"数据的直线。虽然"最佳拟合"有许多可能的定义，但对于我们可以选择的大多数定义，找到一条最佳拟合数据的直线是可行的，至少在计算机的帮助下是这样。

到目前为止，我们还不太清楚应该如何解释这条线。接下来几章的目的是为这条线提供一个解释框架。首先，我们介绍一下概率论与统计估计和推断之间的区别。

在概率论中，我们会考虑生成数据的过程，我们会问，"对于这样一个过程生成的数据，能说明些什么呢？"我们通常是从一个模型开始，然后使用这个模型对我们可能观测到的数据做出假定。例如，我们给学生进行有十个问题的测试，我们对学生正确回答问题的数量感兴趣。我们可以做一个这样的模型假定：设给定的学生能正确回答每个问题的概率为 p，不考虑学生是否正确地回答了其他任一问题。下一步，我们可以考虑可能产生的分数问题。可能的分数是多少？我们"期望"的分数是多少？在具有相同属性的重复测试中，学生的分数会有多少变化？在这类问题上，我们并不关心学生的具体测试过程，只关心"如果学生按照模型描述的方式完成测试，结果是怎样的"。

在统计估计和推断中，我们的工作方向正好相反。我们是从数据开始的，然后提出问题："对于生成这些数据的过程，我们能说些什么呢？"例如，我们可依据一个学生的十项测试数据做同一模型假定——无论其他九个问题的结果如何，学生能正确回答每个问题的概率为 p——那么问题来了，例如，关于某个特定学生的 p 值。这个学生的 p 值是多少呢？我们的最佳猜测是什么？我们对自己的猜测有多少把握？我们能说这个学生的 p 值与另一个学生的不同吗？如果模型不能很好地与实际情况匹配，例如，如果问题对不同个体差异很大，那么，我们的模型假设可能没有说服力。

在本章以及下一章，我们将介绍概率的概念，并对特定过程产生的数据进行研究，然后进行统计估计和推断。

我们关注对统计思维最重要的概念——概率。我们涉及的一些想法好像与应用不相干，但是请记住，未来的所有工作都取决于本章和下一章中的思想。在统计学中，我们最初的假设通常都是采用概率模型的形式，该模型包含适用于所有概率模型的基本公理以及我们想要研究的情况的附加假设。这就引出了一个可能令人不安的问题——严格来说，我们在后面几章中介绍的统计方法是为应用于我们假设的概率模型生成的数据而设计的，但实际上很少有由这些模型生成的数据，我们的模型是理想化的数学模型，相反，我们的数据是来自现实世界的。因此，统计分析结果的可信度取决于现实世界与我们假设的概率模型的相似程度。如果不了解概率模型，我们将无法评估我们的假设是否合理。

尽管全面回答上述问题超出了本书的范围，但它却提出了一个值得深究的哲学问题："什么是**概率**？"概率可能只是存在于从事某一特定数学分支的人的头脑中的研究对象。这种观点有一定的道理，概率至少是数学研究对象。⊖它还可以用于理解世界。那么，我们应该如何解释与现实世界相关的概率呢？

当前主要的观点是，最好将概率理解为长期频率。从这个角度来看，某一特定事件发生的概率就是它在多次试验中发生的频率的倾向值。从频率的角度解释概率是非常直观的，频率很好地描述了许多概率的情形，例如掷硬币、纸牌游戏和轮盘赌等。

但是，在某些情况下，从频率角度解释的概率会变得尴尬。例如，天气预报说明天你所在的城镇下雨的概率是25%。如果从频率的角度解释概率，就很难理解这一点。时间和空间只会为我们提供你所在城镇明天的一个实例。例如，不会出现2150年3月25日墨西哥库埃纳瓦卡降雨的长期频率，我们只有一次机会观察2150年3月25日墨西哥库埃纳瓦卡是否下雨——要么下雨，要么不下雨。如果我们使用频率角度的概率，"明天我的城镇下雨的概率是25%"，这句话根本就不是一个有效的概率表述。如果我们一定要用这种定义的概率来表述天气的话，我们可以将其重新叙述为"在所有情形都像今天和过去一样的前提下，我所在的城镇下雨的概率是25%"。当然，这样的描述并不能令人满意，因为天气很复杂，无论是之前还是将来，在所有相关方面都像今天这样的可能没有。

解决此类问题的一种方法是放弃频率角度的概率，频率角度之外的另一种角度是，事件发生的概率是衡量理性人对事件要发生的确信度。确信度的角度可以解决频率观点在解释一次性事件概率时出现的问题，但也有理由在其他方面批评它，辩论仍在进行中。

一个与之分离但有又有关联的问题是：宇宙从根本上讲是概率性的还是确定性的？换句话说，如果我们可以在完全相同的初始条件下重新启动宇宙，那么一切都会和这次一样吗？人类最成功的科学理论之一量子力学的一些主要理论表明，在原子和亚原子尺度上，世界从根本上讲是一个不确定的地方，这意味着即使具有相同的起始条件，亚原子过程的重复试验也可能产生不同的结果。但是，即使承认量子力学的这一主张，亚原子的偶然性是否意味着宏观必是偶然性仍然不清楚。如果这个世界——至少是大到可以看到的部分——可能是确定性的，那么我们有什么理由去考虑概率呢？拉普拉斯——一位著名的决定论者和著名的概率论者——回答了这个问题，他认为概率是我们自己对世界不确定性的概括。拉普拉斯的例子表明，即使人们认为概率不会出现在对自然的完美、完整理解中，但也必须认真对待概率的研究。

我们正在探讨一个最终解释尚不清楚的主题，这似乎令人不安，但我们不需烦恼，本章和下一章的目标是学习数学中的概率，而数学是不受结果解释影响的。也就是说，我们是将概率论视为从一组假设出发得来的陈述系统，我们假定概率只是满足这些假设的数学对象，我们可以同意数学是正确的，但也可以不同意其对现实世界的解释。

⊖ 当然，数学研究对象是否主要存在于"从事数学的人的头脑中"是另一个问题。

概率是一个庞大的主题，在接下来的章节中，我们将只讨论理解统计材料所必需的内容。在对集合论中的一些概念（框 4-1）进行简要介绍之后，我们将从概率公理开始，它是我们进行概率推演时需要的一组假设。然后，我们将学习如何使用条件概率、独立性和贝叶斯定理来推理各类事件的概率之间的关系。接下来，我们将介绍随机变量、分布函数和密度函数。我们将在下一章完成概率理论体系的建立。

框 4-1   集合与集合符号

概率是建立在集合论基础上的。集合论是数学的一个分支，它处理的对象是对象的组或集合。你需要了解一些集合论知识才能理解本章的内容。

集合是对象的无序组，我们用花括号表示集合，比如：

$$\Omega = \{1, 2, 3, 4, 5, 6\}$$

集合中的个体称为元素，Ω 的元素是从 1 到 6 的整数，我们可以用 Ω 来表示掷一个六面骰子的可能结果。元素出现的顺序并不重要，即

$$\Omega = \{1, 2, 3, 4, 5, 6\} = \{6, 5, 4, 3, 2, 1\}$$

元素是否出现多次也并不重要，相同的元素只算一个：

$$\Omega = \{1, 2, 3, 4, 5, 6\} = \{1, 2, 3, 4, 5, 6, 6, 6\}$$

我们通常在书写集合时，要求每个元素只出现一次。

考虑两个新集合 K 和 L：

$$K = \{1, 3, 5\}, \quad L = \{1, 2, 4\}$$

K 和 L 都是 Ω 的子集，它们的所有元素都出现在 Ω 中。K 和 L 将帮助我们理解集合的两个最重要的运算：交集与并集。两个集合的**交集**是指由同时出现在两个集合中的元素构成的新集合，用符号 $\bigcap$ 表示：

$$K \bigcap L = \{1\}$$

两个集合的**并集**是指由出现在两个原始集合的任意一个中的所有元素构成的新集合。用符号 $\bigcup$ 表示：

$$K \bigcup L = \{1, 2, 3, 4, 5\}$$

在概率论中，我们通常不是对特定集合中的元素感兴趣，而是对包含我们所关心元素的更大集合中的元素感兴趣。例如，如果我们考虑掷一个有六个面的骰子，那么上面的集合 Ω 包含了所有我们感兴趣的元素，我们现在考虑集合 Ω 中所有不在集合 K 中的元素构成的集合，我们称这个集合为 K 的补集，记为 K^{c}。在我们的例子中，

$$K^{c} = \{2, 4, 6\}$$

另一个例子是：

$$L^{c} = \{3, 5, 6\}$$

取补集所涉及的“所有可能元素”的集合被排除在了表示之外——它是隐含的。当我们需要明确地标注它时，我们通常把它写成 Ω，Ω 的任何子集 S 的补集具有以下属性：

$$S \bigcup S^{c} = \Omega$$

且

$$S \bigcap S^{c} = \varnothing$$

第一个性质表明集合与它的补集的并集等于 Ω，第二个性质表明集合与它的补集没有公共元素，即它们的交集是空集。本书我们将一直使用 $\varnothing$ 表示空集或没有任何元素的集合。

4.1 [选读]概率公理

在过去的 150 年里，数学家关心的一个问题是找到公理——它可以用作特定数学分支的逻辑基础的最小假设。一旦一个领域有了一套公理，如果这些公理是正确的，从事该领域工作的数学家就可以做出推论式的断言。数学的许多领域都有不止一套公理。例如，几何学家可以选择以欧几里得公理为基础，或者以一组不同的假设为基础，根据他们的选择，称其为"欧氏"几何或"非欧"几何。概率也有不止一套公理，但最有影响力的一套公理称为 Kolmogorov 公理，由 Andrey Kolmogorov 在 1933 年提出。我们这里不是一个系统介绍 Kolmogorov 公理的地方，但我们将尝试给出 Kolmogorov 公理的味道。

考虑公理的一种方式是对我们想要研究对象的最基本直觉公式化。例如，我们很难理解事件具有负概率或者概率大于 1（即大于 100%）是什么意思，那么，我们就可以像 Kolmogorov 那样写出禁止这些可能性的公理。

Kolmogorov 公理中最重要的对象是概率空间。概率空间有三个组成部分：所有结果的集合、事件集合和一个概率函数。例如，假设我们正在玩轮盘赌，并且对于单次旋转，我们关心的是球落进的口袋颜色。轮盘上有三种颜色的口袋：黑色、红色和绿色。我们可以将结果集合表示为：

$$\Omega = \{B, R, G\}$$

花括号表示里面的项为集合的元素，集合中的每个元素都是一个结果：B 代表黑色，R 代表红色，G 代表绿色。$\ominus$

我们接下来讨论事件集。注意："事件"这个名词可能会让你产生错误的想法，在概率论之外，人们通常不会谈论"球落入黑色口袋或落入红色口袋"之类的"事件"，但这正是我们这里要做的。**事件**是集合 Ω 中出现的结果构成的子集。例如，"球落入黑色口袋或落入红色口袋"是一个事件，记为 $\{B, R\}$。在日常生活中，我们不会谈论像 $\{B, R\}$ 这样的事件，但如果我们想知道 $\{B, R\}$ 发生的概率的情况，就需要了，例如，如果你正在考虑对绿色下注。因为每个事件都是一个集合，所以事件集就是一个集合的集合。例如，在我们的轮盘赌中，事件集是

$$\mathcal{F} = \{\varnothing, \{B\}, \{R\}, \{G\}, \{B,R\}, \{B,G\}, \{R,G\}, \{B,R,G\}\}$$

$\mathcal{F}$ 包含了 Ω 的所有可能结果构成的集合以及符号 $\varnothing$。其中，$\varnothing$ 是空集，它不包含任何元素。在本例中，$\varnothing$ 表示一个这样一个事件："球没有落在黑色、红色或绿色的口袋里"，这是一个奇怪的事件，我们将看到它的概率为零。

概率空间的最后一个组成部分是概率函数 P。概率函数为 $\mathcal{F}$ 中的每个事件分配概率，它必须遵守 Kolmogorov 的下列三个概率公理：

$\ominus$　如果我们对轮盘多次旋转的结果感兴趣，我们可以使 Ω 包括多次旋转的结果。这里，为了简单起见，我们只关注轮盘单次旋转的情况。

(i) $\mathcal{F}$ 中每个事件的概率都是一个非负实数。（概率不能为负数。）

(ii) 包含所有结果的事件的概率为 1。我们把这个公理写成 $P(\Omega)=1$。在我们的轮盘赌例子中，可以写为 $P(\{B,R,G\})=1$，或者说，"球落入黑色口袋、红色口袋或绿色口袋的概率为 1。"（一个更加宽泛的表述是："某些结果发生的概率设置为 1。"）

(iii) 假设我们有两个互斥的事件 E_1 和 E_2，"互斥"表示两个事件没有交集，$E_1 \cap E_2 = \varnothing$，第三个公理是指，$E_1$ 或 E_2 的元素构成的事件的概率是 E_1 的概率与 E_2 的概率之和。也就是说，如果 $E_1 \cap E_2 = \varnothing$，则 $P(E_1 \cup E_2)=P(E_1)+P(E_2)$。用更简单的话来说，如果两个事件不能同时发生，那么至少一个发生的概率等于它们分别发生的概率的和。例如，轮盘赌中的一个球不能同时落入黑色口袋和红色口袋中，因此，$P(B \cup R)=P(B)+P(R)$。

在我们的轮盘赌例子中，概率论的公理没有告诉我们概率是什么。将事件的概率设置为该事件对应的口袋数所占的比例可能是合理的，但概率公理并不要求我们这样做。它要求我们分配给事件的概率具有某些属性就可以了。在这里我们暂不考虑公理的具体含义，先做一些集合和概率空间的练习。

练习集 4-1

1. 假设我们知道事件 A 发生的概率，将其记为 $P(A)$。那么，它的补集的概率 $P(A^c)$ 是多少呢？使用补集的性质和概率公理来证明你的答案是正确的。

2. 在上面的轮盘赌例子中，设 $P(B)=\beta$，$P(R)=\rho$，并且球只能落入一种颜色的袋子中。请找出 $\mathcal{F}$ 中每个事件的概率，并使用概率公理和问题 1 的结果证明每个答案的正确性。

3. [选做] 证明 $P(E_1 \cup E_2)=P(E_1)+P(E_2)-P(E_1 \cap E_2)$。也就是说，任意两个事件中至少一个发生的概率是每个事件单独发生的概率之和减去它们都发生的概率。（提示：定义差集 $E_2 \setminus E_1$ 为所有属于 E_2 但不属于 E_1 的元素的集合。补集是差集的特例：$E_1^c = \Omega \setminus E_1$。）

4.2　事件之间的关系：条件概率和独立性

在前面（选读）部分中，我们考虑了概率过程的一个单次试验——一次轮盘赌○。我们只考虑了该试验结果的一个特征——球落入的口袋颜色。然而，很多时候我们想同时考虑一个结果的几个特征，或者我们想考虑几次试验的结果。例如，我们同时考虑球落入的口袋颜色和数量，或者我们可以考虑多轮轮盘赌。我们需要用概念来描述这些事件是如何相互关联的。

想象一下，我们从一副洗好的扑克牌中抽出一张牌。○我们可能会注意到几个特征，

○ 如果您没有阅读概率公理的选读部分，那么需要牢记的概率准则是：(1) 概率不能为负数或大于 1；(2) 如果两个事件 A 和 B 是互斥的（它们不可能同时发生），那么至少一个事件发生的概率是每一个事件发生的概率之和，即 $P(A \cup B)=P(A)+P(B)$；(3) 在一个有效的概率设置中，必有某个事件的概率设置为 1，更宽泛地说，所有可能的事件组中必有一个发生的概率是 1。

○ 标准的扑克牌有 52 张，四种花色，分别是黑桃、梅花、方块和红心。黑桃和梅花是黑色的，方块和红心是红色的。每套花色有 13 张牌：A，2，3，4，5，6，7，8，9，10，J，Q 和 K。

包括牌的号码及牌的颜色或花色，我们将抽到王牌 A 这一事件记为 A，抽到的牌是黑色的这一事件记为事件 B。

如果一副牌中每张牌被抽中的机会是均等的，那么为了求上述事件的概率，我们计算每个事件对应的牌的数量，然后除以一副牌的总数 52。因此，抽到 A 的概率是 $P(A)=4/52=1/13$（一副牌中有 4 张 A），抽到一张黑色牌的概率是 $P(B)=26/52=1/2$（一副牌中有 26 张黑色牌）。这看起来很简单，但我们没有涉及事件之间的关系。

假设有人抽了一张牌并把它藏起来不让你看，告诉你这张牌是黑色的，问隐藏的这张牌的是王牌 A 的概率是多少？你知道有 26 张黑色牌，其中有两张 A。如果每张黑色牌被抽到的概率相等，那么黑牌是 A 的概率为 $2/26=1/13$。

我们刚刚计算了在已知抽到的这张牌是黑色的情况下抽到的是 A 的**条件概率**。如果将抽出的牌是 A 的事件记为 A，抽出的牌是黑色的事件记为 B，那么可以将这个条件概率写为 $P(A|B)$。条件[⊖]写在竖线之后，在这种情况下，已知牌是黑色的。连成一句，读作"给定 B 后 A 的条件概率""B 上 A 的条件概率"或"给定 B 后 A 的概率"。为了计算任意两个事件 A 和 B 的条件概率，我们完全仿照刚才在扑克牌例子中所用的方法：

$$P(A|B)=\frac{P(A\cap B)}{P(B)} \qquad (4.1)$$

也就是说，我们先计算事件 A 和 B 同时发生的概率，然后再除以事件 B 发生的概率。在扑克牌例子中，因为黑色牌中有两个 A，$P(A\cap B)=2/52$。另一方面，一副牌中有一半是黑色牌，所以 $P(B)=1/2$。求它们的商得到 $P(A|B)=1/13$。如图 4-1 所示。

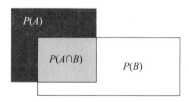

图 4-1　两个事件 A 和 B 的示意图，其概率由矩形区域表示。$P(A)$ 是深灰色和浅灰色区域的面积，$P(B)$ 为白色和浅灰色区域的面积，$P(A\cap B)$ 为重叠的浅灰色区域的面积。在给定 B 的条件下 A 的概率 $P(A|B)$ 是浅灰色区域的面积除以整个 $P(B)$ 矩形（白色加浅灰色）的面积，而 $P(B|A)$ 是浅灰色区域面积除以整个 $P(A)$ 矩形（浅灰色加深灰色）的面积

注意，在此例中，有 $P(A|B)=P(A)$。也就是说，在我们已知抽到的牌是黑色牌的情况下，并没有改变这张牌是 A 的概率。已知抽到的牌是黑色的没有给出任何有关这张牌是否是 A 的信息。对于任意两个事件 A 和 B，如果 $P(A|B)=P(A)$，那么我们称事件 A 和事件 B 是**独立**的。独立性是我们最常用的概率概念之一。如果已知两个事件 A 和 B 是独立的，则 $P(A\cap B)=P(A)P(B)$。也就是说，它们同时发生的概率等于它们分别发生的概率的乘积。在本节的练习中将要求你证明这一点。

⊖　其英语表达为："we condition on the color of the card"，这里"condition"作为动词与介词"on"搭配，其意思是我们在已知卡片的颜色的条件下去计算概率。

现考虑一个不同的情形。设 C 表示抽到的牌是梅花这一事件。因为四分之一的牌是梅花，所以抽到梅花的概率 $P(C)=1/4$。所有的梅花都是黑色的，已知抽出的牌是黑色的，问抽出的牌是梅花的条件概率是多少？

$$P(C|B) = \frac{P(C \cap B)}{P(B)} = \frac{13/52}{26/52} = \frac{13}{26} = \frac{1}{2}$$

$P(C|B)$ 是 $P(C)$ 的两倍。因为 $P(C|B) \neq P(C)$，所以抽到的牌是梅花和抽到的牌是黑牌这两个事件不是独立的事件。

练习集 4-2 [⊖]

1. 证明：如果事件 A 和 B 是独立的，即如果 $P(A|B)=P(A)$，那么 $P(A \cap B)=P(A)P(B)$。证明：如果 $P(A|B)=P(A)$，则 $P(B|A)=P(B)$。

2. 假设你知道了 $P(A|B)$，$P(A)$ 和 $P(B)$。该如何计算 $P(B|A)$？

4.3 贝叶斯定理

如果你完成了上面的一组练习，实际上你已经证明了贝叶斯定理。[⊖]贝叶斯定理非常了不起：很少有这么简单、清晰、没有争议的数学理论能作为解决如此多问题的基础。本节我们将介绍一个例子和定理本身。定理的统计含义将在框 4-2 中介绍。

想象一下，现在你是一名医生，你将对一名患者进行丙型肝炎检测。你知道，在患者所在的总体中，有 0.1% 的人患有丙型肝炎。你也知道丙型肝炎的检测在大多数情况下是准确的。特别地，如果被检测的人患有丙型肝炎，那么检测结果有 99% 的可能性是呈阳性的；如果被检测的人没有丙肝，那么检测结果有 95% 的可能性是呈阴性的。如果患者的检测结果呈阳性，那么根据检测结果和总体中的患病率，她患丙型肝炎的概率是多少？

当第一次遇到这种问题时，大多数人会凭直觉认为被检测者患有丙型肝炎的概率会在 95% 到 99% 之间。实际情况是这种直觉是错误的，它用反了条件概率。99% 是患了肝炎检测呈阳性的概率，而不是检测呈阳性而患肝炎的概率。我们拥有的数据是阳性检测数据。将观察结果为阳性的事件记为 D，将某人患有肝炎的事件记为 H，我们已经测得了概率 $P(D|H)$，即患了肝炎后测得阳性的概率，但我们需要计算 $P(H|D)$，即测得阳性后实际患丙型肝炎的概率，我们怎样才能得到它呢？

对于大多数第一次看到这个问题的人来说，最简单的方法是根据人数而不是概率来重新表述问题。图 4-2 是一个计算示意图。假设总体是 100 000 人，其中 100 人患有丙型肝炎（即丙型肝炎的发病率为 0.1%）。这 100 名丙型肝炎患者中有 99 名（99%）检测呈阳性，总体群中的其他 99 900 人没有患丙型肝炎，但这些人中有 4 995 人（5%）检测出了阳性。因

⊖ 详细的解决和 R 脚本，请参阅本书的 GitHub 资源库（github.com/mdedge/stfs/）。

⊖ 贝叶斯定理是以托马斯·贝叶斯命名的，但发现它的故事却说来话长（Stigler，1983）。

此，我们有 99 名丙型肝炎患者检测呈阳性，4 995 名非丙型肝炎患者检测呈阳性，所以检测结果呈阳性但实际上患有丙型肝炎的人口比例为 99/(99＋4 995)≈0.019 4，即低于 2%，这与大多数未经训练的人的直觉大相径庭。[⊖]

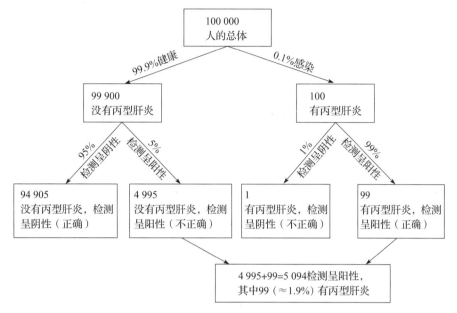

图 4-2　计算一个人检测结果为阳性，实际感染了丙型肝炎的概率示意图，具体方法如文中所述

我们现在将通过公式推导出一般的公式，这就是强大的贝叶斯定理。我们需要用 $P(D|H)$ 来表示 $P(H|D)$。让我们重述一下这些条件概率的定义：

$$P(D|H)=\frac{P(H\bigcap D)}{P(H)}$$

且

$$P(H|D)=\frac{P(H\bigcap D)}{P(D)}$$

两式的分子相同，但分母不同。因此，我们要用 $P(D|H)$ 表示 $P(H|D)$ 只需几个数学步骤；诀窍是分式乘以 $P(H)/P(H)=1$，而乘以 1 不会改变表达式的值。具体如下：

$$P(H|D)=\frac{P(H\bigcap D)}{P(D)}=\frac{P(H\bigcap D)}{P(H)}\frac{P(H)}{P(D)}=P(D|H)\frac{P(H)}{P(D)}$$

这就是**贝叶斯定理**。

对于任意两个事件 A 和 B，贝叶斯定理为

$$P(A|B)=P(B|A)\frac{P(A)}{P(B)} \tag{4.2}$$

⊖　心理学家将这种直觉与贝叶斯定理给出的正确答案之间的不一致称为"基础概率忽略"，对它的研究已经很深入了。不好的消息是：医生和我们其他人一样很容易犯"基础概率忽略"的错误。

我们回到肝炎的例子。应用贝叶斯定理，受测者肝炎检测呈阳性而实际患肝炎的概率为

$$P(H \mid D) = P(D \mid H) \frac{P(H)}{P(D)}$$

我们已经知道了 $P(D \mid H)$，即患了肝炎而检测呈阳性的概率是 99%，或 0.99。我们也知道总体中有 0.1% 的人患有肝炎，因此 $P(H) = 0.001$。缺失的部分是 $P(D)$，即任意一个人检测结果为阳性的概率。

我们目前还没有得到任意一个人检测结果为阳性的概率 $P(D)$，但我们可以求得一个人检测结果为阳性的概率。因为检测结果为阳性，要么是患有肝炎而测得阳性 $P(D \mid H)$，要么是没有患肝炎而测得阳性 $P(D \mid H^c)$（这里 H^c 称为 "H 的补集" ——见框 4-1，集合论中的补集），我们可以根据这些信息，用一个有用的技巧来得到 $P(D)$。被检测者要么患有肝炎，要么没有肝炎，则 H 和 H^c 是互斥的且两者包含了所有样本点。因此，我们可以计算出阳性检测的概率为被检测者检测呈阳性且患有肝炎的概率加上其检测呈阳性但未患肝炎的概率，即

$$P(D) = P(D \cap H) + P(D \cap H^c)$$

这是一个被称为全概率定理的一般原理的一个应用。由公式 (4.1) 知

$$P(D \cap H) = P(D \mid H) P(H)$$

代入前面的公式，我们有

$$P(D) = P(D \cap H) + P(D \cap H^c) = P(D \mid H) P(H) + P(D \mid H^c) P(H^c)$$

将例子中的数据代入得

$$P(D) = P(D \mid H) P(H) + P(D \mid H^c) P(H^c) = 0.99 \times 0.001 + 0.05 \times 0.999 = 0.050\,94$$

现在我们得到了计算条件概率所需的所有数据，我们关心的是，在检测结果呈阳性的情况下，被检测者患有丙型肝炎的概率。现在的计算非常简单：

$$P(H \mid D) = P(D \mid H) \frac{P(H)}{P(D)} = 0.99 \times \frac{0.001}{0.050\,94} = 0.019\,4$$

这与我们第一次得到的结果相同，但前面考虑的是人数而不是概率。

框 4-2　统计学中的贝叶斯定理

贝叶斯定理本身就是概率论中的一个基本思想，但是值得注意的是在统计理论的两种方法中贝叶斯理论的重要思想上处于中心地位。本书的后半部分将深入地介绍这些思想。

首先，贝叶斯定理对于理解统计中的假设检验至关重要。在后面，我们将计算 p 值，它可以被大致地解释为在一些原假设成立的情况下，当前样本情况及更差情况发生的概率（更多关于这方面的内容将在第 7 章中介绍）。p 值经常被误解为在观察数据发生的情况下原假设为真的概率。这种错误类似于大多数人第一次看到肝炎例子时所犯的错误——条件概率被倒置，并且假设 $P(A \mid B) \approx P(B \mid A)$。丙型肝炎的例子揭示了这种解释有多大的错误，$P(A \mid B)$ 和 $P(B \mid A)$ 是有关系的，但它们不一定具有相同的值。

其次，贝叶斯定理已使统计争论的其中一方冠上了它的名字。双方分别冠名为频率论者（20 世纪占多数）和贝叶斯论者，频率论者和贝叶斯论者之间的一个分歧是关于为假设分

配概率是否合理。

双方都同意，在给定一些假设的情况下，可以计算观测到的数据的概率。所有人都同意，某个假设为真时得到观测数据的概率不同于得到观测数据后该假设为真的概率。频率论者认为，我们通常无法将"先验"（即在数据之前）概率分配给假设，因此我们不能计算出给定数据情况下假设为真的概率。设我们记取得数据这一事件为 D，记假设为 H，频率论者认为像 $P(H)$ 这样的表达式要么没有意义，要么具有不可知的值，所以我们不能从 $P(D|H)$ 推出 $P(H|D)$。有一些很好的理由支持这种观点，在丙型肝炎病例中，我们知道总体中患丙型肝炎的频率，我们可以使用该频率作为假设我们办公室的人患有丙型肝炎的概率。但科学假设并不完全像患者到诊所检查那样确切，因为能否将频率看作总体的一个比例并不是显然的，尽管其中某些比例是符合实际情况的。频率论者认为假设是未知的但是是确定的，也就是说，是非随机的，因而不满足概率条件。因此，在频率论者的观点中，不可能知道在数据已经被观测到的情况下假设成立的概率——给定假设成立的情况下得到数据的概率是我们所能做到的最好结果。

相反地，贝叶斯论者认为将先验概率分配给一些假设是明智的，记为 $P(H)$。虽然贝叶斯论者设置 $P(H)$ 的方法不同，但他们都会使用贝叶斯定理，例如，从 $P(H)$ 和 $P(D|H)$ 得到后验概率 $P(H|D)$，即在给定观测数据的情况下假设为真的概率。贝叶斯论者在过去几十年中取得了很大的进展，原因是多方面的：贝叶斯方法在许多领域取得了较好的结果；一些科学家发现贝叶斯方法前景非常广阔；曾经贝叶斯推断的计算面临巨大的挑战，但现在已经变得容易处理了。虽然本书花在频率论思想上的时间比花在贝叶斯论思想上的多，但我们对频率论方法的关注并不是教条主义的，我们将在第 10 章介绍贝叶斯统计方法。

4.4　离散随机变量及其分布

到目前为止，我们只讨论了单个事件的概率。为了研究更复杂的情况，需要引入新的方法表示随机过程，来捕捉许多不同事件的概率。为此，我们引入"随机变量"的概念来帮助我们完成这项工作。

假设我们掷一次有六个面的骰子，并想构造一个概率模型来表示这个过程。一种可能的情况是假设投掷后这六个面朝上的可能性是相等的。

我们可以将掷骰子的过程看成一个**随机变量**。在单个骰子的情况下，我们引入一个变量来表示可能出现的不同结果，记作 X。X 是随机的，它可以取从 1 到 6 的整数值。X 不同于我们之前在代数和微积分中见过的变量，在代数和微积分中变量表示数值，而这里的 X 并不是一个数值——它是一个随机过程的未实现的结果，它的实现将对应一个具体的数值。有时我们想要引用已经发生的特定结果 X，这是一个由 X 表示的随机过程的一个实现，这样的结果是一个数值。为了区分这些概念，我们经常使用一个大写字母来表示一个随机变量，并使用一个小写字母来表示该随机变量的一个特定结果。也就是说，在掷骰子之前，我们考虑的 X 是可能取从 1 到 6 的任何整数值的变量。假设我们然后掷骰子，观测结果为"2"，则我们将观测结果记作 x，且 $x=2$。

所有关于 X 的概率信息都包含在其分布中。我们称这里的 X 是一个**离散随机变量**，即它的所有可能结果是可数的。⊖对于离散随机变量，有两种表示分布的方法：**概率质量函数**(简称 pmf，或"质量函数")和**累积分布函数**(简称 cdf，或"分布函数")。概率质量函数更为直观，我们将其表示为

$$f_X(x) = P(X = x) \tag{4.3}$$

也就是说，对于 X 的任意可能值 x，概率质量函数是随机变量 X 取 x 的概率。

例如，假设我们掷骰子的结果为"1"的概率为 $1/6$，那么我们可以写作 $f_X(1) = P(X=1) = 1/6$。下面我们来分析一下这个表示，f_X 的下标是大写的 X，表示这个函数包含关于随机变量 X 的信息。然后，这个函数的输入值是 X 的一个特定可能取值。也就是说，我们输入的是实际数值而非随机变量(随机变量是可能的数而非特定的数)。此函数的输出值是随机变量取到函数输入的特定值的概率。

概率质量函数是表示离散随机变量分布的一种方法，另一种方法是累积分布函数。概率质量函数给出了随机变量取一个特定值的概率，而累积分布函数则给出该随机变量取小于或等于一个特定值的概率。我们将其表示为 $F_X(x) = P(X \leqslant x)$。假设掷骰子时每个面朝上的可能性相等，图 4-3 表示了掷骰子的概率质量函数和累积分布函数。

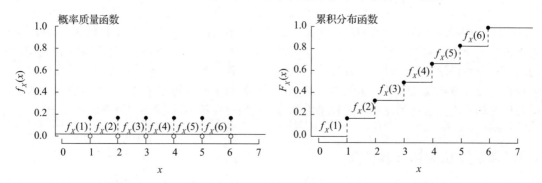

图 4-3　掷均匀六面骰子的概率质量函数和累积分布函数。图 4-3 左侧的概率质量函数图表明随机变量 X 取 1 到 6 每个结果是等可能的。每个实心点表示结果对应于横轴上值的概率都是 $1/6$，所有其他结果的概率都为零。累积分布函数(图 4-3 的右侧)表明 $X \leqslant x$ 的概率是阶梯跳跃式的。累积分布函数图的实心点出现在累积分布函数的跳跃位置——在本例中是从 1 到 6 的整数点

图 4-3 表明，如果累积分布函数或概率质量函数其中一个是已知的，那么就可以推导出另一个函数。比如，在我们掷骰子的例子中，掷骰子的结果小于或等于 1 的概率就是结果等于 1 的概率(因为不存在小于 1 的可能性)，或 $F_X(1) = f_X(1)$。结果为小于或等于 2 的任一数字的概率就是结果为数字 1 或 2 的概率之和，可写为 $f_X(1) + f_X(2)$，依此类推，我们得到：

⊖　这里"可数"表示可能取值或者是有限的，或者是无穷的但它不能比自然数集$\{0,1,2,3,4,\cdots\}$的无穷有更高的阶。所有自然数的集合是无穷的(你能取到任意多个数)，但它是可数的。粗略地说，可数就是你能设计一种方案去列举这个集合中的数，即使你在有限时间内不能列举完。如果我列举为"0,1,2,3,4,…"，虽然我不能排完所有的数，但是这样排下去，我也没有因为漏掉 0 到 4 之间的任一个数而需要回去重排。作为对照，所有实数组成的集合就是无穷且不可数的了。任取两个数，比如 0 和 1，有无穷多个实数在它们之间，并且也不可能设计出一种方案列举出所有的实数——任意两个实数间的实数都不能列举出来。

$$F_X(1) = f_X(1)$$
$$F_X(2) = f_X(1) + f_X(2)$$
$$F_X(3) = f_X(1) + f_X(2) + f_X(3)$$
$$F_X(4) = f_X(1) + f_X(2) + f_X(3) + f_X(4)$$
$$F_X(5) = f_X(1) + f_X(2) + f_X(3) + f_X(4) + f_X(5)$$
$$F_X(6) = f_X(1) + f_X(2) + f_X(3) + f_X(4) + f_X(5) + f_X(6)$$

换句话说，累积分布函数是概率质量函数的部分和。我们可以将其用一般的公式写为：

$$F_X(x) = P(X \leqslant x) = \sum_{x_i \leqslant x} f_X(x_i) \tag{4.4}$$

累积分布函数 $F_X(x)$ 是关于 x 单调增加，这意味着它们永远不会随着自变量的增加而减少。此外，由于输出值为概率，因此它不能取大于 1 的值，当它的自变量接近无穷大时，它要么达到 1，要么极限接近于 1。下面是一些练习。

练习集 4-3

1. 假设我们抛一枚均匀硬币 3 次。"均匀"意味着每次我们抛硬币时，观测到"正面向上"结果的概率是 1/2。我们可以将观测到正面向上的次数建模为一个随机变量 X。X 可以取值 0，1，2，3。请分别写出当 $x=0$，$x=1$，$x=2$ 和 $x=3$ 时的概率质量函数 $f_X(x)$ 的值。（提示：列出所有可能的正、反面向上结果，每个正、反面向上序列的发生都是等可能的，并数出每个序列中正面向上的次数。）

2. 对每一个可能出现的 x_i，将所有 $f_X(x_i)$ 求和，求得的和是多少？如果遇到困难，在问题 1 中定义的概率空间上尝试本题，然后思考你得到的答案。

3. 如果已知函数 F_X，求一个随机变量 X 落在两个数 a 和 $b(b>a)$ 之间的概率 $P(a<X\leqslant b)$。（提示：注意 $a<X\leqslant b$ 当且仅当 $X\leqslant b$ 且 $X>a$。）

4.5 连续随机变量及其分布

概率质量函数和累积分布函数用来刻画离散随机变量——随机变量的取值是可数的——足以。但如果我们想要构造一个允许取任何实数的随机变量，比如使用十进制数表示的测量高度、体重或时间的随机变量。假设我们想要构造一个关于人类体重的概率模型。我们当然可以用将体重四舍五入到千克的概率质量函数。原则上，如果不考虑成人体重的生理限制，一个人的体重可以取任何正整数值。这些可能的取值是可数的，我们可以给每个可能的取值分配一个概率从而写出函数来。但这似乎不是很自然。为什么我们要把体重四舍五入到最接近的整数而不是允许这个随机变量取任何正实数呢？

如果我们允许随机变量取任何实数，这需要引入额外的概念才能进行讨论。如果我们允许随机变量取任何实数，那么随机变量取到任何特定数的概率就为零。想想看：一个成年人的体重正好达到 70.6kg 的概率是多少？这个概率比较小。体重正好达到 70.64kg 呢？此时的概率更小。体重正好达到 70.636kg 呢？此时概率甚至更小。考虑到在 70.636 和 70.637 之间有无穷多个实数，如果我们允许体重值取任何实数，那么我们实质上在问一个人的体重值取一个具有无限位数字的十进制数的概率。对于任何实数，这个概率为零。因此，我们无法有意义地写出概率质量函数来刻画不同的**连续随机变量**——因为概率质量函数在各处总是恒等于零。一种解决方法是在一定的精度范围内离散化随机变量。通常引入新的理论工具通常会更加方便。

我们无法使用概率质量函数来处理连续随机变量，但是累积分布函数仍然有效。例如考察一个人体重为 70.000 0…kg 的概率可能没有意义，但是考察一个人体重为 70kg 或更小的概率仍然是有意义的，同样考察一个人体重在 70 到 71kg 之间的概率也仍然有意义的。因此，我们同样记累积分布函数为

$$F_X(x)=P(X\leqslant x) \tag{4.5}$$

花点时间来完成下面的练习，它们考察的是连续随机变量的累积分布函数。

练习集 4-4

1. 假设有一个连续随机变量 X，它在区间 $[0,1]$ 上取值（也就是说，X 可以取 0 到 1 之间的任何实数，包括 0 和 1）。进一步，假设 X 的概率分布是"均匀的"。这里所说的"均匀"是指对于 $[0,1]$ 中任意两个长度相等的区间，X 落在一个区间内的概率等于 X 落在另一个区间内的概率。即如果 $b-a=d-c\geqslant0$，且 a，b，c，d 均在区间 $[0,1]$ 内，则有 $P(a<X\leqslant b)=P(c<X\leqslant d)$。⊖绘制当 $x\in[-1,2]$ 时的累积分布函数 $F_X(x)$ 的图像。

2. 考虑问题 1 中的 X：如果 X 相对其他步长为 0.2 的区间，它在 $[0.4,0.6]$ 内取值的可能性更大，累积分布函数会如何变化？

框 4-3　积分

为了处理连续随机变量的分布，我们需要使用微积分的另一个概念：积分。书后的附录 A 是一个关于微积分的速成课程，在该附录的末尾提到了更多微积分学习资源。

简单地说，一个函数 $f(x)$ 的积分记为 $\int f(x)\mathrm{d}x$。你可以将"d"理解为"微小的"，$\int$ 为"和"，所以"$\int f(x)\mathrm{d}x$"的意思是"$f(x)$ 的所有微小片段的和"。积分与求和非常相似。对于离散随机变量，我们可以对一列可数的结果求和。为了对一个连续随机变量执行类似的操作，我们需要进行积分运算。

如附录 A 所述，积分可以用来计算一个函数图形下方的面积。具体地说，如果函数 $f(x)$ 的积分（也称为不定积分）是 $\int f(x)\mathrm{d}x=F(x)$，那么 $f(x)$ 下方和 x 轴上方以及 $x=a$ 和 $x=b$ 所围成的面积就是 $\int_a^b f(x)\mathrm{d}x=F(b)-F(a)$。数值 $\int_a^b f(x)\mathrm{d}x$ 被称为"$f(x)$ 从 a 到 b 的定积分"。

值得注意的是，求积分和求导数是互逆过程，这意味着如果对 $f(x)$ 求不定积分的结果是 $F(x)$，那么 $F(x)$ 的导数就是 $f(x)$。积分与微分的关系意味着由第 3 章介绍的求导

⊖　回顾练习集 4-3 的问题 3，$P(a<X\leqslant b)=F_X(b)-F_X(a)$。

法则可以推出相应的积分法则。特别地，对于多项式——$f(x)=ax^n$ 形式的函数，其中 a 和 $n(n\neq-1)$ 为常数——不定积分有如下形式：

$$\int ax^n \mathrm{d}x = \frac{ax^{n+1}}{n+1} + C$$

其中 C 是一个任意常数。你可以记住口诀"上加一，放下面"，它描述了对一个多项式函数积分时指数会发生什么。（原表达式指数值增加 1——"上加一"；指数变化后的表达式再除以新的指数——"放下面"。）进一步说，一个函数乘以一个常数后的积分等于这个常数乘以原函数的积分。也就是说，如果 $g(x)=af(x)$，且 a 是一个常数，那么：

$$\int g(x)\mathrm{d}x = \int af(x)\mathrm{d}x = a\int f(x)\mathrm{d}x \tag{A.6}$$

（A.6 是附录 A 中的公式）。最后，两个函数的和的积分是单个函数的积分的和。因此，如果 $h(x)=f(x)+g(x)$，那么

$$\int h(x)\mathrm{d}x = \int (f(x)+g(x))\mathrm{d}x = \int f(x)\mathrm{d}x + \int g(x)\mathrm{d}x \tag{A.7}$$

4.6 概率密度函数

累积分布函数完全刻画了我们所关心的一个随机变量的所有信息，因此，在某种意义上，我们完全可以使用累积分布函数回答关于连续随机变量的问题。不过，还有另外一种更为直观的方法。我们可以定义一个函数，它对连续随机变量将起到类似于概率质量函数的作用。回忆一下，对一个离散随机变量时，累积分布函数是由概率质量函数的部分和给出的［即前面的式(4.4)，这里我们重述一下］：

$$F_X(x) = \sum_{x_i \leqslant x} f_X(x_i)$$

这样定义的概率密度函数，也称为 pdf 或"密度"。唯一存在的问题是，我们不能定义一个连续随机变量的部分和——因为连续变量 X 有不可数个可能的值需要求和，这一点我们做不到。然而，回忆一下，积分与"求和"是类似的，积分是加总曲线下图形的面积(框 4-3)。虽然我们不能求一个连续函数的部分和，但我们可以求它的一个积分。为此，我们再定义一个连续随机变量的**概率密度函数**，同时将其记为 f_X。引入下列关系式：

$$F_X(x) = \int_{-\infty}^{x} f_X(u)\mathrm{d}u \tag{4.6}$$

注意这个表达式与式(4.4)(见前文)十分相似——我们用积分代替了部分和。请注意，积分可以理解为曲线下方的面积。这意味着在 x 处的累积分布函数等于 $X\leqslant x$ 的概率，也等于在 $-\infty$ 到 x 区间概率密度函数下方的面积。

下面的图 4-4 描述了这种关系。

由于求积分和求微分是互逆运算，由式(4.6)推导得

$$f_X(x) = F_X'(x) \tag{4.7}$$

即概率密度函数是累积分布函数的导数。这意味着在一点的概率密度是该点的累积分布函数的瞬时斜率。

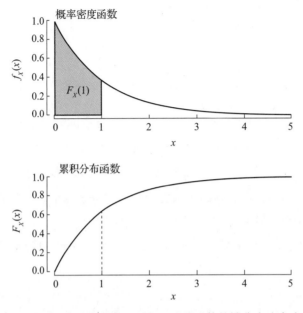

图 4-4　概率密度函数(上图)和累积分布函数(下图)。这些函数是被称为速率为 1 的"指数"随机变量(见表 4-2)的密度函数和累积分布函数。随机变量的取值范围为 $[0,\infty)$，密度函数在 0 到 1 之间的区域有阴影，其面积是 $1-\mathrm{e}^{-1}\approx0.632$(这里 e 是欧拉常数，$\approx2.718$)。当 $x<0$ 时，密度函数为 0，因此，$\int_{-\infty}^{1}f_X(u)\mathrm{d}u=1-\mathrm{e}^{-1}$，也就是 $F_X(1)=1-\mathrm{e}^{-1}$。下图是累积分布函数，在 $F_X(1)$ 处有一条灰色虚线。竖线的长度为 $1-\mathrm{e}^{-1}$，与上图阴影区域的面积相同

在很多方面，连续随机变量的密度函数都类似于离散随机变量的概率质量函数——我们将在后面看到它们的一些相似点。概率密度函数的图形的解释类似于概率质量函数：在相似宽度的区间，随机变量在密度函数或质量函数值高的区间内的概率比密度函数或质量函数值低的区间内的概率更大。下面的练习将帮助你开始适应概率密度函数。

练习集 4-5

1. 假设 $f_X(x)$ 是一个概率密度函数。$f_X(x)$ 下方的总面积 $\int_{-\infty}^{+\infty}f_X(x)\mathrm{d}x$ 是多少？

2. [选做]假设有一个函数 $f(x)$ 取以下值：

$$f(x)=0，\ 当\ x<0\ 或\ x>1/10\ 时$$
$$f(x)=10，\ 当\ 0\leqslant x\leqslant 1/10\ 时$$

$f(x)$ 能是某个连续随机变量的概率密度函数吗？(考虑 4.1 节中的概率公理)。这种情况与概率质量函数有什么不同？

4.7　分布族

概率质量函数与概率密度函数有两点要求。首先，函数必须是非负的。其次，一个离

散变量的非负函数的所有取值的和是 1，那么它可以是一个概率质量函数。类似地，一个连续变量的非负函数其图下方与 x 轴所围总面积是 1，也就是说，它在负无穷到正无穷的积分为 1，那么它可以是一个概率密度函数。

当我们需要用概率模型来研究一个现象时，我们往往首先定义一个符合我们要求的分布。实际上，我们所要做的就是找到描述我们过程的分布，写出它的概率质量函数或概率密度函数，这时我们就可以提出与所分析现象相关的问题了。但大多数时候，我们使用的是那些已经推导出的和研究过的分布。

例如，我们对抛一枚均匀骰子出现的结果感兴趣。我们可以用一个随机变量 X 来模拟这个过程。在这种情况下，X 的质量函数如前面的图 4-3 所示，也就是说，我们观察到每个面朝上的概率均为 1/6。加入一点点数学，我们就可以学到很多关于掷骰子的知识，再通过一些编程，我们还可以模拟掷骰子。但是，如果我们知道了 X 的分布属于某一个分布族，我们还能够省去很多工作。比如，如果我们知道了 X 的分布属于离散均匀分布族，那么我们就可以直接利用离散均匀分布的相关理论。这里，我们首先介绍十几个最常用的分布，然后，你可以在学习过程中将你学到的新分布添加到这些分布族列表中去。

分布族并不是一个通用的词，但使用这个词还是比较恰当的。同族中的分布有一些相似之处——通常它们的图形形状是相似的，它们的总体表现可以用相同的函数计算出来。同族中的分布彼此不同，是因为它们的**参数**不同。你可以把分布族看成是一个家族的姓氏，而参数则是姓氏后的名字。我们给掷均匀骰子取名为离散均匀 $(1,6)$ 分布，其"姓"为离散均匀分布，括号里的参数是其"名"。离散均匀分布有两个参数：最小值和最大值。区间内的所有整数都是可能的结果，并且所有可能的结果出现的概率都是相等的。

表 4-1 和表 4-2 列出了一些最重要的离散分布族与连续分布族及其参数。在本书中，正态分布尤为重要。

表 4-1　一些常用的离散概率分布族 ⊖

分布族	参数	概率质量函数	描述
伯努利分布 (Bernoulli)	p	$P(X=k)=p^k(1-p)^{1-k}$, $k\in\{0,1\}$	一次试验成功的概率为 p，单次试验中结果的分布。例如：抛一枚硬币正面朝上的概率是 Bernoulli $(1/2)$
二项分布 (Binomial)	n,p	$P(X=k)=\left(\dfrac{n}{k}\right)p^k(1-p)^{n-k}$, $k\in\{0,1,2,\cdots,n\}$	一次试验成功的概率为 p，n 次独立试验的成功次数的分布。例如：连续抛一枚硬币 10 次，正面朝上的次数服从 Binomial$(10, 1/2)$
几何分布 (Geometric)	p	$P(X=k)=(1-p)^k p$, $k\in\{0,1,2,\cdots,\infty\}$	每次试验成功的概率为 p，独立试验中首次成功前失败次数的分布。例如：抛硬币时，第一次出现正面朝上时，前面的试验数服从 Geometric$(1/2)$

⊖　二项分布的概率质量函数中，$\left(\begin{smallmatrix}n\\k\end{smallmatrix}\right)$ 读作"从 n 个中选 k 个"，它表示从 n 个不同元素的集合中选取 k 不同元素的子集的选择方法数。它的值是 $n!/[k!(n-k)!]$，其中 $n!=n\times(n-1)\times(n-2)\times\cdots\times3\times2\times1$。并特别定义，$0!=1$。$n!$ 读作"n 的阶乘"。阶乘符号也出现在泊松分布的概率质量函数中。

（续）

分布族	参数	概率质量函数	描述
泊松分布 (Poisson)	λ	$P(X=k)=\dfrac{\lambda^k e^{-\lambda}}{k!}$, $k\in\{0,1,2,\cdots,\infty\}$	粗略地说，它是一个事件在较大空间或时间内发生次数的分布。例如：曲棍球比赛的进球数的分布，普鲁士骑兵每年被马踢死的人数的分布，或者染色体上突变的数量的分布
离散均匀分布 (Discrete Uniform)	a,b	$P(X=k)=\dfrac{1}{b-a+1}$, $k\in\{a,a+1,a+2,\cdots,b\}$	每个整数被选择的机会相等，选中 a 与 b 之间的整数（含 a,b）的分布。例如：掷一枚均匀骰子的结果服从离散均匀 $(1,6)$ 分布

表 4-2　一些常用的连续概率分布族

分布族	参数	概率密度函数	描述
均匀分布 (Uniform)	a,b	$f_X(x)=\begin{cases}\dfrac{1}{b-a}, & x\in[a,b] \\ 0, & \text{其他}\end{cases}$	从 a 到 b 中抽取一个实数的分布。每个实数被抽中有相同的概率密度
指数分布 (Exponential)	λ	$f_X(x)=\begin{cases}\lambda e^{-\lambda x}, & x\in[0,\infty) \\ 0, & \text{其他}\end{cases}$	平均速率为每单位时间 λ 的事件的等待时间的分布。它是几何分布的连续形式
正态分布 (Normal)	μ,σ^2	$f_X(x)=\dfrac{1}{\sigma\sqrt{2\pi}}e^{-\frac{(x-\mu)^2}{2\sigma^2}}$	也称为高斯曲线或钟形曲线。我们将在第 5 章详细描述该分布及介绍它是如何产生的
卡方分布 (χ^2)	k	$f_X(x)=\begin{cases}\dfrac{1}{2^{\frac{k}{2}}\Gamma(k/2)}x^{\frac{k}{2}-1}e^{-\frac{x}{2}}, & x\in[0,\infty) \\ 0, & \text{其他}\end{cases}$ 此处及 t 分布中的 Γ 表示伽马函数，如果你没有见过，也不用担心	k 个独立的 $\mu=0$，$\sigma^2=1$ 的正态分布的平方和的分布称为"自由度"为 k 的卡方分布，卡方分布在统计推断中很重要
t 分布 (t)	k	$f_X(x)=\dfrac{\Gamma\left(\dfrac{k+1}{2}\right)}{\sqrt{k\pi}\,\Gamma\left(\dfrac{k}{2}\right)}\left(1+\dfrac{x^2}{k}\right)^{-\frac{k+1}{2}}$	设 Y 服从 $\mu=0$，$\sigma^2=1$ 的正态分布，Z 服从自由度为 k 的 χ^2 分布，Y 与 Z 独立，称 $Y/\sqrt{Z/k}$ 服从自由度为 k 的 t 分布。t 分布在统计推断中也很重要

　　对于表 4-1 和表 4-2 中的每个分布，你可以将分布族视为所研究问题的一般情形，并将参数视为研究的具体情况。例如，指数分布通常被用来建模某些事件的等待时间，比如，灯泡寿命和放射性发射发生的间隔时间。我们需要研究的灯泡或放射性物质的具体属性可以由我们使用的分布参数来描述。特别地，参数 λ 被设置为事件发生的平均速率。如果我们研究的灯泡平均在一年内用坏，我们将取 $\lambda=1$ 建模灯泡以年为单位的等待时间的分布。又比如，如果我们已知 1 摩尔铀 238 每秒发射 3 000 000 个 α 粒子，那么我们将取 $\lambda=3\,000\,000$ 去研究发射之间间隔时间的分布。

　　在下面的练习中，你将被问到一些概率分布问题，并要求使用 R 语言去从概率分布中抽取随机数。在下一章中，你将学到随机变量性质的归纳。

练习集 4-6

1. 从参数 $\lambda = 5$ 的泊松分布中取到(i) "0"、(ii) "1" 和(iii) "2" 的概率各是多少？

2. 反复抛一枚均匀硬币，第一次正面朝上发生在抛第 6 次时的概率是多少？（提示：在表 4-1 中找到一个合适的分布族。）

3. 你可以使用 R 语言去学习已知分布族中分布的密度函数和分布函数。考虑一个参数 $\lambda = 5$ 的泊松分布，如果我们想知道 $x = 2$ 时概率质量函数值 $f_X(2)$，我们可以使用 dpois() 函数：

```
> dpois(2, lambda = 5)
[1] 0.08422434
```

为了得到累积分布函数 $F_X(2)$ 的值，我们可以使用 ppois() 函数：

```
> ppois(2, lambda = 5)
[1] 0.124652
```

最后，我们可能想知道累积分布函数的反函数。也就是说，假设我们对 0 和 1 之间的某个概率 p 感兴趣。我们想通过求解方程 $F_X(q) = p$ 找到 q 的值。也就是说，我们想要找到数字 q，使得随机变量小于或等于 q 的概率是 p。这听起来有点抽象，换言之 q 是分布的第 p 百分位数。我们可以使用 qpois() 函数得到这些数值：

```
> qpois(0.124652, lambda = 5)
[1] 2
```

累积分布函数的反函数称为分位数函数，而分位数函数的值称为分位数。对于正态分布，密度函数用 dnorm() 计算，累积分布函数用 pnorm() 计算，分位数函数用 qnorm() 计算。用 R 语言对标准正态分布，即均值(μ)为 0，标准差(σ)为 1 的随机变量，进行下列操作：

(a) 绘制 $x \in [-3, 3]$ 的概率密度函数图[提示：使用 seq() 生成 x 值]；

(b) 绘制 $x \in [-3, 3]$ 的累积分布函数图；

(c) 标准正态分布的第 97.5 百分位数处，x 值是多少？（第 97.5 百分位数是一个分位数。）

4. 在本书余下的大部分内容中，我们将使用模拟随机数研究概率和统计量的问题。我们将使用的模拟随机数实际上是"伪随机"的——它们来自一种算法，旨在产生与随机数具有许多相同属性的数字。检验伪随机数的类随机性质的方法超出了本书范围。R 语言是使用最先进的算法——梅尔森旋转算法——生成伪随机数的。

在本题中，你将熟悉 R 语言中随机数的生成。对于许多分布族，R 语言都提供了生成随机数的函数。要生成这些随机数，你需要提供函数的名称，它能够指定分布族、想要从分布中独立抽取的随机数的数量，以及使用的参数。例如，如果你想从参数 $\lambda = 5$ 的泊松分布中抽取 10 个随机数，那么你可以使用命令 rpois(n=10, lambda=5)，或者 rpois(10, 5)。要从正态分布中抽取随机数，可以使用 rnorm()。

(a) 从一个标准正态分布中抽取 1 000 个随机数生成一个向量(标准正态分布中 $\mu = 0, \sigma^2 = 1$)。保存这些数，并将其绘制成一个直方图。[提示：使用 help(rnorm) 函数查找 rnorm() 的结构。]

(b) [选做]从一个最小值为 0、最大值为 1 的连续均匀分布中抽取 1 000 个随机数，并生成一个向量[使用 runif() 函数]。现在将这些值输入一个标准正态分布的 qnorm() 函数，保存结果，并将这些结果绘制成一个直方图。你发现了什么？你认为这是什么原因造成的？

4.8 本章小结

在本章中，我们学习了概率论的一些法则：概率是非负的；样本空间的概率为 1；两个互斥事件中至少一个发生的概率是这两个事件发生的概率之和。如果两个事件都发生的概率是每个事件发生的概率的乘积，则称它们是独立的。我们利用贝叶斯定理在新信息基础上更新概率，发现条件概率 $P(A|B)$ 和 $P(B|A)$ 是不同的。最后，我们学习了如何表示随机变量的分布。对于离散随机变量，我们使用概率质量函数；而对于连续随机变量，我们使用了概率密度函数。

4.9 延伸阅读

介绍概率论的书籍很多，这里有三本书是值得推荐的。它们都用到了比本书更多的数学知识，但它们更加深入地介绍了本章和下一章(还有更多)的主要内容。

Blitzstein, J. K. , & Hwang, J. (2014). *Introduction to Probability*. CRC Press, Boca Raton, FL.

Hoel, P. G. , Port, S. C. , & Stone, C. J. (1971) *Introduction to Probability Theory*. Houghton Mifflin, Boston, MA.

Ross, S. M. (2002). *A First Course in Probability*. Pearson, Upper Saddle River, NJ.

想要了解更多关于概率的含义和思想的读者，可以参考

Diaconis, P. , & Skyrms, B. (2017). *Ten Great Ideas about Chance*. Princeton University Press.

这是一本引人入胜的书籍，它探索了许多与概率论关联的领域，包括数学、物理学、哲学、历史，甚至心理学。它在许多地方的处理上具有很高的技巧，但是它应该放在本章和下一章之后阅读。

Hájek, A. (2011). Interpretations of Probability. *Stanford Encyclopedia of Philosophy*. https://plato. stanford. edu/entries/probability-interpret/

这是一本理解概率思想的入门书籍，它对 Kolmogorov 公理有很好的描述。

第5章 随机变量的性质

关键词： 中心极限定理（CLT），条件分布，相关性，协方差，因变量，干扰项，期望（期望值），同方差，自变量，联合分布，大数定律，期望的线性性质，正态分布，标准差，方差。

在上一章，我们学习了概率基本法则及如何列出概率分布。本章我们将通过介绍随机变量的性质来进一步学习概率。我们已经学习了如何用概率质量函数、概率密度函数或累积分布函数来描述随机变量的分布，但是我们需要进一步刻画每一个随机变量的性质而不是仅仅停留在给出它的分布。譬如：随机变量的平均值是多少？这一过程的结果会有多少变化？随机变量如何与其他随机变量相关联？下面我们将介绍解决这些问题的方法：期望、方差与相关性。我们还将引入两个定理——大数定律和中心极限定理，它们被用来描述大样本均值的行为。在本章的最后，我们还将建立一个简单线性回归的概率模型。

5.1 数学期望与大数定律

通常，我们想要得到隐含在概率分布中的信息。我们关心的大多数分布，其概率或概率密度都是分配到一个很大的甚至是无限的数集上。我们希望能用很少的一组数字去概括这种分布，而概括一个分布最重要的是回答下列两个问题："该分布的中心在哪儿？"以及"该分布分散程度有多大？"第一个问题涉及"位置"（见框 5-1），第二个问题涉及"分散程度"。本节将介绍的期望（或称期望值）是描述位置的一种方法，下一节将介绍的方差是描述分散程度的一种方法。

框 5-1 位置的度量

许多读者可能已经熟悉了数据位置（也称集中趋势）的三种度量方法：样本均值、样本中位数和样本众数。样本均值是所有样本观测值的总和除以样本观测值的个数；样本中位数是样本观测值"居中间"的数字，观测值中一半的值小于这个数字；样本众数是样本观测值中出现最频繁的数字。

与之对应，在概率论中也有一些概念类似于样本均值、中位数和众数。与样本均值相似的是期望值，这也是本小节讨论的内容，它是随机变量可能取值的加权平均值，其中的权重是与可能取值相关的概率质量或概率密度。与样本中位数相似的是分布中位数，它将累积分布函数平分为两部分。与样本众数相似的是分布众数，即质量或密度函数的最大值。

样本均值是一种度量集中趋势的流行方法，但它很容易受到极端值的影响。例如，随机抽取 1 000 名美国人的净资产作为样本数据，如果一个位列全美富豪前 100 榜单中的美国人恰好包含在样本中，那么从样本中计算出的平均净资产就不能代表美国人的典型收入——因为该富豪的净资产可能要比样本中其他所有人净资产的总和还要多得多。相比之下，不论样本中最富有成员的收入再怎么增加，该样本的中位数都不会改变——中位数对异常值是稳健的。那么，为什么样本均值还是那样受欢迎呢？

原因有很多，但在统计学上相当重要的一个原因是它与随机变量的期望值密切相关。我们还将看到期望有许多有用的性质，而这些性质并不总存在于分布的中位数或众数中。

期望类似于我们熟悉的平均值或平均数。具体来说，一个离散随机变量的期望是指该随机变量的所有可能取值乘以它出现的概率的加权平均值。设 X 是具有概率质量函数 $f_X(x)$ 的离散随机变量，X 的可能取值 x[x 需满足 $f_X(x) > 0$]包含在集合 $\{x_1, x_2, \cdots, x_k\}$ 中，那么 X 的期望为

$$E(X) = \sum_{i=1}^{k} x_i P(X = x_i) = \sum_{i=1}^{k} x_i f_X(x_i) \tag{5.1}$$

该期望是随机变量的每个可能取值乘以取该值的概率加总得到的。例如，如果 Y 表示一个可能取值 $\{1, 2, 3, 4, 5, 6\}$ 的六面骰子，且掷出任意一面的概率相等，那么

$$E(Y) = \sum_{i=1}^{k} y_i f_Y(y_i) = 1 \times \frac{1}{6} + 2 \times \frac{1}{6} + 3 \times \frac{1}{6} + 4 \times \frac{1}{6} + 5 \times \frac{1}{6} + 6 \times \frac{1}{6} = \frac{21}{6} = \frac{7}{2}$$

理解期望值的一种直观方法是：如果样本恰好反映的是潜在的概率分布，那么期望值就是样本的均值。例如，我们掷一个均匀六面骰子 60 次，并观测到每个面正好出现了 10 次——在这种情况下，每个结果的样本频率(10/60)正好与概率(1/6)匹配。此时，样本均值是掷骰子出现的总点数除以掷骰子的总次数(即 60 次)，

$$\frac{10 \times 1 + 10 \times 2 + 10 \times 3 + 10 \times 4 + 10 \times 5 + 10 \times 6}{60}$$

$$= 1 \times \frac{10}{60} + 2 \times \frac{10}{60} + 3 \times \frac{10}{60} + 4 \times \frac{10}{60} + 5 \times \frac{10}{60} + 6 \times \frac{10}{60}$$

$$= 1 \times \frac{1}{6} + 2 \times \frac{1}{6} + 3 \times \frac{1}{6} + 4 \times \frac{1}{6} + 5 \times \frac{1}{6} + 6 \times \frac{1}{6} = \frac{7}{2}$$

样本均值正好等于期望值。

与离散情形相似，如果 X 是一个连续随机变量，其概率密度函数为 $f_X(x)$，那么，X 的期望值是

$$E(X) = \int_{-\infty}^{\infty} x f_X(x) \mathrm{d}x \tag{5.2}$$

不同的是，我们不是对质量函数求和，而是对密度函数积分。我们将用一幅图解释为什么期望是位置的度量。图 5-1 给出了两个正态分布的密度函数图，它们除了期望不同之外，其他是完全一样的。

"期望"这个名称有些误导性——当我们观测一个随机变量时，我们不一定"期望"观测到期望值。事实上，有时候期望值可能是观测不到的——如果我们掷一枚均匀的六面骰子，期望值是 3.5，但一次投掷中，3.5 并不是可能的结果。确切地说，期望值是一个长期观测的平均值。如果反复观测一个随机变量，那么观测值的平均值就会接近于期望值。这一思想是由大数定律给出的，大数定律的一种表述如下。

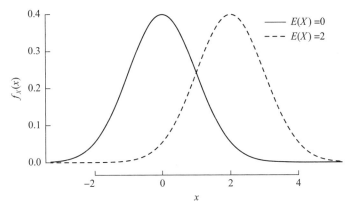

图 5-1　期望值不同的两个正态分布的密度函数图。密度函数具有相同的形状，但它们的位置不同

弱大数定律[一]：设 $X_1, X_2, X_3, \cdots, X_n$ 是相互独立的随机变量，且所有的 X_i 都有相同的分布。（我们称 X_i 是独立同分布的。）假定 $E(X_1) = E(X_2) = \cdots = E(X_n) = \mu$，并且 μ 是有限的[二]。定义 $\overline{X}_n$ 为观测值的平均数，即

$$\overline{X}_n = \frac{1}{n}(X_1 + X_2 + X_3 + \cdots + X_n)$$

则当 n 趋于无穷大时，$\overline{X}_n$ 依概率收敛于 μ。也就是说，对任意正常数 δ，有

$$\lim_{n \to \infty} P(|\overline{X}_n - \mu| > \delta) = 0 \tag{5.3}$$

也就是说，对于大样本而言，样本均值与期望值之间的距离大于任意固定值（我们可以选定它为任意小）的概率趋近于 0。粗略地说，随着样本量的增加，样本均值将越来越接近于期望值。请注意，大数定律描述的是当样本量趋于无穷大时的情况。我们如何知道样本量是否大到足以让大数定律"起作用"以及样本均值接近于期望值了呢？在接下来的几章中，我们将介绍与这些问题相关的解决办法。现在我们重点关注正态分布，但有一点需要特别注意：对于尾部比正态分布重的分布（即发生极端事件的概率比正态分布大的分布，如帕累托分布），即使它们满足大数定律，其收敛速度也会较慢。

我们将在下一节证明大数定律，它的详细证明将作为一个选做练习。

期望最有用的性质之一就是它是线性的。这意味着任意随机变量线性函数的期望等于随机变量期望的线性函数[三]。例如，设 X 和 Y 是随机变量，你想知道 $aX + bY + c$ 的期望，其中 a, b, c 均为常量（即 a, b, c 是非随机的）。如果已知 X 和 Y 的期望值，那么就可以计算出期望值

○　也有强大数定律，不同大数定律的区别在于随机变量"收敛"于常数时，收敛的定义不同。这里给出的弱数定律更容易证明，也更加适合我们。

○　本书中，我们将只考虑存在有限期望的概率分布，确实存在期望没有定义的分布。比如，柯西分布虽然看起来像正态分布，但它是一个期望无定义的分布。

○　变量 x 的线性函数的一般形式是 $f(x) = a + bx$，其中 a 和 b 是常量。类似地，对于双变量函数，称形如 $f(x, y) = a + bx + cy$ 的函数是线性的，其中 a, b, c 为常数。在线性函数中，你不能对自变量进行幂运算，不能对常数取含有自变量的幂运算，不能对自变量进行取正弦等运算。如果有两个或更多的自变量，线性函数不能包含自变量的乘积，比如 $f(x, y) = xy$ 不是线性的。

$$E(aX+bY+c)=aE(X)+bE(Y)+c \tag{5.4}$$

上式表达了三个事实。首先，$E(aX)=aE(X)$——一个常数乘以随机变量的期望等于常数乘以该随机变量的期望[⊖]。这个结论见式(A.6)和式(5.2)。其次，常数的期望就等于这个常数：$E(c)=c$。（可以将常数视为一个离散随机变量，它取 c 的概率为 1。）最后，多个随机变量之和的期望等于各个随机变量的期望相加，即 $E(X+Y)=E(X)+E(Y)$。要证明最后这个结论，我们需要引入两个随机变量联合分布的概念，这将在下一节中介绍。

期望的线性性质在计算概率时非常方便——你将在练习中多次看到。一般情况下，线性在分布的中位数或众数中并不成立，这就是为什么期望能成为概率论中描述"位置"的首选指标。期望在概率论中的特殊地位，反过来也印证了样本均值在统计中的重要性。

期望还有另一个重要理论。为了计算一个连续随机变量 X 的函数的期望，我们记

$$E\big[g(X)\big]=\int_{-\infty}^{\infty} g(x)f_X(x)\mathrm{d}x \tag{5.5a}$$

若 X 是离散随机变量，则规定

$$E\big[g(X)\big]=\sum_{i=1}^{k} g(x_i)f_X(x_i) \tag{5.5b}$$

这与我们在计算 $E(X)$ 时的思想是一致的。注意，如果我们设 $g(x)=x$，则式(5.5a)退化为式(5.2)，式(5.5b)退化为式(5.1)。式(5.5)有时被称为无意识统计学家定律，也许是因为近乎草率的应用却可以解决明显困难的问题。

练习集 5-1 [⊖]

1. 下列问题中所涉及分布的概率质量函数或概率密度函数见表 4-1 及表 4-2。

   (a) 参数为 p 的伯努利随机变量的期望值是多少？

   (b) 利用(a)的结论和期望的线性性质计算一个参数为 n，p 的二项分布的随机变量的期望。

   (c) ［选做］参数为 a 和 b 的离散均匀随机变量的期望是多少？［提示：对于整数 a，b，$b>a$，从 a 到 b 的求和公式为 $\sum_{k=a}^{b} k=(a+b)(b-a+1)/2$。］

   (d) ［选做］参数为 a 和 b 的连续均匀随机变量的期望是多少？［提示：$b^2-a^2=(b-a)(b+a)$。］

2. 在这个练习中，你将通过模拟来探索大数定律。大数定律表明，如果一个人对期望为 μ 的任意分布进行 n 次独立采样，那么随着 n 的变大，样本的均值将越来越接近 μ。下面的代码能够从标准正态分布中抽取给定大小(samp.size)的样本，并绘制出样本均值的直方图：

```
samp.size <- 20
n.samps <- 1000
samps <- rnorm(samp.size * n.samps, mean = 0, sd = 1)
samp.mat <- matrix(samps, ncol = n.samps)
samp.means <- colMeans(samp.mat)
hist(samp.means)
```

⊖ 这里的关键点在于 a 是常数而非随机变量。对于随机变量 X 和 Y，乘积 XY 的期望 $E(XY)$ 既依赖于 X 的期望，也依赖于 Y 的期望，还依赖于它们的协方差，这将在本章的后面介绍。

⊖ 详细的解题步骤和 R 语言脚本代码，请参阅本书的 GitHub 资源库(github.com/mdedge/stfs/)。

(a) 当 $n=1$ 时，你预计直方图是什么样子？随着 n 的增加，它会发生怎样的变化？请运行上面的代码，验证你的预测，尝试将样本量（samp.size）的值取为 1，5，20，100 和 1000。

(b) 修改（a）中使用的代码，将正态分布替换成指数分布，并取 rexp() 的速率参数为 1，此时你的预测是什么？请运行你的代码再验证一下。

5.2 方差与标准差

期望值是对分布位置的度量，不严谨地说，它表示一个随机变量分布的中心位置。对照而言，**方差**则是对分布分散性的度量，它刻画了一个随机变量的分布有多分散。随机变量 X 的方差最直观的定义是

$$\text{Var}(X) = E([X - E(X)]^2) \tag{5.6}$$

现在让我们花点时间来分析上式，我们从中括号里的项开始分析：$X - E(X)$ 表示随机变量值与其期望值之差，这就涉及分散性。如果我们直接取 $X - E(X)$ 的期望 $E[X - E(X)]$ 呢？这是行不通的——由期望的线性性质，无论 $E(X)$ 是什么分布的期望，均有 $E(X) - E(E(X)) = E(X) - E(X) = 0$。$X - E(X)$ 虽然反映了 X 分布的分散性，但是它的正负符号取决于 X 与其期望 $E(X)$ 的大小关系，而这些正负项是可以相互抵消的。

我们发现此处与前面定义最佳拟合时的情况非常类似：我们需要考虑 $X - E(X)$ 的非负函数，而非它本身。一种最直接的方式是取 $X - E(X)$ 的绝对值，即随机变量 X 与其期望值之差的绝对值，这样得到的量称为平均绝对离差（MAD），它也是很有用的。另一种方式是取差值的平方 $[X - E(X)]^2$，差值的平方再取期望就是式（5.6）中定义的方差。与差的绝对值相同，差的平方值也不存在负值，但它有一个非常明显的缺点：它的度量单位是错的。如果我们是以米为单位对高度建模得到了其分布，那么，我们不得不用平方米来度量分布的分散程度，这是很奇怪的。尽管如此，方差在数学上的两个优点远远超过了它的单位是原分布单位的平方带来的不便。首先，在数学上，这样定义的方差的计算比使用绝对值的计算要容易得多。其次，也是更重要的原因，随机变量的线性函数——包括和、差及均值——的方差形式很漂亮[见下文中的式（5.8）和式（5.9）]，而如果是取绝对值，则其结果相当麻烦。图 5-2 给出了三个期望相同、方差不同的正态分布随机变量的密度函数。

方差的一些良好性质如下：

(i) 方差可由下列表达式给出：

$$\text{Var}(X) = E(X^2) - [E(X)]^2 \tag{5.7}$$

为了计算方差，你只需要知道随机变量的期望和随机变量平方的期望。通常，使用这个表达式计算随机变量的方差比使用式（5.6）更容易。

(ii) 如果已知随机变量 X 的方差，就可以计算出 X 的线性函数的方差

$$\text{Var}(a + cX) = c^2 \text{Var}(X) \tag{5.8}$$

其中 a 和 c 是常数。常数 a 在求方差后消失了——这说明给随机变量增加一个常数并不影响其方差。随机变量的方差乘以一个常数等于该常数的平方乘以随机变量的方差。

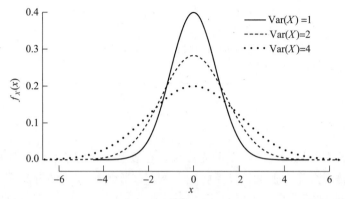

图 5-2   三个期望相同、方差不同的正态分布的密度函数图。其密度函数的中心位置
相同，但方差较大的密度函数分布范围更广

(iii) 这是一个很重要的性质，如果 X 和 Y 是独立随机变量，那么

$$\mathrm{Var}(X+Y) = \mathrm{Var}(X) + \mathrm{Var}(Y) \tag{5.9}$$

两个独立随机变量和的方差等于这两个随机变量方差之和，这对于统计学来说是极好
的。因为在统计学中，我们总是对包含多个观测值的样本的性质感兴趣。在下面的练
习题中，要求你证明式(5.7)～式(5.9)。

如前所述，方差最明显的问题是它的单位是错误的，通常的解决方法是取方差的平方
根，也就是所谓的标准差：

$$\mathrm{SD}(X) = \sqrt{\mathrm{Var}(X)} \tag{5.10}$$

尽管标准差没有绝对差 $E(|X-E(X)|)$ 那么直观，但方差的实用性决定了它的重要性。
通常标准差比绝对差更大(不会更小)，并且对较大的偏差更敏感。

练习集 5-2

1. 证明式(5.7)。[提示：利用期望的线性性质式(5.4)，并注意 $E(X)$ 是常数。]

2. [选做]通过如下两步证明式(5.8)。

　(a) 证明 $\mathrm{Var}(X+a) = \mathrm{Var}(X)$，其中 X 是随机变量，a 是常数。[提示：从方差的定义式(5.6)入手
　　　比从式(5.7)入手更加简单。]

　(b) 证明 $\mathrm{Var}(cX) = c^2 \mathrm{Var}(X)$。[提示：这里需从式(5.7)入手。]

3. [选做]本题将证明下列结论：如果 X 和 Y 是独立随机变量，则有

$$\mathrm{Var}(X+Y) = \mathrm{Var}(X) + \mathrm{Var}(Y)$$

这个结论对连续随机变量和离散随机变量均成立，但离散情形更易证明。

　(a) 假定 X 和 Y 是离散随机变量，X，Y 的联合概率质量函数的定义为

$$f_{X,Y}(x,y) = P(X=x \bigcap Y=y)$$

　　　换句话说，X 和 Y 的联合概率质量函数给出了 $X=x$ 和 $Y=y$ 时的概率。
　　　当 X 和 Y 相互独立时，由 $f_X(x)$ 和 $f_Y(y)$ 能否给出 $f_{X,Y}(x,y)$ 的值呢？

　(b) 用 $\mathrm{Var}(X)$ 和 $\mathrm{Var}(Y)$ 表示 $\mathrm{Var}(X+Y)$ 和 $\mathrm{Cov}(X,Y) = E(XY) - E(X)E(Y)$。这里 $\mathrm{Cov}(X,Y)$ 是
　　　X 和 Y 的协方差，我们将在下一节介绍它。

(c) X 与 Y 乘积的期望为

$$E(XY) = \sum_x \sum_y xy f_{X,Y}(x,y)$$

也就是说，它是 X 的所有可能取值 x 和 Y 的所有可能取值 y 与对应的取 $X=x$，$Y=y$ 的概率的乘积求和。这与我们前面介绍的期望概念相同，只不过我们现在面对的是两个随机变量求和而不是一个。求证：当 X 和 Y 独立时，$E(XY)=E(X)E(Y)$。当 X 和 Y 独立时，$\mathrm{Var}(X+Y)$ 意味着什么？（提示：切记，求和项不依赖于求和指标时，你可以把它从求和中提出来。）

(d) 当 X 和 Y 独立时，$\mathrm{Var}(X-Y)$ 是什么？

4. (a) 计算参数为 p 的伯努利随机变量的方差。

(b) 利用问题 3 中 (a) 的结论计算参数为 p 和 n 的二项随机变量的方差。

5. 假定 $X_1,X_2,\cdots,X_n$ 为相互独立的随机变量，其方差均为 σ^2（有限），则它们的均值 $\frac{1}{n}(X_1+X_2+\cdots+X_n)$ 的方差是多少？其标准差是多少？（样本标准差通常也被称为"标准误差"，见第 7 章。）

6. [选做] 本题中，我们将证明一个大数定律——弱大数定律。

(a) 证明马尔可夫不等式。马尔可夫不等式是指：对一个非负随机变量 X，必有

$$P(X \geqslant c) \leqslant \frac{E(X)}{c}$$

其中 c 是一个常数。（我们将用马尔可夫不等式证明切比雪夫不等式，再用切比雪夫不等式证明弱大数定律。在证明马尔可夫不等式时，先定义一个随机变量 Z，当 $X \geqslant c$ 时，Z 取 1，否则，Z 取 0。显然有 $Z \leqslant X/c$，对不等式两边同时取期望，并注意到 Z 为伯努利随机变量。）

(b) 证明切比雪夫不等式，即对期望为 μ 的随机变量 Y，有

$$P(|Y-\mu| \geqslant d) \leqslant \frac{\mathrm{Var}(Y)}{d^2}$$

其中 d 是任意一个正常数。[将马尔可夫不等式中的 X 替换为 $(Y-\mu)^2$ 即可证明切比雪夫不等式。]

(c) 对独立同分布的随机变量序列证明弱大数定律。即设 $X_1,X_2,X_3,\cdots,X_n$ 是相互独立的随机变量，并且所有的 X_i 都有相同的分布。记 $E(X_1)=E(X_2)=\cdots=E(X_n)=\mu$，并且 μ 是有限的。定义：

$$\overline{X}_n = \frac{1}{n}(X_1+X_2+X_3+\cdots+X_n)$$

则对任意正常数 δ，必有 $\lim\limits_{n\to\infty} P(|\overline{X}_n-\mu|>\delta)=0$。利用切比雪夫不等式及问题 5 中的结论证明此处的弱大数定律。你可以另外假定 $\mathrm{Var}(X_1)=\mathrm{Var}(X_2)=\cdots=\mathrm{Var}(X_n)=\sigma^2$，$\sigma^2<\infty$。当 X_i 的方差不是有限数时，弱大数定律同样成立（只要期望有限），但是假定方差有限，会简化证明过程。

5.3　联合分布、协方差与相关性

我们现在已经有了度量随机变量分布的位置和分散程度的工具。不过，回想一下，我们研究概率的最初目的是更好地理解最佳拟合线。最佳拟合线是一种描述两个变量之间关系的方法。因此，我们需要对两个随机变量之间的关系强度进行概率上的度量。我们使用

的度量工具是协方差和相关性。**协方差**是两个随机变量（以特定的方式）偏离独立性的度量，而**相关性**则是对协方差进行调整，使其值介于−1 和 1 之间。

前面，我们只考虑了单个随机变量的分布。如果我们要考虑两个随机变量之间的关系，则需要引入两个随机变量的**联合分布**这一简单推广的概念。前面已知，随机变量 X 的累积分布函数为[式(4.4)]：

$$F_X(x) = P(X \leqslant x)$$

现在，两个随机变量 X 和 Y 的联合累积分布函数为

$$F_{X,Y}(x,y) = P(X \leqslant x \bigcap Y \leqslant y) \tag{5.11}$$

请记住，符号"$\bigcap$"表示"交集"，你可以将其理解为"并且"。换句话说，两个随机变量在(x,y)处的联合累积分布函数是第一个随机变量小于 x 并且第二个随机变量小于 y 的概率。

联合累积分布函数虽然定义了随机变量的联合分布，但我们更喜欢使用概率质量函数与概率密度函数，而非累积分布函数去刻画分布。对于离散随机变量，联合概率质量函数为第一个随机变量等于某一个给定值 x，第二个随机变量等于某一个给定值 y 的概率：

$$f_{X,Y}(x,y) = P(X = x \bigcap Y = y) \tag{5.12}$$

我们可以通过对联合概率质量函数中 X 或 Y 的所有取值项求和分别得到 X 或 Y 的概率质量函数——称为 X 或 Y 的"边缘"概率质量函数。质量函数 $f_X(x)$ 是 X 取 x 值的概率，它是在 $X = x$ 和 $Y = y$ 的联合概率质量函数中对 Y 的所有可能取值项求和而得到的。用符号表示为

$$f_X(x) = P(X = x) = \sum_y P(X = x \bigcap Y = y) = \sum_y f_{X,Y}(x,y) \tag{5.13}$$

这里，对 y 的求和表示我们在联合概率质量函数中对 Y 的所有可能取值项求和。

对于连续随机变量，联合概率密度函数也可以像前面一样，通过联合累积分布函数来定义。联合密度函数 $f_{X,Y}(x,y)$ 定义为满足下式的函数：

$$\int_{-\infty}^{z} \int_{-\infty}^{w} f_{X,Y}(x,y)\mathrm{d}x\mathrm{d}y = P(X \leqslant w \bigcap Y \leqslant z) = F_{X,Y}(w,z)$$

即联合密度函数的定积分满足式(5.11)给出的联合累积分布函数。虽然上式中有一个二重积分，但其原理和单变量积分是相同的，只是现在我们求的是曲面下的体积，而不是曲线下的面积了。

连续随机变量具有类似于式(5.13)的性质，我们只需要使用恰当的积分运算去代替求和运算就行了。也就是说，如果 X，Y 是联合分布中的连续随机变量，那么我们可以对联合密度函数中的一个变量积分，得到另一个随机变量的边缘密度函数：

$$\int_{-\infty}^{\infty} f_{X,Y}(x,y)\mathrm{d}y = f_X(x) \tag{5.14}$$

图 5-3 是联合概率密度函数的示意图。

有了联合分布的概念，我们就可以将方差推广到协方差。定义：

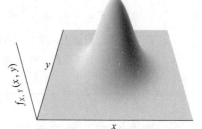

图 5-3　两个正态分布随机变量的联合密度函数。表面凸起的图像描述了概率密度，x 从左向右变化，y 从前向后变化，曲面下的总体积为 1

$$\mathrm{Cov}(X,Y)=E([X-E(X)][Y-E(Y)])=E(XY)-E(X)E(Y) \qquad (5.15)$$

最后一个等式的证明与式(5.7)的证明(练习集 5-2 中的问题 1)是完全相同的。$E(XY)$ 是 X 和 Y 乘积的期望。注意，协方差中随机变量的顺序并不重要：$\mathrm{Cov}(X,Y)$ 与 $\mathrm{Cov}(Y,X)$ 是相同的。下面我们解释为什么说协方差是方差的推广，因为

$$\mathrm{Cov}(X,X)=E(XX)-E(X)E(X)=E(X^2)-[E(X)]^2=\mathrm{Var}(X)$$

在上一个练习集[练习集 5-2 中问题 3 的(c)]中，你证明了如果 X 和 Y 是独立的离散随机变量，那么

$$\mathrm{Cov}(X,Y)=0$$

这同样也适用于连续随机变量。因此，独立意味着协方差为零。反之则不一定成立：如果 $\mathrm{Cov}(X,Y)=0$，那么 X 和 Y 不一定是独立的。尽管如此，我们有时仍把协方差说成是度量偏离独立的程度，虽然相依的随机变量也有可能是零协方差的。

现在，我们有必要停下来理解用协方差度量偏离独立的程度的含义。我们用启发的方式来说明协方差是如何实现度量偏离独立的程度的。设 X 和 Y 是两个随机变量，它们的期望值都是 0，因此，$E(X)=0$，$E(Y)=0$，$\mathrm{Cov}(X,Y)=E(XY)$。$^{\ominus}$现在想象一个坐标系，如图 5-4 所示。图 5-4 中左图的密度函数为图 5-3 中密度函数的特殊情形，只不过现在用分成象限的等高线图来表示了。将图像划分为象限的直线是 $x=0$ 和 $y=0$，它们也是 $x=E(X)$ 和 $y=E(Y)$。在右上象限，x 和 y 都是正值，所以 xy 也是正值。同样，在左下象限，x 和 y 都是负值，xy 的乘积还是正值。在左上和右下象限，乘积 xy 是负值。

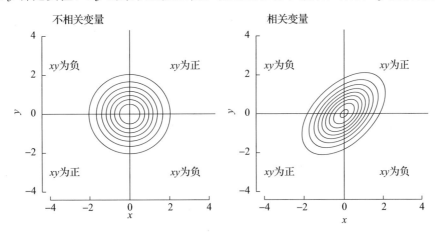

图 5-4 两个联合分布图，一个协方差为零，另一个协方差为正数。左图给出了图 5-3 中当 $E(X)=0$，$E(Y)=0$ 时的联合分布的另一种视图，此处为等高线图而非三维的曲面图，等高线显示的是具有相同的 $f_{X,Y}(x,y)$ 的 x 和 y 的坐标集合，就像地形图上的等高线显示的是同一高度的位置一样。xy 为正或为负的区域在图中被标记出来。在左侧的联合密度中，$\mathrm{Cov}(X,Y)=0$。在右侧的联合密度表示的分布中，$\mathrm{Cov}(X,Y)$ 是正的。[此处 $\mathrm{Cov}(X,Y)=1/2$。]可以看出，大部分密度集中在右上象限和左下象限

$\ominus$　在练习集中你将会证明，从两个随机变量中减去常数不会影响它们之间的协方差，受此启发，我们可以缩放随机变量。

理解期望 $E(XY)$ 的一种方法是考虑如何将一个联合分布的质量或密度划分为这四个象限。粗略地说，如果一个联合分布的大部分质量或密度在右上和左下象限，那么 $E(XY)$ 很可能是正的。如果大部分质量或密度在左上象限和右下象限，那么 $E(XY)$ 很可能是负的。

因此，你可以理解 X 和 Y 之间的正值协方差类似于"如果 X 值大于期望，那么 Y 也倾向于取大于期望的值，如果 X 值小于其期望，那么 Y 也倾向于取小于期望的值"。图 5-4 左侧的联合分布关于 $x = E(X)$ 和 $y = E(Y)$ 对称。它的密度被平均分配在四个象限内，在这种联合分布中，$\mathrm{Cov}(X, Y) = 0$。图 5-4 的右图表示另一个联合密度函数，其 $\mathrm{Cov}(X, Y)$ 是正的。这种联合分布在右上象限和左下象限的密度比其他两个象限的密度要大。

我们了解了偏离独立性的协方差类型，协方差对偏差独立性是敏感的。[⊖]然而，这里有一个问题。协方差对两个随机变量之间的线性相关性和变量的缩放都很敏感。考虑图 5-4 中右图的联合分布。在该分布中，$\mathrm{Cov}(X, Y) = 1/2$。现在我们定义另一个随机变量 Z，取 $Z = 2X$。直觉上，我们可能会感觉 Y 和 Z 应该有同 X 和 Y 差不多的密切关系，因为 Z 是 X 的一个简单线性函数。如果我们将 Y 和 Z 的联合密度画出来，它看起来与图 5-4 的右图很像，只有水平轴上的坐标会改变——由 -4，-2，0，2，4 变成了 -8，-4，0，4，8。然而，协方差却是大不相同的：

$$\mathrm{Cov}(Z, Y) = \mathrm{Cov}(2X, Y) = E(2XY) - E(2X)E(Y)$$

根据期望的线性性质[式(5.4)]，期望中的 2 可以提出来，然后我们可以进行因式分解：

$$\mathrm{Cov}(Z, Y) = 2E(XY) - 2E(X)E(Y) = 2[E(XY) - E(X)E(Y)] = 2\mathrm{Cov}(X, Y) = 1$$

因此，Z 和 Y 的协方差是 X 和 Y 的协方差的两倍，但是 Z 和 Y 的关系并不比 X 和 Y 更密切。协方差并不是两个变量之间线性相关程度的纯粹度量，但我们有时会需要线性相关程度的纯粹度量。

解决方法是对协方差进行放缩。如果我们知道 X 和 Y 的方差，就可以得到 $\mathrm{Cov}(X, Y)$ 可能达到的最大值。这个可能的最大值是 $\sqrt{\mathrm{Var}(X)\mathrm{Var}(Y)} = SD(X)SD(Y)$，用协方差除以这个值就解决了上一段中指出的问题。我们称这一协方差的缩放形式为相关系数：

$$\mathrm{Cov}(X, Y) = \rho_{X,Y} = \frac{\mathrm{Cov}(X, Y)}{\sqrt{\mathrm{Var}(X)\mathrm{Var}(Y)}} \tag{5.16}$$

两个随机变量 X 和 Y 的相关系数通常写成 $\rho_{X,Y}$，其值总是在 -1 和 1 之间。相关系数的绝对值越大，说明变量之间的关系越紧密。相关系数的符号表示方向，如果为正，则 X 大于其期望关联着 Y 也大于其期望；如果为负，则 X 大于其期望关联着 Y 小于其期望。

练习集 5-3

1. 考虑两个离散随机变量 X 和 Y 构成的联合分布，它的联合概率质量函数在下列三个 (x, y) 坐标处为正，其余为 0：

⊖ "距离协方差"和"距离相关系数"是最近发展起来的概念，它们能够考察所有类型的相关性，而不仅仅是线性相关性，在距离相关理论中，当且仅当两个随机变量独立时，距离协方差为零。参见 Székely & Rizzo (2017)。

$$f_{X,Y}(-1,1)=f_{X,Y}(1,1)=f_{X,Y}(0,-2)=\frac{1}{3}$$

(a) $\mathrm{Cov}(X,Y)$ 为多少[考虑式(5.15)]?

(b) X 和 Y 是独立的吗?[记得检验 $P(A \bigcap B)=P(A)P(B)$ 是否对 X 和 Y 可能取值的成对事件成立。]

2. 假定两个随机变量 X 和 Y 的联合分布的协方差和相关系数分别为 $\mathrm{Cov}(X,Y)=\gamma$,$\mathrm{Cor}=(X,Y)=\rho$。若 $Z=a+bX$,其中 a,b 都为常数,试求 Y 与 Z 的协方差与相关系数。

3. [选做,需要熟悉求和运算]设 X 和 Y 为离散随机变量,其联合概率质量函数为 $f_{X,Y}(x,y)$,求证,$E(X+Y)=E(X)+E(Y)$。这是期望线性性质的一个特例,设 X 的可能取值为 $\{x_1,x_2,\cdots,x_k\}$,Y 的可能取值为 $\{y_1,y_2,\cdots,y_m\}$,那么它们之和的期望应为

$$E(X+Y)=\sum_{i=1}^{k}\sum_{j=1}^{m}(x_i+y_j)f_{X,Y}(x_i,y_j)$$

5.4 [选读]条件分布、期望和方差

在前一节中,我们使用联合分布来描述两个随机变量之间的关系。另一种描述两个随机变量之间关系的方法是考虑一个随机变量在另一个随机变量取定值下的条件分布。

对于离散随机变量 X 和 Y,条件概率质量函数定义为

$$f_{X|Y}(x|Y=y)=P(X=x|Y=y)=\frac{P(X=x \bigcap Y=y)}{P(Y=y)}=\frac{f_{X,Y}(x,y)}{f_Y(y)} \qquad (5.17)$$

其中,$f_{X,Y}(x,y)$ 为 X 和 Y 的联合概率质量函数,$f_Y(y)$ 为 Y 的边缘概率质量函数。换句话说,条件概率质量函数 $f_{X|Y}(x|Y=y)$ 就是已知 Y 取特定值 y 时,X 的概率质量函数。注意,条件概率质量函数的定义形式与式(4.1)中的条件概率的定义很相似。

对于连续随机变量,条件概率密度函数也有类似的定义。若 X 和 Y 是连续随机变量,那么条件概率密度函数 $f_{X|Y}(x|Y=y)$ 定义为

$$f_{X|Y}(x|Y=y)=\frac{f_{X,Y}(x,y)}{f_Y(y)} \qquad (5.18)$$

其中 $f_{X,Y}(x,y)$ 是 X 和 Y 的联合密度函数,$f_Y(y)$ 是 Y 的边缘密度函数[式(5.14)]。

图 5-5 显示了条件概率密度与联合概率密度之间的关系。

条件概率密度函数可以用与其他概率密度函数相同的方式进行推演。例如,我们可以从条件概率密度函数推导出条件期望。条件期望 $E(X|Y=y)$ 是在给定 $Y=y$ 时 X 的期望。对于连续随机变量,条件期望为

$$E(X|Y=y)=\int_{-\infty}^{\infty}x f_{X|Y}(x|Y=y)\mathrm{d}x \qquad (5.19)$$

若 X 和 Y 是离散随机变量,那么我们用一个类似的求和来替代这个积分。这里的定义有点类似于式(5.2)中期望的定义。由图 5-5 可以看出,对于不同 y 值,在 $Y=y$ 条件下 X 的条件期望是不同的。

类似地,X 的条件分布也有方差。在给定 $Y=y$ 时,X 的条件方差是

$$\mathrm{Var}(X|Y=y)=E(X^2|Y=y)-[E(X|Y=y)]^2 \qquad (5.20)$$

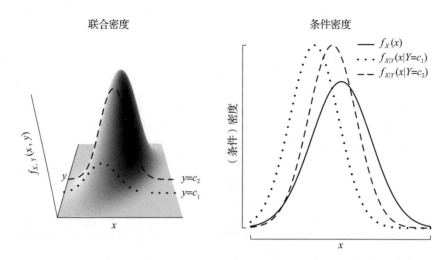

图 5-5 联合密度函数及条件密度函数的图示。左边的阴影面是两个随机变量 X 和 Y 的联合密度函
数。X 和 Y 是联合正态分布，其相关系数为 0.6。点状和线段状的两条虚线沿平行于 x 轴的
曲面绘制，这两条虚线是 Y 分别取常数值 c_1 和 c_2 条件下的 X 的条件密度函数图。图中右半
部分是由左边的联合密度导出的 X 的密度函数。实线表示 X 的边缘密度函数，点状虚线表
示当 $Y=c_1$ 时 X 的条件密度函数，线段状虚线表示当 $Y=c_2$ 时 X 的条件密度函数。三个密
度函数与 x 轴之间围成的面积均为 1。虽然左图显示 $Y=c_1$ 时的联合密度函数值总体上低于
$Y=c_2$ 时的联合密度函数，但除以 Y 的边缘密度后，得到条件密度下的区域面积均等于 1

条件方差的定义类似于方差的定义式(5.6)，它具有与方差相似的性质。［注意：上面这个
表达式与式(5.7)完全一样，只不过每一项都需加上条件 $Y=y$。］原则上，X 在 $Y=y$ 条件
下的条件方差是随着 y 的不同值而变化的，但对于图 5-5 左侧的联合分布，对 y 的所有值，
其条件方差都是相同的。

评估两个随机变量 X 和 Y 之间相关程度的一种方法是将给定 Y 的取值下 X 的条件方
差和没有条件约束的 X 的方差进行比较。若条件方差远小于方差，那么我们就知道 Y 的取
值大大降低了 X 的不确定性，可以说 X 和 Y 是密切相关的。在本章最后的练习中，你会
发现，若随机变量 X 和 Y 是线性相关的，那么条件方差和无条件方差之间的差别与相关系
数密切相关。

5.5 中心极限定理

中心极限定理是我们在建立一个简单线性回归模型之前需要掌握的最后一个概率工
具，类似于大数定律，它是关于独立观测的大样本的均值的性质。这是一个非常有用并且
形式优美的结果，但我们将其应用在实际问题时必须要非常谨慎，就像其他任何定理一
样——除非满足其假定，否则不能保证它成立。

在统计学中，我们经常需要知道大小为 n 的样本的样本均值分布。现我们从一个期望
为 $E(x)=\mu$，有限方差为 $\mathrm{Var}(x)=\sigma^2$ 的分布中独立抽取 n 个样本 $X_1,X_2,X_3,\cdots,X_n$，其
样本均值是一个随机变量 $\sum\limits_{i=1}^{n} X_i/n=\overline{X_n}$。在大样本中，其均值 $\overline{X_n}$ 有些什么性质呢？根据

大数定律，样本越大，样本均值越接近于 μ。我们在练习集 5-2 中证明了 $E(\overline{X}_n)=\mu$ 且 $\mathrm{Var}(\overline{X}_n)=\sigma^2/n$，这意味着样本均值的方差随着样本量 n 的增加而减小。

至此，我们已经知道了关于样本均值 $\overline{X}_n$ 的分布的两个事实：期望和方差。我们还想知道它的分布的形状是什么？这就是中心极限定理的由来。下面是中心极限定理的一种形式，我们不去证明它，将其证明留作练习题。

中心极限定理 设 $X_1, X_2, X_3, \cdots, X_n$ 为独立随机变量，且所有 X_i 均服从于同一分布。记 $E(X_1)=E(X_2)=\cdots=E(X_n)=\mu$，$\mathrm{Var}(X_1)=\mathrm{Var}(X_2)=\cdots=\mathrm{Var}(X_n)=\sigma^2$，其中 μ 和 σ^2 均有限⊖，定义

$$\overline{X}_n = \frac{1}{n}(X_1 + X_2 + X_3 + \cdots + X_n)$$

则当 n 趋于无穷大时，$\overline{X}_n$ 的分布收敛到期望为 μ，方差为 σ^2/n 的正态分布⊖。

回忆一下**正态分布**（也称作高斯分布），它属于连续概率分布族（见表 4-2）。当其期望为 0，方差为 1 时，这样的正态分布也称为标准正态分布（如图 5-6 所示）。正态分布是对称的，大部分的概率密度集中在分布的中心，距离中心越远，密度越低。正态随机变量的概率密度函数为（见表 4-2）：

$$f_X(x) = \frac{1}{\sigma\sqrt{2\pi}} e^{-\frac{(x-\mu)^2}{2\sigma^2}}$$

常数 μ 和 σ^2 为控制正态分布的中心位置和分散程度的参数。若 $X \sim N(\mu, \sigma^2)$，其中波浪线表示"服从"，那么有

$$E(X) = \mu \tag{5.21}$$

且

$$\mathrm{Var}(X) = \sigma^2 \tag{5.22}$$

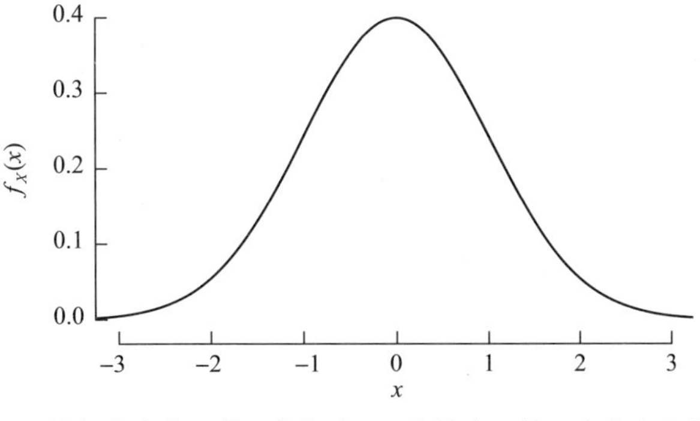

图 5-6　正态分布 $N(0,1)$ 的概率密度函数。期望为 0，方差为 1 的正态分布也称为"标准"正态分布

⊖ 若将"方差"看作"样本方差"，那么要求有限方差可能会令人困惑——样本方差总是有限的。此处"无限方差"意指 $\int_{-\infty}^{\infty} x^2 f_X(x)\mathrm{d}x$ 发散到无穷。若 X 具有"重尾"分布，这个积分可能是发散的。有一个在自然和社会科学中广泛应用的分布是帕累托分布，对于某些参数值，它的方差没有定义。

⊖ 这里的说法有点粗糙，我们还没有介绍过一个分布收敛到另一个分布是什么意思。不正式的一种说法是随着独立样本数量的增加，样本均值的累积分布函数就会变得越来越像正态分布族中的累积分布函数。

我们不要求证明式(5.21)和式(5.22)，因为它们要求的积分超出了我们的范围，但证明它们的方法是我们熟悉的，只需将正态概率密度函数分别代入式(5.2)和式(5.6)中的期望和方差公式即可。

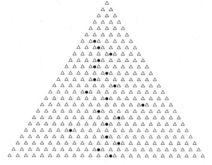

根据中心极限定理，我们期望（近似地）出现正态分布。特别地，如果样本来自方差有限的分布，我们能断定大样本的均值大致是正态分布。不过，多大才算是"大"呢？这取决于观测样本的分布。[⊖]此外，我们还推测包含许多小的、独立影响的和的过程的个别观测结果也会大致呈正态分布。

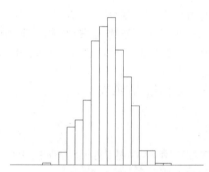

你可以通过思考一个叫作"豆机"（也称作"高尔顿板"或"梅花机"[⊜]）的装置，来对中心极限定理有一个直观的认识。图 5-7 所示的是一个豆机，三角形阵列的钉子被安装在一块板上。使用豆机的方法是，首先在顶部放一个球进去，然后球就会碰到一个钉子。当球击中钉子时，在向下到达下一排钉子的过程中可能会向左或向右弹跳。在下一行，它将击中另一个钉子，并向左或向右弹跳。然后它会落到另一排钉子上，依此类推，直到它落入豆机底部的几个槽子中的一个。当一个人往豆机里扔很多球，然后观察它们在底部的槽子中是如何分布的，就会发现其形状与正态分布的密度函数非常相似。

我们如何解释豆机产生的近似正态分布呢？至少有两种方法。首先，我们可以应用中心极限定理。将豆机下方最左边的槽子标记为 0，依次从左到右对槽子进行编号，那么最右边的槽子编号为 k，可知 k 就是豆机上钉子的行数。现在我们可以把豆机的每一行都看作一个伯努利随机变量（见表 4-1）。在

图 5-7　由 R 软件的 animation 包中的 quincunx() 函数生成的豆机动画中的静态画面(Xie, 2013)。每个黑色圆点表示将落入豆机底部的一个球。每当一个球往下落一行，它都会碰到一个用三角形表示的钉子。每一次球击中钉子，它有 50% 的概率弹向左边。50% 的概率弹向右边。底部的直方图显示了球穿过豆机后最终落到的位置

⊖ 中心极限定理只能保证越来越接近于正态分布。由克拉默定理，若 n 个独立随机变量的和或均值严格服从正态分布，那么各个随机变量必定都服从正态分布。也就是说，中心极限定理保证了样本均值的分布接近正态分布，但是克拉默定理限制了样本均值的分布不会达到正态分布，除非被平均的随机变量本身就是服从正态分布的。

⊜ 收敛所需的 n 也与我们感兴趣的 $\overline{X}_n$ 的分布有关。$\overline{X}_n$ 分布的尾部——$\overline{X}_n$ 中的极端和罕见事件——可能会比分布中心更慢地逼近正态分布，你将在一个选做练习中看到这一点。若我们感兴趣的是罕见事件，那么应用中心极限定理必须更加小心。

⊜ 想象一下，有人在一个会议上说："不行，我们需要一个更加吸引人的名字，比如'梅花机'。"

任意一行，如果球弹向左边，那么这一行的随机变量值为 0；如果球弹向右边，那么这一行的随机变量值为 1。球掉进哪个编号的槽子由每一行的随机变量之和决定。如果随机变量是独立的，那么由中心极限定理可知，随着豆机上钉子行数的增加，球的最终位置的分布应该接近于正态分布。[⊖]

这一解释说明了豆机与中心极限定理之间的联系，但它没有解释为什么中心极限定理成立。为什么当我们对独立随机变量的观测值求和时，大多数的求和结果都是中间值，只有少数求和结果是极值呢？重新看一下图 5-7 中的豆机，它有 25 排钉子。想象一下一个球落在最左边的槽子里，这只有在一种情况下才会发生——在下降的过程中，每一排球都必须落在左边。相比之下，从左往右数的第二个槽子，一个球有 25 种方式落入其中，球必须在其中某一行弹向右边，但在哪一行并不重要，而在剩下的 24 行弹向左边。现在考虑从左数的第三个槽子，为落入该槽子，一个球必须弹向右边 2 次，弹向左边 23 次，根据排列组合，选择球弹向右边的两排钉子共有 300 种方式。一个球通过豆机到达中间的第 12 或 13 个槽子，在这个 25 行的豆机中有超过 500 万条路线。因此，当我们向中心移动时，球有更多可能的路线落在指定的槽子里。当我们从中心向右移动时，球可以选择的可能路线的数量再次减少，直到落在最右边的槽子里，球在每一行只能选择弹向右边的路径。这是考虑中心极限定理的一种方法：当许多独立随机变量被求和或求平均时，有很多方法可以得到中间值，但是只有很少的方法会得到极值。

值得注意的是，中心极限定理是关于当样本量趋于无穷时样本均值的行为，严格地说，没有人真正遇到过无穷多样本的情况。在实践中对中心极限定理的所有应用都是近似或外延，在理论和实践之间可能会有一些偏差。通常，理论上的近似已经足够好了，但实际应用中还是需要仔细考虑具体情况。如你在接下来的练习中看到的那样，需要注意细节，特别是当尾部事件(即远离变量分布中心的结果)非常重要时。

练习集 5-4

1. 使用 R 软件中的 animation 包来观察豆机的工作动画。为此，我们需要使用 install.packages ("animation")来安装 animation 包。(记住每个包只需要安装一次。)然后，加载软件包：

```
library(animation)
```

使用 quincunx()命令来查看动画。你可以改变豆机中掉落球的数量、豆机上钉子的层数，以及每秒掉落球的数量：

```
nball <- 500 #change the number of balls
nlayer <- 25 #change the number of rows of pegs on the board
rate <- 10 #change the speed at which the balls fall
ani.options(nmax = nball + nlayer - 2, interval = 1/rate)
quincunx(balls = nball, layers = nlayer)
```

你可以尝试不同数量的球和钉子层数。

⊖ 我们使用中心极限定理来解释随机变量的均值，但因为样本均值是样本之和除以常数，其均值近似服从正态分布，那么样本之和也一定近似服从正态分布。

2. 在这个问题中，你将探索由贝塔分布生成的样本均值的分布。贝塔分布有两个参数来控制分布的形状，对于这些参数的某些值，贝塔分布会明显偏离正态分布。然而，根据中心极限定理，对于大样本量，样本均值将接近正态分布。你可以使用 R 软件中的 dosm.beta.hist() 函数——它可以在 stfspack 包中得到（见练习集 2-2 的问题 3）——来得到贝塔分布中特定大小样本的均值。参数 n 用来控制每个样本中包含多少个观测值（样本量），参数 nsim 控制绘图中使用的每个样本中的观测值数量。10 000 个样本会让你对密度函数的形状有深刻的印象。

　　若要查看给定形状参数的贝塔分布，可将样本量设置为 1。例如，

```
dosm.beta.hist(1, 10000, shape1 = 1, shape2 =1)
```

将绘制从两个形状参数均为 1 的贝塔分布的一个样本中抽得的 10 000 个观测值的直方图。若样本量增大，样本均值的分布就会接近正态分布。尝试从大小为 1 的样本开始，然后逐渐增加样本量，分别使用以下形状参数：(1,1)，(0.2,0.2)，(2,0.5)，(0.5,2)，(3,3)。你也可以随意尝试其他参数，你发现了什么？

3. [选做，较难，若选择跳过，请阅读一下答案]从形状参数为 4 的帕累托分布中模拟样本量为 1 000 的样本（你可能需要查看一下帕累托分布）。形状参数为 4 的帕累托分布具有有限方差，所以中心极限定理适用。尽管如此，要达到正态收敛所需的样本量是非常大的，特别是在尾部。将模拟样本的均值分布与适当的正态分布进行比较。试着改变样本量和形状参数（保持大于 2，这样中心极限定理才适用）。使用 stfspack 函数 rpareto() 模拟来自帕累托分布的数据。为了了解情况，你需要将尾部（即超出某个事先选定的标准差倍数，如 2，3，4 或 5）观测值的比例与正态分布下的预期值的比例进行比较。可以使用 stfspack 包内的 compare.tail.to.normal() 函数来解决，如

```
compare.tail.to.normal(x, k, mu, sigma)
```

其中，x 是数据向量，k 是标准差的倍数，mu 和 sigma 是我们要与之比较的正态分布的期望和标准差。输出的是样本中极端观测值的比例（即与样本均值距离大于 k 个标准差的观测值）除以观测值超过正态分布期望 k 个标准差的概率所得到的比率。若商接近于 1，那么尾部的数据就"像"正态分布。若商大于 1，那么数据中的极端值比在正态分布下的要多。样本大小为 n，参数为 a 和 b 的帕累托分布下的样本均值的期望和方差可由如下计算得到：

```
expec.par <- a * b/(a-1)
sd.mean <- sqrt(a * b^2 / ((a-1)^2 * (a-2)) / n)
```

只要满足 a 大于 2 且 b 为整数即可。

5.6　一个简单线性回归的概率模型

　　现在我们已经知道了一些概率概念，让我们回过头来解释前面讲到的两个变量之间的线性关系这个问题。现在我们建立一个第 3 章中提出的最佳拟合线的概率模型。考虑两个随机变量 X 和 Y，用到前面的例题上，Y 表示谷物产量，X 表示肥料使用量。我们认为 Y 的值是由 X 以及 X 之外的一些随机因子决定的，我们把这些随机因子统称为"干扰项"。[⊖]

　　设 Y 是 X 与一个随机干扰项的线性函数。干扰项是一个随机变量，是 Y 与 X 的线性

⊖　这个关系式表明 X 只是影响 Y 的部分原因。不同领域的研究人员在使用回归方法来解决潜在因果问题时，X 影响 Y 的结构存在差异，更多的介绍在尾叙 2.1 节中可见。

函数之间的差，也有人用"误差"这个词来替代"干扰项"。为了模拟一次观测中 X 和 Y 的关系，我们令

$$Y = \alpha + \beta X + \varepsilon \tag{5.23}$$

等式右边的 X 和 ε 是随机变量，而 α 和 β 是固定系数。使用专业用语：X 是**自变量**，Y 是**因变量**，α 是**截距**，β 是**斜率**，ε 是**干扰项**。该模型通过在 X 的截距为 α、斜率为 β 的线性函数中添加一个随机干扰项 ε 来模拟 Y。这仅仅是一个模型，没有人能保证它是对实际情况的准确描述。尽管如此，如果这个模型是正确的，我们可以利用所学到的概率知识来解释会有些什么结果。

为进一步了解 Y 及 Y 与 X 之间的关系，我们需要对 X 和 ε 做一些假定。我们从较少的假定开始，并随着讨论的深入逐渐添加越来越严格的假定。在每个阶段，我们都能够推导出 Y 及 Y 与 X 之间关系的新结论。框 5-2 列出了我们对模型所做的假定和对应的结论，在每个结论下面我们都给出了详细的证明。⊖ 图 5-8 给出了本节（及之后章节）的一些假定。

框 5-2　关于线性模型的假定及相关结论

(1) 假定

　　$E(X) = \mu_X$ 且 $E(\varepsilon) = 0$，即 X 有一个已知的期望，而干扰项的期望为 0。

结论 5.1

　　$E(Y) = \alpha + \beta \mu_X$，即 Y 的期望在以截距为 α、斜率为 β 的直线上，其中 $x = E(X)$。我们知道最小二乘线也有类似的性质，即它总是过点 $(\overline{x}, \overline{y})$，其中 $\overline{x}$ 是 x 的样本均值，$\overline{y}$ 是 y 的样本均值。

(2) 假定

　　对所有 x，$E(\varepsilon \mid X = x) = 0$ 均成立，我们扩展了第一个假定，使得干扰项关于 X 所取的 x 值的条件期望均为 0，而不仅仅是干扰项的期望值为 0。这个假定也称为"线性"性质假定。

结论 5.2

　　$E(Y \mid X = x) = \alpha + \beta x$，即对于任意 x，Y 的条件期望可直接从截距为 α、斜率为 β 的直线上取到。也就是说，条件期望关于 x 是"线性的"——可用一条直线来描述。

引理 5.1

　　X 和 ε 是不相关的，即 $E(X\varepsilon) = 0$。

　　引理是在证明另一个命题为真的过程中需要引用而被提前证明的命题。我们将用这个引理证明结论 5.3。

结论 5.3

　　$\text{Cov}(X, Y) = \beta \sigma_X^2$，即 X 和 Y 的协方差是斜率 β 和 X 的方差 σ_X^2 的乘积。

结论 5.4

　　$\rho_{X,Y} = \beta \dfrac{\sigma_X}{\sigma_Y}$，即 X 和 Y 的相关系数是 X 的标准差、Y 的标准差及斜率 β 的一个简单函数。

　　⊖　除了下面的假定，我们在全书都假定 X 和 ε 具有有限方差。

(3) 假定

无论 X 的取值为多少，干扰项的条件方差是恒定的：$\mathrm{Var}(\varepsilon\,|\,X=x)=\sigma_\varepsilon^2$。这个假定也称为"同方差性"假定。

结论 5.5

$\mathrm{Var}(Y\,|\,X=x)=\sigma_\varepsilon^2$，即 Y 关于 X 的条件方差是常数。

(4) 假定

X 和 ε 是相互独立的，即自变量和误差项是相互独立的。这可以看作第二个假定和第三个假定的扩展，它隐含了 X 和 ε 是不相关的，以及 ε 的方差不依赖于 X。这个假定更进一步保证了不论 X 的取值是多少，ε 的整体分布都是相同的。

结论 5.6

$\mathrm{Var}(Y)=\beta^2\sigma_X^2+\sigma_\varepsilon^2$，即 Y 的方差是两项之和，其中一项是由 X 的方差"解释"的 Y 的系统方差，另一项是由于干扰项造成的测量方差。这个结果是推导相关系数的平方——"在 Y 的方差中，由 X 解释的那部分所占的比例"，又称为决定系数——的基础。你将在下面的练习题中看到。

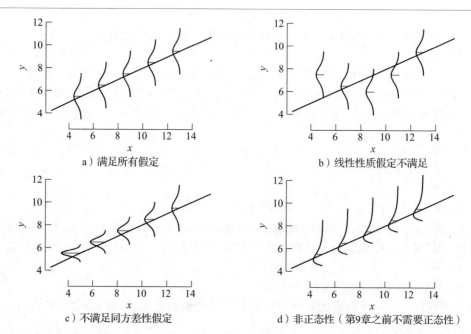

a）满足所有假定　　　　　b）线性性质假定不满足

c）不满足同方差性假定　　　d）非正态性（第9章之前不需要正态性）

图 5-8　本节中线性模型在不同假定下的示意图。在每种情况下，都绘出了一条"真正的"回归线以及 Y 在 X 已知条件下的条件密度函数图（旋转了 $90°$）。在图 a 中，所有假定条件都满足：干扰项的期望为 0，方差为常数，且干扰与 X 的取值无关。在图 b 中，不满足线性性质假定，这意味着干扰项的期望随着 X 的取值变化而发生改变，因此 Y 在 X 已知条件下的条件期望不能很好地用直线来表示。除结论 5.1 外，本节所有其他的结论都需要线性性质假定。在图 c 中，不满足同方差性假定，干扰项的方差随着 X 的取值变化而发生改变。对于结论 5.5 和结论 5.6，同方差性假定是必需的，但正如我们在第 8 章将看到的那样，不使用同方差性假定，也可以进行线性回归分析。在图 d 中，干扰项服从线性性质和同方差性，但其分布不是正态分布，它是不对称的，或者偏态的。在本章的所有结论中，我们都不要求干扰项必须服从正态分布，但第 9 章和第 10 章介绍的特定方法需要干扰项服从正态分布

在第一次阅读时,你可将本节剩余部分中的大部分证明当作选读材料(其中一些证明要用到 5.4 节的内容)。非选读部分需要理解图 5-8、假定 A1 和 A2、结论 5.1 和结论 5.3。你也应该尝试做一下练习集中的问题 2。接下来让我们来看一些证明吧。

假定 $E(X) = \mu_X$ 且 $E(\varepsilon) = 0$。

我们首先假定 X 有已知的期望 $E(X) = \mu_X$。同时,我们假定干扰项的期望为 $E(\varepsilon) = 0$。

结论 5.1 $E(Y) = \alpha + \beta \mu_X$。

证明 利用假定和期望的线性性质,Y 的期望为

$$E(Y) = E(\alpha + \beta X + \varepsilon) = \alpha + \beta E(X) + E(\varepsilon) = \alpha + \beta \mu_X \qquad (5.24)$$

即通过将 X 的期望代入 Y 关于 X 的线性函数中,就可以得到 Y 的期望。∎

假定 对所有 x,均有 $E(\varepsilon \,|\, X = x) = 0$。

现在我们增加了一个更强的假定——假定在 $X = x$ 条件下,不论 x 取何值,干扰项的条件期望均为 0。因为后面还会再次使用这个假定,这里我们将它命名为:

假定 A1 对所有 x,均有 $E(\varepsilon \,|\, X = x) = 0$。它也称被为"线性"性质假定。

结论 5.2 $E(Y \,|\, X = x) = \alpha + \beta x$。

证明 当 $X = x$ 时,将式(5.23)中的随机变量 X 替换为确定的值 x,得 Y 的对应值:

$$(Y \,|\, X = x) = \alpha + \beta x + \varepsilon \qquad (5.25)$$

在 X 为已知的条件下,表达式中唯一的随机项就是 ε。由期望的线性性质和假定 A1 知

$$E(Y \,|\, X = x) = E[\alpha + \beta x + (\varepsilon \,|\, X = x)] = \alpha + \beta x + E(\varepsilon \,|\, X = x) = \alpha + \beta x \qquad (5.26)$$

假定 A1 保证了 Y 的条件期望 $E(Y \,|\, X = x)$ 能够由 x 的斜率为 β 的线性函数表示。因为假定 A1 是强制线性的,所以它也称为线性性质假定。∎

我们建立模型来回答 X 和 Y 之间的关系问题,且通过应用线性性质假定,我们能够计算出刻画 X 和 Y 关系强度的两个指标:协方差和相关系数。为此,我们首先需要证明,若 $E(\varepsilon \,|\, X = x) = 0$,则有 $E(X\varepsilon) = 0$,然后我们根据式(5.15)给出的 X 和 Y 的协方差计算公式来得到协方差。下面的引理 5.1 相较于本节其他证明来说是比较难的,若你可以在线性质性假定下接受 $E(X\varepsilon) = 0$ 的事实,那么可以跳过证明步骤。

引理 5.1 X 和 ε 是不相关的,或 $E(X\varepsilon) = 0$。

证明 我们从假定 A1 开始,因为

$$E(\varepsilon \,|\, X = x) = \int_{-\infty}^{\infty} z f_{\varepsilon|X}(z \,|\, x)\,\mathrm{d}z = 0 \qquad (5.27)$$

其中 $f_{\varepsilon|X}(z \,|\, x)$ 是干扰项 ε 的在给定自变量 X 的值的条件下的条件密度函数。上式的中间项是由关于条件期望的定义式(5.19)得到的。而我们想要得到的 $E(X\varepsilon)$ 为

$$E(X\varepsilon) = \int_{-\infty}^{\infty} \int_{-\infty}^{\infty} xz f_{X,\varepsilon}(x, z)\,\mathrm{d}z\,\mathrm{d}x$$

这个表达式是由式(5.5)——所谓的无意识统计学家定律——得到的。对于有两个变量的函数,我们必须对两个变量都进行积分才能得到期望。值得注意的是,由式(5.18)知联合密度函数 $f_{X,\varepsilon}(x, z) = f_{\varepsilon|X}(z \,|\, x) f_X(x)$,从而可得

$$E(X\varepsilon) = \int_{-\infty}^{\infty} \int_{-\infty}^{\infty} xz f_{\varepsilon|X}(z \,|\, x) f_X(x)\,\mathrm{d}z\,\mathrm{d}x$$

因为 x 和 $f_X(x)$ 不依赖于 z,应用式(A.6),把它们移到积分号外面,得到

$$E(X\varepsilon)=\int_{-\infty}^{\infty}xf_X(x)\int_{-\infty}^{\infty}zf_{\varepsilon|X}(z\,|\,x)\mathrm{d}z\,\mathrm{d}x$$

由式(5.27)中的 $\int_{-\infty}^{\infty}zf_{\varepsilon|X}(z\,|\,x)\mathrm{d}z=0$ 可得，

$$E(X\varepsilon)=0\int_{-\infty}^{\infty}xf_X(x)\mathrm{d}x=0 \qquad (5.28)$$

由式(5.15)和式(5.16)可知：在线性性质假定下，相互独立的随机变量 X 和干扰项 ε 是不相关的，因为 $E(X\varepsilon)=E(X)E(\varepsilon)$。　■

现在我们用这个引理来证明结论 5.3。

结论 5.3　$\mathrm{Cov}(X,Y)=\beta\sigma_X^2$。

证明　为了求 X 和 Y 之间的协方差，使用式(5.15)：

$$\mathrm{Cov}(X,Y)=E(XY)-E(X)E(Y)$$

将 Y 替换成式(5.23)中的式子，并用 μ_X 替换 $E(X)$，将 $E(Y)$ 用式(5.24)中的式子替换，可得

$$\mathrm{Cov}(X,Y)=E[X(\alpha+\beta X+\varepsilon)]-\mu_X(\alpha+\beta\mu_X)$$

展开可得

$$\mathrm{Cov}(X,Y)=E[X\alpha+\beta X^2+X\varepsilon]-\mu_X\alpha-\beta\mu_X^2$$

由期望的线性性质可得

$$\mathrm{Cov}(X,Y)=\alpha E(X)+\beta E(X^2)+E(X\varepsilon)-\mu_X\alpha-\beta\mu_X^2$$

因为 $E(X)=\mu_X$，故 $\alpha E(X)$ 与 $\mu_X\alpha$ 抵消，且由式(5.28)知 $E(X\varepsilon)=0$，故有

$$\mathrm{Cov}(X,Y)=\beta E(X^2)-\beta\mu_X^2=\beta[E(X^2)-\mu_X^2]$$

再由式(5.7)知，括号内的 $E(X^2)-\mu_X^2$ 即为 $\mathrm{Var}(X)$，而 $\mathrm{Var}(X)=\sigma_X^2$，从而得到

$$\mathrm{Cov}(X,Y)=\beta\sigma_X^2 \qquad (5.29)$$

即 X 和 Y 的协方差等于 X 的方差乘以斜率 β。　■

从 X 和 Y 的协方差可以求得它们的相关系数。

结论 5.4

$$\rho_{X,Y}=\beta\frac{\sigma_X}{\sigma_Y}$$

证明　由式(5.16)知，X 和 Y 的相关系数 $\rho_{X,Y}$ 等于 X 和 Y 的协方差除以 X 和 Y 方差乘积的平方根。记 $\sigma_Y^2=\mathrm{Var}(Y)$，则有

$$\rho_{X,Y}=\frac{\mathrm{Cov}(X,Y)}{\sqrt{\mathrm{Var}(X)\mathrm{Var}(Y)}}=\frac{\beta\sigma_X^2}{\sqrt{\sigma_X^2\sigma_Y^2}}=\frac{\beta\sigma_X^2}{\sigma_X\sigma_Y}=\beta\frac{\sigma_X}{\sigma_Y} \qquad (5.30)$$

第一步是将 $\mathrm{Cov}(X,Y)$ 用式(5.29)中的式子替换得到的。　■

式(5.30)中有一项还没有具体表达式，那就是 σ_Y。为了给出 Y 的方差，我们须做进一步的假定。

假定　$\mathrm{Var}(\varepsilon)=\sigma_\varepsilon^2$，且 $\mathrm{Var}(\varepsilon|X=x)=\sigma_\varepsilon^2$。

根据对 ε 的期望的假定，由式(5.26)知，$E(Y\,|\,X=x)$ 可用 x 的线性函数表示，而 $E(Y)$ 可用 $\alpha+\beta\mu_X$ 替换。我们还得到了 X 和 Y 的协方差表达式(5.29)和相关系数

表达式(5.30)。

为了求得 Y 的条件方差，现在我们给出关于干扰项方差的假定。

假定 A2　干扰项的方差为恒定的，与 X 的取值无关，即 $\mathrm{Var}(\varepsilon \,|\, X=x)=\sigma_\varepsilon^2$。这也称为"同方差性"假定。

结论 5.5　$\mathrm{Var}(Y \,|\, X=x)=\sigma_\varepsilon^2$。

证明　设 X 已知，考虑 Y 的条件方差。在 X 已知的条件下，Y 是 ε 的线性函数。由随机变量线性函数的方差式(5.8)，结合假定 A2 可得

$$\mathrm{Var}(Y \,|\, X=x)=\mathrm{Var}[\alpha+\beta x+(\varepsilon \,|\, X=x)]=\mathrm{Var}(\varepsilon \,|\, X=x)=\sigma_\varepsilon^2 \qquad (5.31)$$

原则上，若我们的假定不同，那么 Y 的条件方差可能会随着 X 的变化而变化，但我们的假定 $\mathrm{Var}(\varepsilon \,|\, X=x)=\sigma_\varepsilon^2$ 保证了无论 X 取值是多少，Y 的条件方差是恒定的。

假定　X 和 ε 是相互独立的。

在本章结束前，我们再增加一个假定：假定自变量 X 和干扰项 ε 是相互独立的。我们已经假定 X 的取值不会影响 ε 的条件期望或方差。假定 X 和 ε 相互独立是为了进一步假定 X 的取值不会对 ε 的条件分布产生任何影响。

结论 5.6　$\mathrm{Var}(Y)=\beta^2\sigma_X^2+\sigma_\varepsilon^2$。

证明　若 X 和 ε 是相互独立的，则由式(5.9)知两个独立随机变量之和的方差等于它们的方差之和。因此，由式(5.8)和式(5.9)可得 Y 的方差为：

$$\mathrm{Var}(Y)=\mathrm{Var}(\alpha+\beta X+\varepsilon)=\beta^2\,\mathrm{Var}(X)+\mathrm{Var}(\varepsilon)=\beta^2\sigma_X^2+\sigma_\varepsilon^2 \qquad (5.32)$$

因此，Y 的方差被巧妙地分解为一个决定 X 和 Y 关系的分量 $\beta^2\sigma_X^2$ 和一个反映干扰项变化的分量 σ_ε^2。⊖ ■

我们是用两个随机变量和两个系数表示一个随机变量开始建立模型的[式(5.23)]。使用这个模型及关于模型中组成部分的一些假定，我们推导出了 Y 的期望和方差、给定 X 的条件下 Y 的条件期望和条件方差，以及 X 和 Y 的协方差和相关系数。这正是我们开始学习概率时想要做的事情——我们希望能够对数据生成的过程做出一些假定，然后推断这个过程产生的数据的性质。

在本书的剩余部分，我们将反过来研究这个框架的问题：假定我们有了数据，那么对可能生成这些数据的过程能做些什么陈述呢？

在下面的练习中，我们将研究关于相关系数的一个重要属性，并且在一个类似于我们刚才分析的模型下模拟数据。

练习集 5-5

1. [选做]在本节建立的模型中(设所有假定均成立)，用 Y 的方差和 Y 在 X 已知条件下的条件方差表示相关系数的平方。

2. 在本题中，要求你模拟一个类似于本节中建立的模型。为了模拟数据，可以使用函数 sim.lm()，如下所示：⊖

⊖　不需要假定 X 和干扰项 ε 相互独立就可以证明式(5.32)，以及不需要假定 $\mathrm{Var}(\varepsilon \,|\, X=x)=\sigma_\varepsilon^2$ 就可以证明式(5.31)。但要完成这些证明，需要用到全方差公式，这有点超出我们的范围。

⊖　也可从本书的 R 包 stfspack 中得到(其安装说明见练习集 2-2 的问题 3)。

```
sim.lm <- function(n, a, b, sigma.disturb = 1, mu.x = 8, sigma.x = 2, rdis-
turb = rnorm, rx = rnorm, het.coef = 0){
    x <- sort(rx(n, mu.x, sigma.x))
    disturbs <- rdisturb(n, 0, sapply(sigma.disturb + scale(x) * het.
coef, max, 0))
    y <- a + b * x + disturbs
    cbind(x,y)
}
```

sim.lm()模拟一个与我们刚刚建立的模型类似的模型实例。斜率和截距分别用 a 和 b 表示, 干扰项的方差为 sigma.disturb, X 的均值和方差分别为 mu.x 和 sigma.x。默认情况下, sim.lm() 在我们本节的假定基础上又添加了三个假定。第一, 假定有很多具有 X 和 Y 属性的随机变量, 而不是只有一个, 具体来说, 假定每一个 X 和 Y 都有 n 个同属性的随机变量。我们将第 i 对随机变量记为 X_i 和 Y_i。这些随机变量对是独立同分布的, 即对任意 $i \neq j$, X_i 和 X_j 是独立同分布的, 且 ε_i 和 ε_j 也是独立同分布的。第二, (默认情况下)新模型中假定 X_i 是服从正态分布的(可以通过更改参数 rx 来调整 X_i 的正态性)。第三, (默认情况下)我们假定干扰项 ε_i 服从正态分布且满足同方差性(干扰项的正态性可以通过 rdisturb 调整, 同方差性可以通过 het.coef 调整)。这些假定不会改变我们在式(5.23)~式(5.30)中得出的结论, 对于所有满足必要条件的 X_i 和 Y_i 对, 这些公式仍然成立。

定义 sim.lm()后, 就可以用散点图绘制模拟的结果。例如, 若想用 50 对观测值来模拟模型, 取 a=0,b=1, 所有其他参数设置为默认值, 那么我们可以用

```
> sim_0_1 <- sim.lm(n = 50, a = 0, b = 1)
> plot(sim_0_1[,1], sim_0_1[,2])
```

来尝试绘制 sim.lm()的输出结果。尝试绘制使用相同参数运行 sim.lm()的几个结果, 并试着改变参数的值。特别地, 试着改变 a,b, sigma.disturb 和 sigma.x 并观察不同的结果, 你有什么发现? 在接下来的几章中, 我们将使用 sim.lm()去测试更多的想法。

5.7 本章小结

我们用期望、方差和协方差的概念描述了随机变量的性质。期望是随机变量分布位置的度量。方差及其平方根(标准差)是随机变量分布分散程度的度量。协方差和相关系数是用来衡量两个随机变量之间的线性相关程度的量。

我们提出了两个重要的定理来刻画样本均值的分布。随着样本量的增大, 样本均值的分布会更加紧密地围绕在期望周围——大数定律, 并且样本均值的分布更接近正态分布的形状——中心极限定理。

最后, 我们建立了一个描述两个随机变量之间的线性关系的模型, 并分析了这两个随机变量的性质。到目前为止, 我们所做的最重要的假定如下。

假定 A1: 线性性质。对所有 x, $E(\varepsilon \,|\, X=x)=0$。

假定 A2: 同方差性。干扰的方差是恒定的, 与 X 的取值无关: $\mathrm{Var}(\varepsilon \,|\, X=x)=\sigma_\varepsilon^2$。

使用这个简单线性回归模型，帮助我们对数据的生成过程做出假定，并利用这些假定预测推导出的结果数据的性质。在接下来的几章中，我们将考虑相反的问题，即使用观测数据描述可能产生它们的过程。

5.8　延伸阅读

第 4 章末尾列出的概率论教科书包含了本章的所有主题(除了简单线性回归的概率模型)。Lyon，A. (2013). Why are normal distributions normal? *The British Journal for the Philosophy of Science*，65，621-649.

这篇文章详细分析了科学家对中心极限定理的引用，有些引用是松散的和不知不觉的。Taleb，N. N. (2008). The fourth quadrant：a map of the limits of statistics. *Edge*. https：//www. edge. org/conversation/the-fourth-quadrant-a-map-of-the-limits-of-statistics.

这是一篇关于确保大数定律和中心极限定理等极限成立的流行文章。收敛可能很慢，可能无法从尾部概率判断是否发生了收敛。如果我们关注的是一个尾部(即极端)事件，如高等级地震，可能没有任何数据可用于推断其概率——根据定义，这些事件是罕见事件。我们可能只有建立在接近分布中心的数据基础上的模型预测。正如在练习集 5-4 的问题 3 中所看到的，真实过程有可能在大部分时间内看起来都服从某种分布——比如正态分布，但极端事件的概率却比在看起来像的分布下预测的要高很多。

插　叙

我们在两个目标之间暂时停顿一下。在前面的两章中，我们已经学习了概率论——对特定过程的随机结果的研究。接下来我们将转向学习统计估计和推断——在给出了样本数据的基础上尝试着对未知过程做出推断。[一]在概率论中，我们从一个过程出发，对该过程可能产生的数据做出判断。在统计学中，我们是反其道而行之，从数据入手，对可能产生数据的过程做出判断。

因此，统计学的研究要回归数据。图插叙-1 是图 3-3 的复制，是我们已经使用过的例子，即撒哈拉以南非洲的粮食产量和肥料使用量数据散点图。图插叙-1 还包括了我们在第3 章中介绍的最小二乘线。

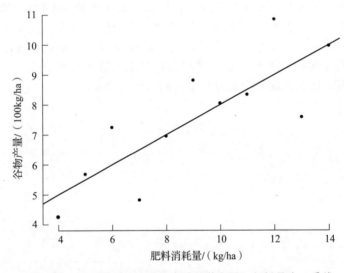

图插叙-1　肥料消耗量和谷物产量的散点图，包括最小二乘线

在第 3 章结束时，我们学习了最小二乘法，但我们对这条线的解释却少之又少。如果有人问这条线代表什么，我们可以用其定义来回答："它是使点和线之间的竖直距离的平方和最小化的线。"这是一个很好的图形与数据的概括，但它本身就是含糊不清的。这这条线有什么实际意义吗？

在接下来的几章中，我们将为最小二乘线赋予实际意义。为了实现这个目的，我们需要一些假定。下面，我们按照数据分析方法包含的假定将它们分为四类。

第 1 层次：探索性数据分析

我们在第 1 章和第 2 章进行了探索性数据分析。进行探索性数据分析的研究人员不会

○　估计和推断绝不是统计学家或数据分析师的唯一目标。例如，对新数据进行预测是一个重要的课题。尽管如此，本书仍将估计和推断作为核心目标。（预测将在尾叙中做简要讨论。）

对数据进行概率假设。他绘制散点图，从基本的到详细的；他计算汇总统计量——均值、中位数、四分位距；他检查数据是否有错误。（能有人的身高是负数吗？这里错了。）观察数据是任何数据分析计划的关键部分——因此，所有的数据分析都应该包括第1层次的数据分析，它们还可能包括一个或多个其他层次的数据分析。

第2层次：非参数或半参数数据分析

与探索性数据分析相比，非参数和半参数数据分析引入了概率模型。非参数模型是一个不能由参数的有限集描述的模型——我们说它是"无限维的"。（实际中，当人们不能确定其模型中的某些概率分布属于一个已知分布族或者另一个他们可以写出来的分布时，就会使用非参数方法。）一个半参数模型有一个参数部分——由参数描述的部分——和一个不能由参数描述 $^{\ominus}$ 的非参数部分。我们已经碰到过一个例子了，回顾一下第5章末尾的模型 [式(5.23)]：

$$Y = \alpha + \beta X + \varepsilon$$

"半参数"中的"参数"是表示该模型有参数。在本例中，参数包括截距 α 和斜率 β。在半参数数据分析中，参数是估计和推断的目标。"半参数"中的"半"表示模型的另一部分不是由参数描述的。在本例中，模型中不完全由参数描述的部分是干扰项的分布，即 ε，我们可能不想对它做很多假设。在第8章中，我们将考虑当我们不知道干扰项的概率分布族时，我们可以做些什么。$^{\ominus}$

第3层次：参数数据分析

在参数数据分析中，我们保留了第2层次中的假定，并增加了模型中随机变量的概率分布族的假定。例如，在简单线性回归中，我们假定干扰项来自一个特定的分布族——如正态分布，就开始进行一个完全的参数分析。

第4层次：贝叶斯数据分析

在贝叶斯数据分析中，我们保留了第3层次的假定，并增加了模型的参数具有先验分布的假定。也就是说，我们给参数分配概率分布用以体现我们对参数值的不确定性。贝叶斯数据分析师使用贝叶斯定理 [式(4.2)] 将先验分布和数据结合后计算出后验分布，使用观测数据，后验分布可以处理参数的不确定性。$^{\ominus}$

在接下来的几章中，我们将考虑用半参数、参数和贝叶斯方法对简单线性回归模型进行估计和推断。最小二乘线会反复出现，但每次我们看到它——在第2~4层次的每一层次——它都会有不同的意义。这条线虽然一直存在，但我们的假定却在不断改变。

在第6章和第7章中，我们将讨论一般的估计和推断。第6章讨论了我们希望估计量具有的性质。第6章的重点是点估计，即尝试用一个确定的数去估计一个未知的参

$\ominus$ 回顾第3章，参数是确定概率分布具体分布的数字。例如，正态分布有两个参数，μ 和 σ，它们控制着分布的位置和分散程度。二项分布有两个参数，n 和 p，其中 p 是每次试验成功的概率，n 是试验的次数。式(5.23)中 Y 的分布由 α 和 β 决定，所以 α 和 β 是参数。

$\ominus$ 虽然这是一个回归模型，而且是半参数模型，但统计学家所说的"半参数回归"却不是这回事。通常，半参数回归是指回归的确定部分（条件自变量）有一个非参数部分，而不仅仅是干扰分布可能是非参数的。

$\ominus$ 关于这个分类方案，有三点需要澄清。(1)它不是数据分析方法的详尽目录，它只是本书中组织数据分析方法的一种分类方式。(2)层次的嵌套结构并不总是适用。例如，存在非参数贝叶斯方法。(3)层次的排序并不意味着某个层次比其他层次"更高"。这四种类型的数据分析有不同的目标。

数。第 7 章考虑区间估计——尝试定义一个区间我们希望它包含我们感兴趣的未知量——以及相应的假设检验方法。第 8 章、第 9 章和第 10 章依次介绍半参数、参数和贝叶斯估计和推断方法。在这几章里，我们将介绍检验假定的方法。因为一个人的假定会影响他得出的结论，所以我们想知道这些假定是否合理。通常情况下，人们是不可能确定一个模型的所有假定的，这可能会让你感到沮丧，但我们通常可以检验其中一些假定的合理性。

在尾叙中，我们介绍了简单线性回归模型的一些扩展。

第6章 点估计量的性质

关键词：偏差，一致性，决策理论，有效性，估计(被估计量，估计值，估计量)，均方误差(MSE)，异常值，点估计，风险，稳健性，抽样分布，无偏的。

估计就是想要确定那些描述数据生成过程——更准确地说是我们假设的数据生成过程——特性的数字的值(见框 6-1)。假设数据是由一个特定的过程(即模型)产生的，估计就是使用数据对该过程的特征进行估计。这个模型可能有很少的信息——我们只能称数据是来自未知分布的独立样本，我们或许想要估计该分布的期望值。或者模型可能是比较复杂的——它可能涉及好几个概率密度函数，每个函数又有许多参数，我们或许想要估计所有参数的值。

我们通过将**估计量**作用于数据获得**估计值**。估计量是一个可以应用于数据的过程，更准确地说，它是一个函数。比如我们可以使用样本均值来估计分布的均值。这里"样本均值"就是一个估计量，数据分析师得到的特定样本均值是一个估计值。⊖原则上，对于任何一个未知量我们都可以设置多个估计量对它进行估计。那我们应该如何选择呢？本章将介绍一些统计学家使用的标准。

统计学家在选择估计量时会权衡许多标准，其中的大部分标准可以理解为是对直接问题的响应。首先，如果数据确实是由假定的模型生成的，那么用估计量计算的估计值其均值是否为实际值？即估计量是否准确？其次，如果我们将同一个估计量应用于同一个过程产生的多个数据集时，估计值会差异很大还是落入一个很小的范围内？即估计量是不是精确的？图 6-1 说明了准确度和精确度的区别。

也有一些更微妙的问题要问，当可用数据的数量增加时，估计量的准确度或者精确度是否会像我们所希望的那样有所提高？我们希望这样。假设我们可以量化不同类型的错误的代价——也许高估一个参数造成的后果是灾难性的，相对而言，低估造成的损失是可以接受的。我们是否可以调整估计量，使其错误造成的期望代价

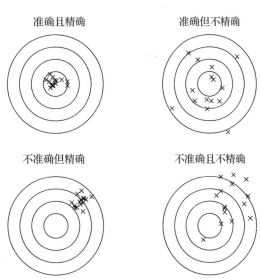

图 6-1　准确度和精确度。上排的图说明了准确度——靶子上的标记大致是围绕靶心的。左列的图说明了精确度——靶子上的标记是紧密地聚结在一起的

⊖ 另一种说法是估计量是随机变量，它们是表示数据的随机变量的函数，估计值是估计量的实现。

最小。在实际应用中，我们发现通常情况下我们必要在所需的不同性质之间进行取舍。例如，现在有两个估计量，其中一个不那么精确，但相比另外一个更加准确，这时我们就需要对这两个估计量进行取舍。在这种情况下，有时我们可以自行判断，而有些时候则需要找到一种原则性的方法，将来源不同的信息结合起来做出决定。最后，如果模型在某些方面存在错误或者数据被污染了应该怎么办？我们是否可以设计出仍然能够提供有用信息的估计量呢？

我们考虑涉及这些问题的估计量的性质。假设我们要估计一个量，它被称为被估计量，记为 θ。我们要估计的量可能是一个分布的参数，也可能是一个概率分布的数字特征，比如期望。

框 6-1　过程、总体和样本

在本书之后的各章中，我们将经常使用假设："数据是独立地从具有未知参数的正态分布总体中抽样的"，或"数据是由第 5 章最后的线性模型生成的"。接下来我们将介绍一些方法，这些方法可以帮助我们理解数据生成的过程。

统计方法通常也被认为是试图用样本去推断总体情况的方法。例如，我们或许想通过某一总体的一个样本在选举中支持某一候选人的人口比例，去推断该总体中相应的比例。此时，数据生成的过程是从总体中进行抽样。

宁愿用一个数据生成过程，而不是直接从总体中选取一些重要数据作为样本，是因为这些重要数据对总体并不具有代表性。例如，我们认为一颗炮弹从高 h 的塔上落下来的测量时间是 $t = \sqrt{2h/g} + \varepsilon$，这里 g 是重力常数，ε 是测量误差。我们可能会进行多次抛球，过程中可能会改变塔高，并使用测量时间来估计 g。本例中，不存在从塔上落下的"总体"，只有由物理模型描述的数据生成过程的输出。

无论我们讨论的是来自总体的样本，还是由其他数据生成过程所产生的样本，由样本所得结论的可信度取决于样本是否能够代表我们所要研究的过程，以及样本的测量是否准确。例如，我们想知道谁会在全市的选举中赢得胜利，如果我们采访的所有人来自单一的富裕社区，那么这样的样本很大可能并不能反映我们想要了解的总体——该城市所有选民。从城市的各个角落随机抽取并形成一个样本会更具有代表性。当然，如果被采访的人提供了不准确的信息，说了一个他们实际上并不会给投票的候选人，那么由此样本得出的结论也将不准确。如果我们想计算重力，但我们抛落的所有物体都会受到不可忽视的空气阻力（例如，纸张的掉落）的影响，那么我们得到的数据将不单反映重力的情况，它所反映的将是重力加上空气阻力的情况，如果我们忽略了空气阻力的影响，那么我们将得到十分错误的结果。

为了对 θ 进行估计，我们需要数据。我们将数据表示为一个随机变量 D，我们将 D 看作一个包含 n 个元素的集合 $D = \{D_1, D_2, \cdots, D_n\}$。$D$ 中的每个元素都是一个随机变量或者一个随机变量的集合。例如在本节中，我们的数据集 D 中的每个元素都服从正态分布，同时我们假设数据集 D 中的每个元素都是一对观测数据：$D_i = \{X_i, Y_i\}$。

为了得到 θ 的估计值，我们将数据代入一个函数（即估计量），通常我们使用与被估计量相同的字母（一般是希腊字母）表示估计量，并在该字母头上加一个音。例如，我们想要估计 θ 的值，那么我们可以记估计量为 $\hat{\theta}$，读作"theta 类(theta-hat)"。如果我们想要比较两种不同的估计量，那么我们可以使用两种不同的加音符号来表示它们，如 $\hat{\theta}$ 和 $\tilde{\theta}$。

对于符号，我们必须加倍小心。通常情况下，像 $\hat{\theta}$ 这样的符号既可以用于表示估计量（将应用到数据上的函数），也可以表示估计值（将数据观测值代入估计量后得到的结果）。一般情况通过上下文就能够确定其具体含义，但在本章，为了避免混淆，我们将给出一些约定。

数据 D 是随机的。因此，将估计量作用于数据 D 得到的结果 $\hat{\theta}(D)$ 也是随机的。由估计量计算出的 θ 的估计值可能因数据集观测值的不同而不同。估计量的分布有时称为**抽样分布**。想象我们从数据中重复抽样并计算估计量，这样得到的分布就是估计量的抽样分布。在本章中，我们将主要研究随机变量 $\hat{\theta}(D)$ 的期望、方差以及其他一些性质。

我们分析随机变量 D 的一个观测值，d 表示数据集的一个观测值。将数据集观测值 d 代入估计量得到估计值 $\hat{\theta}(d)$。

最后，数据集的大小也很重要，我们使用带下标 n 的符号 $\hat{\theta}_n(D)$ 表示估计量将被应用于一个有 n 个观测值的数据集 D 上。表 6-1 对各种符号进行了汇总和说明。

表 6-1　被估计量、估计量和估计值的符号汇总

符号	含义
θ	被估计量的值通常用希腊字母表示，如 θ。θ 可能是概率分布的个参数值或者概率分布的另一个函数值，比如期望值
$\hat{\theta}$	估计量是一个用来估计真实值的以数据为变量的函数。估计量由被估计量加一个音（通常但不总是"尖"）表示，"尖"位于被估计量的符号之上。根据上下文的不同，$\hat{\theta}$ 可以用来表示一个估计量或者由该估计量得到的特定估计值
$\hat{\theta}(D)$	用 D 表示数据，它是一个随机变量，$\hat{\theta}(D)$ 表示估计量作用于该数据，作用于随机变量的估计量本身也是一个随机变量，我们可以研究它的性质，如它的期望值和方差
$\hat{\theta}(d)$	确定数据的观测值后，数据观测值就不再是随机的了。我们将数据观测值记为 d，相应地 $\hat{\theta}(d)$ 是将估计量作用到该数据观测值所得到的结果。也就是说 $\hat{\theta}(d)$ 是 θ 的一个估计值，它不再是随机变量
$\hat{\theta}_n(D)$	我们使用下标 n 表示估计量作用到一个有 n 个观测值的数据集上。通常我们想知道当估计量作用于不同大小的数据集时，它们的表现如何

例： 考虑 n 个独立同分布的随机变量 $X_1, X_2, \cdots, X_n$，$\forall i$，$X_i \sim N(\theta, 1)$。也就是说，每个观测数据都来自参数为 θ 和 $\sigma^2 = 1$ 的正态分布。由式（5.21）知，参数 θ 为正态分布的期望，所以有 $\forall i$，$E(X_i) = \theta$，同时我们还知道第二个参数为正态分布的方差，所以有 $\forall i$，$\mathrm{Var}(X_i) = 1$。未知参数 θ 的一个估计量是样本均值：

$$\hat{\theta}_n(D) = \frac{1}{n} \sum_{i=1}^{n} X_i \tag{6.1}$$

接下来我们用具体数据抽样值对上述例子进行说明，从正态分布中抽样并取其均值。在 R 语言中，用

```
> d <- rnorm(25,0,1)
```

表示从 $\theta=0$ 和 $\sigma^2=1$ 的总体中抽取 25 个独立观测值的样本。 [一]用

```
> mean(d)
```

可以计算出样本均值 $\hat{\theta}_n(d)$。

当作者进行上述操作时，得到估计值 $\hat{\theta}_n(d)=0.17$。当然你有可能会得到一个不同的值。本例中均值为零，作者得到的估计值接近于 θ 的真实值，这是很好的。但我们应该如何更加具体地判断样本均值作为参数 θ 的估计量的表现呢？我们后面将使用上述例子来说明如何判断一个估计量的表现好坏。

首先，我们将针对其准确度和精确度进行粗略的讨论。接着，我们将考虑一个结合了准确度和精确度的标准，我们还将考虑估计量的准确度和精确度是如何随观测值数量变化而变化的两个标准。然后，在选读部分，我们将讨论决策理论，该理论是一个包含特定估计问题细节的框架。最后，我们将简单讨论当模型假设不成立时，估计量会产生什么变化。

6.1 偏差

估计量的**偏差**是指估计量的期望值与我们想要估计的被估计值之间的差。通俗地讲，无偏估计量是一个准确的估计量。图 6-1 中上排图估计量的分布以靶心为中心，相比偏离靶心的下排图所示分布的估计量，前者的估计量偏差更小。偏差的定义为：

$$B(\hat{\theta}_n)=E[\hat{\theta}_n(D)]-\theta \tag{6.2}$$

如果估计量的偏差是正的，那么估计量的期望值就是对真实值的高估；如估计量的偏差是负的，那么估计量的期望值就是对真实值的低估。在同等条件下，我们更喜欢无偏估计量，即偏差为 0 的估计量。

练习集 6-1 [二]

1. 当模型中的数据独立同分布且服从 $N(\theta,1)$ 时，式(6.1)（样本均值）中的估计量的偏差是多少？

2. 在这个练习中，我们将使用模拟去探索估计量的性质。特别地，我们将从正态分布中抽取包含特定观测值数量的多个样本，分别将这些不同的样本值代入估计量，然后计算这些估计量值的平均值。

   使用下列函数从正态分布总体中抽样： [三]

```
mat.samps <- function(n, nsim = 10000, rx = rnorm, ...){
  samps <- rx(n*nsim, ...)
  matrix(sample(samps), nrow = nsim, ncol = n)
}
```

[一] 这里我们使用 σ^2 作为正态分布的第二个参数，但在 R 语言中是以 σ 作为正态分布的第二个参数的。本例中 $\sigma^2=1$ 等价于 $\sigma=1$。R 语言中正态分布的第二个参数是标准差，如有必要，在数值分析时调整设置。

[二] 详细的解答和 R 语言脚本，请参阅本书的 GitHub 资源库(github. com/mdedge/stfs/)。

[三] 见本书 R stfspack 包(参考练习集 2-2 中问题 3 的安装说明)。

函数 mat.samps() 默认从正态分布总体中抽取 nsim 个样本，每个样本大小为 n。（更改参数 rx 取值，可以从其他分布中抽取样本，下面将有例子。）所有的抽样都是独立的。该函数的输出是一个矩阵，矩阵的一个行向量对应一大小为 n 的样本。例如，为了得到 10 000 个大小为 25 的样本，可以使用如下程序实现：

```
> s.mat <- mat.samps(n = 25, nsim = 10000)
```

得到样本矩阵后，可以采用多种方法计算每个样本对应的参数 θ 的估计值。for() 循环是其中的一种：

```
ests.mean <- numeric(10000)
for(i in 1:10000){
  ests.mean[i] <- mean(s.mat[i,])
}
```

首先，该代码在第一行创建了一个空的数字向量，其长度与我们抽取的样本数相同，然后 for() 循环计算样本矩阵中每一行的均值，并将均值作为空向量的元素。一个更简单的方法是使用 apply() 函数，除非你读过附录 B，否则你还没有看到过这种方法。

```
ests.mean <- apply(s.mat, 1, mean)
```

使用 for() 循环和 apply() 函数将得到完全相同的结果，对于这一点可以用 identical() 函数进行验证。对于 apply() 函数，它的第一个参数是我们想要应用于函数的样本矩阵；第二个参数表示我们想要将函数应用于矩阵的行还是列："1"代表行，"2"代表列；第三个参数表示我们想要进行的函数操作。因此 apply(s.mat,1,mean) 表示：返回一个向量，该向量的每个元素恰好是矩阵 s.mat 每个行向量对应的均值。

问题来了：将样本中位数——R 软件中用 median() 函数得到的值——作为正态分布第一个参数的估计量是否存在偏差？如果存在偏差，那么这个偏差是正的还是负的？使用模拟数值实验验证你的答案。

6.2　方差

一个估计量的方差是对其分布的离散程度的一种度量。一个估计量方差的定义方式与一般随机变量方差的定义方式相同：

$$\mathrm{Var}(\hat{\theta}_n) = E\big[(\hat{\theta}_n(D) - E[\hat{\theta}_n(D)])^2\big] \tag{6.3}$$

也可以使用式(5.7)来计算估计量的方差：

$$\mathrm{Var}(\hat{\theta}_n) = E\big[(\hat{\theta}_n(D)^2\big] - (E[\hat{\theta}_n(D)])^2$$

估计量的偏差是反映其准确度的指标，而估计量的方差代表估计量的精确度。从概念上讲，低方差估计量产生较为紧密聚集的估计值，如图 6-1 左侧图中的估计值，而高方差估计量产生分散的估计值，如图 6-1 右侧图中的估计值。在其他条件相同的情况下，我们更喜欢方差较小的估计量，因为此估计量更精确。

练习集 6-2

1. 设数据为独立同分布的,且取自正态分布 $N(\theta, 1)$,式(6.1)中的估计量(样本均值)的方差是多少? 如果我们不知道总体的分布族,将独立观测样本的均值作为期望 $E(X_i)$ 的估计量,其方差是多少? (假设未知分布具有有限方差 σ^2。)

2. 通过抽样模拟,我们确信样本中位数是正态分布第一个参数的无偏估计量(练习集 6-1 的问题 2)。使用类似的抽样模拟方法判定当总体服从正态分布时,样本中位数的方差是大于还小于样本均值的方差。(假定对于大样本,样本方差——在 R 语言中使用 var() 计算——可以作为一个真实方差的值。)

6.3 均方误差

虽然估计量的偏差和方差分别告诉我们估计量的准度和精度,但统计学家需要同时考虑准度和精度。一个无偏但没有精度的估计量几乎没有用处。同样地,一个非常不准确,但有很好的精度的估计量也是无用的。(例如估计量 $\hat{\theta} = 42$,无论什么样本值,它得到的参数值都是 42。它显然有零方差,但通常它是不准确的。)根据估计量的准度和精度综合起来比较估计量效果的一种方法是将偏差和方差结合起来构造一个新的度量。**均方误差**就是这样一个度量。

均方误差是估计量与被估计量差的平方的期望:

$$\mathrm{MSE}(\hat{\theta}_n) = E[\hat{\theta}_n(D) - \theta)^2] \tag{6.4}$$

均方误差的公式与估计量方差的公式相似。估计量的方差度量的是估计量相对于其期望的离散程度有多大,而均方误差度量的是估计量相对于被估计量本身的离散程度有多大。对于无偏估计量,由于估计量的期望等于被估计量,因此均方误差就等于估计量的方差。

均方误差回答了关于估计量的一个重要问题——我们预计估计值有多大的误差? 在其他条件相同的情况下,我们更喜欢具有较低均方误差的估计量——我们期望是更接近于被估计量的估计量。

你将在练习中证明均方误差等于:

$$\mathrm{MSE}(\hat{\theta}_n) = B(\hat{\theta}_n)^2 + \mathrm{Var}(\hat{\theta}_n) \tag{6.5}$$

其中偏差和方差由式(6.2)和式(6.3)定义。也就是说,一个估计量的均方误差等于估计量的偏差平方加上估计量的方差。因此,在图 6-1 中,上排图中每个估计量的均方误差低于下排图中对应的图的均方误差(因为上排图的偏差平方较小),左侧图每个估计量的均方误差低于右侧图中对应的估计量的均方误差(因为右侧图中的方差更大)。

练习集 6-3

1. [选做]证明式(6.5)。

2. 当估计正态分布的第一个参数时,样本均值和样本中位数哪个有更小的均方误差?

6.4 一致性

一致性(或相合性)是另一个同时考虑估计量的准度和精度的评判标准。特别地,一致估计量（或相合估计量）指的是随着用于估计的样本数据量的增加，其值越来越接近于被估计量。更正式地说，一个一致估计量是一个依概率收敛于被估计量的估计量。在我们介绍大数定律时，我们已经认识了依概率收敛的定义。依概率收敛意指对任意正实数 δ，有

$$\lim_{n \to \infty} P(|\hat{\theta}_n(D) - \theta| > \delta) = 0 \tag{6.6}$$

也就是说，无论 δ 多么小，随着样本数据量增加向无穷大，估计量与被估量误差超过 δ 的概率趋近于零。对于一个无穷大的样本，一致估计量会得到正确的答案——这是一个很好的特征，虽然有点抽象。

使用一种类似于我们证明弱大数定律的方法（练习集 5-2 问题 6），可以证明，如果

$$\lim_{n \to \infty} \text{MSE}(\hat{\theta}_n) = 0 \tag{6.7}$$

则估计量 $\hat{\theta}_n$ 是一致估计量。

也就是说，如果一个估计量的均方误差随着样本量的增加而趋近于零，那么该估计量是一致估计量。通常，要证明一个估计量是一致的[满足式（6.6）]最简单的方法是证明它满足式（6.7）。$\ominus$

理解一致性的一种方法是考虑它与偏差的关系。同时考虑式（6.5）和式（6.7），我们可以看到，如果当样本量无限增大时，无偏估计量的方差趋近于零，则该无偏估计量是一致的。在实际应用中，许多准确估计量的方差确实随着样本量的增加而减小到零，因此许多无偏估计量是一致的。然而，对于有偏估计量来说也可以是一致的，只要当样本量趋于无穷大时，它们的偏差减少到零。图 6-2 给出了一个说明这种关系的例子。

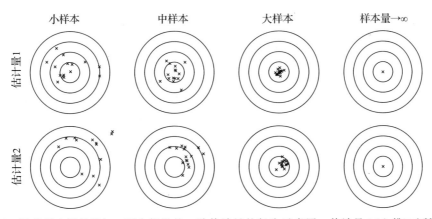

图 6-2　随着样本量的增加，两个假设的一致估计量的行为示意图。估计量 1（上排）对所有样本量的样本都是无偏的，其精度随着样本量的增加（从左到右）而增加。由于它是一致的，因此当样本量趋近于无穷大时，它收敛于被估计值。估计量 2（下排）对于小样本量和中样本量的样本存在很大的偏差。但尽管如此，因为它是一致的，所以当样本量趋近于无穷大时，它收敛于被估计量。一个经验：一致性是大样本属性，一致估计量在小样本中可能表现不佳

练习集 6-4

1. 样本均值作为正态分布的第一个参数的估计量是一致估计量吗？样本均值作为一个未指定分布族的分布（只知道该分布有一个有限的方差）的期望是一致估计量吗？

2. ［选做］使用抽样模拟说明：样本中位数是正态分布的第一个参数的一致估计量。

3. 设 $X_1, X_2, \cdots, X_n$ 为来自总体 $N(\mu, 1)$ 的独立同分布的随机样本，对于下列每个 μ 的估计量，回答两个问题：(i) 估计量是无偏的吗？(ii) 估计量是一致的吗？

   (a) 样本均值：$\overline{X} = \dfrac{1}{n} \sum_{i=1}^{n} X_i$。

   (b) 位移了的样本均值：$\dfrac{1}{n} \sum_{i=1}^{n} X_i + 1$。

   (c) 第一个观测值 X_1。

   (d) "收缩"的样本均值 $\dfrac{1}{n+1} \sum_{i=1}^{n} X_i$。

4. ［选做］证明：如果一个估计量的对式(6.7)成立，那么该估计量对式(6.6)也成立。你可以使用马尔可夫不等式和切比雪夫不等式，这两者都在练习集 5-2 的问题 6 中给出了。（对于此题，我发现从马尔可夫不等式开始证明比从切比雪夫不等式开始更容易。）

6.5 有效性

在估计量中，一致性是一个令人喜爱的特性。假设我们有一个模型，可以正确地描述我们所关心的过程。如果我们对模型的参数也有了一致估计量，那么我们就有了一个明确的目标：继续收集数据。当我们收集到更多的数据时，估计量将收敛到参数的真实值。

但一致性并不能解决一切问题。收集数据几乎总是花费金钱、时间、精力，甚至全部。因此，我们希望一致估计量不仅仅收敛于真值，还希望它能尽快地收敛于真值。**有效性**（efficiency）考虑了这个需求：一个更有效的估计量达到给定的性能水平比一个效率更低的估计量达到相同的性能水平需要更少的数据。图 6-3 是两个有效性不同的估计量的行为示意图。

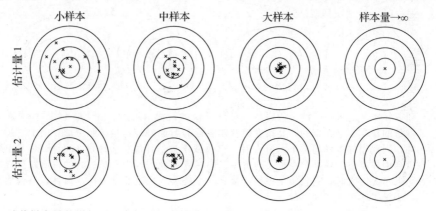

图 6-3 随着样本量的增加，两个假设的有效性不同的一致估计量的行为示意图。当样本量趋于无穷时，它们收敛于估计量的真值。然而，估计量 2（下排）的收敛速度比估计量 1（上排）更快，在给定相同数据量的情况下，估计量 2 更精确。因此，我们说估计量 2 更有效

定义两个估计量 $\hat{\theta}_n$ 和 $\widetilde{\theta}_n$ 的相对有效性的一种方法是令

$$\mathrm{RE}(\hat{\theta}_n, \widetilde{\theta}_n) = \frac{\mathrm{MSE}(\widetilde{\theta}_n)}{\mathrm{MSE}(\hat{\theta}_n)} \tag{6.8}$$

一个小的均方误差是好的——如果 $\mathrm{MSE}(\hat{\theta}_n) < \mathrm{MSE}(\widetilde{\theta}_n)$，那么 $\mathrm{RE}(\hat{\theta}_n, \widetilde{\theta}_n) > 1$，我们说 $\hat{\theta}_n$ 比 $\widetilde{\theta}_n$ 更有效。原则上，两个估计量的相对有效性可能与样本量有关。例如，当样本量较小时，一个估计量可能更有效，但当样本量较大时，它的效率可能又较低了。渐近相对有效性是当样本量增加到无穷大时，相对有效性的极限：

$$\mathrm{ARE}(\hat{\theta}_n, \widetilde{\theta}_n) = \lim_{n \to \infty} \frac{\mathrm{MSE}(\widetilde{\theta}_n)}{\mathrm{MSE}(\hat{\theta}_n)} \tag{6.9}$$

在其他条件相同的情况下，我们更喜欢更有效的估计量。

练习集 6-5

1. 在这个问题中，你将探讨不同大小的正态样本的均值和中位数的相对有效性。考虑标准正态分布的情况：

   (a) 估计样本量为 5 的正态分布样本的均值和中位数的相对有效性。为了估计均方误差，请使用 10 000 个大小为 5 的正态分布样本。为了估计样本中位数的均方误差，计算 10 000 个样本中每个的中位数，然后计算每个中位数与正态分布第一个参数的真实值之间差的平方。这些差的平方的平均值就是样本中位数的均方误差的估计值。对样本均值做同样的事情，并通过求均方误差估计值的商来估计样本均值和样本中位数的相对有效性。

   (b) [选做] 对于样本量分别为 2，10，20，50，100，200 和 500，重复上述的(a)。写出你猜测的关于正态分布的样本均值与样本中位数的渐近相对有效性的结论。

2. [选做，如果你不做，请阅读后面的解决方案] 将问题 1 中的正态分布换成拉普拉斯分布后重做一次，拉普拉斯分布比正态分布有更重尾，也就是说该分布发生极端事件的概率更高。要从期望值为 0、标准差为 1 的拉普拉斯分布中抽取样本，请使用下面所定义的函数 `rlaplace()`[⊖]：

```
rlaplace <- function(n, mean = 0, sd = 1){
  exp1 <- rexp(2*n, 1)
  x <- exp1[1:n] - exp1[(n+1):(2*n)]
  x * sd/sqrt(2) + mean
}
```

通过选取 `mat.samps` 函数中的参数 `rx=rlaplace`，你可以抽取拉普拉斯分布的随机数并组成一个矩阵，例如 `mat.samps(25,10000,rx=rlaplace)`。

6.6 [选读]统计决策理论与风险

我们评估估计量性能的一些方法让我们想起在第 3 章中遇到的一个问题：在那里，我们需要最小化反映数据点和直线之间的竖直距离的函数。出于几方面的原因，我们最终选

⊖　可从本书的 R 软件包 `stfspack` 中找到（见练习集 2-2 问题 3）。

择的函数是差的平方和。

你可能已经注意到本章中我们在其他地方也是优先选择误差的平方和，特别是当我们讨论均方误差时。均方误差是对估计量整体性能的一个有用的度量。那么我们为什么关心的是估计量所产生的平方误差的均值呢？为什么不是考虑一个估计量的值和它所估计的真实值之间的差的绝对值的平均值呢？**统计决策理论**——一个我们几乎难以描绘的广阔领域——提供了一个框架来评估估计量对于任何一种度量方法的表现，无论是平方误差还是一些完全不同的方法。

均方误差为我们所做的估计误差提供了一个损失函数。在第 3 章，当我们试图找到一条"最"适合一组点的直线时，我们看到了不同方法的损失函数。在那里，损失函数提供了一种度量直线和散点之间拟合效果的方法。一般来说，一个损失函数将关联一个有关损失或成本的决策。在我们这里的研究背景下，损失函数是估计值和被估计值的差异导致的"损失"或"成本"的度量。

在估计背景下，损失函数的参数是估计值和被估计的真实值。我们将把损失函数记为 $\lambda(\theta, \hat{\theta}(d))$，其中 $\hat{\theta}(d)$ 是一个估计值，θ 是被估计的真实值。例如，平方误差损失函数为 $\lambda(\theta, \hat{\theta}(d)) = (\hat{\theta} - \theta)^2$。在继续阅读之前，先看一些例子将会很有帮助。

练习集 6-6

对下列每个小题，请在要求的范围内绘制损失函数的散点图。在每个图中，将 $\lambda(\theta, \hat{\theta})$ 绘制在纵轴上，$\hat{\theta}$ 绘制在横轴上，而 θ 对应横轴上的一个点。

(a) 想象一下，你负责一个小麦农场。因为你的农场很偏远，而且你不能运输货物，所以你只能把你每年的收成卖给一个买家，即当地的面包师。面包师对小麦的需求量未知，设为 θbu。面包师购买的小麦，每卖出 1bu 的麦子你可以得到 1 美元的利润。种植 1bu 的小麦成本也是 1 美元，如果你种植的小麦比面包师买的要多，那么多出的这些所花的钱就会损失。如果你正好种植 θbu 的小麦，那么你的利润将达到最大。如果你种的小麦多于或者小于 θ，那么你的利润就低于最大值。$\lambda(\theta, \hat{\theta})$ 是你的利润相比于最大利润所减少的值，$\hat{\theta}$ 是你估计面包师想要购买的小麦数量（bu）（因此你将计划种植这么多），而 θ 是面包师实际上想购买的小麦数量。当 $\theta = 1\,000$ 时，而 $\hat{\theta}$ 是在 0～2 000 之间取值，画出这种情形下损失函数的图像。（手绘图即可。）

(b) 现假设种植 1bu 小麦的成本为 2 美元，(a) 中其他数据不变，重新绘制一幅 (a) 所要求的图。

(c) 你在赌一场赛马。共有六匹马在奔跑，它们被标记为 1，2，3，4，5，6。如赌对了马 θ 将获利价值 1 美元，在其他任何一匹马上下赌注都没有收益。假设第 3 匹马将赢得比赛，绘制该情况下的损失函数。

损失函数抓住了估计问题的特点。虽然平方误差损失函数在数学上方便使用，但它可能不能反映人们的需求。使用一个平方误差损失函数强加了一些隐藏的假设。特别地，平方误差损失函数假定存在两倍大的误差时候需要四倍的成本去解决，并且其低估和高估相同绝对大小的误差的成本是一样大的。这类假设在某些情况下可能是合理的，但在许多实际情况下，它们是不正确的。在练习集 6-6 中，给出了三个损失函数的例子。（例子虽然是虚构的，但却很接近真实情况。）表 6-2 给出了一些常用的损失函数，可以想象，一定存在无穷多个其他的损失函数。

表 6-2   一些常用的损失函数

函数	名称
$\lambda(\theta,\hat{\theta})=(\hat{\theta}-\theta)^2$	平方误差损失
$\lambda(\theta,\hat{\theta})=\lvert\hat{\theta}-\theta\rvert$	绝对误差损失
$\lambda(\theta,\hat{\theta})=\begin{cases}K_1(\theta-\hat{\theta}),& \hat{\theta}\leqslant\theta\\ K_2(\hat{\theta}-\theta),& \hat{\theta}\geqslant\theta\end{cases}$	线性损失。注意，如果 $K_1=K_2$，那么线性损失与绝对误差损失成比例
$\lambda(\theta,\hat{\theta})=\lvert\hat{\theta}-\theta\rvert^P$	L^p 损失（读作 LP 损失）。注意，如果 $p=1$，则为绝对误差损失，也叫 L1 损失；如果 $p=2$，则为平方误差损失，也叫 L2 损失
$\lambda(\theta,\hat{\theta})=\begin{cases}0,& \hat{\theta}=\theta\\ 1,& \hat{\theta}\neq\theta\end{cases}$	0—1 损失

我们如何使用一个损失函数来选择估计量呢？一种方法是定义一个称为估计量风险的量。估计量**风险**是其期望损失——在"数学期望值"意义上的"期望"。更确切地说，该风险是

$$R(\theta,\hat{\theta})=E(\lambda(\theta,\hat{\theta})) \tag{6.10}$$

前面你已经看到了一个风险的例子。均方误差是一个平方误差损失函数的风险。在式(6.10)中，我们简单地将平方误差损失替换为我们选择的损失函数，从而推广了均方误差。

在其他条件相同的情况下，我们更喜欢低风险的估计量，而不是高风险的估计量。当我们面对一个其风险不依赖于 θ 的估计量时，这个结论并不复杂。例如，有一个方差为 1 的正态分布总体，我们取样本均值作为其第一个参数的估计量，并假设一个平方误差损失函数。现给定一个有 n 个独立观察结果的样本，无论 θ 的真实值是多少，样本均值的风险始终为 $1/n$（样本均值的方差）。[注] 但是想象这样一个有趣的估计量：假设不管我收集的数据如何，我们总是取 θ 的估计量为 6。记这个估计量为 $\hat{\theta}$。如果 θ 真的等于 6，那么 $\hat{\theta}$ 的风险为零，它总是小于样本均值的风险值 $1/n$。当估计量的风险随被估计量变化时，如何利用风险来选择估计量呢？我们不能使用被估计量的值去决定——我们进行估计的原因就是我们不知道被估计量的值。一些相关的概念将出现在下面的练习集中，在第 10 章中，我们将介绍贝叶斯方法来处理这类问题。

还有很多东西需要学习，但要点是：许多估计量设计为使平方误差损失具有良好的性质。平方误差损失函数在数学上是方便处理的，但它可能不能反映你选择因素的优先性。决策理论思维是一个很好的想法，要优先使用对当前关切问题权重大的度量来选取估计量。如果你的损失函数在数学上不好处理，你通常可以通过模拟获得有用的信息及结果。

○   请参考练习集 6-7 中问题 2 的(a)。

练习集 6-7

1. 设总体为正态分布 $N(\theta,1)$,考虑用 100 个独立观测样本估计 θ。我们依然考虑将样本均值和样本中位数作为估计量:

   (a) 在平方误差损失下,样本均值的风险是 1/100。使用模拟确定样本中位数的近似风险。(在这种情况下,样本中位数的风险不依赖于 θ。)

   (b) 在绝对误差损失下,样本均值和样本中位数的近似风险是多少?(提示:使用 abs() 函数计算向量中所有数据的绝对值。)

   (c) 在 L^3 损失下,样本均值和样本中位数的近似风险是多少?

2. 在这一个问中,我们考虑风险函数,这有助于我们思考风险随被估计量 θ 变化的估计量。风险函数 $R(\theta,\hat{\theta})=E(\lambda(\theta,\hat{\theta}))$ 是 θ 的一个函数。现考虑用正态分布 $N(\theta,1)$ 的 3 个独立样本去估计正态分布的第一个参数的问题。在(a)~(d)中:画两条坐标轴,使横轴为 θ 轴,范围从 4 到 8,在纵轴上画 $R(\theta,\hat{\theta})$,范围从 0 到 4。对于以下每个估计量,绘制风险函数图,假设误差损失函数为平方误差损失函数。也就是说,$R(\theta,\hat{\theta})$ 为 θ 的函数,且 $\lambda(\theta,\hat{\theta})=(\hat{\theta}-\theta)^2$。在同一图上绘制所有的风险函数。

   (a) $\hat{\theta}$ 为样本均值。($n=3$。)

   (b) $\hat{\theta}$ 为第一次观测值。也就是说,如果构成数据的三个观测值为 X_1,X_2,X_3,则取 X_1 的值作为 θ 的估计量。

   (c) $\breve{\theta}=6$ 是与所取样本数据无关的量。

   (d) $\dot{\theta}$,$\dot{\theta}=(\hat{\theta}+\breve{\theta})/2$。其中,$\hat{\theta}$ 为样本均值,$\breve{\theta}=6$。[提示:记住,平方误差损失的风险是就是均方误差,利用式(6.5)中的等式。]

   (e) 如果对 θ 的所有值均有 $R(\theta,\hat{\theta})\leqslant R(\theta,\widetilde{\theta})$ 成立,且至少存在一个 θ 使得

   $$R(\theta,\hat{\theta})<R(\theta,\widetilde{\theta})$$

   成立,则称估计量 $\hat{\theta}_n$ 比估计量 $\widetilde{\theta}_n$ **占优**。换句话说,如果一个估计量在某些情况下风险较低,而且风险总是不比竞争估计量高,那么它处于优地位。一个不被任何其他估计量占优的估计量被认为是**可接受的**(adinissible)估计量。(a)~(d)中哪些估计值是可以接受的?哪些估计量被另一个估计量占优?(注:要证明一个估计量是可接受的,可能是很困难的。我们将只考虑我们的估计量是否被同一图上显示的任何其他估计量占优,并且只在图中所显示的范围内考虑。)

   (f) **极小极大**(minimax)估计量是使最大风险最小化的估计量。[⊖] 更严谨地说,极小极大估计量 $\hat{\theta}$ 具有下列性质:$\max_\theta[R(\theta,\hat{\theta})]\leqslant\max_\theta[R(\theta,\widetilde{\theta})]$ 对其他任何竞争估计量 $\widetilde{\theta}$ 都成立。(a)~(d)中的四个估计量哪一个是潜在极小极大估计量?(如同可接受估计量一样,证明一个估计量是极小极大估计量很困难——我们必须证明对于所有的竞争估计量它都是极小极大估计量。)

⊖ 在 *Odyssey* 第 12 卷中,Circe 做了一个极小极大决策。Odysseus 必须在两个悬崖之间的一条不宽的通道航行,两边的悬崖都有危险。一边的悬崖上是 Scylla,一个六头的、不可阻挡的怪物,如果 Odysseus 及同伴进入她的射程,她肯定会杀死他们的六个人。另一边是 Charybdis,他每天吸三次水,制造一个漩涡,可以吞食整艘船。根据损失函数,如果 Circe 的船靠 Scylla 那边航行,他肯定会失去六名水手;如果向 Charybdis 那边航行可能不会造成任何损失,但也可能导致全军覆没。Scylla 的一边是极小极大路径——六名水手死亡,但是整艘船还都在。Circe 说:"避开可怕的海湾! 死六人,总比都死好。"

6.7　稳健性

　　所有这些评价估计量的标准——偏差、方差、均方误差、一致性、有效性和风险——都是假设我们对生成数据的过程有很多了解。这不禁使我们想问这样一些问题："如果我继续从一个正态分布总体抽取独立的随机样本，这些数据的中位数会收敛于 θ 吗？如果收敛，与样本均值收敛于 θ 的速度相比，样本中位数收敛于 θ 的速度会有多快？"这些问题的答案是有价值的。

　　然而，在许多情况下，甚至在大多数情况下，我们是不能保证对生成数据的过程完全了解的。例如，我们可以设计这样一个模型，这个模型假设了一个和生成数据不匹配的分布族。我们可能假设所有的数据都是由一个过程生成的，而实际上它们是由两个或多个过程生成的。当我们对我们正在研究的过程感到不确定时，我们需要评价估计量的稳健性。

　　简单地说，如果一个统计方法在支撑它的假设在某种程度上是不正确的时候，仍然能给出合理和近似正确的答案，那么称这个统计方法是**稳健**的。如果一个统计方法需要相对少的假设，我们有时也会说它是稳健的。为了更加准确地叙述稳健性，我们必须回答这样一个问题："稳健性说明了什么？"例如，我们将在下面的练习中看到，中位数对**异常值**——不符合正在研究过程的偶尔观察结果——是稳健的。我们也可以寻求对分布的错误假设——比如误设为正态性分布——稳健的方法[⊖]，但是在一种意义上稳健的估计量在另一种意义上并不一定是稳健的。例如，后面我们将看到，第 5 章末尾的线性模型的最小二乘估计量对分布的假设具有一定的稳健性——它关于扰动项的分布在很大范围内都是一致的，但它对异常值却不稳健。单个异常点，根据它所处的位置，可能对最小二乘线有很大的影响。

　　应用统计学家经常问的两个最重要的问题是："我为了描述我理解的现象而建立的模型，其合理性到底有多少？""如果模型假设是错误的，我的方法能产生多少有用的信息？"在下面的练习中，我们将使用模拟来讨论稳健性。

练习集 6-8

我们再一次考虑从正态分布 $N(\theta,1)$ 总体中抽取独立样本来估计 θ 的问题。现在情况稍有变化，每个观测值有可能是由不同的分布产生的，但其可能性很小。例如：(i) 你正在研究一种鸟的喙长，但其中的一些样本可能来自一个难以区分的有近缘关系的品种；(ii) 你正在研究阿尔茨海默病患者的单词记忆情况，但你的病人中可能会有一些患的是一种不同形式的痴呆症；(iii) 你正在研究钚样品中的放射性物质排放量，但你的计数器有问题，可能偶尔会出现故障，导致一些样品的放射性测量值降低。

　　对于这些问题，假设我们得到了 n 个独立的观测值。对于每个观测值，有 $1-\gamma$ 的概率来自正态分布 $N(\theta,1)$，γ 的概率来自"污染"的正态分布 $N(\Lambda,1)$。下面是一个名为 rnorm.contam() 的 R 语言

⊖　John Tukey 是稳健统计学的创始人之一，他认为污染分布是一种与模型假设的分布略有不同的分布，是建模分布的一部分(Stigler，2010)。

函数，可以在这些情况下模拟数据：⊖

```
#n is the number of observations in each sample, contam.p is
#the probability that each observation is from the non-target
#distribution, mu is the parameter to be estimated, sigma is the
#standard deviation of the target distribution, contam.mu is the
#expectation of the non-target distribution, and contam.sigma
#is the standard deviation of the target distribution. The
#output is a vector of length n, with the outlying observations
#(if any) at the end.
rnorm.contam <- function(n, mu = 0, sigma = 1, contam.p = 0.01, contam.mu = -
5, contam.sigma = 0){
  ncontam <- rbinom(1, n, contam.p)
  c(rnorm(n - ncontam, mu, sigma), rnorm(ncontam, contam.mu, contam.
sigma))
}
```

使用 rnorm.contam() 函数分析样本均值和样本中位数分别作为 θ 的估计量，可以设置 nsim=1000 和 n=100。尝试 γ 取以下值：0.001，0.01，0.1，0.2 和 Λ 取以下值：3，5，10，100。你可以使用 mat.samps 函数生成随机值的矩阵，取参数 rx 为 rnorm.contam()，然后再将参数设置为 rnorm.contam()，并用逗号分隔。例如，在第一组要求的参数下，这将生成模拟数据：

```
dat <- mat.samps(n = 100, nsim = 1000, rx = rnorm.contam, contam.p = 0.001,
contam.mu = 3, contam.sigma = 1)
```

使用偏差、方差和直方图去观察样本均值和样本中位数的行为，你的结论是什么？

6.8　简单线性回归模型的估计量

考虑第 5 章结尾的简单线性回归模型，在这个模型中，因变量 Y 被表示为自变量 X 的线性函数加上一个与之独立的干扰项 ε，即

$$Y = \alpha + \beta X + \varepsilon$$

例如，在我们的农业种植实例中，Y 表示谷物产量，X 表示肥料使用量。我们可以从 n 个国家收集谷物产量和肥料使用量的数据，得到配对观测数据 (X_1, Y_1)，(X_2, Y_2)，…，(X_n, Y_n)。我们可以用这些数据估计出截距参数 α 和斜率参数 β 吗？

我们可以考虑使用第 3 章中最小二乘线的截距和斜率表达式来作为 α 和 β 的估计量。在很多情况下，这是一个合理的选择。但我们也可以考虑用其他"最佳拟合"线确定的量作为估计量。例如，我们可以考虑使绝对误差之和（即点与线之间的竖直距离之和）而不是平方误差之和最小的线。利用第 5 章中的概率模型以及本章中评价估计量的理论，我们可以比较不同模型——例如扰动项具有不同的分布形式——确定的候选估计量。在下面的练习中，你将对最小二乘法和最小绝对误差确定的估计量进行此类比较。

⊖　可在本书中的 R 包 stfspack 中找到（见练习集 2-2 中的问题 3）。

在特定条件下比较特定候选估计量的练习是有用的,有助于回答我们关于最小二乘线的一些重要问题。尽管如此,我们还是在一般框架结构下寻找特定的估计量(给定一个假定的模型),而不是去考虑无限的估计量候选集。一些可能的框架结构将在第 8~10 章中介绍。

练习集 6-9

1. 在这个问题中,我们将讨论第 5 章末尾的线性回归模型的最小二乘估计量和最小绝对误差估计量的性质。特别地,我们将考虑扰动项服从正态分布(具有固定方差)的模型。我们将使用函数 sim.lm()(练习集 5-5 的问题 2)以及 sim.lm.ests() 函数(定义如下),[○] sim.lm.ests() 函数多次调用 sim.lm() 函数并将估计量应用于每个模拟数据集。

   ```
   #Applies estimators of a and b to nsim data sets of size n
   #pairs each generated by sim.lm(). Returns a matrix with two
   #columns and nsim rows. Each row contains two estimates
   #made from the same simulated dataset, a in the first
   #column and b in the second.
   sim.lm.ests <- function(n, nsim, a, b, sigma.disturb = 1, mu.x = 8, sigma.x
   = 2, rdisturb = rnorm, rx = rnorm, het.coef = 0, estfun = lm) {
     ests <- matrix(nrow = nsim, ncol = 2)
     for(i in 1:nsim){
       dat <- sim.lm(n, a, b, sigma.disturb, mu.x, sigma.x, rdisturb, rx, het.
   coef)
       ests[i,] <- estfun(dat[,2] ~ dat[,1])$coef
     }
     ests
   }
   ```

   (a) 定义了 sim.lm() 函数和 sim.lm.ests() 函数之后,你可以使用以下方法检验 1 000 组大小为 50 的抽样样本的最小二乘估计量的均值和方差,截距为 3,斜率为 0.5。

   ```
   ests <- sim.lm.ests(n = 50, nsim = 1000, a = 3, b = 1/2)
   colMeans(ests)
   apply(ests, 2, var)
   ```

   你还可以查看估计值的直方图;例如,hist(ests[,2]) 表示斜率的估计值。分别模拟样本量为 10,50,100 和 1 000 的样本。你能猜测出最小二乘估计量的偏差吗?它们的一致性如何?

   (b) 另一种可选择的估计量是最小绝对误差线,最小绝对误差线使直线与散点图上的点的竖直距离的绝对值之和最小。在 R 语言中求最小绝对误差线的一种方法是使用 quantreg 包中的 rq() 函数(Koenker et al.,2017)。安装(如果必要)并加载 quantreg 包[install.packages ("quantreg"),然后运行 library(quantreg)]。现在对最小绝对误差线重复(a)的操作,将函数 sim.lm.ests() 中的 estfun 参数变换为 rq,操作如下:

   ```
   ests <- sim.lm.ests(n = 50, nsim = 1000, a = 3, b = 1/2, estfun = rq)
   ```

   你认为最小绝对误差估计量是有偏的吗?是一致的吗?

○   可在本书的 R 包 stfspack 中找到(见练习集 2-2 的问题 3 的安装说明)。

(c) 猜测哪个估计量更有效：最小二乘估计量还是最小绝对误差估计量？

2. 在问题 1 中，你模拟了第 5 章中具有正态分布扰动项的线性模型的数据。第 5 章的线性模型其扰动项还可以是拉普拉斯分布，其尾部比正态分布更厚。你可以使用 rlaplace(练习集 6-5 的问题 2)模拟具有特定均值和标准差的拉普拉斯分布的数据。

(a) 通过将 sim.lm() 中的 rdisturb 参数设置为 rlaplace，模拟并查看一些扰动项服从拉普拉斯分布的数据集。例如，

```
plot(sim.lm(n = 50, a = 3, b = 0.5, rdisturb = rlaplace))
```

与使用正态分布扰动项产生的散点图相比，有什么不同？

(b) 使用服从拉普拉斯分布的扰动去重做问题 1。[你可以使用问题 1 中的代码，在每次调用 sim.lm.ests() 函数时添加参数 rdisturb=rlaplace。]最小二乘估计量和最小绝对误差估计量是否有偏？是否一致？它们的相对有效性同问题 1 中的一样吗？

3. 在这个问题中，你将要检验最小二乘估计量和最小绝对误差估计量的稳健性。特别地，你将讨论它们对少量污染数据的稳健性。使用 rnorm.contam() 函数⊖（练习集 6-8）。

(a) 模拟并查看一些带有干扰的数据集，这些数据来自被异常污染的分布。根据 sim.lm() 函数的编写方式，从污染分布中抽得的带有干扰的点将是那些具有最大 x 值的点。为了得到散点图，使用

```
plot(sim.lm(n = 100, a = 3, b = 0.5, rdist = rnorm.contam))
```

上述实验抽取一个大小为 100 的样本，由于每个点被污染的概率仅为 1%，在第一次模拟中你可能看不到任何异常点。增加样本量 n 或多次运行命令。你从这些散点图中看到了什么？

(b) 使用每个点被污染的概率为 1% 的干扰去重做问题 1。[你可以重复使用问题 1 中的代码，在每次调用 sim.lm.ests() 函数时添加参数 rdist= rnorm.contam。]最小二乘估计量和最小绝对误差估计量是否有偏？是否一致？它们的相对有效性同问题 1 中的一样吗？

4. [选做，即使你不做，也请你查看一下答案]在这个问题中，你将探讨混杂，有时称为遗漏变量偏差。想象一下。我们观察得到配对的观测结果，我们坚信这些观测结果是由下列模型生成的，

$$Y = \alpha + \beta X + \varepsilon$$

我们不知道的是，该模型是不正确的。Y 实际上是 X，ε 和另外一个随机变量 Z 的线性函数：

$$Y = \alpha + \beta X + \gamma Z + \varepsilon$$

不知道 Z 的存在，所以我们在计算最小二乘估计量 α 和 β 的过程中忽略了 Z。

(a) 你预测忽略了 Z 将如何影响我们对 β 的估计？分别考虑 X 和 Z 正相关、负相关和独立的情形。假设 γ 为正。

(b) 为了检验你的猜想，从模型 $Y = \alpha + \beta X + \gamma Z + \varepsilon$ 中独立抽样。假设 X 和 Z 具有联合正态分布，满足 $E(X) = E(Z) = 1$，$Var(X) = Var(Z) = 1$ 和 $Cor(X, Z) = \rho$。扰动项 ε 服从均值为 $E(\varepsilon) = 0$ 的正态分布。我们使用的函数需要 MASS 包，它可以通过下面的两行代码进行安装和加载：

```
> install.packages("MASS")
> library(MASS)
```

⊖ 可在本书的 R 包 stfspack 中找到（见练习集 2-2 的问题 3 的安装说明）。

下面的函数[一]sim.2Var() 模拟了包含 X 和 Z 的模型的数据。函数参数 n 控制每个模拟样本中观测值的对数，nsims 是要抽取的模拟样本数，a 是 α，b1 是 β，b2 是 γ，sigma.disturb 是 ε 的标准差，correl 是 X 和 Z 的相关系数 ρ。

```
sim.2var <- function(n, nsim, a, b1, b2 = 0, sigma.disturb = 1, correl = 0){
  sig <- matrix(c(1, correl, correl, 1), nrow = 2)
  ivs <- MASS::mvrnorm(n*nsim, mu = c(0,0), sig)
  x <- ivs[,1]
  z <- ivs[,2]
  disturb <- rnorm(n*nsim, 0, sigma.disturb)
  y <- a + b1 * x + b2 * z + disturb
  xmat <- matrix(x, nrow = nsim)
  ymat <- matrix(y, nrow = nsim)
  list(xmat, ymat)
}
```

该函数的输出结果是一个列表，它的第一个元素是 x 值的矩阵（每行是一个模拟），第二个元素是一个 y 值的矩阵。模拟和分析了 1 000 个样本，每个样本有 50 对观测值。如取真值 $\alpha = 0$，$\beta = 0.3$，$\gamma = 0.4$，$\mathrm{SD}(\varepsilon) = 1$，$\rho = 0.5$，我们可以使用

```
#Choose parameters and simulate
n <- 50
nsims = 1000
beta <- .3
gamma <- .4
rho <- .5
dat <- sim.2var(n, nsims, 0, beta, gamma, 1, rho)
ests <- numeric(nsims)
for(i in 1:nsims){
  ests[i] <- lm(dat[[2]][i,] ~ dat[[1]][i,])$coef[2]
}
hist(ests)
summary(ests)
```

如果你没有阅读过附录 B，你可能不熟悉 for() 循环中使用的列表语法，或者你不感兴趣，但也不必担心。最后，ests 对象保存了来自 1 000 组抽样数据模拟得到的最小二乘估计线的斜率值。

使用这些函数去验证问题(a)的猜想。保持 $\alpha = 0$，模拟出 $E(\widetilde{\beta})$ 用 β，γ 和 ρ 表示的数学表达式。

(c) (a)和(b)的结果如何影响你对最小二乘估计量的理解？考虑两种情况：(i)假设你想由 X 预测 Y，(ii)假设你想通过控制 X 去改变 Y。你对 β 的估计值（忽略了遗漏变量 Z）在两种情况下都有用吗？

6.9   结论

现在我们有了许多方法能够帮助我们评价候选估计量。在其他条件相同的情况下,我们寻求准确且精确的估计量,且能在大样本情况下收敛于正确的结果。我们还关心模型的具体情况,我们选择回避代价最大的错误估计量。任何时候,我们都对自己的假设的不正确性保持警惕,并且只要有可能,我们会选择能够为我们提供有效信息的方法,即便我们的假设是错误的。

到现在为止,我们还有两个悬而未决的问题。首先,虽然我们有了比较候选估计量的方法,但是我们还没有讨论如何得到候选估计量。求得估计量的三种方法将在第 8、9 和 10 章中介绍。其次,我们一直关注的是**点估计**,即用单个数字作为未知参数值的"最佳猜测"的做法。但统计学是在不确定性下做推断的,有人可能会提出猜测,当我们把对点估计的不确定程度与点估计结合起来,点估计可能会更加有效。这个猜测是正确的。下一章的主题——区间估计与假设检验——是描述估计值不确定性的框架。

6.10   本章小结

点估计是试图使用抽样数据去确认与某些潜在过程或总体相关的参数值。作为估计目标的未知数字称为被估计量。估计量是一个函数:将观测数据代入该函数可以产生估计值。我们有很多标准去评价估计量。无偏估计量是指其期望值等于被估计量的估计量——通俗地讲,它是准确的。我们也重视具有较小方差的估计量,它是精确的。随着收集到的数据数量接近于无穷大,一致估计量收敛于被估计量。均方误差是估计量和被估计量之间差的平方的期望。有效估计量是那些相对较快地收敛于被估计量的估计量,即获得接近正确的结果需要更少的样本数据。即使模型不太正确或数据受到污染,稳健估计量仍然可以提供有用的信息。

6.11   延伸阅读

许多数理统计教材对本章(以及接下来的几章)中的内容进行了更深入和更严谨的介绍。三本权威的参考文献是:

Bickel,P.J.,& Doksum,K.A.(2007). *Mathematical Statistics:Basic Ideas and Selected Topics*,Volume I,2nd Edition. Pearson Prentice Hall,Upper Saddle River,NJ.

Casella,G.,& Berger,R.L.(2002). *Statistical Inference*. Duxbury Press,Belmont,CA.

Hogg,R.V.,McKean,J.,& Craig,A.T.(2005). *Introduction to Mathematical Statistics*. Pearson Education,Harlow,Essex.

以上三本书都是比较详尽的参考资料。下面的两本书要简明一些,其在数学层面包含了本书以及上面三本书差不多的内容:

Wasserman,L.(2013). *All of Statistics:A Concise Course in Statistical Inference*,2nd Edition. Springer,New York.

Young,G.A.,& Smith,R.L.(2005). *Essentials of Statistical Inference*. Cambridge University Press.

我经常使用 Wasserman 的书。Silvey(1975)的 *Statistical Inference*(统计推断)是一本简明的参考书籍。

最后,介绍两本不是数理统计入门级教材的相关书籍:

Good,P. I. ,& Hardin,J. W. (2012). *Common Errors in Statistics*(*and How to Avoid Them*). Wiley, Hoboken,NJ.

该书对于估计部分的介绍非常精彩。

Wilcox,R. R. (2011). *Introduction to Robust Estimation and Hypothesis Testing*. Academic Press,Cambridge,MA.

这是一本与本书数学水平相近的介绍稳健统计理论的书籍。

第7章 区间估计与推断

关键词：置信区间，覆盖概率，效应量，错误发现率（误报率），假设检验，区间估计，水平，零假设（原假设），p 值操控，p 值，功效，功效函数（势函数），发表偏倚，显著性（统计），样本量，标准误差，检验统计量，Ⅰ型错误，Ⅱ型错误，赢者诅咒。

在进行点估计时，统计学家是使用数据去猜测一个未知量的值。一旦确定了这个猜测值，区间估计和推断——本章的主题——就会出现。区间估计是在给出一个点估计值后，试图回答前面介绍的对话者的第一个问题："你对这个估计值有多大的确信度？"粗略地说，给定数据，点估计就是指对被估计量的最佳猜测，区间估计则是确定一个与这个数据一致的被估计量可能值的集合。推断，也称为假设检验，是另一种评价被估计量的候选值（更一般地，候选解释）与数据兼容程度的方法。

在本章，我们暂不考虑区间估计和假设检验的具体方法。我们的目标是去理解区间估计和假设检验的基本原理。本章所介绍的内容是基于频率学派的观点；建立在贝叶斯学派基础上的替代方案将在第 10 章中介绍。

7.1 标准误差

对于"你对这个估计值有多大的确信度"这个问题，我们已经有了一个答案。对这样的问题，我们可以用一个数字来度量估计量分布的离散程度。在前面已经说到，在其他条件相同的前提下，我们将估计量的方差作为选择标准，方差较小的估计量是受欢迎的估计量。而且估计量的方差也是对估计量分布离散度的度量，因此从这个角度讲方差也能用来回答这一问题。

正如第 5 章所述，尽管方差在很多方面都有很好的性质，但它存在单位上的错误。解决方法是取方差的平方根，求出估计量的标准差。如果记估计量为 $\hat{\theta}_n$，则估计量的标准差为

$$\text{SE}(\hat{\theta}_n) = \sqrt{\text{Var}(\hat{\theta}_n)} \tag{7.1}$$

其中 $\text{Var}(\hat{\theta}_n)$ 由式（6.3）定义。对这个估计量的标准差，下面我们将采用一个新的名称，这个名称一开始有些令人困惑，但一旦被接受了，它是很有用的。我们称式（7.1）中的量为**标准误差**而不是标准差。我们命名的规则是这样的：标准误差度量的是估计量抽样分布的离散程度，而我们保留"标准差"来度量数据分布的离散程度。这两个术语在数学上指的是相似的对象——分布离散度的度量，但它们适用的分布对象不同。它们的区别将在练习中得以巩固。

到现在为止，我们还没有学习一般情况下如何去估计标准误差。下一章将介绍的 bootstrap 方法，它提供了一种通用的方法，另一种适用于许多情况下的方法将在第 9 章中介绍。在下面的练习中，我们将在标准差已知的情况下计算服从正态分布的随机变量的期

望的标准误差。当标准差未知时，可以先对其进行估计，并将估计值代入下面使用的相同程序中。

练习集 7-1 [注]

1. 设总体服从正态分布 $N(\theta,\sigma^2)$，参数 σ^2 是已知的，θ 未知。现从中抽取 n 个独立的随机样本 X_1，$X_2,\cdots,X_n$ 用来估计 θ，考虑估计量样本均值 $\hat{\theta}_n=\dfrac{1}{n}\sum_{i=1}^{n}X_i$。

    (a) 样本的标准差是多少？

    (b) 估计量的标准误差 $\text{SE}(\hat{\theta}_n)$ 是多少？

    (c) 假设 $n=25$，$\sigma^2=1$，则 $\text{SE}(\hat{\theta}_n)$ 是多少？

    (d) 在(c)的条件下，你决定使用样本中位数作为 θ 的估计量，记为 $\tilde{\theta}_n$。$\text{SE}(\tilde{\theta}_n)$ 大约为多少？（使用抽样计算。）

2. 再一次假设总体为正态分布 $N(\theta,\sigma^2)$，从中抽取 n 个独立的随机样本 $X_1,X_2,\cdots,X_n$，用样本均值 $\hat{\theta}_n=\dfrac{1}{n}\sum_{i=1}^{n}X_i$ 估计 θ。假设 $\hat{\theta}_n$ 的标准误差是已知的，为 $\text{SE}(\hat{\theta}_n)=\omega$。考虑区间 $(\hat{\theta}_n-\omega,\hat{\theta}_n+\omega)$。（即该区间以 $\hat{\theta}_n-\omega$ 作为其最小值，以 $\hat{\theta}_n+\omega$ 作为其最大值。）由于该区间的中心点 $\hat{\theta}_n$ 是一个随机变量，故该区间是随机的。

    (a) 如果你根据这些假设重复抽取独立样本，区间 $(\hat{\theta}_n-\omega,\hat{\theta}_n+\omega)$ 包含 θ 的次数比例是多少？也就是说，$\hat{\theta}_n-\omega<\theta<\hat{\theta}_n+\omega$ 发生的频率是多少？或者等价地，使得 $|\hat{\theta}_n-\theta|<\omega$ 情况发生的频率是多少？

    (b) 区间 $(\hat{\theta}_n-2\omega,\hat{\theta}_n+2\omega)$ 包含 θ 的概率是多少？

7.2 置信区间

    频率学派最常用的区间估计方法是计算置信区间。如果你完成了上面的一组练习，那么你已经见过了置信区间。

    置信区间形式为 (V_1,V_2)，其中 V_1 是区间的下界，V_2 是区间的上界。V_1，V_2 是随机变量。对于用样本数据计算得到的数值置信区间，我们记为 (v_1,v_2)。要得到一个被估计量 θ 的 $1-\alpha$ **置信区间**，V_1，V_2 的选择必须满足

$$P(V_1<\theta<V_2)\geqslant1-\alpha \tag{7.2}$$

换句话说，式(7.2)指出，θ 包含在区间 (V_1,V_2) 内的概率至少为 $1-\alpha$。这是式(7.2)最直观的解释方式，但是它隐含着一个误解。在频率学派的统计学中，θ 是一个固定的常数。固定的数字没有随机性——它们只能以概率为 1 与自身相等。相反地，V_1 与 V_2 是随机的，概率表达式是关于 V_1 和 V_2 的，与 θ 无关。因此，式(7.2)更好的解释是：区间 (V_1,V_2) 包含或覆盖 θ 的概率是 $1-\alpha$。值 $1-\alpha$ 通常被称为**覆盖概率**。式(7.2)的另一个等价表达式是

$$P(V_1<\theta\bigcap V_2>\theta)\geqslant1-\alpha$$

[注] 详细的答案和 R 脚本，请参考本书的 GitHub 资源库(github.com/mdedge/stfs/)。

这个表达式更难读懂，但是更容易正确地解释：$1-\alpha$ 为两个随机事件——置信区间的下界落在 θ 以下，置信区间的上界落在 θ 以上——同时发生的概率下界。图 7-1 图示了 50 个不同的 90％ 置信区间，即用 50 组独立样本计算得到的 $\alpha=0.1$ 的 $1-\alpha$ 置信区间。

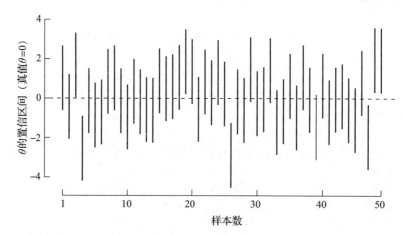

图 7-1　被估计量 θ 的 50 个独立样本的 90％ 置信区间。这里，$\theta=0$ 由水平虚线表示。置信区间由竖直线表示。大约 90％ 的竖直线覆盖了 $\theta=0$ 的真值（在该模拟中，50 个区间中有 43 个覆盖了 θ，但当样本数无限增大时，成功率将收敛于 90％。）

在上一节的练习中，你遇到过一种构造置信区间的方法。设一个服从正态分布的无偏点估计量，其标准误差是已知的。那么，我们可以通过取下界低于估计值数倍标准误差和上界高于估计值数倍标准误差来构造置信区间。对于具有标准误差 ω 的正态分布的均值无偏估计量 $\hat{\theta}$，θ 的一个 $1-\alpha$ 置信区间是[一]

$$(\hat{\theta}-\omega Z_{\alpha/2},\hat{\theta}+\omega Z_{\alpha/2}) \tag{7.3}$$

其中 $Z_{\alpha/2}=\Phi^{-1}(1-\alpha/2)$，$\Phi^{-1}$ 是标准正态分布 $N(0,1)$ 的分布函数的逆函数。[二]换句话说，$Z_{\alpha/2}$ 的选择使得从标准正态分布中得到的观测值落在以原点为中心、$|Z_{\alpha/2}|$ 为半径的区间内的概率为 $1-\alpha$。在下一章，我们将介绍构造置信区间的一种更一般的方法。

与所有的统计方法一样，只有在使用该方法过程中所需的假设得到满足的情况下，置信区间的诱人性质才能得到保证。但即使满足了必要的假设，正解理解置信区间也是一个技术活。[三]对 $1-\alpha$ 的一种正确解释是它表示未来的置信区间——例如，建立在尚未收集的样本基础上的置信区间——将包含被估计量真实值的概率。那么我们用已经获得的样本值计算出的置信区间是什么呢？我们可以说被估计量在该区间内的概率是 $1-\alpha$ 吗？我们不

[一]　该置信区间关于参数的估计值是对称的。如果不需要关于估计值对称，则在这样给定的覆盖水平下有许多（实际上是无穷多）置信区间。但这种对称的置信区间是迄今为止最常用的。

[二]　你可以使用 R 语言中的 qnorm() 函数求得正态分布的分布函数的逆。例如 qnorm(0.95,0,1) 表示求 $N(0,1)$ 分布的分布函数的逆函数在 0.95 的值，即 $\Phi^{-1}(0.95)=Z_{0.05}$。对 $\alpha=0.1$ 查表可得 $Z_{\alpha/2}\approx1.64$。类似地，对 $\alpha=0.05$，有 $Z_{\alpha/2}\approx1.96$，对 $\alpha=0.01$，有 $Z_{\alpha/2}\approx2.58$。

[三]　在一项针对数千名心理学家和心理学学生的研究中，超过 95％ 的人至少认同一种对置信区间的错误解释（Hoekstra et al.，2014）。

能。这是一个值得认真思考的问题：为什么我们可以对未来的置信区间做出概率推断，却无法对我们已经计算出的置信区间做出概率推断呢？

正确的回答是，在频率学派统计学中——置信区间是该学派与贝叶斯学派分歧的一部分——被估计量被视为固定的数字，虽然它们是未知的，但它们是非随机的。已计算出的置信区间的下界 v_1 和上界 v_2 也是非随机的数。对于频率学派统计学来说，表达形式 $P(v_1 < \theta < v_2)$ 没有意义，因为它不包含随机变量。要么有像 $P(1 < 2 < 3)$ 这样的结论，它必须等于 1；要么有像 $P(1 < 4 < 3)$ 这样的结论，它必须等于 0。由于 θ 是未知的，我们不知道具体满足哪个，但在任何一种情况下，除了 0 或 1 以外的概率都是没有意义的。

以上回答是合理的。置信区间是频率学派统计学的产物，无须进一步争论，它们的性质不能推广到频率学派尚未考虑的情形。尽管如此，这个回答还是有令人不满意的地方，这似乎依赖于一个技巧。如果你不满意上述解释，你可以暂时改变一下你对概率的理解，去学习一下下列框 7-1 中的案例。

框 7-1　一个关于置信区间的思维实验

概率表达式 $P(v_1 < \theta < v_2)$ 在频率学派统计中没有意义(它不包含随机项)，因此已经计算得到的置信区间并不是未知被估计量的概率表示。但如果我们将概率理解为一个理性人持有的信念度。一旦我们以这种方式解释概率，那么我们就可能将概率应用于未知或不确定的量，例如被估计量 θ，即使我们确信它们"确实"是非随机数字。在这种结构下，$P(v_1 < \theta < v_2)$ 可以被解释为一个人认为 θ 在 v_1 和 v_2 之间的信念度，我们可以通过一个人下赌注的行为来量化 $P(v_1 < \theta < v_2)$ 的值。例如，如果一个人下了介于 v_1 和 v_2 之间的 θ 赌注，我们可以说——假设她不会下她认为不利的赌注——她的 $P(v_1 < \theta < v_2)$ 的值至少为 1/2。这个"概率"表述的不是频率学派意义上的概率，所以我们称它为 W-概率：用下赌注推断出来的类似概率的量。

因此，即便是频率学派，虽然不愿意对被估计量做概率表述，但也可以对被估计量做 W-概率表述。现在我们可以问一个关于置信区间的新问题。我们能否将已经计算出来的置信区间解释为关于被估计量的 W-概率表示呢？如果是这样，那么如果我们有一个被估计量 θ 的 90% 置信区间，那么它应该是合理地接受任何比 1:9 更有利的赌注(θ 落在区间内)。对未来的置信区间下这样的赌注当然是合理的。假如我多次重复一项研究，每次计算得到一个被估计量的 90% 置信区间。每次，我都会给你一个赌注：如果区间包含被估计量，我给你 10 美元；如果区间不包含被估计量，你给我 50 美元。从长远来看，我每赢 50 美元你就能赢得 90 美元(9 次试验得到 10 美元)，假如你没有因为早期的不幸运而破产，那么你的财富将无限增长。

所以 W-概率适用于未来的置信区间，但它适用于过去的区间吗？再次考虑图 7-1 所示的置信区间。如果置信区间是一个有效的 W-概率表述，那么你应该愿意接受相同的赌注：如果被估量被区间覆盖，你将获得的 10 美元奖金；如果没有被覆盖则损失 50 美元，对于序列中的每一个区间，它们都是有效的 90% 置信区间。这意味着你不应该只在区间集内所有区间上的赌注，也不应该只是在我随机选择的一个区间子集内接受赌注(这两种玩法中的任何一种都是站得住脚的)，而是应该接受对方赌徒选择的任何特定置信区间上的赌注。

现在你有麻烦了。

想象一下，你和我都不知道 $\theta=0$，但我们可以看见图中所有的 90％置信区间。但是如果我问你图中第 50 个置信区间蕴含的最终置信区间是多少？在给定图 7-1 中所示的 50 个置信区间中，选取最右端的一个，你愿意接受相同的赌注吗？如果不覆盖被估计量，你将支付 50 美元，如果覆盖的话，你将赢得 10 美元？给定了区间序列，如果仍接受相同的赌注，这将是一个不明智的选择。我们可以合理地猜测被估计量一定在它们形成的集群的中心某处，而最右的区间不靠近中心。此外，如果你愿意对序列中的任何置信区间进行这样的赌注，那么拥有整个置信区间序列的对手会发现很容易赢你。例如，对图 7-1 所示的序列，人们可以同时打赌序列中的最后一个区间和序列中倒数第三个区间。这两个区间不重叠因此不能同时包含被估计量。挑战者能够保证两次下注至少赢一次赌注，因为她赢一次将得到 50 美元回报，输一次只有 10 美元的惩罚，她一定可以从中获得收益。

这个思维实验的结论是：通过将概率解释为一种信念度，人们可以使诸如 $P(v_1<\theta<v_2)$ 的表达式变得合理。但是如果采取这一举措，经计算得出的置信区间包含 θ 的概率 $P(v_1<\theta<v_2)$ 不一定等于 $P(V_1<\theta<V_2)$；前者是我们计算出的置信区间包含 θ 的概率。关键的一点是，我们可以使用外部信息，当然，整个置信区间集都可以使用外部信息，原则上，任何一种外部信息都会对我们评估特定区间 (v_1,v_2) 是否可以合理地作为 θ 的区间估计产生影响，并且影响我们的信念度。贝叶斯学派和频率学派对此观点一致，只是在回应上有所不同。频率学派通过拒绝对被估计量做出概率推断来解决这个问题，而贝叶斯学派则试图纳入相关证据。这不是对频率学派或贝叶斯学派的支持或反对，这是对他们不同目标的澄清。

置信区间是频率学派进行区间估计的主要工具。正如你将在下面的练习集和下一节内容中所看到的，置信区间与 p 值——频率学派用来做假设检验的主要工具——是密切相关的。

练习集 7-2

在此题中，你将讨论"干预措施减少水痘症状持续时间的天数"的下界为 2、上界为 4 的 50％置信区间。假设干预措施减少症状天数的估计量是一个无偏估计量，服从正态分布，且有一个已知的标准误差。进一步假设置信区间是根据公式 (7.3) 的方法构造的。

(a) $\alpha=0.5$ 时 $Z_{\alpha/2}$ 是多少？（使用 qnorm() 或标准正态分布的分位数表。）绘制期望为 0、方差为 1 的正态分布的概率密度函数，曲线被 $-Z_{\alpha/2}$ 到 $Z_{\alpha/2}$ 这段区间所围阴影部分的面积是多少？

(b) 式 (7.3) 中的 $\hat\theta$ 的值是多少？

(c) $\hat\theta$ 的标准误差是多少？

(d) 给出干预措施减少水痘症状持续时间天数的 95％置信区间。

(e) $\hat\theta$ 距离 0 共有多少个标准误差？

(f) α 的值为多少时，$\hat\theta$ 的置信区间下界等于 0？［提示：在 R 语言中，pnorm() 能计算正态分布 $N(0,1)$ 的分布函数，或 Φ。］

(g) 假定 $\theta=0$，求得到一个估计量 $\hat\theta$ 满足 $|\hat\theta|$ 大于本题 (b) 中考虑的估计值的概率是多少？（注意问题中的绝对值符号。）

7.3　频率推断Ⅰ：零假设、检验统计量和 p 值

我们现在开始介绍推断，这好像与估计没什么关系。而事实上，推断和区间估计是密切相关的，但这需要一些时间才能看出来。好吧，让我们从头开始。

进行研究通常是因为研究者想要检验一个特定的假设。例如，人们可能想测试一种药物能否缓解症状，一个演化模型是否描述了一个生物体家族的数据，或者一个广告是否能诱导人们购买某种产品。统计推断——以及更一般的研究设计原则——就是为了达到这些目标而设计的。

以下是整个方法的框架。接受统计测试的假设称为**零**[一]**假设**(null hypothesis)，通常记为 H_0：我们通过比较由数据计算得到的被称为**检验统计量**[二](test statistic)的值，与如果零假设成立，检验统计量服从的分布来检验零假设。检验统计量和零假设的比较提供了一个 p **值**(p value，或简称 p)。大致上，p 值回答了以下问题：假设零假设是真的，那么检验统计量与零假设预期的差异比所得到的样本更极端的概率是多少？"更极端"的含义可能取决于假设检验的构造方式。如果求得的 p 值很小，表明样本取到当前情况或更极端的情况不太可能发生，那么我们就有理由反对零假设。

为了构造**假设检验**(hypothesis test)，我们需要一个零假设和一个检验统计量，并且我们需要知道如果零假设为真，检验统计量将具体服从什么分布。

下面是一个精心构造的例子。从伯格曼的生态学法则得到启发，我们断定：身材矮小的人更喜欢炎热的气候，因为身材矮小的人能更有效地散热。为了验证这一理论，我们提出了一项研究，我们将测量从亚利桑那州成年女性人口中随机抽取样本的身高，如果亚利桑那州的女性身高比全美国的女性矮，那么我会支持我们的断言。

下面的研究是对这一理论的糟糕检验。假设我们在研究开始之前就知道，在美国，女性的身高大致呈正态分布，平均身高为 64in，标准差为 4in。[三]也就是说，我们假设成年女性的身高符合正态分布 $N(64, 4^2)$，其中 64 是以 in 为单位的平均身高，$4^2 = 16$ 是以英寸平方为单位的方差，这意味着标准差为 4in。我们从亚利桑那州抽取 25 名成年女性样本，测量她们的身高，并计算样本的平均身高。计算平均身高是 63in。

样本中亚利桑那州成年女性的平均身高为 63in，低于美国女性的平均身高。我应该为我的理论庆祝了吗？目前而言，我的理论还没有被证实，原因有很多。其中一个原因是：原则上，即使亚利桑那州女性的平均身高为 64in，我随机抽取的样本的平均身高也可能是 63in。也就是说，我只有测量了亚利桑那州所有成年女性的身高，我才会发现正好是 64，但我碰巧抽到了一个比平均身高低的样本。如果亚利桑那州的成年女性和其他地方的成年女性一样高，那么我随机抽取的 25 名成年女性的平均身高比全州平均水平低 1in(或超过

[一]　"零(Null)"有时是指我们断言某个参数等于 0，也许是两组量之间没有差异，或者两个变量之间没有关联。虽然零假设通常是这种形式，但也不必一定要这样。例如，我们可以检验两组数值之差等于 3 或者两个随机变量的相关系数落在 -0.2 到 0.4 之间的零假设。不要认为一个假设检验中零假设是一个带有"没有"含义的。

[二]　我们在本书中考虑的检验统计量一般是数据的汇总，但原则上检验统计量还可以是数据集本身。

[三]　这些假设是虚构的，但大致正确(McDowell et al.，2008)。

1in），这种事情发生的可能性有多大呢？

为了回答这个问题，首先假设亚利桑那州的成年女性身高与美国其他地方的女性没有区别，她们的平均身高为 64in，标准差为 4in，她们的身高服从正态分布。回忆一下，如果 X_1, X_2, X_3 是来自正态总体 $N(\mu, \sigma)$ 的独立随机样本，那么样本均值 $\overline{X} = \sum_{i=1}^{n} X_i / n$ 服从 $N(\mu, \sigma^2/n)$ 分布。[⊖] 因此，在我们的案例中，如果亚利桑那州的成年女性与美国其他地区的成年女性一样高，那么 25 名成年女性样本的均值将服从正态分布 $N(64, 4^2/25)$。我们可以使用 R 语言中的 pnorm() 函数求得从这样的分布中抽取到均值为 63 或更小的观测值的概率。R 语言在引用正态分布时是使用标准差而不是方差作为第二个参数，因此该命令中标准差应为 $\sqrt{4^2/25} = 4/5$。具体命令为：

```
> pnorm(63, mean = 64, sd = 4/5)
[1] 0.1056498
```

从结果可看出，如果亚利桑那州的成年女性与美国其他地区的成年女性一样高的话，抽取到样本均值为 63 或更小的概率大于 10%。因此，这项研究的结果几乎不支持亚利桑那州成年女性比美国其他地方的成年女性矮的说法。即使没有亚利桑那州成年妇女平均身高更矮的假设，这样的数据发生的概率也很大。

我们刚刚进行了一个假设检验。我们模糊了一些技术细节，以便推理更加容易理解，下面我们更加详细地重述我们的过程。我们的零假设是

H_0：亚利桑那州成年女性的平均身高等于全美成年女性的平均身高

如果将亚利桑那州女性的平均身高（in）记为 θ，那么零假设可以更加简洁地写为

$$H_0: \theta = 64 ^{\ominus}$$

我们使用样本均值作为检验统计量，代入样本值得 $\overline{x} = 63$。为了确定检验统计量在零假设为真条件下的分布，在 H_0 为真条件下，亚利桑那州成年女性的身高以服从标准差为 4 的正态分布。我们样本中的 25 名成年女性是从亚利桑那州成年女性总体中独立随机地抽出来的，也就是说，我们抽取的亚利桑那州的每一位成年女性都有同样的分布，而不管样本中有谁。如果零假设成立，则 25 个样本的平均身高服从正态分布 $N(64, 16/25)$。最后，为了得到 p 值，我们计算服从正态分布 $N(64, 16/25)$ 的随机变量取值小于或等于 63 的概率。

下面是几点评论。首先，如果我们考虑所谓的"单侧"假设检验，也就是说，我们考虑如果零假设为真，检验统计量与零假设预期的差异只在一个方向上超过某值的概率。严格地说，我们定义 p 值为 $p = P(\overline{X} \leqslant 63) = P(\overline{X} - 64 \leqslant -1)$。如果我们考虑的是"双侧"假设检验，则是考虑检验统计量在两个方向上偏离零假设预期值的概率，本例的 p 值则应定义为 $p = P(|\overline{X} - 64| \leqslant 1)$。图 7-2 显示了它们的差异。我们在进行单侧检验时，p 值等于零假设下预期值左侧的黑色阴影区域的面积。如果进行的是双侧检验，p 等于黑色和灰

⊖ 样本均值的期望为 μ，方差为 σ^2/n 可由式(5.4)和式(5.8)推出。根据中心极限定理，当 n 很大时，分布近似于正态分布。当观测变量为正态分布时，要严谨地证明样本均值的分布也是正态分布超出了本书范围。

⊖ 这个符号实际上是一种简写。被检验的零假设实际上是独立样本服从标准差为 4，均值为 64 的正态分布这些假设的组合，如下所述。

色阴影区域的面积之和，其 R 语言中具体命令为

```
> pnorm(63, mean = 64, sd = 4/5) + (1 - pnorm(65, mean = 64, sd = 4/5))
[1] 0.2112995
```

通常计算得到的双侧检验 p 值与单侧检验 p 值是不相同的。双侧 p 值更为保险，单侧检验有时可能会出问题。例如，假设我得到的样本均值是 65.5，而不是 63。如果我坚持我的单侧假设检验，即亚利桑那州的女性不会高于美国其他地区的女性，那么我会将 p 值计算为

```
> pnorm(65.5, mean = 64, sd = 4/5)
[1] 0.9696036
```

这并不是支持我的假设的证据。但是假设我在看到数据结果后，觉得预测"亚利桑那州的成年女性平均身高比美国其他地区的成年女性平均身高更高"更为合理。于是我在另一个方向进行单侧检验，那么 p 值为

```
> 1 - pnorm(65.5, mean = 64, sd = 4/5)
[1] 0.03039636
```

这个新的 p 值表明我的理论取得了一定的成功。而事实上，我的理论被偷工减料地篡改以符合事实，这个 p 值是无效的。当然，亲爱的读者，你是永远不会这么做的。使用双侧检验可以让每个人都放心一些。[⊖] 更好的情形是（Munafo et al.，2017），事先已经明确知道

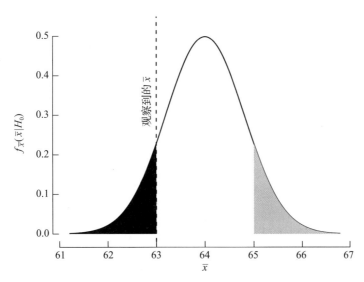

图 7-2　零假设成立条件下，样本均值的概率密度函数。样本观测值的均值（$\bar{x} = 63$）用垂直虚线表示。对平均高度只会小于或等于 64 英寸的单侧检验，p 值等于黑色阴影区域的面积（约 0.106）。对于双侧检验，p 值等于两个阴影区域的面积之和（约 0.211）

⊖ 使用单侧检验也有很好的理由，在一些情况下我们没有理由放弃单侧检验。例如，研究人员可能只对一种药物是否比当前的标准治疗更有效感兴趣，而不考虑它是否比当前的标准治疗更无效。

了只有单边情况会发生，是否看见抽样数据不会改变假设检验计划，这样做出的单侧检验较为可靠。

其次，请注意：p 值不是在给定数据后零假设为真的概率。相反，p 值是我们在假设零假设为真的条件下观测到这些数据的概率。更准确地说：设 D 表示"我们观测到当前样本情况以及更极端情况发生"这一事件，则双侧检验的 p 值为 $P(|\overline{X}-64|\geqslant 1|\theta=64)$ 或 $P(D|H_0)$。⊖ 许多研究人员对 p 值的解释方式表明，他们已经颠倒了条件概率的顺序，将 p 值理解为 $P(H_0|D)$，即给定数据条件下，零假设发生的概率。他们用概率 $P(H_0|D)$ 来近似 $P(D|H_0)$，即 p 值。回忆一下贝叶斯定理，在所有项都有意义的前提下，这些量之间的实际关系是

$$P(H_0|D)=\frac{P(D|H_0)P(H_0)}{P(D)}$$

在频率统计学中，$P(H_0)$ 和 $P(D)$ 是事先未给出定义的，这样 $P(H_0)$ 就不可获得。然而在贝叶斯统计学中，人们是通过事先给出 $P(H_0)$ 和 $P(D)$ 的值来处理 $P(H_0|D)$ 的。正如我们在 4.3 节中所看到的，$P(H_0|D)$ 和 $P(D|H_0)$ 确实是有关系的，但它们不一定有近似值。将 p 值误解为关于原假设的概率而不是关于抽到数据的概率，就好比将置信区间误解为未知量取值的概率范围一样。

与所有的估算和推断方法一样，p 值只有在其所依赖的假设成立时才有效。套用 DavidFreedman(2009，Section5.7)的话，低 p 值有三种可能的解释：(1) 小概率事件发生了；(2) 模型错误；(3) 模型是正确的，参数值与零假设断言的结果不同。那么，我们可以得到什么结论呢？

p 值是支持零假设的证据程度的描述。在上面的例子中，零假设是亚利桑那州成年女性的平均身高与美国其他地区成年女性的平均身高相同。根据这一假设，我们不仅假设亚利桑那州女性的平均身高与其他地区的女性相同，而且还假设亚利桑那州女性的身高是正态分布的，具有已知的标准差，⊖ 进一步，我们抽取的样本是亚利桑那州成年女性的代表。我们的假设检验实际上是对所有这些假设的联合检验，而不仅仅是均值相等的检验。换句话说，任何一个假设的失败都将使低 p 值的发生更有可能。

最后，我们认为，在其他条件相同的情况下，较小的 p 是反对零假设的有力证据。然而，我们还没有说如何根据一个具体的 p 值去判断是否应该接受零假设。如果 $p<0.1$、$p<0.01$ 或 $p<0.001$，我们是否应该拒绝零假设呢？我们是否应该使用一个统一的判断标准？在下一节，我们将考虑这些问题。

⊖ 用 $P(D|H_0)$ 表示"零假设前提下 D 的概率"可能会让你觉得奇怪。到目前为止，我们所考虑的一切条件概率，即在概率表达式中出现在符号"$|$"右边的一切，都是一个随机事件。在频率框架中，H_0 不是随机的，从而这个记号也不是一个"真正的"条件概率；它只是在一组特定假设下计算出的概率。有些读者使用 $P(D;H_0)$ 来表示这种情况，但我们将继续使用 $P(D|H_0)$ 这个符号。

⊖ 实际上我们假设 25 名亚利桑那州成年女性的样本均值呈正态分布可能只是近似正确的，甚至所有女性的身高本身也不是呈完全正态分布的。

练习集 7-3

1. 在本节的例子中，我们考虑的理论是：个子矮的人会更喜欢热一点的气候，因为个子矮的人身体能更有效地散热。为了验证这一理论，我们提出了一个源于该理论的假设，即"亚利桑那州的女性要比美国其他地区的女性矮"。为什么我们提出的假设检验是对该理论较差的检验，请至少给出三个理由。也就是说，给出三个原因说明，为什么假设检验的结果并不能对上述理论的真实性起到决定性的判断作用。（假定我们对女性身高分布的假设是正确的。）

2. 如果你在一家制造钉子的工厂工作。在其中的一条生产线上，一切正常的情况下钉子的平均长度为 100mm。如果生产线有故障，那么生产的钉子可能更长或更短。无论生产线是否正常运行，钉子的长度都呈正态分布，标准差为 2mm。每个钉子的长度是相互独立的。为了测试这条生产线是否在正常工作，你独立随机地抽取了四个钉子进行测量，并计算出测量值的平均值。

   (a) 四个钉子样本均值的标准差是多少？
   (b) 如何构造生产线上钉子长度的真实平均值 μ 的 95% 置信区间呢？
   (c) 假设你抽取的四个钉子的长度平均值为 $\bar{x}$。$\bar{x}$ 取哪些值时，零假设 H_0：$\mu=100$ 的双侧检验会使得 $p<0.05$？
   (d) 编写 R 语言代码去模拟当零假设为真时的数据。模拟 10 000 个样本量为 4 的样本，对每组样本，使用 R 代码计算 p 值，对 $\mu=100$ 的零假设进行双侧检验。（你可以使用练习集 6-1 中问题 2 的 mat.samps() 函数，用 mat.samps(n = 4, nsim = 10 000, rx = rnorm, 100, 2) 可生成所需数据的矩阵。）保存结果中的 p 值。什么比例的检验能使得 $p<0.05$？$p<0.1$ 呢？将 p 值绘制成直方图，它们是如何分布的？
   (e) 修改 (d) 中的 R 代码，在零假设 $\mu=101$ 下模拟数据。再次对 10 000 个样本量为 4 的样本进行 $\mu=100$ 的假设检验。这种情况下有什么比例的检验可以产生 $p<0.05$？$p<0.1$ 呢？将 p 值绘制成直方图，它们是如何分布的？
   (f) 重复 (e)，将 $\mu=101$ 的真实均值改为 $\mu=102$。你注意到了什么？
   (g) 再次重复 (e)，保持 $\mu=101$，但将样本量 4 更改为 16。你注意到了什么？

7.4　频率推断 II：备择假设和拒绝框架

　　上一节讨论的检验假设为我们提供了一种检验指定零假设可信程度的 p 值方法。在其他条件相同的情况下，p 值越小，说明拒绝零假设成立的证据就越强大。尽管如此，p 值并不按照数据来做判断。

　　杰西·奈曼（Jerzy Neyman）和埃贡·皮尔逊（Egon Pearson）为这类决策问题提出了一个有影响力的解决框架。为了说明白他们的方法，我们从练习集 7-3 的问题 2 中给出的例子说起，该例讨论的是监视一条生产线上生产的钉子质量，钉子的平均长度应该为 100mm。如果有理由相信生产线发生了故障，那么我们需要停止生产线并对其进行检查。但如果生产线运转正常，我们就应该让它继续保持运行。

　　在这里，零假设 H_0 是钉子的平均长度（期望长度）是 100mm，这是生产线正常运转情况下的长度。奈曼和皮尔逊方法中拒绝零假设的设定不同于前面已经讨论了的设定，前面设定了一个明确的备择假设 H_a。在这里，备择假设是钉子的期望长度不是 100mm，它意味着生产线发生了故障或者可能是某个更具体的原因。也许是因为这条生产线设置的钉子期望长度就是 90mm。我们把认定零假设为假的决策[⊖]称为对零假设的"拒绝",如果数据不支持对零假设的拒绝,那么我们就没有太多反对 H_0 的理由,我们就选择"没有拒绝"零假设。如果零假设本身为真,那么不拒绝零假设是一个正确的决策,而拒绝零假设被称为犯了**第一类错误**。相反,如果本身是备选假设 H_a 为真,那么拒绝零假设就是正确的决策,我们称不拒绝零假设为犯了**第二类错误**。表 7-1a 说明了上述所有可能性。

表 7-1b 给出了一个混淆矩阵,它描述了检验在给定背景下的检验性能。t_n, f_n, t_p, f_p 是表 7-1a 中所列事件在特定设定[⊖]中的概率。t_n 表示事件"真阴性"的概率,f_n 表示"假阴性"的概率,f_p 表示"假阳性"的概率,t_p 表示"真阳性"的概率。你可以想象 t_n, f_n, t_p 和 f_p 在一个特定研究环境中的具体形式。例如,在练习集 7-3 问题 2 钉子生产线的检验中,真实情况是生产线是正常工作的(H_0),或生产线有问题(H_0 为假)。拒绝或不拒绝 H_0 决定我们是否要保持生产线运行(不拒绝 H_0)或停止生产线并检查它(拒绝 H_0)。

在任何像这样的决策框架中,我们都希望有一个完美的方法——当零假设为假时,我们拒绝它,当它为真时,我们不拒绝它。但这样的方法通常是不可能的。不存在完美方法的一个主要原因是我们不可能知道零假设的真实情况。具体来说,我们无法知道零假设中实际为真或为假的比例,我们用表 7-1b 中所列的符号表示。

表 7-1a　显著性检验框架中的决策

		真实情况	
		H_0 为真	H_a 为真
决策	不拒绝 H_0	正确决策	第二类错误
	拒绝 H_0	第一类错误	正确决策

表 7-1b　显著性检验框架下的混淆矩阵

在矩阵中,t_n, f_n, t_p, f_p 分别表示事件真阴性(原假设为真选择原假设)、假阴性(原假设为假选择原假设)、真阳性(原假设为真不选择原假设)和假阳性(原假设为假不选择原假设)的概率,且 $t_n + f_n + t_p + f_p = 1$

		真实情况	
		H_0 为真	H_a 为真
决策	不拒绝 H_0	t_n	f_n
	拒绝 H_0	f_p	t_p

研究人员有时候可以控制——假设可以为这种情况构造一个适当的统计模型——零假设是正确的情况下它被拒绝的概率,或者

$$P(R \mid H_0) = \frac{f_p}{t_n + f_p} \tag{7.4}$$

其中 R 表示"零假设被拒绝"这一事件。式(7.4)中的值称为" I 型错误率"或检验水平。

⊖ 对于假设检验,奈曼-皮尔逊框架与上一节的 p 值框架的区别,除了一个备择假设之外,人们常说,更主要是由于费希尔(Fisher)的原因。费希尔要做统计推断,然而奈曼-皮尔逊是想决定如何做。事实上,从费希尔、奈曼和皮尔逊那里不难找到支持这一区别的引文。然而,Mayo(2018, pp. 173-182)令人信服地说明这种区别被夸大了,两种方法对两种行为都是开放的,双方在自己的工作中都愿意接受行为解释和推断解释。

⊖ "特定设定"的含义可能需要解释一下。它可能是对一个特定的零假设一种检验要么是真,要么是假。如果零假设为真,那么就不可能正确地拒绝它或犯第 II 类错误。在这种情况下,只有左列的结果是有可能的,而 $f_n = t_p = 0$。同样地,如果零假设为假,那么只有右列的结果是有可能的。另一方面,一个"特定设定"可能被定义得更广泛,比如设定是在一年中每小时对一条生产线进行的检查。有时这条生产线会正常工作(因此 H_0 在某些情况下是正确的),有时它会发生故障。在这种情况下,表中的四种情形可能都是正值的。这是贝叶斯统计学的一种表现,它在各个假设上设置了一个(可能是不可知的)概率分布。

数据分析人员使用符号 α 表示最大可容忍的 I 型错误率。称 α 为水平或"显著性水平",导致一个零假设为真而拒绝零假设的结果称为**统计显著性**或"**显著性**"。

拒绝框架不需要直接去计算 p 值,[一]但在拒绝框架中进行假设检验的方法相当于在零假设下计算 p 值。如果 p 小于水平 α,则拒绝零假设;如果 p 大于或等于 α,那么不拒绝零假设。另一种说法是,p 值等于"弃真"的最小可能水平 α。

在考虑 p 值和置信区间的关系之前,让我们先停下来做一个练习。在某些情况下,本节和前一节中提出的显著性检验思想可能会被误用。

练习集 7-4

在此题中,你将使用表 7-1b 中定义的记号去定义一些评估一个检验性能的度量。回忆一下,表 7-1b 适用于一个特定的检验方法,它只考虑了真实情况的两种可能性:零假设为真或备择假设为真。这当然是太简单了,在许多情况下,如果零假设是错误的,它可以是轻微错误也可以是严重错误。我们将很快处理这个问题。

(a) 使用表 7-1b 中的符号,零假设为真的次数比例 $\tau = P(H_0)$ 是多少?

(b) 零假设错误的次数比例 $\varphi = P(H_0^c)$ 是多少?

(c) 零假设不真时被拒绝的概率 $\pi = P(R \mid H_0^c)$ 是多少?这个量称为检验的功效,在 7.7 节中,我们将介绍它。

(d) 零假设在被拒绝的情况下它为真的概率 $P(H_0 \mid R)$ 是多少?这个概率称为**错误发现率**(false discovery rate)(或误报率)。用式(7.4)给出的检验水平 α 和此题(a)~(c)中定义的量去表示错误发现率。如果检验水平 α 增加,错误发现率将如何变化(其他值保持不变)?

(e) 在零假设没有被拒绝的情况下它本为真的概率 $P(H_0 \mid R^c)$ 是多少,这个概率也称为阴性预测值?用式(7.4)给出的检验水平 α 和此题(a)~(c)中定义的量去表示阴性预测值。如果检验水平 α 增加,阴性预测值将如何变化(其他值保持不变)?

7.5 [选读]假设检验和置信区间的关系

置信区间和假设检验之间是有联系的。假设我们考虑一个"点"的零假设 H_0,$\theta = \theta_0$,其中,θ_0 是 θ 的可能取值中的一个特定值。θ_0 是一个单一值而不是一个范围,这就成了一个"点"的零假设。

如果一个人用一个有效的方法构建了一个 $1 - \alpha$ 置信区间,那么就可以通过观察 θ_0 是否跳出这个置信区间来检验显著水平为 α 时的零假设 H_0:$\theta = \theta_0$。如果 θ_0 跳出了置信区间,那么检验就是拒绝零假设 $\theta = \theta_0$。类似地,如果有一个在显著水平 α 下检验原假设 $\theta = \theta_0$ 是否成立的方法[二],那么假设检验的接受域(不会导致零假设被拒绝的 θ_0 的所有可能取值集)就构成 θ 的一个 $1 - \alpha$ 置信区间。下面我们将更加严谨地叙述这些结果,并在 θ 是一

[一] 事实上,在奈曼-皮尔逊框架中,使用"拒绝域"(在下一节的选读部分中介绍的术语)比使用 p 值更标准。通常情况下,p 值可以根据奈曼-皮尔逊检验的拒绝域来确定,因此用 p 值来描述奈曼-皮尔逊检验也是可以的。

[二] 特别地,证明依赖于构造一个下面将定义的"拒绝域"的方法。

维参数形式下——θ 是一个标量而不是一个向量[一]——证明这些结果。

定理（a 部分） 设 (V_1, V_2) 是 θ 的 $1-\alpha$ 置信区间[二]。那么一个检验拒绝零假设 $\theta = \theta_0$，当且仅当 θ_0 以置信水平小于或等于 α 落在 (V_1, V_2) 区间之外，即当且仅当 $V_1 > \theta_0$ 或者 $V_2 < \theta_0$。

证明 根据置信区间的定义：$P(V_1 \leq \theta \cap V_2 \geq \theta) \geq 1-\alpha$。事件 $\{V_1 \leq \theta \cap V_2 \geq \theta\}$ 的补集为 $\{V_1 > \theta \cup V_2 < \theta\}$，所以 $P(V_1 > \theta \cup V_2 < \theta) \leq \alpha$。如果零假设 $\theta = \theta_0$ 成立，那么我们可以将 θ_0 代入 θ，得到 $P(V_1 > \theta_0 \cup V_2 < \theta_0) \leq \alpha$。因此，检验拒绝零假设 $\theta = \theta_0$ 当且仅当 $V_1 > \theta_0 \cup V_2 < \theta_0$ 事件发生的概率不大于 α，检验将在零假设为真的前提下以不大于 α 的概率拒绝零假设，换句话说，置信水平小于或等于 α。

为了叙述和证明定理的第二部分，下面我们引入几个有用的定义。假设我们使用检验统计量 T 进行奈曼-皮尔逊假设检验，称使我们拒绝零假设 $\theta = \theta_0$ 的 T 的所有可能取值的集合为检验的拒绝域，记为 $R(\theta_0)$。[三]称拒绝域的补集 $R^c(\theta_0)$——不会导致拒绝零假设 $\theta = \theta_0$ 的 T 的所有可能取值的集合——为检验的"接受域"。最后，我们可以用一个方法构造置信集，比如置信区间，该方法以指定的概率捕获真实的被估计量，但它不必是数轴上的一个不间断的区间。

定理（b 部分） 设我们可以通过对 θ_0 的任何允许取值假设 $\theta = \theta_0$ 来构造置信水平为 α 的假设检验的拒绝域，那么不被该假设检验拒绝的 θ_0 的所有可能允许取值的集合是 θ 的 $1-\alpha$ 置信集。

证明 我们通过计算检验统计量 T 是否落在拒绝域 $R(\theta_0)$ 进行检验，如果统计量 T 的值落在拒绝域 $R(\theta_0)$ 内，那么我们拒绝零假设 $\theta = \theta_0$；如果 T 的值落在接受域 $R^c(\theta_0)$ 内，我们不拒绝 $\theta = \theta_0$。将 T 落在接受域内的 θ_0 值的集合标记为 $C = \{\theta_0 : T \in R^c(\theta_0)\}$。检验的水平为 α，这意味着 $P(T \in R(\theta)) \leq \alpha$，其中 θ 是被估计量的真实值。$R^c(\theta)$ 是 $R(\theta)$ 的补集，所以 $P(T \in R^c(\theta)) \geq 1-\alpha$。换句话说，$T \in R^c(\theta_0)$ 意味着零假设 $\theta = \theta_0$ 不被拒绝，所以 $\theta \in C$ 当且仅当 $T \in R^c(\theta)$。因此，$P(\theta \in C) = P(T \in R^c(\theta)) \geq 1-\alpha$，且 C 是 θ 的 $1-\alpha$ 置信集。[注意：在概率表达式 $P(\theta \in C)$ 中，C 是随机的，θ 不是随机的。]

7.6 零假设显著性检验及检验的滥用

前面几节介绍的显著性检验方法是在 20 世纪上半叶发展起来的，主要是由费希尔、奈曼和皮尔逊等建立的。在许多学科中，显著性检验的方法已经被修改，其修改程度会使其创始人感到诧异。修改后的方法通常称为零假设显著性检验（NHST）。对零假设显著性检验没有一个统一的定义，但许多有特色的内容（其中一些在本章末尾作为推荐读物出现）都在接下来的六个小节中列出并解释。

7.6.1 缺乏复制性

在零假设显著性检验中，单次研究中被拒绝的零假设常常被作为建立备择假设的基础。这会让费希尔感到惊讶，他说："当我们知道如何进行一个实验，而这个实验能给我

一） 向量的证明是类似的，但需要使用比我们现在使用的更加复杂的符号体系。

二） V_1，V_2 是随机变量，因此我们讨论的是构造置信区间的方法，而不是代入具体数据后的特定实例。

三） 拒绝域有时不是由代入数据后的统计量给出的，而是由数据本身给出的。

们带来统计学意义上的结果时，我们可能就说一个现象是可以通过实验论证的。"(Mayo，2018，p.4)从历史上看，许多领域的学术研究人员几乎没有动力去完全复制以前的研究；复制研究的东西很难发表，而且获得的声望可能大大低于原创工作。在撰写本文时，随着研究人员重新认识到复制的重要性，这种情况开始发生变化了。

7.6.2　几乎固化了的 $\alpha = 0.05$

原则上，7.4节中描述的拒绝框架是灵活的——人们可以根据所做的具体决策来选择显著水平 α 的值。增大 α 通常会增加拒绝真的零假设的概率，也会增加拒绝假的零假设的概率，这意味着当零假设为真时，我们会出现更多的Ⅰ型错误，但当零假设为假时，Ⅱ型错误会减少。这在有些情况下是可取的。例如，如果停止生产线进行检查的成本降低了，那么Ⅰ型错误就变得更加可以容忍，用户可以增大检验的显著性水平从而减少犯Ⅱ型错误的概率。但在实践中，进行假设检验的规则已经固化了。在零假设显著性检验中，检验的显著性水平通常设置为 $\alpha = 0.05$，而且也没有给出为什么 $\alpha = 0.05$ 是一个合理的水平。事实上，在设定 α 时，检验所属的研究领域、研究的设计以及在检验基础上所做的任何决策的利害关系都是需要考虑的，但实践中往往被忽略了。

7.6.3　把 $\alpha = 0.05$ 作为一个关卡

$\alpha = 0.05$ 的标准不仅不灵活；在零假设显著性检验支配的领域，它还是一个关卡——其结果通过这道门槛的研究被认为是"有意义的"，有可能发表，有时还被接受为该学科的实证基础的一部分。那些结果达不到 $\alpha = 0.05$ 的研究，无论其重要性如何，都有可能被忽略。除助长了二元思维外，这种将 $\alpha = 0.05$ 作为门槛的做法还导致了**发表偏倚**(publication bias)——在这种情况下，在学术期刊上发表结果显著的论文比发表非显著结果的论文更容易。发表偏倚也被称为"文件抽屉"问题(Rosenthal，1979)——未能达到显著性的结果会留在研究者的文件抽屉里，而不是被发表。如果发表偏倚足够严重，已出版的文献就不再能反映世界的状况。反对任何特定原假设的证据被发表的记录夸大了，并且积累了高估效应水平的记录。这种偏倚——加上一些零假设显著性检验使用者倾向于从他们的报告中排除 P 值以外的相关信息——使得对过去的工作进行综合分析变得困难。

发表偏倚与所列的其他一些零假设显著性检验病症相互作用。几种阐述把 α 作为把关系统的方法已经被提出，其中最有希望的是预注册制(Munafò et al.，2017)。当研究人员执行预注册制时，研究设计或数据分析计划在研究人员进行研究之前先在外部机构进行注册。在一些情况下，同行评审可能会在预注册阶段进行，学术期刊可能会根据该方案决定是否接受一篇论文。对于许多研究来说，预注册是一个好主意。研究者会受益，因为他可以为自己的想法获得荣誉，并对自己的计划获得有用的反馈。如果他所提出的研究方案使期刊感兴趣，他可以获得一个不依赖结果的发表途径，使他可以在数据分析方面更加客观。研究界也能从透明中受益；同行可以看到计划做什么和实际做了什么，这使得评价证据变得更加容易。有些人反对说预注册制限制了探索，但事实并非如此，它只是明确了分析的哪些部分是探索性的。

7.6.4　科学假设与统计假设的区别

在零假设显著性检验中，研究假设常与零假设或备择假设混为一谈。再回到前面的例子，我们讨论一个理论，即较矮的人更喜欢生活在温暖的气候中，并考虑对这一理论进行下面的假设检验：亚利桑那州成年妇女的平均身高与美国其他地方成年妇女的平均身高相等。检验这个假设是对该理论的一个糟糕检验，原因在练习集 7-3 的问题 1 中已经讨论过了。在零假设显著性检验中，零假设和实际理论之间的差距常常被忽略，而采用被拒绝的零假设去建立一个与零假设联系不那么紧密的实际理论。

7.6.5 忽视其他目标，如估计和预测

在零假设显著性检验中，研究人员可能会过分关注零假设是否为真或假。如果有证据表明零假设是假的——通常是以 $\alpha = 0.05$ 的固化形式拒绝的——那么零假设显著性检验研究人员就会大力宣传这一事实。但 p 值单独并不能告诉我们我们需要知道的东西。它甚至没有说有关的效应可能有多大。（"显著"一词暗示了与零假设的巨大或重要差异，但这将是一个不正确的推断——统计学上的显著性可能与对原假设的微小偏离有关，而且，在小样本中，非常大的效应可能不会达到统计学上的显著性。）

单一的假设检验方法将其他科学目标置于一旁。这些其他目标的重要性将因具体情况而异。在有些情况下，一个假设检验与一个人的需求密切相关。其中一个例子是检验一种新药物是否比标准治疗方法更有效——有明确的零假设和备择假设需要检验，检验结果考虑了证据。但在其他情况下，估计或许更为重要。例如，心理学家 Paul Meehl（1990，第 6 点）在"软"心理学中提出了一个"粗糙因素"，它大致包括了临床、社会、人格和组织心理学。粗糙因素指的是这个领域的大多数变量与其他大多数变量之间存在着非零——尽管可能是小的——关联。Meehl 通过对 57 000 人的调查研究说明了粗糙因素，他和他的同事收集了 45 个不同变量的数据，包括家庭历史、人口统计学、职业和休闲时间使用偏好等。在这些变量之间的 990 个可能关联中，有 92% 在 $p < 0.05$ 下是显著的，有 78% 在 $p < 0.000\,001$ 下是显著的。Meehl 得出的其中一个结论是，如果一个人在这样的领域内处理大量样本，因为这个领域中所有的东西都与其他东西相关联，所以对"变量对是独立的"这一零假设的检验就不会得到什么新信息。我们已经知道，大多数变量对都不是独立的。在这种情况下，对相关程度进行估计和对观测到的关联网络进行检验或许更为有用。

7.6.6 退化的知识文化

在某些学科中，零假设显著性检验处于退化的知识文化的中心。对许多学术研究人员来说，职业的成功是以研究的产出率来评判的，研究的产出率是以出版物的数量来衡量的，而又只有在统计上是显著的结果（见 7.6.3 小节）才可以发表。因此，研究人员被激励着去达到统计上的显著性，这与贡献知识的目标并不总是一致的。在相对少见的情况下，一些人干了彻头彻尾的欺诈行为，为了达到显著性而伪造数据。但是，有一些行为并不是那么明目张胆的，甚至在某些情况下，可能不是故意的⊖——尽管如此，他们在某种程度上夸大了拒绝零假设的证据程度，也会使得报告的 p 值无效。这些行为有很多名称，

⊖ 不良行为不一定是故意的，对研究人员来说也不一定是不法行为。Gelman 和 Loken（2013）讨论了"分岔路的花园"——这个术语借用了 Borges 的一个故事的标题——研究人员允许分析的细节被数据所左右，导致名义 p 值无效。

包括"p 值操控"、"研究人员自由度"、"数据疏浚"、"数据窥探"、"数据折磨"（如"直到他们承认"）、"选择效应"和"分岔路的花园"等。不幸的是，这些行为很常见（John，Loewenstein & Prelec，2012），有时甚至被鼓励。⊖

p 值操控的方式很多，但一个共同点是，关于如何、是否或何时去完成或报告一个假设检验的决策是根据数据做出的。下面是几种最常见的方式，其中一些将要求你在下面的练习中模拟。（Simmons 等，2011——在本章的末尾也推荐了这本书——是关于这些问题的一本很好的参考书。）为了启发性地介绍这些例子，假设我们正在进行一项关于"生活方式干预对心血管健康的影响"的研究。

（i）**多重检验**。我们可能会收集几个不同因变量的数据，对它们进行检验，并只报告达到显著性的假设检验。例如，在一项心血管健康研究中，我们可能会收集许多心脑血管健康指标的信息，包括心率、心率变异性、胆固醇水平（低密度脂蛋白和高密度脂蛋白）、血压（收缩压和舒张压）和最大摄氧量，以及其他。也就是说，至少有七个变量需要检验，假设研究人员没有想出综合几个变量的额外指标作为变量。即使干预措施事实上对心血管健康没有影响，在至少一个检验中观察到 $p<0.05$ 的概率——也称为至少得出一次错误结论的概率——将大于 0.05（下面的练习集将要求你模拟它）。如果研究人员报告了一个 $p<0.05$ 的结果，但没有纠正——或者更糟糕的是，甚至没有报告——这个多重检验，那么反对零假设的证据将被夸大。

（ii）**选择性停止**。在这种形式的 p 值操控中，不断收集数据，每隔一段时间进行一次显著性检验。当获得一个给定的显著性水平时，数据收集停止，并报告结果。如果经过这些多重检验，p 值没有校正，那么即使在原假设为真时，也很容易获得一次低 p 值。只要人们愿意足够长时期地收集数据，并每隔一段时间就检查一次显著性，那么在某个时刻 $p<0.05$ 的概率就会接近于 1。

（iii）**数据切片**。如果计划中的检验没有获得显著的假设检验，数据切片者可能会通过观察数据的一个子集来达到显著性，也许会忽略一个实验条件，例如，只观测低于某个年龄的参与者，或只观测所有的男性。这种方法的一个变体是根据离群值的状态而选择性地放弃它们——一些有针对性的放弃可以产生 $p>0.05$ 和 $p<0.05$ 的差异。

（iv）**模型选择**。在本书中，我们考虑的是只有一个或两个变量的简单模型（尾叙之前）。然而，在现实生活的大多数研究背景下，在一个统计模型中有多个变量才是合理的。例如，在一项心血管健康研究中，可能合理的做法是拟合一个模型，其中不仅包括作为自变量的目标干预，还包括年龄、性别和社会经济地位等。也有可能只有年龄，或只有性别，或者仅仅有性别和年龄，有很多种可能性，它们可能在干预措施是否表现显著上不同。如果尝试了许多模型，最终选择了最有利的模型，并只报告一个模型，就像预先计划好的一

⊖　在一个现在很有名的例子、一篇充满其他优秀写作建议的文章中，Bem（2000）写道："从各个角度审查（数据），分别对性别进行分析，编制新的综合指数。如果一个数据表明了一个新的假设，那就尝试在数据的其他地方为它找到额外的证据。如果你看到了有趣的模式的微弱痕迹，试着重新组织数据，使它们变得更有说服力。如果有你不喜欢的合作者，或者有试验、观察者或采访者给你带来异常结果，就（暂时）放弃他们，去寻找一些（任何）有趣的东西。"这种做法几乎肯定会在任何适度复杂的数据集中发现一些小于 0.05 的 p 值，即使该数据集是纯粹的统计噪声。

样，这样可能会夸大证据的作用。

要清楚的是，这些p值操控的方法本身不是有害的，其中许多方法还是研究的关键组成部分，例如，在临床试验中，选择性停止是很重要的，人们希望在给有效的治疗方法开绿灯之前，给尽可能少的病人提供安慰剂。对数据的探索可能会导致真正的意想不到的发现。有害的是有选择性的数据分析报告，好像它们是事先计划好的那样。

有三种非排他性的方法可以应对人们分析中的数据依赖步骤。第一种方法，在某些情况下，可以考虑根据数据依赖步骤调整自己的统计方法。例如，有大量关于纠正多重检验(Benjamini & Hochberg, 1995；Shaffer, 1995)、选择性停止(White-head, 1997)和模型选择(Taylor & Tibshirani, 2015)的文献。第二种方法——一直很方便——复制自己的研究，如果不可能完全复制，关于第二种方法的一个好的选择是在分析的数据依赖步骤中保留一些数据。当第一个子集的分析完成后，我们可以检查观察到的模型是否可以在保留的数据子集中复制。最后一种方法，无论是否有可能进行校正或复制，在你的分析中对依赖数据步骤要透明，充分描述它们，如果可能的话，使数据和分析代码可以被访问。如果你是一个研究人员，可能会有一些激励措施促使你偏离最佳实践，但是否遵循这些激励措施是你的选择。

7.6.7　根据零假设显著性检验评估显著性检验

最近关于"复制危机"的讨论中，零假设显著性检验处于中心位置——人们越来越意识到，在某些领域，大量的结果在复制研究中消失了(例如，Open Science Collaboration, 2015)。为了应对复制危机，人们提出了许多改革建议，其中一些建议，如预注册制和激励复制措施，是值得欢迎的。另一个建议是直接禁用p值或假设检验，改用置信区间、贝叶斯因子(见第10章)或什么都不做。主张禁用的人能正确地说出我们刚才讨论的问题，当然，零假设显著性检验的问题表明需要对标准的做法进行重大改变了。但本节并没有对假设检验本身的批评之意；它只是指出了对假设检验的误解、误用和过度依赖的弊端。通常情况下，彻底禁用假设检验的观点包含了一个嘲讽的前提：研究人员无法——甚至在原理上——理解p值，无法恰当地使用它们，也无法将它们与其他信息联系起来。

零假设显著性检验问题是关于假设检验被(错误)使用的方式，而不是假设检验本身。大多数公认的显著性检验方法都像宣传的那样工作，也就是说，只要它们的假设条件得到满足，就能产生具有本章所述特性的概率结论。一个谨慎的、有知识的使用者不需要害怕它们。问题出在人们试图将统计结果转化为对客观世界主张的方式上，而不是统计方法本身。

练习集 7-5

1. 在此题中，你将探索p值操控的一种形式的影响。想象一下，你的研究小组对某种生活方式干预对心血管健康的影响感兴趣。你招募了参与者，并随机分配他们进行定期运动或保持久坐不动。8 周后，你收集了 7 项心血管健康的测量数据：静息心率、心率变异性、胆固醇水平(低密度脂蛋白和高密度脂蛋白)、静止血压(收缩压和舒张压)，以及最大摄氧量。假设给这所有七个变量打分，数值越大表示心血管健康越好。你的团队决定在 I 型错误率 $\alpha = 0.05$ 下进行七次假设检验，对心血管健康的每个测量项目进行一次检验。这些检验都将检验零假设：运动干预对心血管健康没有影响。如果其中任何一个检验结果是显著的，那么你的小组将报告说，运动干预改变了心血管健康。

为了执行本练习所需的代码，你需要安装并加载 stfspack 软件包，安装说明见练习集 2-2 的问题 3。

(a) many.outcome.sim() 函数模拟了当零假设为真时，上面提出的实验数据。用

```
many.outcome.sim(n, nsim, n.dv, correl)
```

调用，其中 n 是每次模拟时每个组的样本量，nsim 是运行的模拟次数，n.dv 是对每个人的被测变量的输出变量数，而 correl 是抽样数据之间的(共享)关联度。例如，你可以用以下命令对所述设置进行模拟运行，

```
ps <- many.outcome.sim(20, 10000, 7, .7)
```

在这段命令中，每组有 20 名参与者，7 个心血管健康指标的抽样值，我们要进行共 10 000 次抽样，抽样数据之间的关联度设为 0.7。输出结果是 10 000 行(每一行对应一次模拟实验的数据)，7 列(每一列对应一个结果变量)的 p 值矩阵。为了确定显著性，我们将每个 p 值与理想水平(这里是 0.05)进行对比。

```
sigs <- ps < .05
```

为了求得每次模拟检验结果中结果为显著的比例，我们可以运行

```
colMeans(sigs)
```

为求得至少有一个变量会拒绝原假设的试验次数的比例，我们可以运行

```
mean(rowMeans(sigs) > 0)
```

运行这些命令。对于每次测量，拒绝原假设的频率是多少？如果你按照你的实验室的计划，在任何一个测量结果产生 $p<0.05$ 的情况下，马上报告阳性结果，拒绝原假设的频率是多少？

(b) 再重复(a)部分几次，改变抽样的次数和抽样之间的关联度。这些因素是如何影响至少有一项检验产生 p 的比例的？这些因素是如何影响至少有一项检验产生 $p<0.05$ 的比例的？

2. [选做，如果你想跳过它，也请阅读此题的解决方案]另一种形式的 p 操控是重复检验，也称为选择性停止。对问题 1 进行修改，假设你的研究小组用一个单一的测量值(收缩压)来评估生活方式干预的效果。然而，他们不知道应该招募多少人来参加这项研究。你的团队将从两组各 20 名参与者作为对照开始。如果两组之间平均血压的差是显著的，那么你的团队将发表研究报告并停止收集数据。如果差不显著，那么你的团队将在每组中再收集 10 名参与者，并再次对所有参与者进行检验。如果差异是显著的，那么该团队将发表研究报告并停止收集数据，但如果差异不显著，那么他们将再收集 10 个受试者。如果有必要，那么他们将重复这一过程，直到他们收集到 200 名参与者(每组100 名)。serial.testing.sim() 函数[⊖] 模拟了这种情况。默认设置是对上述情况进行 10 000 次模拟。其中 p 值是在每组招募了 20、30、40 和 50 名受试者后分别计算出来的。

```
serial.testing.sim(ns = c(20, 30, 40, 50), nsim = 10000)
```

在默认设置下运行该函数，然后再次模拟检查，直到样本量为 200(每组 100)。如果生活方式干预实际上没有效果，你的团队报告的生活方式干预效果显著的比例是多少？

⊖ 可在本书 R 包的 stfspack 中找到(安装说明见练习集 2-2 的问题 3)。

7.7 频率推断Ⅲ：功效

在 7.4 节中，我们讨论了构建拒绝框架假设检验的一种方法：计算 p 值，观察 p 值是否小于显著性水平 α。如果 $p<\alpha$，就拒绝零假设。只要用于计算 p 值的模型是合适的，那么这种方法就能确保如果零假设为真，它被拒绝的次数比例将少于 α。Ⅰ型错误率被正确地校正了。

但是，仅仅保证Ⅰ型错误率是很容易的。我们甚至不需要收集数据。假设每次要进行假设检验时，我从 $(0,1)$ 上的连续均匀分布中抽取一个观测值。如果我抽取的随机数的值小于 α，那么我就拒绝零假设；否则我就不拒绝。这个荒谬的检验满足了保持Ⅰ型错误率的最低要求——如果零假设为真，我将以 α 的比例拒绝零假设。但这个检验的问题是显而易见的——我都是以 α 的概率拒绝零假设，不管它是真的还是假的。为了有用，假设检验方法需要在零假设为假时以大于 α 的概率拒绝它才行。

在备择假设成立时假设检验中拒绝零假设的概率被称为检验的**功效**（power）。使用表 7-1b 的记号，则功效为

$$P(R\,|\,H_a)=\frac{t_p}{t_p+f_n} \tag{7.5}$$

其中 R 表示"拒绝零假设"这一事件，H_a 是零假设的备择假设，t_p 是真阳性率，f_n 是假阴性率。这个表达式给出了正确的定义，但有点过于简单了。它只是给出了一个检验在Ⅰ型错误率固定、样本量固定时，对指定备择假设 H_a 的功效。这是一个有用的公式，但是，在一个假设检验中，我们还需要知道功效如何依赖于其他各种变量，包括样本量 n、Ⅰ型错误率 α 和正在考虑的零假设的某个特定备择假设。在练习集 7-4 中我们看到，随着样本量的增加，随着Ⅰ型错误率的增加，随着所考虑的特定备择假设与原假设的偏差越来越大，检验的功效都会随之增加。我们很快就会对这些关系有一个精确的表示，在此之前，我们需要建立一种方法来度量特定的备择假设与零假设的偏离程度。

度量一个特定的备择假设与零假设的偏离程度的一种方法是定义一个标准化的**效应量**⊖⊖。用来度量效应量的数字与研究设计和正在使用的统计检验有关。对于零假设"亚利桑那州成年女性平均身高比全美女性平均身高矮"的检验，我们可以使用

$$d=\frac{\mu_a-\mu_0}{\sigma} \tag{7.6}$$

作为一个度量，其中 μ_a 是一个特定的备择假设假定的亚利桑那州成年女性的平均身高，μ_0 是零假设假定的亚利桑那州成年女性的平均身高，σ 是亚利桑那州成年女性身高的标准差。式 (7.6) 中的表达式是"Cohen 的 d"的一种形式，这是一种流行的效应量的度量方法，换句话说，它等于亚利桑那州成年女性的平均身高与美国其他地区成年女性的平均身高的标准差数。表达式的分子以原始单位量化了零假设和备择假设之间的差异；除以 σ 使得效应

⊖ 术语"效应量"表明，独立是效应的一个原因，但实际上这并不一定是真的。此外，即使有一个因果关系在起作用，它对不同的观测个体也不一定相同，例如，一种药物对两组人的效果可能不同。对于我们计算功效的目的来说，关键是标准化的效应量度量的是偏离某种零假设的程度。

⊖ 并非每一个假设检验都能轻易地建立起效应或效应量的表达式，尽管许多假设检验可以。

量标准化了，这样就可以与其他情况下发现的效应量进行比较。但标准化并不总是一个好主意，当所研究的测量单位是有意义的时，标准化有时会掩盖有趣的单位。

有了对效应量的度量，我们就可以定义检验的**功效函数**了：

$$\pi(\alpha, n, \psi) = P(R \mid H_a(\psi)) \tag{7.7}$$

在这个表达式中，π 表示功效函数，α 是指定的显著性水平，n 是样本量，ψ 是效应量，R 是"拒绝零假设"这一事件，$H_a(\psi)$ 是隐含效应量 ψ 的备择假设。这里有很多符号，但式(7.7)所表达的内容已经很熟悉了：在一个特定的备择假设下拒零假设的概率——它就是检验功效——依赖于指定的 I 型错误率、抽取的样本量以及用效应量度量的世界的真实状态与零假设的差异程度。一般来说，功效函数还可以依赖于其他因素，但是这三个因素几乎总是很重要的。通常人们是可以推导出一个检验功效函数的精确表达式的，但在复杂情况下，有时通过模拟来估计功效函数会更加容易。

图 7-3 展示了我们用来评估"亚利桑那州女性比其他地区美国女性更矮"这一假设检验的功效函数。显著性水平 $\alpha = 0.05$，所示的三条曲线表示三种不同的样本量。式(7.6)中的效应量在横轴上，功效在纵轴上。零假设为"高度无差异"，相当于设置了 $d = 0$，注意，当 $d = 0$ 时，无论样本量为多少，都有 5% 的检验会拒绝原假设。随着效应量绝对值的增加，功效也会增加，与样本量无关。对于任何给定的(非零)效应量，较大的样本量比较小的样本量具有更大的功效。

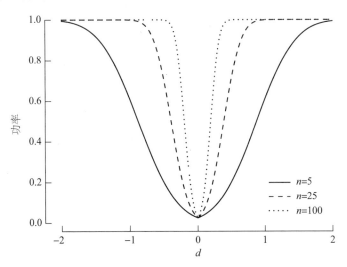

图 7-3　样本取自具有给定均值的正态分布的零假设的假设检验的功效函数[式(7.7)]。纵轴表示检验的功效，横轴表示式(7.6)中定义的标准化效应量 d。图中显示了三条曲线，分别表示三种不同样本量下的功效函数。在这三条曲线中，I 型错误率均被设定为 $\alpha = 0.05$

好的研究人员会根据他们想要解决的问题来考虑样本量，其中一个方法就是进行功效分析。在功效分析中，人们研究一个检验的功效函数。这通常是在研究之前进行的，目的是决定要收集多少观测数据。各个学科对功效的接受范围不相同。传统的功效的标准从 80% 到 95% 不等，通常在 I 型错误率为 5% 的情况下。这些数值本身很难解释，但正如我们所看到的，功效不是一个单一的数值；它是一个函数。通常用较高的功效来检测大的效应量，而较低的功效用来检测小的效应量。简化分析的一个方法是选择一个值得进一步研究的最小效应量。例如，在对一种可能作为药物使用的化合物的计划研究中，人们可能声称，只有当候选药物对症状的缓解程度至少与标准治疗相同时才值得进一步研究。因此，如果效应量至少与标准治疗的效果一样大，人们就可以计划一项具有高功效的研究。

在解释一项研究的结果时，功效也很重要。如果一项研究用的是小样本，而对大多数合理的备择假设都是较低的功效，那么未能拒绝零假设是反对零假设的证据太弱。例如，假设一个反对我的观点的研究人员认为我关于亚利桑那州女性身高的假设是错误的，所以她随机抽取了一个亚利桑那州女性的样本，但未能拒绝亚利桑那州女性与美国其他女性一样高的原假设。我理应对这一结果不以为然，即使我的假设是真的，这样一个小样本也不可能导致对零假设的拒绝。但是，如果我的对手从亚利桑那州抽取了 1 万名女性，但仍然无法拒绝零假设，那么我就需要做一些解释了——除了最小的效应量之外，这样的大型研究几乎可以肯定地拒绝零假设。换句话说，如果我是对的，亚利桑那州的女性平均身高比其他地区的矮，那么，或是(a)我同事的研究或数据分析有问题，或是(b)抽取的样本平均身高不可思议地高，掩盖了真正的身高差异，或是(c)亚利桑那州的女性平均身高比较矮的程度确实非常小。在练习集 7-4 的(e)部分中，你会得出一个数学表述，它更加准确地表述了这种情形。

低的功效也会影响对拒绝零假设的研究的解释。例如，对低功效检验的显著结果的解释，其困难就是所谓的**"赢家诅咒"**——如果原假设包含的真实效应量为零，那么与显著结果对应的效应量的估计可能是高估的。正如你将在练习集中所看到的，赢家诅咒在功效不足的研究中——样本量太小的研究中——是一个明显的偏倚，但当功效接近 1 时就可以忽略不计了。"赢家诅咒"在发表偏倚中可能是一个强大的因素。一项原创的(功效不足的)研究可能会发现一个显著的效应，如果确实如此，那么效应量的估计可能会过大——如果效应量的估计是准确的，那么假设就不会是显著的：这大概就是"功效不足"的意思。下一位研究人员的功效分析建立在夸大的效应量估计基础上，导致另一项研究相对于真正的效应量而言功效不足。如果发现下一项研究的效应不显著，就不会发表，但如果效应是显著的，那么文章中就会出现另一个被高估的效应量，如此反复。发表偏倚和赢家诅咒结合在一起，系统地夸大了记录的效应量估计。

练习集 7-6

1. 在此题中，你将考虑对零假设的双侧检验的势函数，现样本是从具有给定期望的正态分布中抽取的。从正态分布中共抽取 nsim 个随机样本，每个样本有 n 个观测值，每个样本的期望值与零假设下的均值相差 d 个标准差，每个样本都是对拒绝零假设进行检验，下面的函数⊖给出了一个功效的估计，它是通过计算得到的 p 值小于显著水平 lev 的样本比例来估计势的。

⊖ 可在本书 R 包的 stfspack 中找到（安装说明见练习集 2-2 的问题 3）。

```
power.sim.1sz <- function(n, nsim, d, lev = 0.05){
    simmat <- matrix(rnorm(n*nsim, d, 1), nrow = nsim)
    samp.means <- rowMeans(simmat)
    neg.devs <- -abs(samp.means)
    ps <- 2*pnorm(neg.devs, 0, 1/sqrt(n))
    mean(ps < lev)
}
```

使用函数 power.sim.1sz() 绘制 $d \in [-2,2]$，显著性水平为 0.05，$n = 25$ 的功效函数的散点图。

2. [选做]函数 wincurse.sim.1sz()[在 stfspack 中可得(见练习集 2-2 的问题 3)]扩展了 power.sim.1sz() 函数来模拟"赢家诅咒"[从功效不足的研究中得出的显著结果有高估效应量的趋势。主要的输入有真实效应量(d)、每个样本的观察值数量(n)，以及检验的显著性水平(lev)。该函数从正态分布中抽取出 nsim 个样本，其期望值与零假设期望值的偏差量由 d 决定。对每个样本，算出一个估计的效应量和一个 p 值。该函数返回一个向量，包括真实效应量、拒绝零假设的样本的平均估计效应量，以及拒绝零假设的样本比例(或功效)。它还能生成所有研究的估计效应量的直方图，其中拒绝零假设的研究的效应量用灰色显示。("估计的"效应量是直方图上用灰色显示的估计效应量的平均值。)该函数的命令为：

```
wincurse.sim.1sz(n, nsim, d, lev = 0.05, abs.vals = FALSE, br = 50)
```

因此，比如你要模拟真实效应量为 0.1 个标准差、显著性水平为 0.05、每个样本有 50 个观测值的赢家诅咒，你可以使用下列语句：

```
wincurse.sim.1sz(n = 50, nsim = 10000, d = 0.1, lev = 0.05)
```

(a) 使用该函数寻找一些有趣的 d 和 n 的值，你观察到了什么？

(b) 使用该函数，绘制图表

    (i) 研究中有显著结果的估计效应量与使用的样本量的关系；

    (ii) "赢家诅咒效应"——从有显著结果的研究中估计的效应量与真实效应量的差——与研究的功效的关系。你可以用 $d = 0.3$ 作为效应量。

7.8 综合分析：当样本量增加时会发生什么

统计学家使用频率区间估计和推断工具——包括标准误差、置信区间、p 值、拒绝框架和功效——描述他们的估计中内在的不确定性程度。本章的其中一个主题是，提醒人们有些频率统计工具是容易错误理解的，例如，有人将 p 值理解为给定数据条件下原假设为真的概率。

本章包含的另一个主题是，大多数统计方法的精度会随着所用数据量的增加而提高。观察随着样本量的增加所发生的情况，可以获得机会再次注意到标准误差、置信区间和假设检验之间的紧密联系。重新回到检验零假设为"亚利桑那州女性平均身高与美国其他地区女性平均身高相同"的例子。在这个例子中，我们检验的零假设是一个随机变量 X 的期望 $\theta = \theta_0$，在这个假设下，X 服从标准差 σ 已知的正态分布，并且一组独立观测值也是服

从标准差为 σ 的正态分布。我们通过计算样本均值 $\hat{\theta}=\dfrac{\Sigma X_i}{n}$ 作为未知期望 θ 的估计值，然后与在 $\theta=\theta_0$ 时的分布下求得到的 $\hat{\theta}$ 值做比较来检验这一假设。如果我们增加样本量，将会发生三件事情：

(1) $\hat{\theta}$ 的标准误差会减小，也就是说，与样本量较小的重复抽样相比，样本量较大的重复抽样对 $\hat{\theta}$ 的估计扰动更小。

(2) 对于任何固定的 α，θ 的 $1-\alpha$ 置信区间的宽度将减少。

(3) 如果零假设为假，并且 $\theta=\theta_a$，那么对任何固定的 α，θ_0，θ_a，在 $\theta=\theta_0$ 的零假设下，显著水平为 α 的检验的功效将变大。

(1)～(3) 看起来像是本章所学概念对增加样本量的三种不同反应方式，但它们实际上是同一反应的不同结果。这是因为：

(4) (2) 中 $1-\alpha$ 置信区间的宽度与 (1) 中 $\hat{\theta}$ 的标准误差是成正比例的。因此随着标准误差减小，置信区间的宽度也会减小。

(5) 只要 $1-\alpha$ 置信区间不包含 θ_0，那么对于零假设为 $\theta=\theta_0$ 的 α 水平检验都是显著的，如果零假设为假，并且 $\theta=\theta_a$，那么较窄的置信区间更有可能排除 θ_0，并与拒绝零假设的检验相对应。也就是说，检验的功效会增加。

(1)～(5) 中的观点对于总体为正态分布的样本均值的例子来说是正确的，而且它们在许多其他情况下也都是成立的 [我们在 7.5 节的选读中证明了 (5) 在更大范围内适用的结论]。它们在许多问题上都很有启发性——较大的样本对应较小的估计量变动，较小的估计量变动对应较小的置信区间，而较小的置信区间可以对零假设为假的情形进行更有力的检验。简言之，我们所有方法的精度都会有所提高。

图 7-4 显示了所有这些陈述的模拟结果。下面九个图展示了每个参数的 50 个模拟估计值（点）和对应的 90% 的置信区间（竖直线）。参数的真实值 θ 用水平虚线表示，零假设下的参数值 θ_0 用水平实线表示。零假设被拒绝的置信区间（显著性水平为 $\alpha=0.1$）和对应的估计值的颜色为黑色；零假设被接受的置信区间和对应的估计值的颜色为灰色。图的列随零假设的错误程度而变化——左边是原假设为真，θ 和 θ_0 之间的差异从左到右逐渐增加；图的行随样本量的变化而变化，样本量从上到下逐渐增加。

在图 7-4 所示的各列中，可以看到上面 (1)～(3) 所列出的描述。越往下，估计值会更加紧密地围绕着参数的真值，置信区间也更紧。在原假设为假的情形（中间和右边），功效随着 n 的增大而增大——随着 n 的增大，更多的区间被染成黑色。在图中也可以看出赢家诅咒问题。在功效相对较低的图中（中间图以及第一排的中间和右边图），与显著性假设检验对应的估计值是对 θ 的高估，尽管从总体上看估计值还算比较合理（包括灰色和黑色）。

现在，我们已经完成了统计估计和统计推断的目标。但是到目前为止，我们对如何推导估计量、置信结果和假设检验几乎没有提及。在接下来的几章中，你将学习三种估计和推断方法，每一种方法都有不同的假设和不同的结果。

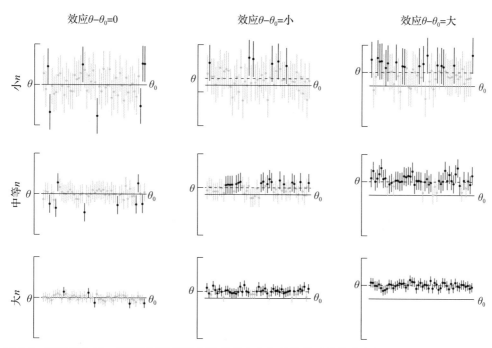

图 7-4   不同样本量 n(随行递增)以及参数的真实值与零假设下的值之间的差异程度(随列递增)的对应的估计值和 90％置信区间的模拟图。在水平 $\alpha=0.1$ 下对应于检验结果为显著的估计值与置信区间用黑色标出

7.9   本章小结

区间估计是尝试定义一个区间去量化点估计中的不确定性程度。一个估计值的标准偏差被称为标准误差。置信区间要求以指定的概率覆盖被估计量的真实值。假设检验是试图评估接受或反对某一特定假设的证据程度。频率学派假设检验的一个工具是 p 值，即在零假设为真的情况下，观察到当前数据或观察到比当前数据更加偏离零假设的数据的概率。在奈曼-皮尔逊拒绝框架中，如果 p 值小于预先设定的值，通常选择 $\alpha=0.05$，则拒绝零假设。一个检验的功效函数是在给出了显著性水平 α、样本量 n 和一个确定的备择假设时，零假设被拒绝的概率。

7.10   延伸阅读

有大量的文章专门讨论假设检验。以下是几篇关键的、有用、有趣且让人喜爱的参考文献。

Cohen，J. (1994). The earth is round ($p<.05$). *American Psychologist*，49，997-1003.

这篇文章对显著性检验的一些主要滥用情况进行了一个有趣而清晰的介绍。

Ioannidis，J. P. (2005). Why most published research findings are false. *PLoS Medicine*，2，e124.

这篇激进的文章认为，在许多研究领域，大多数已发表的实证文章的结论是错误的。

该论点引起了争议。但重要的是，这篇文章并不是对得出虚假结论的研究比例的估计，相反，Ioannidis 综合分析了影响特定领域虚假研究比例的因素。最有可能产生虚假的两个领域，一是那些典型的效应量很小或为零的领域，研究人员被强烈地激励去发表文章，并且发表的可能性取决于统计学上的显著性；二是那些长期研究动力不足的领域。

Meehl，P. E. (1978). Theoretical risks and tabular asterisks：Sir Karl，Sir Ronald，and the slow progress of soft psychology. *Journal of Consulting and Clinical Psychology*，46，806.

这是我最喜欢的不限学科的学术文章之一。Meehl 的论点是，零假设的显著性检验阻碍了心理学某些领域的进步，因为它免除了研究人员对其理论进行"风险"测试的责任。风险测试是指一个错误的理论可能会失败的测试。与此相反，Meehl 认为，对于任何大型的心理学研究来说，零假设的显著性检验是一个容易跨越的门槛。

Mayo，D. G. (2018). *Statistical Inference as Severe Testing：How to Get Beyond the Statistics Wars*. Cambridge University Press.

一位重要的统计哲学家介绍了本章中许多想法的逻辑基础、历史和与科学实践的联系。

Simmons，J. P.，Nelson，L. D.，& Simonsohn，U. (2011). False-positive psychology：Undisclosed flexibility in data collection and analysis allows presenting anything as significant. *Psychological Science*，22，1359-1366.

这篇文章在心理学界重新启动了一场关于 p 黑客的严肃对话。

Wasserstein，R. L.，& Lazar，N. A. (2016). The ASA's statement on p-values：context，process，and purpose. *The American Statistician*，70，129-133.

美国统计学会(ASA)发布了这份关于 p 值及其解释的简短声明。建议很好，所附的 20 条评论也发人深省。

本章中其他相关话题：

R 软件包 pwr(Champely，2009)可以为大多数基本分析进行功效计算。更高级的分析可能需要定制的代码。

Kraemer，H. C.，& Blasey，C. (2015). *How Many Subjects？Statistical Power Analysis in Research*. Sage Publications，Thousand Oaks，CA.

研究功效分析之前的指南。本书是针对医学研究人员的，但包含的方法和概念在许多其他领域也有用。

第8章 半参数估计与推断

关键词： bootstrap，经验分布函数，函数，矩方法，非参数，参数，置换检验，嵌入式估计量，重抽样方法，样本矩，半参数。

在前两章中，我们介绍了统计学家用来描述他们对估计和推断想法的一些基本概念。虽然我们讨论了好的估计和推断方法所具有的一些性质，但我们把如何开发估计和推断方法的问题推迟到了现在。在这一章和接下来的两章中，我们将介绍估计和推断的三种一般方法。第一种方法是半参数估计和推断，它在三种方法中需要的假设最少。在定义"半参数"之前，最好先明白"参数"和"非参数"这两个术语——半参数模型介于"参数"模型和"非参数"模型之间。

"参数" 意味着"受参数支配"。例如，正态分布是参数化的，即正态分布随机变量的所有性质都由其两个参数 θ 和 σ^2 决定。这是一个强大的性质。描述一个随机变量行为的无数数值——每一点的概率密度函数值和累积分布函数值，以及由此产生的期望值、方差值和许多其他性质全都由两个数字决定。如果我们有一个模型，构成这个模型的过程只依赖于有限的几个参数，那么我们可以尝试着通过估计或推断这几个参数来了解这个过程。

"非参数" 与 **"参数"** 相反，不受参数的支配。假设我们想了解一个随机变量，其概率密度函数由图 8-1 中的曲线给出。该曲线是一个有效的概率密度函数——它是严格非负的，且它与 x 轴所围的总面积为 1，但它并不是任何一个经过充分研究了的分布族的成员。没有一个可估计的小参数集能够简明扼要地描述该曲线。但是我们仍然可以了解这个随机变量，例如，我们可以估计其期望值或方差。本章将涉及的许多方法——嵌入式估计、bootstrap 和置换检验——适用于非参数模型和半参数模型。当我们不能合理地假定一个随机变量的分布是任何特定分布族的成员时，我们通常会应用非参数方法。

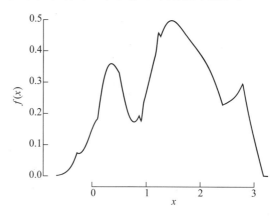

图 8-1 一个最好用非参数（或半参数）方法处理的随机变量的概率密度函数

本章的主题是半参数估计和推断，它适用于我们考虑的模型只是部分受参数支配而不是完全受参数支配的情况，我们要估计和推断这种模型中的参数。例如，我们在第 5 章末

[⊖] 图 8-1 中的曲线实际上也可以由一组有限的参数来描述，尽管这组参数很大，也很不方便。因此，以该曲线为密度函数的随机变量的分布在技术上也是可以参数化的。尽管如此，它还是可以用来说明我们的问题的。这个函数的"参数"并不是任何人都感兴趣的那种，是我们任意选取的，使函数看起来很奇怪，我们的目的不是用它去准确地描述一个过程。

尾使用的线性回归模型就是一个半参数模型$^\ominus$。它依赖于参数 α 和 β，即截距和斜率，但独立变量 X 的分布、干扰 ε 的分布均没有指定。因为 X 和 ε 的分布没有被限定为由一组参数描述的某分布族成员，所以它们被视为非参数的。整个模型被称为"半参数"模型，因为它有一个参数部分——式(5.23)定义的 X、ε 和 Y 之间的关系，以及一个非参数部分——X 和 ε 的分布。

在半参数和非参数统计中，**经验分布函数**是主角。经验分布函数是归纳由数据提供的关于随机变量分布所有信息的一种方式，它是嵌入式估计和 bootstrap 的基础，这也是本章的两个主题。

回顾一下，随机变量的累积分布函数给出了 X 取值小于或等于某个常数的可能性：$F_X(z) = P(X \leqslant z)$。类似地，经验分布函数 $\hat{F}_n(z)$ 表示样本中小于或等于 z 的观测值的比例。更确切地说，设 $X_1, X_2, \cdots, X_n$ 为从某个总体中抽取的 n 个独立同分布的观测值，那么总体的经验分布函数为

$$\hat{F}_n(z) = \frac{1}{n} \sum_{i=1}^{n} I_{X_i \leqslant z} \tag{8.1}$$

其中，$I_{X_i \leqslant z}$ 是一个示性变量，它的值由观测值 X_i 是否小于或等于 z 确定：如果 $X_i \leqslant z$，那么 $I_{X_i \leqslant z} = 1$；如果 $X_i \geqslant z$，那么 $I_{X_i \leqslant z} = 0$。图 8-2 给出了与真实累积分布函数绘制在一起的两个经验分布函数图。

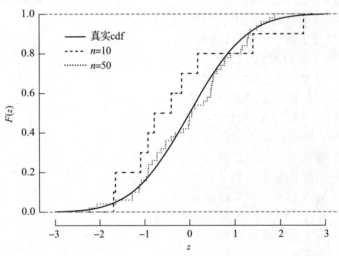

图 8-2 正态分布 $N(0,1)$ 的真实累积分布函数(cdf)(实曲线)，以及两个经验分布函数曲线，一个是基于 10 个观测值的经验分布函数图，另一个是基于 50 个观测值的经验分布函数图。经验分布函数呈阶梯状。每个观测值在经验分布函数图中用一个向上的刻度表示，每个向上刻度的长度等于取到对应的那一段横坐标上的观测值的比例。因此，随着包含在经验分布函数中的观测值数量的增加，台阶的数量也会增加，台阶会变短

$\ominus$ 本章讨论的简单回归模型——尽管按照这里的定义它是半参数模型——与统计学家通常用"半参数回归"这个短语来称呼的那类模型没有什么共同之处。关于一些研究回顾，见 Ruppert, Wand&Carroll(2009)。

经验分布函数是累积分布函数的一个一致估计量。在下面的练习中，你将通过模拟和数学推导研究经验分布函数的一致性。因为经验分布函数可以对累积分布函数进行一致估计，所以一个量如果可由累积分布函数表示，那么我们也可以从经验分布函数推得这个量的一致估计。

练习集 8-1 ⊖

1. 下面的 R 代码使用标准正态分布和样本量为 20 的样本抽样值生成一个与图 8-2 类似的经验分布函数图。

```
n <- 20 #经验累积分布函数的样本量
x.vals <- seq(-3, 3, length.out = 10000)
Fx <- pnorm(x.vals, 0, 1)
plot(x.vals, Fx, xlab = "z", ylab = "F(z)", type = "l")
x <- rnorm(n, 0, 1)
lines(ecdf(x), verticals = TRUE, do.points = FALSE, lty = 2)
```

(a) 运行这段代码并查看所产生的图。现在再运行几次，把 n 的值从 20 改为另一个数，这里有一些你可以尝试的值：2，5，10，50，100，200，500。当样本量变大时，你观察到了什么？

(b) [选做]尝试写一个类似的 R 脚本，用不同的分布族(如泊松)执行同样的任务。

2. [选做]把经验分布函数作为真实累积分布函数的估计量，在这个问题中，将请你给出这个估计量是一致估计量的证明。

(a) 考虑式(8.1)中的示性随机变量 $I_{X_i \leqslant z}$，用累积分布函数 $F_X(z)$ 表示，$P(I_{X_i \leqslant z} = 1)$、$E(I_{X_i \leqslant z})$、$\text{Var}(I_{X_i \leqslant z})$ 分别是什么？

(b) 现在考虑经验分布函数 $\hat{F}_n(z) = \dfrac{1}{n} \sum\limits_{i=1}^{n} I_{X_i \leqslant z}$ [式(8.1)]本身，$E(\hat{F}_n(z))$、$\text{Var}(\hat{F}_n(z))$ 分别是什么？记住 $I_{X_i \leqslant z}$ 是相互独立的。这些结果能推出经验分布函数的什么结论？[提示：见式(6.5)和式(6.7)]。

8.1 半参数点估计的矩方法

矩方法是一种半参数估计方法。矩方法也可以应用于完全参数的情况，但在完全参数的情形，它的光芒往往被最大似然估计法所掩盖，最大似然估计法将在下一章介绍。矩方法的步骤如下：

(1) 用参数表示出随机变量的几个矩方程——随机变量 X 的 j 阶矩是 $E(X^j)$。

(2) 从(1)中解出所求参数的表达式，即将参数用随机变量的矩表示出。

(3) 最后用样本估计各阶矩，并将估计值代入(2)中得到的参数表达式。

下面是一个简单的、全参数的例子。设我们要用来自正态分布 $N(\theta, \sigma^2)$ 的一组独立同分布的随机样本，估计未知参数 μ 和 σ^2。我们知道，若 X 服从此正态分布，那么 X 的一阶矩 $E(X) = \mu$，且 X 的方差 $\text{Var}(X) = \sigma^2$。回忆一下，对于所有的随机变量 X，均

⊖ 详细的解答和 R 脚本见本书的 GitHub 资源库(github. com/mdedge/stfs/)。

有 $\mathrm{Var}(X)=E(X^2)-[E(X)]^2$，这意味着 X 的二阶矩有

$$E(X^2)=\mathrm{Var}(X)+[E(X)]^2=\sigma^2+\mu^2$$

因此，我们得到了关于随机变量的两个矩方程(由于有两个参数，故须写出一阶矩、二阶矩两个方程)，这样第 1 步就完成了。第 2 步是解这些方程，将参数用矩表示出。在本例中，解得

$$\mu=E(X)$$
$$\sigma^2=E(X^2)-[E(X)]^2$$

第 3 步是估计随机变量的一阶矩和二阶矩。如果我们估计得到了两个矩 $E(X)$ 和 $E(X^2)$，那么我们也就得到了两个参数 μ 和 σ^2 的估计式。

对全参数而言，这是合理的，但为了将矩估计法应用于半参数的情形，我们需要估计任意分布的矩。只要分布的矩存在$^{\ominus}$，我们就可以用嵌入式估计量来估计它们。

8.1.1 嵌入式估计量

嵌入式估计的主要思想是非常直观的。我们想要估计一个随机变量 X 的分布的某些性质——期望、中位数、下四分位数或其他，我们将从与 X 的分布相同的分布中独立地抽取一组样本 $X_1,X_2,\cdots,X_n$。当我们计算嵌入式估计量时，我们将样本视为与基础分布完全相同的分布来处理。例如，为了估计期望，$E(X)$——你知道，它是一个随机变量分布的"均值"——我们就直接计算出样本数据的均值。为了估计 X 的分布的中位数。我们就计算样本的中位数。要估计 X 的分布的下四分位数，我们就计算样本的下四分位数。

一个可供选择的、更正式的嵌入式估计量

在嵌入式估计中，我们希望能够对随机变量的累积分布函数进行一些操作——比如利用一个能够给出随机变量的期望的函数——并且对从观测样本中产生的经验分布函数也能进行同样的操作。

更正式地说，嵌入式估计量是累积分布函数的函数的估计量。函数的函数有时被称为泛函。例如，期望是累积分布函数的一个函数。因此也是一个泛函。想知道为什么吗？回忆一下，一个连续的随机变量 X 的期望为 $E(X)=\displaystyle\int_{-\infty}^{\infty}xf(x)\mathrm{d}x$。请记住，概率密度函数是累积分布函数的导数，$f_X(x)=f_{X'}(x)$，因此，尽管我们是把期望写成概率密度函数的函数，但也可以把它改写成是累积分布函数的函数。一个随机变量的所有矩都是其累积分布函数的函数，中位数和所有分位数也是如此。

为了计算泛函的嵌入式估计量，我们用经验分布函数估计累积分布函数。因为我们可以一致地估计累积分布函数，所以我们也可以一致地估计累积分布函数的许多函数(**泛函**)。

给定一个累积分布函数的泛函 $T[F_x(z)]$。它的嵌入式估计量是 $T[\hat{F}_n(z)]$。换句话说，我们通过将样本看作总体的代表来计算嵌入式估计量。一个更加具体的例子可能会对你有所帮助。

$\ominus$　请记住，有些分布的随机变量，它们的一些矩是无法计算的。在矩不存在的情况下，参数可以用其他量来表示，比如中位数。在这种情况下，可以用类似于矩方法的方法去估计参数。

例样本均值作为 $E(X)$ 的嵌入式估计量。 设一个离散随机变量[一]X 的累积分布函数为 F_x，概率质量函数为 f_X。根据式(5.1)，X 的数学为 $E(X)=\Sigma_i x_i f_X(x_i)$，其中求和是对 X 的所有取值求。将期望写成累积分布函数的形式，x_i 表示 X 的第 i 个最小值，所以 X 的最小取值是 x_1，第二小取值是 x_2，依此类推。定义 $F_X(x_0)=0$，其中 x_0 是小于 x_1 的某个值。那么，根据式(4.4)，我们可以用累积分布函数来表示概率质量函数：$f_X(x_i)=F_X(x_i)-F_X(x_{i-1})$，于是，我们可以把 X 的期望写成 $E(X)=\Sigma_i x_i[F_X(x_i)-F_X(x_{i-1})]$。

为了计算 $E(X)$ 的嵌入式估计量，我们可以将它记为 $\widetilde{\mu}$，设想一下，有 n 个观测值的样本，每个样本都是从与 X 同分布的总体中独立抽取的。在期望的表达式中用经验分布函数代替累积分布函数，得到 $\widetilde{\mu}=\Sigma_i x_i[\hat{F}_n(x_i)-\hat{F}_n(x_{i-1})]$。你可能还不熟悉这个式子，但注意 $\hat{F}_n(x_i)-\hat{F}_n(x_{i-1})=j_i/n$，其中 n 是观测值的数量，j_i 是 x_i 在样本中出现的次数。因此，$\widetilde{\mu}=\frac{1}{n}\Sigma_i x_i j_i$，每个唯一值的观测值在和式中只有一项。这就是样本均值——每个观测值乘以观测到它的次数，对这些乘积求和，然后再除以观测总数。所以，样本均值是期望值的嵌入式估计量。更正式的估计量的介绍到此结束。

使用与例中相同的推理，我们可以写出一个随机变量 k 阶矩的嵌入式估计量的表达式。设 X 是一个随机变量，我们从与 X 的分布相同分布中抽取 n 个独立观测值；将这些观测值记为 $X_1,X_2,\cdots,X_n$。那么，X 的 k 阶矩 $E(X^k)$ 的嵌入式估计量就是 k 阶样本矩：

$$\overline{X^k}\frac{1}{n}\sum_{i=1}^{n}X_i^k \tag{8.2}$$

换句话说，k 阶样本矩的计算方法是对每个观测值先 k 次方，再相加，最后除以观测值的数量。[二]该方法还可以扩展到两个或多个随机变量的联合矩。例如，设 X 和 Y 是两个有联合分布的随机变量，我们有 n 个成对的观测值 $(X_1,Y_1),(X_2,Y_2),\cdots,(X_n,Y_n)$，其中每一对都是独立的观测值。联合矩 $E(XY)$ 的嵌入式估计量是 X 的每个样本乘以与其对应的 Y 的样本然后求平均，即 $\frac{1}{n}\sum_{i=1}^{n}X_i Y_i$。我们也可以通过将矩的嵌入式估计量代入函数计算矩的函数的嵌入式估计量，比如方差 $E(X^2)-[E(X)]^2$，就是 X 的一阶矩和二阶矩的函数。

对照我们在第 6 章中建立的评判标准，嵌入式估计量的表现如何呢？嵌入式估计量的一个令人满意的性质是它们通常都是一致的：[三]随着观测值数量的增加，累积分布的泛函的嵌入式估计量接近它们估计的泛函的真实值。然而，嵌入式估计量可能是有偏差的，在某些情况下，它们比某些其他方法得到的估计量有更大的风险。它们的均方误差往往大于——对于大样本来说，不会小于——最大似然估计量的方差，这部分内容我们将在下一章讨论。

尽管在许多情况下被最大似然估计量超越，但嵌入式估计量仍可用于最大似然估计量不能用或难以计算的某些情形。例如，我们不需要知道随机变量所属的分布族，就可以用

[一]　对于连续随机变量，方法是类似的，但是有一些求和与求积分之间的关系的技术性问题，我们可以跳过。

[二]　因为我们讨论的是嵌入式估计量，故我们把这个量写成随机变量 X_i 的函数。一个嵌入式估计值是这个估计量的一个实现，由随机变量 X_i 的观测值计算而得，这些观测值我们用小写字母 x_i 表示。

[三]　你在实践中常见的嵌入式估计量都是一致的，但一致性还与被估计的泛函的一些假定有关。

样本矩来估计其矩。嵌入式估计量可以一致地估计具有任何分布的任何随机变量的矩，只要这些矩存在且样本来自我们感兴趣的分布的独立观测。

练习集 8-2

1. (a) 设 $X_1, X_2, \cdots, X_n$ 是总体 X 的独立同分布的观测值。写出 X 的方差的嵌入式估计量。

   (b) 写出 X 的标准差的嵌入式估计量。

   (c) 设 $(X_1, Y_1), (X_2, Y_2), \cdots, (X_n, Y_n)$ 是随机向量 (X, Y) 的独立观测值，X 和 Y 的协方差的嵌入式估计量是什么？

   (d) 在(c)的假设下，X 和 Y 的相关系数的嵌入式估计量是什么？

2. 虽然方差的嵌入式估计量是一致的，但它是向下有偏的。

   (a) 用模拟的方法证明方差的嵌入式估计量是向下有偏的。在 R 语言中，从正态分布 $N(0,1)$ 中抽取 100 000 个独立样本，每个样本有五个观测值。[回忆一下，服从 $N(0,1)$ 分布的随机变量的方差是 1。]用每个样本计算方差的嵌入式估计量，100 000 个样本的均值是多少？是否非常接近 1？

   (b) 对每个样本的样本量从 2 到 10 重复(a)部分的模拟。观察一下这些结果。你能猜到样本量为 n 的样本的方差的嵌入式估计量的期望值是什么吗？利用这一观察，指出一个方差的无偏估计量。

   (c) [选做，难]证明样本方差的嵌入式估计量的期望是(b)中确定的表达式。

3. [选做]设 X 服从正态分布 $N(0,1)$。$E(X^4)$ 大约是多少？五阶矩怎么样？六阶矩、七阶矩和八阶矩呢？使用模拟判断。（提示：R 软件中的函数 mean() 是求一个向量中所有数字的总和，并除以向量的长度，即向量的均值。）

8.1.2 矩方法估计

矩方法利用样本矩估计量的一致性构造参数的一致估计量。该方法的原理很简单——我们先将想要估计的参数用矩表示，然后用估计的矩代替真实的矩从而得到参数的估计。[一] 每个用矩表示参数的方程都被称为"矩条件"。与任何方程组一样，一般来说，只有当方程组的个数等于未知参数的个数时，才存在唯一解，所以有多少个需要估计的参数，就使用多少个矩条件。[二] 下面我们更加严谨地重述一下本章 8.1 节开头的步骤，设在含有 k 个参数 $\theta_1, \theta_2, \cdots, \theta_k$ 的总体中，现抽得独立同分布的观测值 $X_1, X_2, \cdots, X_n$，要由此估计参数。步骤如下：

(1) 确定 k 个表达式，第 $i(i=1,2,\cdots,k)$ 个表达式为总体的 i 阶矩的参数表达式。

(2) 求解(1)中确定的含有 k 个参数的方程，求出每个参数用前 k 阶矩表示的表达式。

(3) 用样本矩（即 $\overline{X^1}, \overline{X^2}, \cdots, \overline{X^k}$）代替(2)中表达式中的矩。这样得到的表达式就是参数的矩估计量。

图 8-3 展示了该步骤。

  ⊖ 有时，将分布的矩用参数表示所需的微积分是很棘手的。但是，如果我们使用的是一个经过充分研究过的分布，那么这些矩的表达式就可能已经存在了。

  ⊜ 广义矩方法已经超出我们的范围了，它允许使用比参数更多的矩条件。

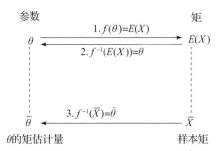

图 8-3   矩方法示意图。目标是估计一个参数（在实践中可能不止一个）θ（左上角），它决定了随机变量 X 的分布。第 1 步，将随机变量的前几阶矩 $[E(X),E(X^2),E(X^3),\cdots]$ 用参数表示，有几个参数，写出几个矩表达式。图中，$f(\theta)$ 是一个输入参数、输出矩的函数。它的逆函数，即输入矩、输出参数的函数是 f^{-1}，这是第 2 步。从函数 $f(\theta)=E(X)$ 中解出反函数 $\theta=f^{-1}(E(X))$，如果我们知道了矩的值，那么我们就可以用反函数 f^{-1} 来计算参数。我们通常不知道矩的具体值，但我们可以通过计算样本矩来估计矩。在第 3 步中，通过将样本矩输入 f^{-1} 中计算矩估计量。虚线表示被估计量-估计量关系，被估计量在上方

我们可以将矩方法应用于第 5 章末尾介绍的简单线性回归模型。回忆一下，在该模型中，Y 是 X 和随机干扰 ε 的线性函数，即：

$$Y=\alpha+\beta X+\varepsilon$$

在那里，我们做了线性假设 A1。

假定 A1   对于所有的 x，$E(\varepsilon|X=x)=0$。

图 8-4 给出了一个回归模型满足线性假设，但不满足一些其他常见的回归假设的示意图。我们即将推导出的参数矩估计量对图 8-4 中的任何模型都是一致的。[⊖]

由假定 A1，我们得到式（5.24）和式（5.29）的结果，即

$$E(Y)=\alpha+\beta\mu_x$$

以及

$$\mathrm{Cov}(X,Y)=\beta\sigma_x^2$$

其中，$\mu_x=E(X)$，$\sigma_x^2=\mathrm{Var}(X)$。由协方差公式 $\mathrm{Cov}(X,Y)=E(XY)-E(X)E(Y)$ 和方差公式 $\mathrm{Var}(X)=E(X^2)-[E(X)]^2$，协方差和方差可以通过 X 和 Y 的矩及联合矩 $E(XY)$ 来求解，从而得到参数 α 和 β 的矩表达式。具体解法为：

$$\alpha=E(Y)-\beta E(X)$$

及

$$\beta=\frac{\mathrm{Cov}(X,Y)}{\sigma_x^2}=\frac{E(XY)-E(X)E(Y)}{E(X^2)-[E(X)]^2}$$

β 的表达式已经完全由矩表示了。为了得到 β 的矩估计量 $\tilde{\beta}$，我们用样本矩替换 β 表达式中的矩。如果我们有 n 对独立的观测值 $(X_1,Y_1),(X_2,Y_2),\cdots,(X_n,Y_n)$，那么

⊖   对于所有这些模型来说，矩估计量都是一致的，但这并不意味着它是所有可能的方法中最佳的。高斯-马尔可夫定理给出了关于同方差模型的最优性结果，比如左边的那些模型。然而，高斯-马尔可夫定理的结果只考虑了有限的一类估计量，例如，它没有考虑最小绝对误差线。

$$\widetilde{\beta} = \frac{\frac{1}{n} \sum_{i=1}^{n} X_i Y_i - \frac{1}{n} \left(\sum_{i=1}^{n} X_i \right) \frac{1}{n} \left(\sum_{i=1}^{n} Y_i \right)}{\frac{1}{n} \sum_{i=1}^{n} X_i^2 - \left(\frac{1}{n} \sum_{i=1}^{n} X_i \right)^2}$$

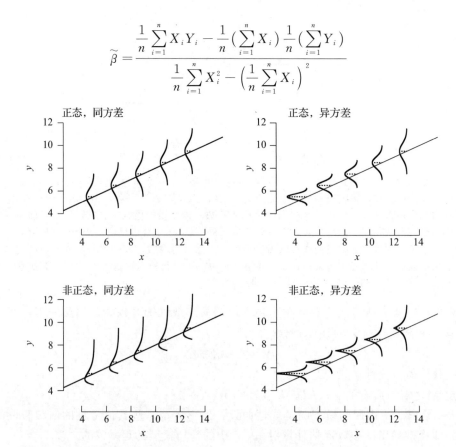

图 8-4   满足线性假定的四个模型示意图。与图 5-8 一样，在每种情况下，都有一条"真正的"回归线，以及表示 X 条件下 Y 的条件密度函数图(旋转了 $90°$)。在所有四种情况下，给定 $X=x$ 条件下的 Y 的期望都是 x 的线性函数。这四个模型的矩估计量都是一致的

分子和分母同时乘以 n，可以将表达式简化，从而得到

$$\widetilde{\beta} = \frac{\sum_{i=1}^{n} X_i Y_i - \frac{1}{n} \left(\sum_{i=1}^{n} X_i \right) \left(\sum_{i=1}^{n} Y_i \right)}{\sum_{i=1}^{n} X_i^2 - \frac{1}{n} \left(\sum_{i=1}^{n} X_i \right)^2} \tag{8.3}$$

前面 α 的表达式中含有 β，现在我们有了一个矩估计量 $\widetilde{\beta}$，我们可以用它来代替 β，得到 α 的矩估计量，我们将其记为 $\widetilde{\alpha}$，于是

$$\widetilde{\alpha} = \frac{1}{n} \sum_{i=1}^{n} Y_i - \widetilde{\beta} \frac{1}{n} \sum_{i=1}^{n} X_i = \frac{\sum_{i=1}^{n} Y_i - \widetilde{\beta} \sum_{i=1}^{n} X_i}{n} \tag{8.4}$$

其中 $\widetilde{\beta}$ 由式(8.3)给出。式(8.3)和式(8.4)中的估计量是一致的。我们在证明它们的一致性时，不需要对 ε 的分布形状做很强的假设——我们只须假设不管 X 取什么值，ε 的期望值均为 0 就可以了。

现在发生了一些有趣的事情。回顾一下式（3.6）和式（3.7）中最小二乘线的系数表达式，并与式（8.3）和式（8.4）进行比较。你会发现，式（3.7）中的最小二乘线的斜率与式（8.3）中 β 的矩估计量相同，只是观测值（小写 x 和 y）被随机变量（大写 X 和 Y）取代了。同样，最小二乘线的截距也与 α 的矩估计量相同。我们是以解释最小二乘线为目标开始对概率进行研究的，现在已经获得了一个重要成果。在线性假定（A1）下，最小二乘线提供了 α 和 β 的矩估计量，它们是一致的。（你在练习集 6-9 中进行的模拟与最小二乘估计量的一致性是相符的。）

为了将最小二乘线解释为一个估计量，我们对数据的生成方式进行了假设。特别地，我们假设它们是由一个线性模型生成的。一种理解估计的方式是将其视为数据汇总的工具，如最小二乘线。一个统计量，如 $\tilde{b}$，是一些观测变量的函数。如果我们对观测变量的源头做出假设，则可以得到统计量的一些新的和令人满意的结果。通常情况下，如果我们愿意做出更强的假设，那么我们可以得到更丰富的结果。目前，我们做了相对温和的假设，得到的回报是估计量的一致性——一个相当小但也不错的性质。我们没有理由认为最小二乘估计量是唯一的好选择。[⊖]在下一章，我们将探讨一些条件，在这些条件下，我们可以得到更强大的结论。

练习集 8-3

1. 设 $X_1, X_2, \cdots, X_n$ 是独立同分布，且服从均匀分布 $U(0, b)$ 的总体的样本，b 的矩估计量是什么？

2. ［选做］用 X 和 Y 的相关性和标准差的嵌入式估计量表示 β 的矩估计量。

8.2　使用 bootstrap 进行半参数区间估计

矩方法提供了半参数（和全参数）情况下的一致点估计，我们也希望能够评估它们的不确定性并进行区间估计。bootstrap [⊖]——本意为自力更生——是一个用于估计标准误差和置信区间的通用工具。

与矩估计一样，理解 bootstrap 方法的一种思路是：如果有足够多的高质量数据，经验分布函数是真实累积分布函数的合理近似。

为了弄明白 bootstrap 方法，考虑下面这种情况：从未知分布的总体中抽样 n 个观测值的样本，估计样本中位数的标准误差。虽然估计这个样本的均值的标准误差是相当简单的，但要估计样本中位数的标准误差却很困难。（我们可用数学方法来解决这个问题，但难度更大。）我们可以用 bootstrap 来估计它。

如果我们能得到真实的概率密度函数或者真实累积分布函数，那么我们能够很容易地估计 n 个样本的中位数的标准误差。我们将模拟多个含 n 个观测值的独立样本，取每个样

⊖　例如，练习集 6-9 表明如果干扰项有拉普拉斯分布，那么最小绝对误差线比最小二乘线提供更有效的估计量。此外，最小绝对误差线在数据污染条件下比最小二乘法更稳健。

⊖　我们只讨论"非参数"bootstrap 方法，这也是大多数人说 bootstrap 方法时的意思，还有一种"参数"bootstrap 方法。

本的中位数，然后估计样本中位数集合的标准差。因为我们可以一致地估计任何随机变量的标准差，[⊖] 只要我们抽取足够多的模拟样本，这样的方法必会收敛于正确的答案。但是，大多数时候，我们是无法执行这个好方法的，因为我们不知道真实累积分布函数。

虽然我们不知道累积分布函数，但我们可以使用经验分布函数来一致地估计它。因此，我们可以从估计的累积分布函数中抽取样本，这个样本应该和真实累积分布函数的样本非常相似。这是 bootstrap 方法的关键观点：简单地说，我们认为原始数据准确地反映了隐含的真实分布，我们从原始数据中再抽取样本——"重新抽样"——来模拟感兴趣的统计量的分布。其操作流程如图 8-5 所示。

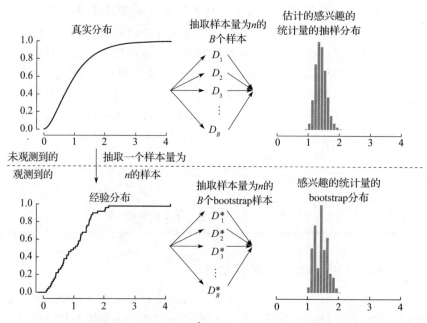

图 8-5　bootstrap 方法示意图。设有一个统计量 $\hat{\vartheta}(D)$，我们需要估计其样本量为 n 的抽样分布。特别地，我们对大小为 n 的样本的区间估计感兴趣。上方的图给出了一种简单方法，如果我们能够获得数据的真实分布，则可以使用这样方法——我们可以从产生样本的真实分布中抽取 B 个样本，每个样本 n 个观测值，并计算每个样本的统计量值，然后用这些统计量值直接估计抽样分布。然而，数据的真实分布通常是无法观测到的。下方的图给出了 bootstrap 策略：我们没有得到真实分布，但我们可以求得样本的经验分布。我们从经验分布中抽取 B 个 bootstrap 样本，具体为通过对 n 个观测值进行有放回抽样抽取 n 个样本值得到一个 bootstrap 样本，共进行 B 次得到 B 个 bootstrap 样本。对于每个 bootstrap 样本，我们计算感兴趣的统计量值。在多数情况下，所得到的 bootstrap 分布近似于未知的真实分布，就像这里一样

更正式一点，假设我们想要获得统计量 $\hat{\vartheta}(D)$ 的近似分布。$\hat{\vartheta}$ 是一个函数——例如中位数、平均值或最大值——应用于一个独立同分布的样本 D。D 中的观测值可能来自一个未知的分布。bootstrap 方法的步骤是：

⊖　只要标准差存在，而且数据不受异常值污染。例如，我们可以使用嵌入估计法估计它。

(1) 计算样本数据 D（样本量为 n）的经验分布函数。

(2) 从经验分布函数中抽取多个含有 n 个观测值的模拟样本，例如 B 个。将这些 "bootstrap" 样本记为 $D_1^*, D_2^*, \cdots, D_B^*$。

(3) 对每个模拟样本，计算感兴趣的估计量 $\hat{\vartheta}$，即计算 $\hat{\vartheta}(D_1^*), \hat{\vartheta}(D_2^*), \cdots, \hat{\vartheta}(D_B^*)$。这些值构成了 $\hat{\vartheta}(D)$ 的 bootstrap 分布。

　　在一些温和的假设下，bootstrap 分布是 $\hat{\vartheta}(D)$ 分布的一致估计。估计的精确度取决于 n（来自原始总体的观测数）和 B（bootstrap 样本数）。B 只受计算时间的限制，我们通常可以很便宜地增加 B：$B \geqslant 10\,000$ 并不少见。但是使原始数据集更大比取更多的 bootstrap 样本要困难得多，因此 bootstrap 分布的准确性受 n 的影响要比受 B 的影响大得多，n 决定了经验分布函数与累积分布函数的近似程度。

　　上述方法中的一个步骤看起来很神秘，从经验分布函数中抽取样本到底意味着什么？在后文的选做练习中，你将会看到，从经验分布函数中抽取 n 个观测值，相当于从原始观测值中有放回地抽取 n 个观测值。也就是说，我们一次抽取 n 个随机观测值，每次抽样时，原始数据集中的每个观测值被选中的概率都是相等的，不管它是否已经包含在 bootstrap 样本中了。⊖

　　我们可以重写 bootstrap 方法为：

(1) 取 B 个 "bootstrap" 样本，每个样本是 n 个观测值的集合，从原始观测值有放回地抽样得到。把这些样本标记为 $D_1^*, D_2^*, \cdots, D_B^*$。

(2) 对每个模拟样本，计算感兴趣的估计量 $\hat{\vartheta}$，即计算 $\hat{\vartheta}(D_1^*), \hat{\vartheta}(D_2^*), \cdots, \hat{\vartheta}(D_B^*)$。这些值构成了 $\hat{\vartheta}(D)$ 的 bootstrap 分布。

　　这个版本的方法等价于前面的三个步骤。要理解这个版本是如何工作的有点困难，但实现它却很容易。

　　举个例子，我们要计算式（8.3）中矩估计量 $\tilde{\beta}$ 的 bootstrap 分布。具体地说，我们将应用本书一直使用的农业数据——数据在图 1-1 中首次提到——去计算矩估计量 $\tilde{\beta}$ 的 bootstrap 分布。为了将 bootstrap 方法应用于 $\tilde{\beta}$，我们需要假定样本中的 11 对 x, y 的数据来自联合分布⊖的独立抽样：

　　假定 A3-S　对所有的 i 和所有的 $j \neq i$，X_i, Y_i 独立于 X_j, Y_j，称之为 "单位独立" 假定。⊜

　　假定 A4-S　对所有的 i，X_i, Y_i 从同一联合分布 $F_{X,Y}(x, y)$ 中抽取，称之为 "分布" 假定。

⊖　对几乎所有的 n（除了最小的），从原始数据集中有放回地抽样几乎都会包括一些重复的观测值，并且排除了其他一些观测值。可以证明，对于大样本，大约 $\mathrm{e}^{-1} \approx 37\%$ 的观测值将被排除在一个给定的 bootstrap 样本外，如果 X 服从 Poisson(1) 分布。

⊖　这些是 "基于样本" 的 bootstrap 方法假设，这种方法也是我们在这里要做的。也可以使用 "基于残差" bootstrap 法，即有放回地抽取残差。"基于残差" bootstrap 方法比 "基于样本" 的 bootstrap 方法有更多的限制性假设。

⊜　这里的 "单位" 是指产生观测值 x, y 的依托实体。在我们使用的农业案例中，单位是国家，通过测量国家的肥料消耗量和谷物产量获得观测值。这一概念我们将从这里一直使用到第 10 章，但是需要谨慎考虑独立性假设。在我们的例子中，可能需要考虑国家的空间位置，也许将两个相邻国家的数据视为相关而不是独立更合理。我们将在尾叙中简要说明这一点。

除了假定 A3-S 和假定 A4-S 外⊖，在下面的所有讨论中，我们还将利用假定（A1）⊖。

bootstrap 方法是一个渐近过程，这意味着它的准确性依赖于样本数量接近于无穷。在实践中，bootstrap 方法也可用于中等规模的样本，但是——正如我们将在练习集中探索的那样——应该是一个大于 11 个观测值的样本，而我们只有 11 个观测值。尽管如此，我们还是要应用 bootstrap 方法，但请记住它对于小样本的局限性。

表 8-1 中左侧为原始数据，按肥料消耗量排序。在右侧的灰色背景中，显示的是一个bootstrap 样本。bootstrap 样本中的每个观测值都出现在原始数据中。一些原始数据的观测结果在 bootstrap 样本中出现了不止一次，还有一些根本没有出现。请注意，在本例中，一个"观测值"是由一对数字——肥料消耗量和谷物产量——组成的。因为斜率的估计值依赖于 x 和 y 的配对观测值，我们在每个 bootstrap 样本中都将其在原始观测值中的配对同时显示出来了。

由原始数据求得 $\widetilde{\beta} = 0.50$，使用这个 bootstrap 样本（从原始观测值中有放回地抽样得到 11 样本）计算得到 $\widetilde{\beta}^* = 0.64$（上标 ∗ 表示这是一个 bootstrap 样本的结果）。为了得到 $\widetilde{\beta}$ 的 bootstrap 分布，我们将编写程序多次重复这个过程，抽取 bootstrap 样本，计算 bootstrap 样本的 $\widetilde{\beta}$，并记录下来。

表 8-1 原始的肥料消耗量和谷物产量数据和一个生成的 bootstrap 样本

原始数据		bootstrap 样本	
肥料消耗量/(kg/ha)	谷物产量/(100kg/ha)	肥料消耗量/(kg/ha)	谷物产量/(100kg/ha)
4	4.26	8	6.95
5	5.68	14	9.96
6	7.24	12	10.84
7	4.82	12	10.84
8	6.95	13	7.58
9	8.81	4	4.26
10	8.04	5	5.68
11	8.33	7	4.82
12	10.84	7	4.82
13	7.58	11	8.33
14	9.96	7	4.82

在 R 中可以通过下面代码生成原始数据：

```
> cbind(anscombe$x1, anscombe$y1)[order(anscombe$x1),]
```

使用如下代码查看 bootstrap 数据：

⊖ "S" 代表"半参数"——我们将在下一章中引入这些假定的不同形式。

⊖ 假定 A3-S 和假定 A4-S 不包含假定 A1，即线性假定。这里有一个微妙的区别。即使线性假定不成立，也完全有可能使用 bootstrap 方法去估计 $\widetilde{\beta}$。问题是，如果线性假定不成立，那么 $\widetilde{\beta}$ 不一定是 β 的一个好的估计量。因此，任何与不确定性相关的表述，如置信区间，就不一定是 β 的置信区间了。对这种置信区间的一种可能解释是，它反映了 $\widetilde{\beta}$ 在样本量变得无限大时收敛到的值的不确定性。

```
> set.seed(8675309)
> cbind(anscombe$x1, anscombe$y1)[sample(1:11, replace = TRUE),]
```

无须重新设置开头的代码，再次运行第二个命令，可以看到不同的 bootstrap 样本。

我们现在需要一种方法来抽取 bootstrap 样本。这里有一个函数[一] boot.samp()，它是输入一个向量或一个矩阵，并返回一个 bootstrap 样本。我们将使用 boot.samp() 函数对两列的矩阵中的行进行抽样。boot.samp() 函数的核心是 sample() 函数，它对向量中的元素进行有放回的抽样：

```
#Draw a bootstrap sample
boot.samp <- function(x){
  #If x is a vector, convert it to a matrix with one column.
  if(is.null(dim(x))){
    x <- matrix(x, ncol = 1)
  }
  n <- nrow(x)
  boot.inds <- sample(1:n, replace = TRUE)
  x[boot.inds,]
}
```

我们还需要一个函数来从两个向量中计算 $\tilde{\beta}$[式(8.3)]。下面的函数是计算式(8.3)的 R 语言代码：[二]

```
beta.mm <- function(x, y){
  n <- length(x)
  (sum(x*y) - (1/n)*sum(x)*sum(y)) /
    (sum(x^2) - (1/n)*sum(x)^2)
}
```

现在我们可以抽取一个 bootstrap 样本来计算我们感兴趣的估计量了。我们所需要的是一种可以多次重复这个过程的方法，下面的代码使用 for() 循环[三]重复该过程 10 000 次：

```
set.seed(8675309) #可选择[四]
B <- 10000
boot.dist <- numeric(B)
dat <- cbind(anscombe$x1, anscombe$y1)
for(i in 1:B){
  samp <- boot.samp(dat)
  boot.dist[i] <- beta.mm(samp[,1], samp[,2])
}
```

[一] 这个函数和下一个函数都可以在本书的 R 包 stfspack 中找到（安装说明见练习集 2-2 的问题 3）。

[二] 也可以使用 lm() 函数，但是 beta.mm() 要快一些，它在下面的一些模拟练习中很有用。

[三] 正如本书中的几个地方所指出的，大多数 R 用户尽可能地避免使用 for() 循环，而倾向于使用向量化方法。向量化这个 bootstrap 过程并不困难，但是 for() 循环使这个过程更加清楚，并且在本例中也运行得很好。

[四] 设置种子可以精确复制这里列出的结果。

变量 boot.dist 储存了 $\widetilde{\beta}$ 的 bootstrap 分布。

bootstrap 分布近似于 $\widetilde{\beta}$ 的抽样分布，有几种方法可以从 bootstrap 分布中提取有用的信息。首先，我们可以绘制它的各种图，如图 8-6 所示，它展示了从 bootstrap 样本计算得到的 $\widetilde{\beta}^{*}$ 的 10 000 个值的直方图。直方图表明 $\widetilde{\beta}^{*}$ 的值是对称的，并且近似服从均值约为 0.5 的正态分布 ⊖。接下来，我们可以使用 bootstrap 分布来估计 $\widetilde{\beta}$ 的标准误差。因为 bootstrap 分布是重复抽样得到的对 $\widetilde{\beta}$ 的分布的估计，bootstrap 分布的标准差必是 $\widetilde{\beta}$ 的标准误差的估计——标准误差是一个估计量的抽样分布的标准差。下面的命令给出了这个估计值：

```
> sd(boot.dist)
[1] 0.1209691
```

现在，我们可以使用 bootstrap 分布来构建 $\widetilde{\beta}$ 的近似置信区间了。有许多方法可以从 bootstrap 分布中得到近似的置信区间，我们将考虑三种方法。第一种方法，如果假定抽样分布为正态分布，那么我们可以使用标准误差的 bootstrap 估计来确定一个置信区间。用 $\hat{\omega}$ 表示 bootstrap 分布的标准误差，对式 (7.3) 稍做调整得到某一感兴趣的统计量 θ 的近似 $1-\alpha$ 置信区间：

$$(\hat{\theta}-\hat{\omega}z_{\alpha/2},\hat{\theta}+\hat{\omega}z_{\alpha/2}) \qquad (8.5)$$

其中，$\hat{\theta}$ 是由原始数据估计出来的 θ，$z_{\alpha/2}=\Phi^{-1}(1-\alpha/2)$，$\Phi^{-1}$ 是标准正态累积分布函数的逆函数。对于 95% 置信区

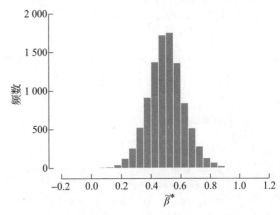

图 8-6　从 10 000 个 bootstrap 样本中计算得到的 $\widetilde{\beta}^{*}$ 值的分布直方图

间，$z_{\alpha/2}=1.96$，在我们的例子中，近似的 95% 置信区间是 $(0.263,0.737)$。有人称之为正态 bootstrap 置信区间。

第二种方法是使用 bootstrap 分布自身的百分位数来获得置信区间。要得到 $1-\alpha$ 百分位数的置信区间，只须确定 bootstrap 分布的 $\alpha/2$ 和 $1-\alpha/2$ 百分位数。在本例中，为了找到一个 95% 置信区间，我们可以使用：

```
> quantile(boot.dist, c(0.025, 0.975))
     2.5%      97.5%
0.2617351 0.7474635
```

结果与我们用正态区间得到的结果非常相近。当 bootstrap 分布是对称的且中位数无偏时，百分位方法效果很好，这表明中位数的期望等于被估计量的真值。从图 8-6 可以看出，

⊖　不完全是正态分布，因为尾部太重了。尽管如此，对于我们的目的来说，轻微背离正态无关紧要。

bootstrap 分布是大致对称的。

第三种方法(选读)适用于更一般情况,我们在下面的框 8-1 中给出。

框 8-1   Bootstrap 枢轴置信区间

用 bootstrap 分布构建置信区间的第三种方法称为基本或枢轴 bootstrap 置信区间。枢轴区间的主要思想为:用在原始估计量附近的 bootstrap 统计量分布,去近似被估计量附近的真实(但未知)抽样分布。更确切地说,将估计量——用它获得估计值 $\hat{\theta}$ ——(未知)分布的第 q 百分位数表示为 $Q(q)$,并将 bootstrap 分布的第 q 百分位数表示为 $Q^*(q)$,我们使用的近似是:

$$\theta - Q(q) \approx \hat{\theta} - Q^*(q)$$

也就是说,假设真值与估计量抽样分布的第 q 百分位数之间的差近似等于 bootstrap 分布的估计值与 bootstrap 分布的第 q 百分位数之间的差。简单地说,我们假设 bootstrap 分布在估计值周围的分布反映了估计量的抽样分布在真正被估计量周围的分布。

考虑一个特殊情况,假设我们已经知道了被估计量的值及其分布。如果已知 θ 和 $Q(q)$ 的分布(对任意 q),那么我们可以构造一个具有任意置信水平的置信区间。(当然如果我们已经知道了 θ ,这样的置信区间就没有多大用处了,但请继续看下去。)例如,我们可以设计一种方法来构建 θ 的 95% 置信区间,使得 $\hat{\theta}$ 落在其分布的"中间" 95%,即 $Q(0.025) \le \hat{\theta} \le Q(0.975)$ 。根据定义, $\hat{\theta}$ 落在其分布中间 95% 处的概率是 0.95。

我们希望在估计值 $\hat{\theta}$ 的周围有一个区间,当 $\hat{\theta}$ 处于其分布的中间 95% 时,这个区间能够捕捉到真实的参数值。让我们把这个问题拆分成两个问题来叙述。首先,如果估计值很小,但处在其分布的中间 95%,则有 $Q(0.025) \le \hat{\theta} < \theta$ 。由 $Q(0.025) \le \hat{\theta}$,我们有 $\theta - Q(0.025) \ge \theta - \hat{\theta}$,在等式两边加上 $\hat{\theta}$ 就得到 $\hat{\theta} + (\theta - Q(0.025)) \ge \theta$ 。因此,如果 $\hat{\theta}$ 很小,但处于其分布的中间 95%,那么以 $\hat{\theta} + (\theta - Q(0.025))$ 为上界的区间就可以保证捕获 θ 。同样,如果估计值很大,但在其分布的中间 95% 范围内,则 $\theta \le \hat{\theta} < Q(0.975)$,则有 $\hat{\theta} - (Q(0.975) - \theta) \le \theta$,则以 $\hat{\theta} - (Q(0.975) - \theta)$ 为下界的区间将捕获 θ 。对于一般情况下的 $1 - \alpha$ 置信区间,我们只须用 $\alpha/2$ 代替 0.025,用 $1 - \alpha/2$ 代替 0.975,就可得到置信区间:

$$[\hat{\theta} - (Q(1 - \alpha/2) - \theta), \hat{\theta} + (\theta - Q(\alpha/2))]$$

一般情况下,我们是不能用这种方式确定一个置信区间的,因为 θ 和函数 Q 是未知的,但如果近似条件 $\theta - Q(q) \approx \hat{\theta} - Q^*(q)$ 成立,就可以得到一个近似区间:用 $Q^*(1 - \alpha/2) - \hat{\theta}$ 代替 $Q(1 - \alpha/2) - \theta$,用 $\hat{\theta} - Q^*(\alpha/2)$ 代替 $\theta - Q(\alpha/2)$ 。得到:

$$[\hat{\theta} - (Q^*(1 - \alpha/2) - \hat{\theta}), \hat{\theta} + (\hat{\theta} - Q^*(\alpha/2))]$$

简化为:

$$[2\hat{\theta} - Q^*(1 - \alpha/2), 2\hat{\theta} - Q^*(\alpha/2)]$$

对于如图 8-6 所示的 bootstrap 分布,其枢轴区间为

```
> b.est <- beta.mm(anscombe$x1, anscombe$y1)
> 2*b.est - quantile(boot.dist, c(0.975, 0.025))
    97.5%     2.5%
0.2527183 0.7384468
```

这种情况下的结果与我们使用正态或基于百分位数获得的区间结果也是近似的。bootstrap 枢轴置信区间在应用的简单性和通用性之间取得了良好的平衡，在使用 bootstrap 构造置信区间时，它是一个很好的默认选择。

使用 bootstrap 分布还可以做很多其他的事情，包括推导出能够纠正我们没有考虑到的问题的置信区间。[⊖] bootstrap 方法的所有优点都源于它们解决困难问题的方式——它们能够应用于那些很难或不可能通过数学推导得到分布的统计量。

通常情况下，bootstrap 方法对区间估计的假定要比许多其他方法宽松得多，例如，抽取数据的总体分布不需要假定为任何已知分布。然而数据必须满足模型假定，从而保证 bootstrap 结果有效。在我们的例子中，必须假定配对数据为从总体或过程中抽取的随机、独立样本，且满足假定 A3-S 和假定 A4-S。此外，bootstrap 方法要求一致性，这根本上是一个大样本属性。非参数 bootstrap 方法不能保证在小样本下很好地工作，因为那将会导致经验分布函数的不精确估计。它也不适用于如果数据稍有变化就会变动很大的统计量（请看下面练习集的问题 2 中的例子）。

由于有第 7 章中讨论的置信区间和 p 值之间的联系，有时也可以用 bootstrap 置信区间进行假设检验。在下一节中，我们将介绍另一种可用于检验许多假设的**重抽样方法**。

练习集 8-4

1. 在此题中，你将探索 bootstrap 分布的精确度如何依赖于 n（样本量）和 B（bootstrap 样本数量）。为了更容易评估 bootstrap 方法的表现，我们仍将它应用在我们熟悉的例子中：估计来自正态分布的独立样本的均值的标准误差。下面的函数[⊖]输入一个数据向量 x，从中抽取 B 个 bootstrap 样本，并返回每个样本的均值（默认情况下的）：

```
#返回一个统计量的值 (by default, the mean)
#根据向量 x 的 B 个 bootstrap 样本计算
boot.dist.1d <- function(x, B, FUN = mean,…) {
  boot.samps <- sample(x, length(x)*B, replace = TRUE)
  boot.mat <- matrix(boot.samps, ncol = B)
  apply(boot.mat, 2, FUN,…)
}
```

   使用 boot.dist.1d() 函数探究 bootstrap 样本的准确度和精确度如何依赖于样本量 n 和 bootstrap 样本数量 B。尝试 n 的值为 5, 20, 50, 100；尝试 B 值分别为 10, 100, 1 000, 5 000。记住，n 个独立正态观测样本的均值也服从正态分布，其期望与产生样本的原始分布的均值相同，标准差为 $\sigma/\sqrt{n}$，σ 为产生数据的原始分布的标准差。使用 rnorm() 函数抽取模拟样本。你可以使用辅助函数^{⊖⊜} wrap.bm()，该函数模拟正态样本，调用 boot.dist.1d() 函数，并通过绘制 bootstrap 样本的直方图及返回包含其均值和标准差的列表来汇总结果。

⊖　参考 "bias-corrected accelerated" bootstrap(Efron, 1987)。
⊖⊜　可以在本书的 R 包 stfspack 中找到（安装说明见练习集 2-2 的问题 3）。

```
#用正态分布模拟样本，取B个bootstrap样本
#绘制直方图，并返回均值和标准差
wrap.bm <- function(n, B, mu = 0, sigma = 1, FUN = mean, …) {
  sim <- rnorm(n, mu, sigma)
  boots <- boot.dist.1d(sim, B, FUN = FUN, …)
  hist(boots, main = "", xlab = "Bootstrap Means")
  list("boot m" = mean(boots), "boot se" = sd(boots))
}
```

2. [选做]中程数(midrange)是一种集中趋势的度量，等于某一数据样本中最小值和最大值的均值。在 R 语言中，你可以使用下列函数计算数值向量的中程数：

```
midrange <- function(x) {
  (min(x) + max(x)) / 2
}
```

对于来自标准正态分布的大小为 n 的独立样本，中程数的标准差大约是 $\pi/\sqrt{24\ln(n)}$，其中，ln 是自然对数[⊖]。通过定义 midrange() 函数并将 FUN= midrange 添加到 wrap.bm() 的调用中，对中程数重复问题 1。bootstrap 标准误差与期望标准误差的近似程度如何？

3. [选做]解释为什么从经验分布函数中抽样与有放回地从原始观测集中抽样是等价的过程。[提示：参考练习集 4-6 的问题 4(b)，理解从分布函数中抽样的含义。特别地，请使用其答案中所提供的图表。]

8.3 使用置换检验的半参数假设检验

在进行假设检验时，我们将检验统计量的值与零假设成立下检验统计量的分布进行比较。如果根据原始数据计算得到的检验统计量是零假设成立下其分布的极端值，那么我们有一定的把握拒绝零假设。对于一些检验统计量，我们可以从数学上推导出零假设成立条件下它们的分布。但是，如果我们不知道抽样数据的分布族该怎么办呢？我们有没有办法去得到，或者至少能够逼近零假设成立条件下检验统计量的分布呢？

在许多情况下，我们可以通过随机重排，或者对原始数据进行顺序上的随机置换得到这一分布。特别地，在零假设成立的前提下，我们尝试置换观测值，使得置换后的数据集与原始数据集被观测到的概率是相同的。如果和置换后的版本相对照，原始数据出现的情况属于小概率事件，那么我们就有把握拒绝零假设。

考虑图 1-1 中的农业数据。我们选择第 5 章最后提出的模型和式(5.23)来研究这些数据：$Y=\alpha+\beta X+\varepsilon$，其中 Y 表示谷物产量，X 表示肥料消耗量，ε 是干扰项，α 和 β 是常数项。接下来，我们要做一些假定，这些假定在这一章的前几节其实我们已经用到了。

假定 A1：线性性质。 对于所有的 x，均有 $E(\varepsilon|X=x)=0$ 成立。

假定 A3-S：单位独立性。 对于所有 i 和 $j\neq i$，X_i，Y_i 与 X_j，Y_j 独立。

⊖　这是渐近(即大样本)结果(Stuart & Ord，1987，14.28 节)，但对于小样本来说它是近似正确的。

假定 A4-S：同分布。 对于所有 i，X_i，Y_i 是来自同一联合分布 $F_{X,Y}(x,y)$ 的样本。

此外，我们还需要一个额外的假定。

假定 A5： 对于所有 i，X_i 和 ε_i 相互独立。我们将这条假定称为"干扰项和自变量独立"假定。

假定 A5 同样隐含了第 5 章（假定 A2）中的同方差假定，但我们在这一部分不会直接用到同方差性。

如果我们想要检验 $\beta=0$ 的假设，也就是说，我们想要检验肥料使用量和谷物产量无关的假设。在这个模型中，$\beta=0$ 意味着

$$Y=\alpha+\varepsilon \tag{8.6}$$

换句话说，谷物产量 Y 是常数 α 和一个期望为 0 的随机变量 ε 之和，ε 与 X 无关。进一步，对 Y 的每个单独观测值有贡献的 ε 值是来自同一未知分布的独立抽样。在零假设下，Y 中唯一的随机部分就是 ε，由于 ε 与 X 独立，因此 Y 也与 X 独立。在零假设下，X 和 Y 的相互独立性让我们可以利用**置换检验**方法检验零假设。

我们引入一些符号以便更清楚地解释这一切。将一系列肥料消耗量的观测值设为 x_1，$x_2,\cdots,x_{10},x_{11}$。类似地，将一系列谷物产量的观测值设为 $y_1,y_2,\cdots,y_{10},y_{11}$。由于观测值是配对的，我们可以将其记为 $\{x_1,y_1\},\{x_2,y_2\},\cdots,\{x_{11},y_{11}\}$。观测到这 11 对组合的概率可以用一个联合密度函数来表示：

$$f_D(\{x_1,y_1\},\{x_2,y_2\},\cdots,\{x_{11},y_{11}\})$$

其中下标 D 表示"数据"，是控制所有观测数据的联合密度函数的简写。因为我们不知道 X 或是 Y 的分布，我们关于 f_D 形式的设定不可能非常精确，但也足够取得一些进展。

首先，需要注意的是，我们假设每一对 X，Y 组合与其他组合都是相互独立的（假定 A3-S）。回顾练习集 5-2 的问题 3，你证明了一组相互独立随机变量的联合概率质量函数是每个随机变量概率质量函数的乘积，对于联合概率密度函数来说这一规则同样适用。因此，我们有：

$$f_D(\{x_1,y_1\},\{x_2,y_2\},\cdots,\{x_{11},y_{11}\})=f_{X,Y}(x_1,y_1)f_{X,Y}(x_2,y_2)\cdots f_{X,Y}(x_{11},y_{11})$$

也就是说，所有数据的联合密度函数是每一观测对联合密度函数的乘积。因为 X 和 Y 在零假设下也是相互独立的，我们可以将 X 和 Y 的联合密度函数分解为 X 和 Y 的边缘密度函数之积：$f_{X,Y}(x,y)=f_X(x)f_Y(y)$。所以如果零假设成立，那么

$$f_D(\{x_1,y_1\},\{x_2,y_2\},\cdots,\{x_{11},y_{11}\})=f_X(x_1)f_Y(y_1)f_X(x_2)f_Y(y_2)\cdots f_X(x_{11})f_Y(y_{11})$$

现在注意如果零假设为真，任何不同的 $x_1,x_2,\cdots,x_{11}$ 和不同的 $y_1,y_2,\cdots,y_{11}$ 的配对，将具有相同的联合密度函数——每个观测的边缘密度的乘积。举个例子：

$$f_D(\{x_1,y_6\},\{x_2,y_1\},\cdots,\{x_{11},y_4\})=f_X(x_1)f_Y(y_1)f_X(x_2)f_Y(y_2)\cdots f_X(x_{11})f_Y(y_{11})$$

如果零假设成立，那么任何一种将 11 个肥料消耗量和谷物产量配对的方式（每一对包含一个肥料消耗量观测值和一个谷物产量观测值），都是等价的。

这一观测意味着我们可以生成许多假设样本，使得在零假设成立的前提下，这些假设样本和原始数据被观测到的可能性相同。如果相较于这些生成的假设样本，原始数据得到了一个小概率的检验统计量，那么我们拒绝零假设。具体步骤如下：

（1）选择一个检验统计量，并根据原始数据计算这一统计量的值，我们将结果记为 s_d。

（2）将数据进行顺序上的随机置换，使其在零假设成立的条件下生成一个与原始数据可能性相同的假设数据集。

（3）根据随机置换后的数据计算检验统计量并将结果保存。

（4）重复步骤（2）和（3）许多次。[⊖] 计算得到的检验统计量集合称为一个"置换分布"。

（5）将原始数据统计量 s_d 与置换分布进行比较。

　　另一种解释置换检验的方式基于经验分布函数。配对的观测数据 (X_i, Y_i) 定义了一个联合经验分布，它包含了 X、Y 的信息以及 X 和 Y 之间的关联信息。X、Y 的关联信息包含在观测值的配对中。通过随机地重新配对 X 和 Y 的观测值，我们形成了一个新的联合经验分布，将关于 X 和 Y 的信息完全保留下来，也就是说，X 和 Y 的值没有改变，但是在原始数据集中的 X 和 Y 之间的关联信息被打破了。[⊖] 因此，如果 X 和 Y 是独立的，那么置换样本"类似于"一个现实中可能观测到的样本。如果在原始数据集中观测到的关联信息与在置换数据集中观测到的关联信息相似，那么就没有证据可以拒绝 X 和 Y 相互独立这一假设。

　　表 8-2 给出了原始数据和一个随机重排后的样本（即置换样本）。如果零假设成立，置换样本被观测到的可能性与原始数据一样大。注意每个原始数据中的谷物产量观测值在置换数据集中仅出现一次，但在大多数情况下，它与一个不同的肥料消耗量配对。根据原始数据计算得 $\widetilde{\beta}=0.50$，但根据置换数据计算得 $\widetilde{\beta}_p=-0.19$，两个结果的差距较大（下标 p 表示这一结果是根据置换样本得到的）。为了识别零假设 $\beta=0$ 成立条件下 $\widetilde{\beta}$ 的置换分布，我们利用计算机编程重复这一步骤很多次，每次都将样本进行随机置换，计算置换样本的 $\widetilde{\beta}$ 并记录结果。

表 8-2　肥料消耗量、谷物产量的原始数据和一个随机置换样本

原始数据		随机置换样本	
肥料消耗量/(kg/ha)	谷物产量/(100kg/ha)	肥料消耗量/(kg/ha)	谷物产量/(100kg/ha)
4	4.26	4	8.81
5	5.68	5	4.26
6	7.24	6	9.96
7	4.82	7	8.04
8	6.95	8	8.33
9	8.81	9	10.84
10	8.04	10	6.95
11	8.33	11	5.68
12	10.84	12	7.58
13	7.58	13	7.24
14	9.96	14	4.82

⊖　在处理小样本时，有时候可能每一种可能的配对都包含在置换分布中。但通常情况下，我们只是使用了大量的随机选择的置换配对。

⊖　因为置换分布只考虑观测数据的重新配对，所以它们是一种条件推断（conditional inference），该推断取决于 X 和 Y 的边缘经验分布。条件推断在统计理论中提出了一些有趣的难题，其有关技术方面的处理，可以参考 Lehmann & Romano（2005）第 10 章，特别是例 10.2.5。

在 R 中，想查看置换数据，可以使用下列语句：

```
> set.seed(8675309)
> cbind(anscombe$x1, anscombe$y1[sample(1:11, replace = FALSE)])[order
(anscombe$x1),]
```

若想生成不同配对的置换结果，无须重新设置或运行第一行代码，重新运行第二行代码即可。

我们需要一个能够按照指定要求将样本进行重新排列的函数，打乱原始观测配对。本书提供了一个函数[一]可以接受矩阵，并独立地对矩阵的列进行排序[二]。与 boot.samp() 一样，该函数的核心是 sample() 函数，我们在应用时不放回抽样。

```
#独立置换矩阵的列
perm.samp <- function(x){
  apply(x, 2, sample)
}
```

我们用 beta.mm() 函数计算每个置换样本的 $\widetilde{\beta}$ [式(8.3)]。下面的代码通过 for() 循环重复该步骤 10 000 次。

```
set.seed(8675309) #可选择[三]
nperms <- 10000
perm.dist <- numeric(nperms)
dat <- cbind(anscombe$x1, anscombe$y1)
for(i in 1:nperms){
  samp <- perm.samp(dat)
  perm.dist[i] <- beta.mm(samp[,1], samp[,2])
}
```

变量 perm.dist 现在存储了 $\widetilde{\beta}$ 的置换分布，其分布直方图如图 8-7 所示。

为了计算检验零假设 $\beta = 0$ 的双侧 p 值，我们计算置换样本中 $\widetilde{\beta}_p$ 的绝对值大于原始数据 $\widetilde{\beta}$ 的绝对值的比例。

```
> b.orig <- beta.mm(anscombe$x1, anscombe$y1)
> b.orig
[1] 0.5000909
> mean(abs(perm.dist) >= b.orig) #p值
[1] 0.0033
```

因此，$p \approx 0.003$，大多数人会认同这是拒绝零假设的证据。

我们已经检验了 $\beta = 0$ 的零假设，并且在检验过程中我们没有假设干扰项 ε 的分布属于某一特定分布族。能够避免假设 ε 服从某一分布（例如正态分布）是有好处的。

㊀　可在本书的 R 包 stfspack 中找到（安装说明见练习集 2-2 的问题 3）。
㊁　在这种情况下，我们只需要对其中一列进行置换，但同时进行置换也无妨。
㊂　设置种子以复制本书给出的确切结果。

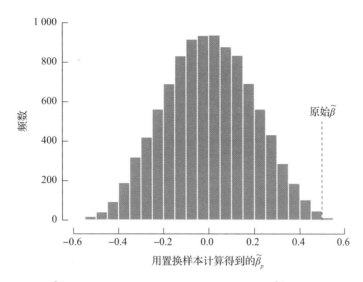

图 8-7　$\widetilde{\beta}$ 的置换分布。根据原始数据计算得到的 $\widetilde{\beta}$ 是置换分布中
的极端值，因此我们有理由拒绝零假设

置换检验的推崇者将置换检验描述为"无假设的"，但其实它们并不是无假设的。对于置换检验方法，我们假设了线性性质、单位独立性、所有观测数据都来自一个相同的分布以及自变量 X_i 与干扰项 ε_i 相互独立。在这些假设下，我们计算了在零假设 $\beta=0$ 成立条件下 p 的值。事实上，说我们检验的零假设为 $\beta=0$ 从某种意义上讲具有误导性。更准确的说法是，我们在假设 A1、假设 A3-S、假设 A4-S 和假设 A5 成立的前提下检验零假设 $\beta=0$。原则上，一个较小的 p 值可能意味着：或 $\beta\neq0$，或假设中至少有一个是错误的，或只是发生了一个小概率事件。但这个问题并不是置换检验所独有的，我们在第 7 章中讨论过这个问题，我们在这里再次提到它只是为了强调：置换检验和其他非参数和半参数检验也是建立在一些重要的假设基础上的。

置换检验是非常有价值的，值得认真研究。特别是置换检验所具有的灵活性尤为有用——置换检验可以应用于许多涉及独立观测数据的假设。置换检验的功效与做出严格分布假设的其他备选方法相当。在接下来的练习集和下一章的内容中，你将有机会去运用置换检验，并将它们与其他备选方法进行比较。

练习集 8-5

1. 一个客户提供给你 20 块小麦田的产量数据。你的客户对一种肥料添加剂 Z 物质的效果很感兴趣。她随机给 10 块田施了添加 Z 物质的肥料，另外 10 块田地施了没有添加 Z 物质的肥料。可以假设不同麦田的产量是相互独立的。请你设计一个置换检验来评估在肥料中加入 Z 物质会改变小麦产量这一说法。检验的零假设和备择假设分别是什么？

2. sim.perm.B 函数（在 stfspack 包里，见练习集 2-2 的问题 3）利用 sim.lm() 函数（见练习集 5-5 的问题 2）、perm.samp() 函数以及 beta.mm() 函数（正文），根据第 5 章末的简单线性模型来模拟数据，计算检验 X、Y 独立的零假设的双侧置换 p 值。参数和默认设置为

```
sim.perm.B(n, nsim, a, b, nperm = 500, sigma.disturb = 1, mu.x = 8, sigma.x =
2, rdisturb = rnorm, rx = rnorm, het.coef = 0)
```

n 是每次模拟要抽取的观测对数，nsim 表示运行的模拟次数，nperm 是为了得到置换分布进行的随机置换次数。其他参数与 sim.lm() 中的相同；关键参数是 a（表示模拟线性模型的截距）和 b（模型的斜率 β）。输出是 nsim 次置换的 p 值向量，每个值对应一次模拟。例如，要从截距为 3、斜率为 0.5、每次试验有 10 对观测值的模拟中产生 20 个 p 值，使用下列语句

```
sim.perm.B(n = 10, nsim = 20, a = 3, b = 0.5)
```

当显著性水平为 5% 时，用 sim.perm.B() 检验双侧置换检验犯第一类错误的概率和功效。运用 $\beta = 0.1$ 和 $\beta = 0.2$ 的模拟数据检验 $\beta = 0$ 的零假设，干扰项的方差设为 1（默认值）。在每个模拟数据集中分别使用 $n = 10$、$n = 50$ 和 $n = 100$ 对观测值，并对每个模拟数据集进行 500 次置换（默认值），为 n 和 β 的每个组合生成 500 个数据集。你可以选择任何你想要的 a 的值，并将所有其他参数保持默认值。

8.4 结论

使用嵌入式估计和矩估计来得到一致点估计已经有很长的历史。非参数和半参数区间估计和推断背后的思想也有着悠久的历史。置换检验至少可以追溯到 20 世纪 30 年代。[⊖]bootstrap 方法虽然没有置换检验方法那么古老，但也是由 Bradley Efron 早在 20 世纪 70 年代就构想出来的，而一种类似的方法——刀切法（jackknife）——提出的时间甚至更早。但是，在大多数研究人员能够便捷地使用计算机之前，重抽样方法是不切实际的。在此之前，想要避免分布假设的研究人员不得不依赖于计算量较小的方法。[⊖]虽然这些方法很聪明，但它们不如 bootstrap 方法和置换检验法那样广泛适用。

尽管重抽样方法现在比以往任何时候都要重要，但在许多领域，它们仍未得到充分利用。与其他一些方法相比，重抽样方法涉及的假设较少，而且在概念上也很简单。一个设计恰当的 bootstrap 方法或置换检验方法可以避免我们对分布假设的束手无策，或者避免困难的数学运算，同时它们的计算成本通常是可以承受的。

尽管如此，我们还是可能对重抽样方法不够重视，它们真正的优点被其他夸大的优点所掩盖。有的时候，人们声称 bootstrap 方法在观测值很少的情况下表现特别好，但这与事实恰恰相反。就其本身而言，置换检验所能检验的零假设远远比人们能意识到的更加广泛。

在下一章我们将介绍参数方法，这些方法对生成数据的过程做了更多的假设。作为更严格假设的收益，参数方法提供了计算简便性、有效性保证和更多功效。

⊖ 事实上，置换检验在某种意义上是最原始的假设检验方法。1936 年，费希尔表示，他提出的方法的目标是复现一些本来可以通过置换检验得到的结论，如果它更实用的话。他写道："统计学家没有运用这个非常简单乏味的方法，但他们的结论除了与这个基本方法可以得出的结论一致外，没有任何依据。"（引自 Ernst，2004）

⊖ 许多老式非参数推断方法不需要密集的再抽样，例如 Kruskal-Wallis 检验和 Mann-Whitney U 检验。

8.5　本章小结

非参数和半参数统计方法假定模型的性质不能由有限数量的参数来刻画。例如，一个干扰来自未知分布的独立抽样的线性回归模型是半参数的，因为它在包含截距和斜率作为回归参数的同时包含了一个非参数部分，即干扰项的未知分布。

非参数和半参数方法的核心是经验分布函数，在数据确实是来自同一分布的独立观测值的情况下，经验分布函数是真实累积分布函数的一致估计。利用嵌入式估计和矩方法，我们通过利用经验分布函数替换真实分布函数来估计函数或参数。这样的估计量对于一大类估计对象来说是一致的。为了研究点估计的抽样分布，我们使用 bootstrap 方法从经验分布函数中重抽样。对于假设检验，可以使用基于 bootstrap 方法的置信区间，也可以进行置换检验，置换检验可以用来进行独立性检验。

重抽样方法（包括 bootstrap 方法和置换检验法）是非常灵活的，且只要有一点编程知识就可以轻松实现。虽然它们并不是万能的，但它们的确非常有用。

8.6　延伸阅读

Efron, B. , & Tibshirani, R. (1986). Bootstrap methods for standard errors, confidence intervals, and other measures of statistical accuracy. *Statistical Science*, 1, 54-75.

这篇文献介绍了 bootstrap 方法以及人们可以用 bootstrap 分布实现的一些工作。这篇文献对数学的要求比本书高，但你可以读懂最核心的部分。第一作者 Efron 是 bootstrap 方法的提出者（Efron, 1979）。

Ernst, M. D. (2004). Permutation methods：a basis for exact inference. *Statistical Science*, 19, 676-685.

这篇文章清楚地阐释了置换检验，对数学的要求比本书稍高。

Hothorn, T. , Hornik, K. , Van De Wiel, M. A. , & Zeileis, A. (2008). Implementing a class of permutation tests：the coin package. *Journal of Statistical Software*, 28, 1-23.

本文的主要内容——coin 包——非常流行，该包提供了一系列在 R 中运行置换检验的方法。此外，还有一个用来实现 bootstrap 方法的 boot 包（见 Davison & Hinkley, 1997；Canty & Ripley, 2017）。

第 9 章　参数估计与推断

关键词：费希尔信息，极大似然估计量的函数不变性，似然函数，似然比检验，对数，对数似然，极大似然估计，瓦尔德检验，威尔克斯定理。

我们继续利用假定去换取更多的研究结果。在本章中，我们考虑完全参数模型，即整个模型的行为(包括所有随机变量的分布)可以用有限数量的参数来描述。与前一章的半参数和非参数模型相比，参数模型更加结构化，但与下一章的贝叶斯方法相比，它们就不那么结构化了。

大多数关于统计学的介绍集中在类似于本章中提到的参数方法上。这些方法的重要性不像计算机广泛可用之前那样突出了，计算机技术使得重采样方法和贝叶斯方法比以前更加实用。尽管如此，学习全参数模型的估计知识仍然有很好的理由——只要满足它们的假设，它们就是一致的、有效的和功效强大的。此外，即使你倾向于非参数方法或贝叶斯方法，了解参数方法将有助于你与其他数据分析师交流。

在第 8 章中，最重要的数学工具是经验分布函数，而本章的数学重点是**似然函数**，或直接就称"似然"。似然函数使我们能够根据参数 θ 解释观测数据的能力来比较其数值。粗略地说，似然回答了这样一个问题：如果真实的模型参数为 θ，观测到数据 d 的可能性有多大？

我们通过提供候选参数值作为自变量来建立似然函数。假设观测数据 d 是一个随机变量[⊖]D 的实现，其概率质量函数或概率密度函数为 $f_D(d\,|\theta)$。似然函数 $L(\theta)$ 等于在观测数据上计算所得的概率质量函数或概率密度函数，即

$$L(\theta)=f_D(d\,|\theta) \tag{9.1}$$

既然似然函数等于随机变量取到观测数据的概率质量或密度函数，那么为什么要把它定义为一个单独的概念呢？为什么不直接说密度——一个我们已经熟悉的结构呢？原因是，将似然函数看成未知参数的函数而不是数据的函数，这可以为后续处理带来极大的方便。我们这样看待似然函数是为了假设参数值不同，提出关于数据——这些数据现在被假定为固定的——的合理性的问题。

很多时候，我们不直接使用似然函数，而是使用对数似然函数(见框 9-1)。原因是似然函数通常是乘积形式，在数学上处理起来很不方便。取对数后可以用求和而不是乘积来计算，这要容易得多。例如，假设数据是 n 个独立的观测值 $x_1,x_2,\cdots,x_n$，每个观测值对应的总体的密度函数都是 $f_X(x)$，该密度函数有一个未知参数 θ。因为观测样本是独立同分布的，联合密度函数在观测值处的值是

$$f_{X_1,X_2,\cdots,X_n}(x_1,x_2,\cdots,x_n)=f_X(x_1)f_X(x_2)\cdots f_X(x_n)=\prod_{i=1}^{n}f_x(x_i)$$

(符号 ∏ 表示连乘，∑ 表示求和)如此多个乘积通常很难用数学方法来计算。取对数后更容易计算，乘积的对数是被乘项的对数之和[见框 9-1 中的式(9.3)]，因此

⊖　这个随机变量可以是一个向量，这意味着它可以包含我们想要的任意多个观测结果。

$$\ln[f_X(x_1)f_X(x_2)\cdots f_X(x_n)]=\sum_{i=1}^{n}\ln[f_X(x_i)]$$

基于这个关系，我们得到了似然函数的对数，或**对数似然函数**，我们用小写字母 l 表示它：

$$l(\theta)=\ln[L(\theta)] \tag{9.2}$$

对数似然函数比似然函数更容易操作。如果求得了对数似然，想要知道似然函数本身，我们可以通过对式(9.2)求逆来得到它。图 9-1 给出了似然函数和对数似然函数的描述。

框 9-1 对数

为了对似然函数进行运算，我们需要取**对数**，对数还没有在本书出现过。一个数 z 的对数是某个被称为"底数"的数为了等于 z 而需要乘方的幂。在本书中，我们只关心"自然"对数——使用欧拉常数 $e=2.718\cdots$ 作为底数。自然对数用符号 $\ln$ 表示，我们可以用符号来定义：

$$z=e^{\ln z}$$

对我们来说，对数有两个重要性质。

第一个，乘积的对数是乘项的对数之和，用符号表示为：

$$\ln(yz)=\ln y+\ln z \tag{9.3}$$

为了证明这个公式，注意：根据自然对数的定义，$yz=e^{\ln y}e^{\ln z}$，根据代数知识，如果 a,b，c 是实数，那么 $a^b a^c=a^{b+c}$，从而 $e^{\ln y}e^{\ln z}=e^{\ln y+\ln z}$，所以 $\ln(yz)=\ln y+\ln z$。

第二个，回忆一下 ax^n 形式的多项式积分的"上加一，放下面"规则（附录 A 练习集 A-3）。当 $n=-1$ 时，"上加一，放下面"规则并不适用，因为除以 0 没有意义。于是，自然对数函数是求多项式积分的解决方法。ax^{-1} 的积分是一个自然对数函数：

$$\int ax^{-1}dx=a\ln x+C \tag{9.4a}$$

因为微分和积分是互逆过程[式(A.5)]，式(9.4a)意味着 $a\ln(x)$ 关于 x 的导数是

$$\frac{d}{dx}a\ln x=ax^{-1}=a/x \tag{9.4b}$$

我们经常需要用到这个公式，因为我们需要通过求对数似然函数的导数来求它的最大值点。

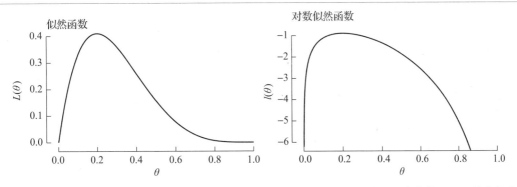

图 9-1 图中纵轴上分别是似然函数值（左图）和对数似然函数值（右图），横轴上是参数值。所用的数据是独立抛一枚硬币五次，每次正面朝上的概率为 θ（未知）。数据显示，五次抛硬币有一次正面朝上，另外四次反面朝上。似然函数和对数似然函数图形相似：它们都是从低处开始，在 $\theta=0.2$ 处达到单峰值，并在 θ 接近 1 时下降。一个区别是，似然函数不能取负值，而对数似然函数向下是无界的

似然函数为估计和推理提供了一个框架。我们将考虑通过极大化似然函数方法进行参数的点估计，在这种方法中，选择估计值是为了使得观测到的数据的概率（或与概率密度对应的概率）最大化。我们还将简述极大似然估计量的标准误差的计算。最后，我们将考虑似然比检验，它通过比较两个相互对立假设的模型的似然来检验哪个模型与样本数据拟合得更好。

练习集 9-1 ⊖

1. 判别真假：代入观测数据后，使 $L(\theta)$ 达到最大值的 θ 是真实 θ 的最有可能取值。如果为假，请修改，使之为真。

2. 用最简单的形式回答下列各问题：

   (a) 正态分布 $X \sim N(\mu, \sigma^2)$ 的概率密度函数。

   (b) 假设 x 是 X 的一个观测值，写出 x 对应的对数似然函数（含参数 μ）。

   (c) 设 X_1, X_2 独立，均服从正态分布 $N(\mu, \sigma^2)$，写出其联合密度函数。

   (d) 假设 x_1, x_2 是 X_1, X_2 的一个观测值，写出其对数似然函数（含参数 μ）。

   (e) 假设 $x_1, x_2, \cdots, x_n$ 是 n 个独立且服从正态分布 $N(\mu, \sigma^2)$ 的随机观测值，写出其对数似然函数。

9.1 参数估计的极大似然估计法

极大似然估计法可能是最常用的估计方法。简言之，一个参数的极大似然估计值是使观测数据发生的概率达到最大的参数的值。更正式地说，假设我们希望用数据 d 来估计一个参数 θ。如前一节所述，这个数据被视为随机变量 D 的一个实现，其概率质量函数或概率密度函数为 $f_D(d|\theta)$。根据式（9.1）中的定义，似然函数为 $L(\theta) = f_D(d|\theta)$，$\theta$ 的极大似然估计值为 $\hat{\theta}$，

$$\hat{\theta} = \arg\max_{\theta} L(\theta) \tag{9.5}$$

argmax 是极大值参数（argument of the maximum）的缩写。假设 $L(\theta)$ 有唯一的极大值点，这里的意思 $\hat{\theta}$ 是使函数 $L(\theta)$ 达到极大值的 θ 值（即极大值点），$\hat{\theta}$ 不是 $L(\theta)$ 的极大值，$L(\theta)$ 所取的极大值是 $\max L(\theta)$。方便的是，使似然函数达到极大值的 θ 值与使似然函数的对数达到极大值的点是相同的。⊖ 因此，我们就可以等价地写成

$$\hat{\theta} = \arg\max_{\theta} l(\theta) \tag{9.6}$$

在实践中，我们通常使用式（9.6）而不是式（9.5）来寻找极大似然估计值。

要求得极大似然估计量，需要下列三个步骤：

(1) 写出似然函数 $L(\theta)$。

(2) 取似然函数的对数，得到 $l(\theta)$，并尽可能地简化它。

(3) 求对数似然函数 $l(\theta)$ 的极大值点 $\hat{\theta}$。使 $l(\theta)$ 达到极大值的 $\hat{\theta}$ 也使 $L(\theta)$ 达到极大值；这个 $\hat{\theta}$ 就是极大似然估计值，将 $\hat{\theta}$ 中的样本值符号换成随机变量的样本符号就得到 θ 的极大似然估计量。

⊖ 详细的解答及 R 脚本，请参阅本书的 GitHub 资源库（github.com/mdedge/stfs/）。

⊖ 记住，$z = e^{\ln z}$ 意味着增加 z 的值总会增加 $\ln z$ 的值。见图 9-1。

让我们举一个例子来熟悉这些步骤。假设我们从一个指数分布 $E(\lambda)$（见表 4-2）中抽取 n 个独立同分布的观测值。指数分布通常用于涉及等待时间问题的建模，例如机器的部件下一次发生故障所需的时间。我们可以把 n 个观测值想象成 n 个灯泡的寿命，目的是估计灯泡的损坏率 λ。现在观测样本是独立随机变量 $X_1, X_2, \cdots, X_n$，概率密度函数为指数族密度函数：当 $x > 0$ 时，$f_X(x) = \lambda e^{-\lambda x}$，当 $x \leqslant 0$ 时，$f_X(x) = 0$。我们希望用极大似然估计法来估计 λ。

第一步是写下观测样本的联合概率密度函数在观测值 $x_1, x_2, \cdots, x_n$ 处的值。因为观测样本是独立的，所以它们的联合密度函数是它们各自的概率密度函数的乘积。因此，联合概率密度函数是

$$f_{(X_1, X_2, \cdots, X_n)}(x_1, x_2, \cdots, x_n \mid \lambda) = \prod_{i=1}^{n} \lambda e^{-\lambda x_i}$$

提醒一下自己，我们的目的是找一个参数来极大化这个函数，我们将它重新记为一个似然函数：

$$L(\lambda) = \prod_{i=1}^{n} \lambda e^{-\lambda x_i}$$

这是我们要极大化的函数。

如上所述，求 $L(\lambda)$ 的极大值点是困难的。因此，第二步是取对数似然函数 l。让我们把它分成几步来完成。记住，根据式（9.3），乘积的自然对数是乘项的自然对数的和。因此，我们将从 1 到 n 的乘积转换为从 1 到 n 的和：

$$l(\lambda) = \ln[L(\lambda)] = \ln\left(\prod_{i=1}^{n} \lambda e^{-\lambda x_i}\right) = \sum_{i=1}^{n} \ln(\lambda e^{-\lambda x_i})$$

下一步，注意 $\lambda e^{-\lambda x_i}$ 本身就是一个乘积，所以 $\ln(\lambda e^{-\lambda x_i}) = \ln\lambda + \ln(e^{-\lambda x_i})$。根据自然对数的定义，$\ln(e^{-\lambda x_i}) = -\lambda x_i$。综上，可以得到对数似然函数的一个简化形式，

$$l(\lambda) = \sum_{i=1}^{n} (\ln\lambda - \lambda x_i)$$

我们还可以进一步简化。求和中的第一项 $\ln\lambda$ 不依赖于 i，所以我们可以把它从和中取出来，用 $n\ln\lambda$ 代替，第二项的特征是 λ 不依赖于 i，也可以从和中提出来。因此，我们有

$$l(\lambda) = n\ln\lambda - \lambda \sum_{i=1}^{n} x_i$$

现在，根据样本值的均值是 $\overline{x} = \dfrac{1}{n} \sum_{i=1}^{n} x_i$，可以用 $n\overline{x}$ 代替 $\sum_{i=1}^{n} = x_i$，

$$l(\lambda) = n\ln\lambda - \lambda n\overline{x}$$

现在对数似然函数是一种我们可以极大化的形式。

第三步是找到使对数似然函数达到极大值的 λ 的值。回忆一下，求一个函数的极大值点的一种方法是找到使函数的导数等于零的自变量的值，这是我们在第 3 章中用来极小化均方误差的方法，这也是我们在这里要做的。对数似然函数被写成了关于 λ 的两个函数的和，根据式（A.4），和的导数是导数的和。由式（9.4b），$n\ln(\lambda)$ 关于 λ 的导数为 $n\lambda^{-1} = \dfrac{n}{\lambda}$，

$\lambda n \overline{x}$ 的导数为 $n\overline{x}$ [由式(A.2)]。因此,

$$\frac{\mathrm{d}}{\mathrm{d}\lambda} l(\lambda) = \frac{n}{\lambda} - n\overline{x}$$

将对数似然函数的导数设为零,我们求解关于 λ 的方程:

$$0 = \frac{n}{\lambda} - n\overline{x}$$

两边都除以 n,得到

$$0 = \frac{1}{\lambda} - \overline{x}$$

两边同时加上 $\overline{x}$,并取倒数得,

$$\lambda = \frac{1}{\overline{x}}$$

这是对数似然函数的唯一驻点。为了确认它是一个极大值点,我们检查对数似然函数的二阶导数(练习集 A-1 的问题 2)

$$\frac{\mathrm{d}^2}{\mathrm{d}\lambda^2} l(\lambda) = -\frac{n}{\lambda^2}$$

因为 n 和 λ^2 总是正的,所以二阶导数总是负的,这意味着 $\lambda = \frac{1}{\overline{x}}$ 能使对数似然函数极大化。因此,对于来自指数分布的独立同分布的观测,λ 的极大似然估计是样本均值的倒数,

$$\hat{\lambda} = \frac{1}{\overline{x}}$$

虽然使用微积分知识并不总是能够求得对数似然函数的最大值点,但使用计算机进行数值最大化通常是很方便的。极大似然估计量在相对较弱的条件下具有许多理想的性质。我们将忽略一些技术假设,但重要的一个必须要记住:我们假定数据是由似然函数指定的模型生成的。如果数据是以另一种方式产生的,那么我们将得到一个错误的量的好估计,可能还不如一个正确的量的次优估计好。

(1) 极大似然估计量是一致的——随着样本量的增加,它们收敛于被估计量的真实值。(一致性意味着它的渐近无偏性,但极大似然估计量在有限的样本中可能会有偏差。)

(2) 极大似然估计量是渐近正态分布的。这意味着当抽取的样本量趋于无穷时,极大似然估计量的分布接近于正态分布。在实践中,对于中等规模的样本来说,许多极大似然估计量也是近似正态的。

(3) 在大样本极限下,没有比极大似然估计量具有更低均方误差的一致估计量了。也就是说,极大似然估计是渐近有效的。

(4) 极大似然估计量是函数不变的。也就是说,如果你想估计一个参数的函数,不妨记为 $\tau = g(\theta)$,其中,θ 是一个参数。那么 τ 的最大似然估计量是 $\hat{\tau} = g(\hat{\theta})$,其中 $\hat{\theta}$ 是 θ 的极大似然估计量。

有三点要引起注意。首先,再一次说明,极大似然估计值不是在给定数据下最有可能的参数的值。它是一个使数据最有可能发生的参数值。贝叶斯定理可以予以说明。宽泛地

说，如果 D 表示数据（或样本），那么 θ 的极大似然估计量使 $P(D=d\,|\theta)$ 达到最大值的点，而不是使 $P(\theta\,|D=d)$ 达到最大值的点。（关于这个问题的进一步说明，请见下一章。）

其次，极大似然估计的更多吸引力来自有效性的保证——至少在大样本下，极大似然估计量在某种意义上获得了准确估计量的最大精度水平。这里精度是根据均方误差来度量的。大多数情况下，这是一个合理的默认值，但是如果均方误差不能度量错误估计值的代价——例如，如果避免低估比回避高估更可取——那么最小化均方误差的估计量可能是不合适的。

最后，需要重复的是，极大似然估计是假定模型生成了数据。如果该模型不适合所研究的情况，那么来自该模型的极大似然估计值可能毫无意义。在考虑简单线性回归的极大似然估计值之前，我们先做一些练习。

练习集 9-2

1. 设 $X_1, X_2, \cdots, X_n$ 独立同分布，均服从 Bernoulli(p) 分布，即对于所有的 i，均有 $P(X_i=1)=p$ 及 $P(X_i=0)=1-p$。因此，每次观测的概率质量函数为：$P(X_i=x_i)=p_i^x(1-p)^{1-x_i}, x_i \in \{0,1\}$。
   (a) 似然函数 $L(p)$ 是什么？
   (b) 对数似然函数 $l(p)$ 是什么？
   (c) [选做] 使用 R 软件从 Bernoulli(0.6) 分布中抽取 10 个独立的观测值。[请记住，随机变量 Bernoulli(p) 与 Binomial$(1,p)$ 是同一分布，并使用 rbinom() 函数。] 绘制两个散点图，将 p 作为横坐标 x 轴上的点，且 $p \in (0,1)$，在其中一个图上，在 y 轴上绘制似然函数值，在另一个图上，在 y 轴上绘制对数似然函数值。（提示：使用 prod() 函数计算一个向量中所有元素的乘积。）
   (d) [选做] 将你在(c)中绘制的图与在各部分中出现的 summary() 函数应用于你的观测数据得到的结果进行比较。你认为 p 的极大似然估计是什么？

2. 假设 $X_1, X_2, \cdots, X_n$ 独立同分布，且服从正态分布 $N(\theta, \sigma^2)$。
   (a) θ 的极大似然估计量是什么？（关于对数似然，参考练习集 9-1 的问题 2。）
   (b) [选做] 如果 $Y=e^X$，且 X 是正态分布的，就称 Y 服从参数为 (θ, σ^2) 的 "对数正态" 分布。如果是 $X \sim N(\theta, \sigma^2)$，那么 $E(Y)=e^{\theta+\sigma^2/2}$（原书有误——译者注）。假设 $Y_1, Y_2, \cdots, Y_n$ 是独立的，且服从参数为 (θ, σ^2) 的 "对数正态" 分布。$e^{\theta+\sigma^2/2}$ 的极大似然估计量是什么？[提示：使用你在 (a) 部分得到的答案，并求出 σ^2 的极大似然估计量，再用正文中列出的极大似然估计量的函数不变性。]

简单线性回归模型的极大似然估计

我们现在将极大似然估计法应用于简单线性回归模型。具体来说，我们假设我们有自变量 x 和因变量 Y 的 n 对观测数据，这些数据由下列模型产生：

$$Y_i = \alpha + \beta x_i + \varepsilon_i \tag{9.7}$$

跟前面一样，α 和 β 是固定的常数。此外，自变量的观测数据 x_i 不再是随机的，它们现在是固定的常数。等式右边剩下的唯一随机变量是扰动项 ε_i。我们假设 n 个扰动项[每对$(x_i,$

Y_i)应一个 ε_i]是独立同分布的，均服从正态分布 $N(0,\sigma^2)$。因为模型中的唯一随机变量 ε_i 被假定为一个参数化的分布(一个完全由参数描述的分布)，所以，这个模型是完全参数化的。

这个模型跟我们前一章中应用矩估计方法处理的模型有两个主要的区别。首先，自变量不再被视为随机变量。$\ominus$ 如果你愿意，可以将此模型视为以自变量为条件的。

其次，假定已经改变了。在第 8 章中，我们做了下列假定，包括只用于置换检验的 A5：

假定 A1：线性性质。对任意 x，$E(\varepsilon|X=x)=0$。

假定 A3-S：单位独立性。对 $\forall i$，$j\neq i$，X_i，Y_i 都独立于 X_j，Y_j。

假定 A4-S：同分布。对 $\forall i$，X_i，Y_i 都来自同一个联合分布 $F_{X,Y}(x,y)$。

假定 A5：对 $\forall i$，X_i 和 ε_i 是独立的，将此称为 "干扰项和 X 独立" 的假设。

现在我们的假定如下：

假定 A1：线性性质。对任意 x，$E(\varepsilon|X=x)=0$。

假定 A2：同方差性。$\mathrm{Var}(\varepsilon|X=x)=\sigma^2$。

假定 A3-P：单位独立性。对 $\forall i,j\neq i$，ε_i 都独立于 ε_j。

假定 A4-P：同分布。对 $\forall i$，ε_i 都来自同一个正态分布。

虽然假定 A1 与之前相同，但我们增加了一个新的假定(A2)，并做了一个更严格的分布假定(A4-P)。这两个新的假设——干扰项的正态性和干扰项的同方差性——是有实质意义的，应用时需要对数据进行检查。$\ominus$ 图 9-2 是图 8-4 的重复，给出了不同假设下线性模型的草图。

我们打算用极大似然估计法来估计 α 和 β。为了得到似然函数，注意 Y_i 中唯一的随机量是 ε_i，它服从正态分布，$E(\varepsilon_i)=0,\mathrm{Var}(\varepsilon_i)=\sigma^2$。因为 $E(\varepsilon|X=x)=0$(假设 A1)，给定 x_i,α 和 β,Y_i 的期望为 $E(Y_i)=\alpha+\beta x_i+0=\alpha+\beta x_i$。因此，给定 x_i,α 和 β，因变量的分布为 $Y_i\sim N(\alpha+\beta x_i,\sigma^2)$。似然函数等于 Y 的观测值的联合密度函数，由于干扰项是独立的，所以似然函数是观测值密度函数的乘积，或者

$$L(\alpha,\beta)=\prod_{i=1}^{n}\frac{1}{\sigma\sqrt{2\pi}}\mathrm{e}^{\frac{-(y_i-\alpha-\beta x_i)^2}{2\sigma^2}}$$

那么，对数似然函数为

$$l(\alpha,\beta)=\ln[L(\alpha,\beta)]=n\ln\left(\frac{1}{\sigma\sqrt{2\pi}}\right)-\frac{1}{2\sigma^2}\sum_{i=1}^{n}(y_i-\alpha-\beta x_i)^2 \qquad (9.8)$$

注意，式(9.8)中对数似然函数的第一项不依赖于 α 和 β，第二项的 $\frac{1}{2\sigma^2}$ 也不依赖于 α 和 β。我们只关心 α 和 β 取何值能最大化 $l(\alpha,\beta)$，所以我们可以去掉不依赖于 α 和 β 的项，故有：

$\ominus$ 这两种模型都假定自变量的观测没有误差。"Error-in-variables" 模型考虑了自变量观测不完美的可能性，这在大多数现实应用中是很常见的。

$\ominus$ 然而，请注意这些假设不能直接检验，因为我们观测不到干扰项。我们只能观测到 (x_i,Y_i)。更多信息请见尾叙。

$$\operatorname*{argmax}_{\alpha,\beta} l(\alpha,\beta) = \operatorname*{argmax}_{\alpha,\beta} \sum_{i=1}^{n} \left[-(y_i - \alpha - \beta x_i)^2 \right] \tag{9.9}$$

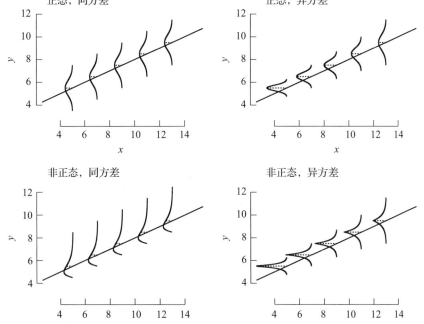

图 9-2　四个可能的线性模型的示意图。与图 8-4、图 5-8 一样，在每种情况下，都显示了一条"真实的"回归线，以及表示 Y 在 X 条件下分布的密度函数(旋转了 $90°$)。我们在本章中介绍的基于似然函数的方法仅适用于左上角图形中的正态、同方差模型。原则上，我们可以为图形中的其他模型建立最大似然方法，如果我们有充分的理由，我们也可以这样做

我们可以通过对式(9.9)右边的和求导数来求出使其最大化的 α 和 β 的值，这是重复我们前面已经做过的步骤。右边的量是线性误差平方的负和，它是用 α 和 β 分别代替了式(3.4)中的 a 和 b。因此，最大化似然函数相当于最小化平方线误差的和(这个我们已经知道如何做了)。α 和 β 的极大似然估计量等于最小二乘线的表达式系数式(3.6)和式(3.7)。具体为

$$\hat{\alpha} = \frac{\sum_{i=1}^{n} Y_i - \hat{\beta} \sum_{i=1}^{n} x_i}{n} \tag{9.10}$$

和

$$\hat{\beta} = \frac{\sum_{i=1}^{n} x_i Y_i - \frac{1}{n}\left(\sum_{i=1}^{n} x_i\right)\left(\sum_{i=1}^{n} Y_i\right)}{\sum_{i=1}^{n} x_i^2 - \frac{1}{n}\left(\sum_{i=1}^{n} x_i\right)^2} \tag{9.11}$$

这里的表达式与式(3.6)和式(3.7)中的表达式之间的唯一区别是含 Y 的项现在被大写了，

以表示它们为随机变量。[。]因此,我们对最小二乘线有另一种解释:在正态性、独立性及干扰项同方差性的假设下,它是一条"真正的"线的最大似然估计量。

在这种情况下,最大似然估计法得到了与第 8 章中的矩估计法相同的估计量。矩估计法和最大似然估计法由相同的表达式给出,但它们是不同的,因为证明它们的假定和为两种方法提供的保证是不同的。当我们应用矩估计方法时,我们没有使用干扰项的正态性和同方差性的假定。在满足这些假定的情况下,极大似然估计量具有矩估计量不具备的性质:例如,极大似然估计量是渐近有效的和函数不变的。

练习集 9-3

1. 对满足本节中假定的模型,证明式(9.10)和式(9.11)中 α 和 β 的极大似然估计量是无偏的。[提示:从式(9.11)开始。请记住,$Y_i = \alpha + \beta x_i + \varepsilon_i$,并尽早进行适当的替换。]

2. [选做]$\hat{\beta}$[式(9.11)]的方差是多少?[提示:用 $Y_i = \alpha + \beta x_i + \varepsilon_i$ 进行替换,并使用式(5.8)和式(5.9)。也可以利用以下恒等式:

$$\sum_{i=1}^{n}(x_i - \overline{x})^2 = \sum_{i=1}^{n} x_i^2 - \frac{1}{n}\left(\sum_{i=1}^{n} x_i\right)^2$$

其中,$\overline{x} = \frac{1}{n}\sum_{i=1}^{n} x_i$,这个等式是式(5.7)的样本矩形式。]

3. [选做]估计 σ^2。我们使用极大似然估计法估计了两个参数 α 和 β。你可能已经注意到该模型还有另一个参数 σ^2,即干扰项的方差。σ^2 的极大似然估计量是什么?

   [提示 1:在你的推导中,用一个没有指数的符号代换 σ^2 可能会有帮助,比如 v。

   提示 2:记住式(9.3),乘积的对数是乘项的对数的和。

   提示 3:你可能需要运用下列求导工具,

   $$\frac{\mathrm{d}}{\mathrm{d}v}\ln(\sqrt{v})$$

   根据导数的链式法则,如果 $u = g(v)$,那么

   $$\frac{\mathrm{d}}{\mathrm{d}v}f(u) = f'(u)g'(v)$$

   在导数一节中我们没有介绍链式法则,本书中除了这个问题都不需要它。记住 $\sqrt{v} = v^{\frac{1}{2}}$,应用式(A.2)和式(9.4)得到

   $$\frac{\mathrm{d}}{\mathrm{d}v}\ln(\sqrt{v}) = \frac{1}{\sqrt{v}}\frac{1}{2\sqrt{v}} = \frac{1}{2v}$$]

4. [选做]下面是关于正态分布的随机变量的两个事实:
   (i) 如果 $X \sim N(\mu, \sigma^2)$,且 $Y = a + bX$,那么 $Y \sim N(a + \mu, b^2\sigma^2)$。
   (ii) 如果 $X \sim N(\mu, \sigma^2)$,$Y \sim N(\tau, \omega^2)$,X 和 Y 独立,且 $Z = X + Y$,那么 $Z \sim N(\mu + \tau, \sigma^2 + \omega^2)$。
   使用(i)和(ii)证明 $\hat{\beta}$[式(9.11)]也服从正态分布。

[。] 再一次提示,估计量是随机变量的函数,它是随机的,但估计值是观测值的函数,不是随机的。

9.2　参数的区间估计：直接方法和费希尔信息方法

极大似然估计量的一个吸引人的特征是，它们的渐近方差小于或至少不大于其他一致估计量的渐近方差。那么它们的方差是多少呢？通常有三种方法可以估计一个极大似然估计量的方差。第一种方法是使用重抽样方法，如 bootstrap 方法。（bootstrap 方法不仅仅适用于非参数模型和半参数模型。）第二种方法是从数学上分析所研究的特定模型，将估计量视为一个随机变量，并使用我们计算任何随机变量方差的方法来计算其方差（见第 5 章）。如果你完成了上一练习集的问题 2，那么你已经在求简单线性回归模型的斜率的极大似然估计量时运用了直接方法。第三种方法利用了极大似然估计量的一个一般性质——它们的渐近方差是由一个称为费希尔信息的函数给出的。我们的数学基础不足以说清楚简单线性回归模型的费希尔信息方法——那需要一点矩阵代数知识——但是我们将用一个简化的例子来讨论它。

9.2.1　直接方法

在参数模型中，我们经常给出足够多的假定，以便能够直接计算出估计量的分布，或至少是能计算出估计量的方差。例如，我们考虑简单线性回归模型式(9.7)中的斜率 β 的极大似然估计量 $\hat{\beta}$ [式(9.11)]，如果你做了练习集 9-3 的问题 2，就会发现

$$\mathrm{Var}(\hat{\beta}) = \frac{\sigma^2}{\sum_{i=1}^{n}(x_i - \overline{x})^2} \tag{9.12}$$

其中 $\sigma^2 = \mathrm{Var}(\varepsilon_i)$，是干扰项的方差。式(9.12)的推导依赖于干扰项的独立性和同方差性，但它并不要求干扰项服从正态分布。

因为 $\hat{\beta}$ 是一个极大似然估计量，[⊖] 所以它是渐近正态的和渐近无偏的。因此，对于大样本，$\hat{\beta}$ 近似服从

$$\hat{\beta} \sim N\left(\beta, \frac{\sigma^2}{\sum_{i=1}^{n}(x_i - \overline{x})^2}\right) \tag{9.13}$$

事实上，我们可以不依赖渐近性而得到式(9.13)中的分布。在练习集 9-3 的问题 1 中，$E(\hat{\beta}) = \beta$，根据问题 4，$\hat{\beta}$ 服从正态分布，甚至在小样本情况下，基于线性性质、同方差性、单位独立性和干扰项的正态性的假定，$\hat{\beta}$ 也是服从正态分布的。

我们通常不知道干扰项的方差 σ^2，但我们可以估计它。下面是两个估计量，它们的差别很小（练习集 9-3 的问题 3）：

$$\widehat{\sigma^2} = \frac{1}{n}\sum_{i=1}^{n}(Y_i - \hat{\alpha} - \hat{\beta}x_i)^2 \tag{9.14a}$$

$$\widetilde{\sigma^2} = \frac{n}{n-2}\widehat{\sigma^2} = \frac{1}{n-2}\sum_{i=1}^{n}(Y_i - \hat{\alpha} - \hat{\beta}x_i)^2 \tag{9.14b}$$

⊖　因为该模型满足我们忽略的一些技术性条件——这些条件在大多数标准模型中都是可以忽略的。

这里，$\hat{\alpha}$ 和 $\hat{\beta}$ 分别是 α 和 β 的极大似然估计量[式(9.10)和式(9.11)]。因此，这两个估计量都是建立在使线误差平方的和最小的基础上。式(9.14a)中的函数是 σ^2 的极大似然估计量。极大似然估计量是向下偏倚的；式(9.14b)中的估计量以较低的有效性代价修正了偏差。在大样本中，这两个估计量几乎相等。要估计 $\hat{\beta}$ 的方差，在式(9.12)中用 $\widehat{\sigma^2}$ 或 $\widetilde{\sigma^2}$ 代替 σ^2 即可。

因此，如果数据是由式(9.7)中的模型生成的，那么 $\hat{\beta}$ 服从方差可估计的正态分布。因此，我们可以改变标准误差为 ω 的正态分布估计量 $\hat{\theta}$ 的 $1-\alpha$ 置信区间的表达式[式(7.3)]

$$(\hat{\theta}-\omega z_{\alpha/2}, \hat{\theta}+\omega z_{\alpha/2})$$

如前所述，$z_{\alpha/2}=\Phi^{-1}(1-\alpha/2)$，其中 Φ^{-1} 为标准正态分布 $N(0,1)$ 的累积分布函数的反函数；$z_{\alpha/2}$ 的选取使得来自标准正态分布的观测值落在均值的 $z_{\alpha/2}$ 倍标准差区间内的概率为 $1-\alpha$。将表达式应用于简单线性回归模型，用 $\hat{\beta}$ 代替 $\hat{\theta}$，用 $\widehat{\sigma^2}$[式(9.14a)]或 $\widetilde{\sigma^2}$[式(9.14b)]代替式(9.12)中的 σ^2，并取平方根估计出标准误差 ω，使用 $\widetilde{\sigma^2}$[式(9.14b)]得到，

$$\left(\hat{\beta}-z_{\alpha/2}\sqrt{\frac{\widetilde{\sigma^2}}{\sum\limits_{i=1}^{n}(x_i-\overline{x})^2}}, \hat{\beta}+z_{\alpha/2}\sqrt{\frac{\widetilde{\sigma^2}}{\sum\limits_{i=1}^{n}(x_i-\overline{x})^2}}\right) \tag{9.15}$$

在大样本数据集中，$\widetilde{\sigma^2}$ 是 σ^2 的一个较精确的估计量，式(9.15)给出了 β 的一个 $1-\alpha$ 置信区间。 $\ominus$

9.2.2 [选读]费希尔信息方法

直接方法在简单线性回归模型中效果很好，但通常情况下，要直接确定估计量的方差或分布并不容易。在本节中我们将介绍一种间接方法，用来识别极大似然估计量的抽样分布的方差。

对于许多模型，极大似然估计量的渐近方差是其**费希尔信息**(Fisher information)函数。笼统地说，费希尔信息是对似然函数中包含的参数的信息量的度量。图 9-3 展示了似然函数和对数似然函数，这些函数都有相同的最大值，但右边的函数以更陡更急剧的形态达到最大值。急剧峰值似然函数使我们更加确信由此产生的估计值是非常接近真值的。事实上，右侧的图包含了五倍的数据量，因此由它产生的估计值不太容易出错。

评估对数似然函数达到峰值急剧程度的一种方法是取其二阶导数。回忆一下，一个函数在一点的一阶导数给出了该函数在该点的切线的斜率。二阶导数表示函数斜率变化的速度。如果一个函数在其最大值处急剧达到峰值，那么它会从极大正斜率迅速变为极大负斜率。因此，急剧峰值的函数在最大值附近的二阶导数是负值，且该负值的绝对值很大。

$\ominus$ 　如果数据较少，那么 $\widetilde{\sigma^2}$ 的变异性将使得给出的置信区间平均来说稍微小了一点。解决办法是使用 t 分布(自由度为 $n-2$)，而不是使用标准正态分布。

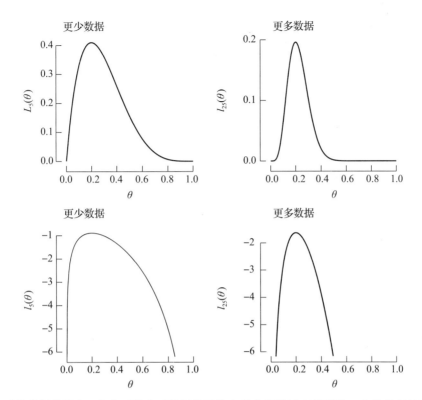

图 9-3 随着数据的增多，似然函数和对数似然函数在最大值附近变得更陡。左边的似然函数（上）
和对数似然函数（下）来自图 9-1——θ 是硬币正面朝上的未知概率，数据来源于抛硬币 5 次，
其中 1 次正面朝上的情形。右边的图是相似的，但包含更多的数据。右边的似然函数和对数
似然函数是抛硬币 25 次，其中 5 次正面朝上的结果——同样是 1/5 的比率。在所有四个
图中，最大值出现在 θ＝0.2 处，但右边的函数从其最大值处下降得更快（函数在最大值处
的值也是不同的——数据更多时，似然值会更小——但这种差异不太重要。）

一个适用于许多统计模型的费希尔信息 $\mathcal{J}(\theta)$ 的表达式[一] 为

$$\mathcal{J}(\theta) = -E_X\left(\frac{\partial^2}{\partial\theta^2}\ln[f_X(X\,|\,\theta)]\right) \tag{9.16}$$

其中，X 是随机变量，f_X 是 X 的概率密度函数或概率质量函数，且 f_X 由参数 θ 确定。
E_X 中的下标 X 表示对随机变量 X 求数学期望。$\frac{\partial^2}{\partial\theta^2}$ 表示对参数 θ 求二阶偏导数。最后，
注意 $\ln[f_X(X\,|\,\theta)]$ 与对数似然函数很像，只是这里 X 是随机变量。而在对数似然函数中，
x 表示已经观测到的数据值。

回忆一下，对数似然函数的二阶导数负得越多，函数就越急剧达到峰值。换句话说，
式（9.16）表示，当对数似然函数值在 θ 处越急剧地达到峰值时，费希尔信息越大。对于参

㊀ 一种常用的更一般定义是 $\mathcal{J}(\theta) = -E_X\left[\left(\frac{\mathrm{d}}{\mathrm{d}\theta}\ln[f_X(X\,|\,\theta)]\right)^2\right]$，但在许多情况下，该定义等价于式（9.16）。

数 θ 的极大似然估计量 $\hat{\theta}$，渐近方差近似为

$$\mathrm{Var}(\hat{\theta}) \approx 1/\mathcal{J}(\theta) \tag{9.17}$$

因为 θ 是未知的——毕竟，它是我们试图估计的量——我们通常用它的估计值来代替它，从而我们得到

$$\mathrm{Var}(\hat{\theta}) \approx 1/\mathcal{J}(\hat{\theta}) \tag{9.18}$$

$\mathcal{J}(\hat{\theta})$ 也称为观测信息。

举一个例子，考虑在讨论极大似然估计法时已经见过的指数分布。再次假设我们从指数分布 $E(\lambda)$ 中抽取 n 个独立同分布的观测值作为样本（见表 4-2）。我们看到 λ 的极大似然估计值是 $\hat{\lambda} = 1/\bar{x}$，其中 $\bar{x}$ 是 n 个样本的均值。那么 $\hat{\lambda}$ 的标准误差是多少呢？

我们之前看到的化简了的对数似然函数是：

$$l(\lambda) = \sum_{i=1}^{n} (\ln\lambda - \lambda x_i)$$

回忆一下，费希尔信息表达式[式（9.16）]中 $\ln[f_X(X|\theta)]$ 是用随机变量替换了对数似然函数中的观测数据，因此，

$$\ln[f_X(X_1, X_2, \cdots, X_n|\lambda)] = \sum_{i=1}^{n} (\ln\lambda - \lambda X_i)$$

我们需要求这个表达式的二阶导数。由式（A.2）、式（A.4）和式（9.4），我们推导出该式的一阶导数为

$$\frac{\mathrm{d}}{\mathrm{d}\lambda}\ln[f_X(X_1, X_2, \cdots, X_n|\lambda)] = \sum_{i=1}^{n} \left(\frac{1}{\lambda} - X_i\right) = \frac{n}{\lambda} - n\bar{X}$$

再由式（A.2）推导出二阶导数为

$$\frac{\mathrm{d}^2}{\mathrm{d}\lambda^2}\ln[f_X(X_1, X_2, \cdots, X_n|\lambda)] = -\frac{n}{\lambda^2}$$

费希尔信息是对这个量求期望再取负数。因为二阶导数是非随机的，即表达式中不包含 X_i，因而费希尔信息的表达式为

$$\mathcal{J}(\lambda) = -E_X\left(\frac{\mathrm{d}^2}{\mathrm{d}\theta^2}\ln[f_X(X_1, X_2, \cdots, X_n|\theta)]\right) = \frac{n}{\lambda^2}$$

由式（9.17），$\hat{\lambda}$ 的渐近方差为：

$$\mathrm{Var}(\hat{\lambda}) \approx \frac{\lambda^2}{n}$$

我们可以用 $\hat{\lambda} = 1/\bar{x}$ 代替 λ 来估计该值。由于 $\hat{\lambda}$ 是极大似然估计量，所以它是渐近无偏估计量且近似服从正态分布。对于大样本，我们就可以用估计的方差来构建置信区间了。

当我们同时估计多个参数时，也可以用费希尔信息法，比如线性回归模型。为了更好地理解多变量的费希尔信息方法，我们需要了解一些矩阵知识，尤其是如何求矩阵的逆。因为本书没有介绍矩阵代数，所以我们不会涉及多参数的情形，但它们在概念上是相似的。多参数的情形不是逐一求单个费希尔信息，而是计算费希尔信息矩阵并通过求其逆来获得方差估计值。

在统计理论中，费希尔信息是支持极大似然估计的重要论据。根据一个被称为 Cramér-Rao

界的结果，无偏估计量的方差至少与式(9.17)中的表达式 $1/\mathcal{J}(\theta)$ 一样大。因为极大似然估计量是以方差 $1/\mathcal{J}(\theta)$ 渐近无偏的，而 $1/\mathcal{J}(\theta)$ 是所有可能的无偏估计量中方差最小的无偏估计量的方差，因此极大似然估计量被认为是渐近有效的，没有其他的渐近无偏估计量具有更小的渐近方差了。

　　极大似然估计量的有效性是证明它们好用的有力依据。但是我们列出的关于极大似然估计的注意事项，也同样适用于它们的方差。此外，费希尔信息保证了方差具有渐近性——对于小样本而言，该估计量的分布可能会和我们期望的不一样。

练习集 9-4

［选做］泊松分布是描述计数数据的一种分布。如果 $X \sim \text{Poisson}(\theta)$，那 X 的概率质量函数是：

$$P(X=x)=\frac{\mathrm{e}^{-\theta}\theta^x}{x!}$$

其中 $x \in 0,1,2,3,\cdots$，进一步，$E(X)=\theta$，$\text{Var}(X)=\theta$。假设我们有 n 个独立且都服从 $\text{Poisson}(\theta)$ 分布的观测值 $x_1, x_2, \cdots, x_n$。

(a) θ 的极大似然估计量 $\hat{\theta}$ 是多少？

(b) 不使用费希尔信息，$\text{Var}(\hat{\theta})$ 是多少？

(c) 使用费希尔信息确定 $\hat{\theta}$ 的渐近方差。

9.3　使用瓦尔德检验进行参数假设检验

　　我们刚刚学习了量化极大似然估计值不确定性的方式至少有三种：可以重抽样，可以使用研究的模型进行概率计算，也可以利用极大似然估计量的一般结果。正如我们所希望的那样，由于区间估计和假设检验之间的密切联系，当使用极大似然估计进行推断时，我们也有三种相同的选择：可以使用重抽样（例如置换检验），可以对特定的研究模型设计一个检验，也可以使用适用于各种极大似然问题的检验。在本节和下一节（选读）中，我们将介绍两种适用于各种极大似然模型的方法：**瓦尔德检验**和**似然比检验**。

　　在我们进行测试之前，请注意卡方分布（见表 4-2）。一个服从 $\chi^2(k)$ 分布的随机变量与独立同分布且服从标准正态分布的 k 个随机变量的平方和具有相同的分布。参数 k 被称为"自由度"，可以取任何正整数值。

瓦尔德检验

　　设我们要检验零假设参数 $\theta = \theta_0$。对于许多模型，极大似然估计量 $\hat{\theta}$ 的渐近分布是正态分布，期望等于真实参数值 θ。我们可以把统计量 W 定义为

$$W=\frac{\hat{\theta}-\theta_0}{\sqrt{\text{Var}(\hat{\theta})}} \tag{9.19}$$

如果零假设为真，则意味着 $\theta = \theta_0$，对于大样本情形，式(9.19)右侧的分子服从期望为 0 和方差为 1 的标准正态分布。但是要计算 W 还必须知道 $\text{Var}(\hat{\theta})$ 的值，这个值我们通常是

不知道的，然而我们可以使用直接方法或使用观测到的费希尔信息来估计 $\mathrm{Var}(\hat{\theta})$。用估计值 $\widehat{\mathrm{Var}}(\hat{\theta})$ 代替 $\mathrm{Var}(\hat{\theta})$，则检验统计量 W 的一个近似值为 W^*：

$$W \approx W^* = \frac{\hat{\theta} - \theta_0}{\sqrt{\widehat{\mathrm{Var}}(\hat{\theta})}} \tag{9.20}$$

对于大样本，$\hat{\theta}$ 的估计方差是非常精确的，且如果零假设为真，则 W^* 近似服从标准正态分布。⊖

如果零假设为真，W^* 近似服从标准正态分布，我们就可以通过比较 W^* 和标准正态分布来检验零假设。如果与标准正态分布比较时，W^* 的值是极端的，这将是零假设不成立的证据。由观测值 W^* 得到的近似⊖双侧 p 值为

$$p_W = 2\Phi(-|W^*|) \tag{9.21}$$

其中 Φ 是标准正态分布的累积分布函数。之所以存在 "2"，是因为检验是双侧的——人们需要考虑比零假设下的预期大得多和小得多的可能性（见图 7-2）。

瓦尔德检验是检验单个参数是否等于一个特定值的假设的一种简单方法。下面将介绍似然比检验，那是一种更通用的方法，因为它可以用来检验多个参数联合的假设。

练习集 9-5

1. 使用农业数据计算零假设为 $\beta = 0$ 的瓦尔德检验的检验统计量和 p 值。使用式 (9.14b) 估计 σ^2，然后将 σ^2 的估计值代入式 (9.12) 来估计方差 $\mathrm{Var}(\hat{\beta})$。注意，你可以使用 anscombe\$x1 获取肥料消耗量的数据，用 anscombe\$y1 获取谷物产量的数据。（当样本量与例子中一样小时，从瓦尔德检验获得的 p 值应小于例子中的 p 值。对于小样本，t 检验比瓦尔德检验更合适。）

2. 有些人更喜欢将瓦尔德检验统计量改为 W^2，其中 W 如式 (9.19) 所示。在零假设下，W^2 的渐近分布是什么样的？

3. 使用本书 R 软件包 stfspack 中的 sim.Wald.B() 函数和（练习集 2-2 的问题 3）查看在 $\alpha = 0.05$ 的显著性水平下第一类错误率和瓦尔德检验的功效。使用 help(sim.Wald.B) 查看程序语法，该语法与 sim.perm.B()（练习集 8-5 的问题 2）类似。使用 $\beta = 0$，$\beta = 0.1$，$\beta = 0.2$ 且干扰项方差为 1 的模拟数据来检验 $\beta = 0$ 的零假设。在每个模拟数据集中使用 $n = 10$，$n = 50$ 和 $n = 100$ 个观测值对。对于每一个 n 和 β 的组合，产生 1000 个数据集。将你的结果与练习集 8-5 的问题 2 中获得的结果进行比较，在练习集 8-5 的问题 2 中你查看的是置换检验。

9.4 ［选读］使用似然比检验进行参数假设检验

与瓦尔德检验不同，似然比检验可以用来同时对几个参数进行联合推断。具体来说，似然比检验可以检验涉及嵌套模型的零假设。考虑式 (9.7) 中的模型，重述如下

⊖ 对于小样本，如果真实方差已知，估计方差的不确定性会使得 W^* 更可能出现大的数值。通过将 W^* 与 t 分布而非标准正态分布进行比较，可以纠正因 $\mathrm{Var}(\hat{\theta})$ 的不确定性而导致的过大值。

⊖ 即使知道 $\hat{\theta}$ 的方差，p 值也是近似的，因为 $\hat{\theta}$ 不一定完全服从正态分布，而是随着样本量的增大，收敛于正态分布，近似值随着收集到的数据的增多而改进。

$$Y_i = \alpha + \beta x_i + \varepsilon_i$$

在进行估计时，α 和 β 被视为自由参数。它们的值是未知的，但是通过估计我们可以确定适合数据的候选值。假设你的同行提出 $\beta = \beta_0 = 1/3$ 的零假设，在这种假设下，β 不再是自由的，它被限制为 $1/3$。那么模型变成了

$$Y_i = \alpha + x_i/3 + \varepsilon_i \tag{9.22}$$

式(9.22)的模型嵌套在式(9.7)的模型中，因为式(9.7)的模型中的所有自由参数都出现在式(9.22)的模型中，但式(9.7)中的部分自由参数因为在式(9.22)中取特定值而不再是参数。进一步假设你的同行提出了 $\beta = \beta_0 = 1/3$，并且 $\alpha = \alpha_0 = 2$ 的零假设，那么模型将变成

$$Y_i = 2 + x_i/3 + \varepsilon_i \tag{9.23}$$

式(9.23)的模型嵌套在式(9.22)的模型和式(9.7)的模型中。式(9.22)中的一个自由参数在式(9.23)中被固定了，式(9.7)中的两个自由参数在式(9.23)中被固定了。当比较有嵌套结构的模型时，我们查看模型之间自由参数数量之差，记之为 k。

　许多零假设可以表达成嵌套模型的类似形式。例如，人们可以通过假设某个参数等于 0 来减少参数，从而有效地将它们从模型中消去。

　似然比检验统计量比较了两个嵌套模型可能达到的最大似然值。具体来说，我们首先计算有更多自由参数的模型可能的最大似然值 $L(\hat{\theta})$，然后计算当某些参数固定后可能的最大似然值 $L(\widehat{\theta_0})$。人们的直觉是，$L(\hat{\theta})$ 与 $L(\widehat{\theta_0})$ 的比值很大，即零假设下的似然值较小，是部分参数被固定条件下零假设不成立的证据(见图9-4)。

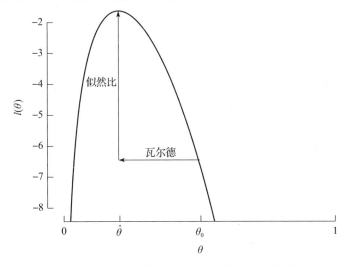

图 9-4　瓦尔德检验和似然比检验的几何示意图。图中的对数似然函数是图 9-3 右下方的对数似然函数，即独立抛一枚硬币 25 次有 5 次正面朝上的对数似然值。极大似然估计量为 $\hat{\theta} = 1/5$。假设我们要检验 $\theta = 0.5$ 的零假设。瓦尔德检验统计量是 $\theta_0 = 0.5$ 和 $\hat{\theta} = 0.2$ 之间的水平距离被用 $\hat{\theta}$ 的标准误差缩放后的值，而 $\hat{\theta}$ 的标准误差又由对数似然函数的曲率决定。相比之下，似然比检验统计量是基于对数似然函数值在 θ_0 和 $\hat{\theta}$ 处差的，在此图中是一个垂直距离。在许多情况下，这两种检验是渐近等价的，但在小样本中可能会出现不同的结果

由"似然比检验"这个名称表示的统计量是

$$LR = \frac{L(\hat{\theta})}{L(\widehat{\theta_0})}$$

即最大的似然值与 θ 带假设后的似然值之比。虽然这个检验统计量是合理的,但在使用前通常需要进行变形。典型的变形统计统计量[一]是

$$\Lambda = 2\ln\left(\frac{L(\hat{\theta})}{L(\widehat{\theta_0})}\right) = 2(l(\hat{\theta}) - l(\widehat{\theta_0})) \tag{9.24}$$

换句话说,Λ 是似然比的自然对数的两倍。回忆一下,商的对数是对数的差,从而简化了右边表达式。统计量 Λ 受欢迎的原因是**威尔克斯定理**。

威尔克斯定理(粗略描述) 假设数据 X 是由具有概率质量函数或概率密度函数 $f_X(X|\theta_1, \theta_2, \cdots, \theta_p)$ 的模型[二]生成的,其中 $\theta_1, \theta_2, \cdots, \theta_p$ 是参数。进一步假设,我们希望检验 k 个参数等于特定值的零假设,例如 $H_0: \theta_1 = \theta_{01}; \theta_2 = \theta_{02}; \cdots; \theta_k = \theta_{0k}$。那么,如果零假设为真,则统计量 Λ(式 9.24)渐近服从 $\chi^2(k)$ 分布。

威尔克斯定理为检验涉及嵌套模型的零假设提供了一种通用的方法。为了检验包含嵌套模型的零假设,将 Λ 与 $\chi^2(k)$ 分布进行对比,其中 k 是在嵌套模型中受约束但在对比模型中自由的参数个数。p 值是在零假设为真的情况下,获得与观测值一样大的 Λ 值或更大的 Λ 值的(近似)概率,即

$$p_{\mathrm{LRT}} = 1 - F_{\chi^2(k)}(\Lambda) \tag{9.25}$$

其中,$F_{\chi^2}(k)$ 是 $\chi^2(k)$ 分布的累积分布函数。[三]

在某些情况下,不可能设计出比似然比检验更有效的检验了[四]。在下面的练习中,你将对农业数据进行瓦尔德检验和似然比检验,并验证对于简单线性回归,瓦尔德检验和似然比检验对于涉及单个参数的假设的检验是等价的。虽然对于所有模型,瓦尔德检验和似然比检验并不都是等价的,但对于一大类模型,它们是渐近等价的(有关瓦尔德检验和似然比检验之间关系的描述,见图 9-4)。随着样本量的增加,它们的结论更加一致。在小样本中,瓦尔德检验和似然比检验的结果可能不一致[五],这可能会导致歧义。

练习集 9-6

1. 在这个问题中,你将探索简单线性回归模型的似然比检验。与瓦尔德检验一样,当样本量与例子中一样小时,似然比检验得到的 p 值很小。

[一] 一些资料中将似然比函数中的分子和分母对换,在这种情况下 Λ 是似然比对数的负两倍。

[二] 对于可以使用的模型类型有一些限制——例如,模型的极大似然估计量必须存在。大多数常用的模型都符合要求。

[三] 在 R 中,累积分布函数可以用 pchisq() 来查询。

[四] 支持这种非正式说法的正式理论是奈曼-皮尔逊引理。

[五] 瓦尔德检验和似然比检验都是为大样本而设计的。在线性回归模型中,t 检验是瓦尔德检验的小样本替代,而 F 检验是似然比检验的替代。在包括 R 中的 lm() 函数在内的大多数软件包中,线性回归模型报告的是 t 检验和 F 检验的结果,而不是瓦尔德检验和似然比检验的结果。

(a) 证明：在零假设 $\beta=0$ 下，通过设置 $\alpha=\overline{y}$，似然值达到最大值。[简单线性回归模型的对数似然值由式(9.8)给出。]

(b) 利用农业数据计算在零假设 $\beta=0$ 下，似然比检验的检验统计值和渐近 p 值。利用式(9.14b)估计 σ^2，并将估算值代入似然函数。使用 pchisq() 查询 $\chi^2(k)$ 分布的累积分布函数。

(c) (b)部分的结果和练习集 9-5 的问题 1 的结果有什么关系？（瓦尔德检验和似然比检验之间的这种关系并不适用于所有模型。）

2. [选做，难度大]在本练习中，你将证明对于具有独立、常数方差的正态分布干扰项的简单线性回归模型，在零假设 $\beta=0$ 下，Λ[式(9.24)]服从 $\chi^2(1)$ 分布。

(a) 证明，对于简单线性回归模型，下列等式成立，

$$\sum_{i=1}^{n}(Y_i-\overline{Y})^2 = \sum_{i=1}^{n}(Y_i-\hat{Y}_i)^2 + \sum_{i=1}^{n}(\hat{Y}_i-\overline{Y})^2$$

其中 $\overline{Y}=(1/n)\sum_{i=1}^{n}Y_i$ 和 $\hat{Y}_i=\hat{a}+\hat{\beta}x_i$。这个等式被称为"方差分析等式"。你将需要使用式(3.8)和式(3.9)中 $\hat{a}$ 和 $\hat{\beta}$ 的表达式，即

$$\hat{a}=\overline{Y}-\hat{\beta}\overline{x}$$

和

$$\hat{\beta}=\frac{\sum_{i=1}^{n}(x_i-\overline{x})(Y_i-\overline{Y})}{\sum_{i=1}^{n}\left[(x_i-\overline{x})^2\right]}$$

（提示：从等式 $\sum_{i=1}^{n}(Y_i-\overline{Y})^2 = \sum_{i=1}^{n}\left[(Y_i-\hat{Y}_i)+(\hat{Y}_i-\overline{Y})\right]^2$ 开始，这个式子是正确的，因为在被平方的项上加上 $\hat{Y}_i$ 并且减去 $\hat{Y}_i$ 不会改变它的值。）（你所证明的结论还有更一般的形式，它在方差分析理论中非常重要，方差分析是一种与简单线性回归密切相关的理论。）

(b) 使用本题(a)中的结论证明：对于具有独立、同方差的正态分布干扰项的简单线性回归模型，Λ[式(9.24)]在零假设 $\beta=0$ 下服从 $\chi^2(1)$ 分布。

9.5　本章小结

如果假设数据是由完全参数模型生成的是合理的，那么使用极大似然方法来估计和推断，会有许多引人注目的特性。极大似然估计量是通过确定参数使似然函数最大化而得到的，可以通过微积分或数值方法来求得。这种估计量具有一致性，且与其他一致估计量相比，它们是渐近有效的。

极大似然估计量的样本方差可以用几种方法估计得到。和前面一样，一种方法是 bootstrap 方法。另一种方法是直接法，在许多模型中，已知极大似然估计量的形式，就可以直接推导出其方差。还有一种方法是根据极大似然估计量的一般性质，并使用费希尔信息。

同样，也有许多方法对用极大似然方法得到的参数估计进行检验。在这一章中，我们讨论了瓦尔德检验和似然比检验，瓦尔德检验依赖于最大似然估计量的抽样分布在大样本下服从正态分布的事实，而似然比检验是检验与嵌套配对模型相关假设的通用方法。

9.6 延伸阅读

Eliason，S. R. (1993). *Maximum Likelihood Estimation：Logic and Practice*. Sage Publications，Newbury Park，CA.

一本介绍极大似然估计一般方法的简短专著。

Muggeo，V. M.，& Lovison, G. (2014). The "three plus one" likelihood-based test statistics：unified geometrical and graphical interpretations. *The American Statistician*，68，302-306.

为解释本章中讨论的两种假设检验(瓦尔德检验和似然比检验)以及另一种适用于极大似然的传统检验(分数检验)提供了一个统一框架。

Stigler，S. M. (2007). The epic story of maximum likelihood. *Statistical Science*，22，598-620.

一篇关于极大似然方法的趣味发展史，它甚至追溯到费希尔将该方法作为研究重点之前。文章还论述了费希尔证明一致性和有效性成立的必要条件。

第 10 章 贝叶斯估计与推断

关键词: 贝叶斯估计量, 贝叶斯因子, 共轭先验, 可信区间/区域, 马尔可夫链蒙特卡罗(MCMC), 后验分布, 先验分布, 拒绝抽样。

我们现在已经对最小二乘线有了一定的认识。对于探索性数据分析人员来说, 最小二乘线只是以一种特定的方式穿过一堆点。从半参数的角度来看, 最小二乘线是理论参数的矩估计量, 我们还可以对用 bootstrap 方法或置换法所得到的估计值进行更多的解释。从参数的角度, 假定干扰项来自同方差的正态分布, 则最小二乘线是一个极大似然估计量, 我们可以通过检查似然函数来对其进行解释。随着我们对假定的增加, 我们看到最小二乘线增加了一些额外的性质——首先是一致性, 然后是有效性。贝叶斯观点将在这一过程中提供另一个步骤, 将最小二乘线与极具决策理论性质的估计量联系起来。

在贝叶斯统计中, 参数可以有概率分布; 而在频率统计中, 参数是固定的, 不是随机的, 只有数据(或样本)有概率分布。在第 8 章和第 9 章中, 我们重点讨论了经验分布函数和似然函数。贝叶斯的亮点在于**后验分布**, 即在给定观测数据值条件下估计得到的参数分布。

假设我们观测到数据 D 服从一个概率密度函数或概率质量函数 $f_D(d|\theta)$。概率密度函数或概率质量函数含有未知参数 θ。例如, 数据可能是来自正态分布 $N(\theta,1)$ 的独立观测数据。注意, $f_D(d|\theta)$ 是 θ 的似然函数 $L(\theta)$。我们可以通过最大化它来估计 θ, 但贝叶斯方法想得到更多的结果。具体来说, 贝叶斯方法想知道 $f_\theta(\theta|D=d)$ 是多少, 即在观测数据条件下参数的密度函数是多少。这就是后验密度分布的密度函数。为了得到它, 我们需要一个表示**先验分布**(prior distribution)的密度函数, 记作 $f_\theta(\theta)$——在观测到任何数据之前"描述" θ 的密度函数。[⊖]

如果我们有了一个先验分布, 那么我们可以使用贝叶斯定理在观测数据的基础上"更新"先验分布。更确切地说, 后验密度为

$$f_\theta(\theta|D=d) = \frac{f_D(d|\theta)f_\theta(\theta)}{f_D(d)} = \frac{f_D(d|\theta)f_\theta(\theta)}{\int_{-\infty}^{\infty} f_D(d|\theta)f_\theta(\theta)\mathrm{d}\theta} \tag{10.1}$$

式(10.1)给出了后验密度函数的两个表达式。第一个是对贝叶斯定理的直接改写。第二个是根据下列事实(称为连续型的全概率公式)得到的,

$$f_D(d) = \int_{-\infty}^{\infty} f_D(d|\theta)f_\theta(\theta)\mathrm{d}\theta$$

换句话说, 观测到我们所拥有的数据的概率等于参数的先验密度函数乘以给定参数条件下

⊖ "描述"是什么意思? 经典的"主观"解释是, 先验分布描述了某人对 θ 的合理取值的信念。还有一些框架并不认为先验分布描述的是数据分析者秉持的信念, 但在这种情况下, 很难说清楚先验分布及其结果意味着什么。更多讨论参见 Mayo(2018), 一个令人信服的可选观点, 参见 Gelman & Shalizi(2013)。我们将尽量回避这些问题, 尽管在下一节中还会出现更多的内容。

观测到我们的数据的密度函数，然后再对参数在取值范围内求积分。[一]

我们马上面临两个相关的问题。首先，我们如何选择一个先验分布？其次，若先验分布已知，我们如何计算后验分布？在考虑如何使用后验分布进行估计和推断之前，我们必须先解决这两个问题。

10.1　如何选择一个先验分布

先验分布 $f_\theta(\theta)$ 可用于在收集到数据之前描述 θ 的不确定性。[二]两个不同的研究者可能会设不同的 $f_\theta(\theta)$，如果是这样，那么他们的结论通常也会不同，至少略有不同。因此，确定 $f_\theta(\theta)$ 是主观性进入统计分析的一个途径，[三]如何选择十分重要。

原则上，选择先验分布的一种方法是使用从以前的用来解决同一问题的研究中计算出的后验分布。如果以前的结果可用，那么使用以前研究的后验分布作为先验，可以将新旧、研究相结合。这种方法用一句话来表达就是"今天的后验是明天的先验"，用统计中习惯用语的标准来看，这句话朗朗上口。虽然这种方法很有吸引力，但如果没有以前对相应问题的研究，它显然就不能用了，而且在实践中有先验的情况是不常见的。那么，在第一次分析一个问题时，我们应该如何假设先验分布呢？

主观方法表明，先验分布应该反映专家的信念。专家的知识可以作为一个有用的指南，在专家信念的基础上设置先验，可以将他们的知识纳入分析。主观方法的批评者指出，目前还不清楚如何最好地利用专家知识。专家的观点可能不够精确，不足以转化为一个概率分布，或者不够准确，无法激发我们去尝试。

另一种方法是使用无信息或弱信息先验，这与所谓的客观或默认贝叶斯理论有关。这种先验在一个参数的所有可能取值上设置了大致相同的先验密度，这意味着在任何数据出现之前，没有任何假设会很明显地优于其他假设。虽然这种方法看起来很简单，但它仍然涉及一些复杂的数学知识，它超出了我们的范围。此外，虽然主观方法中的后验分布反映了更新后的信念，但我们还不太清楚应该如何解释由默认先验分布而产生的后验分布。在本章中，大多数贝叶斯分析是在"客观"贝叶斯理论下进行的。

另外有两个因素同时影响着主观先验分布和无信息先验分布的使用。首先，许多贝叶斯统计学家感兴趣的是他们的推断对先验分布变化的稳健性。如果分析数据之后，许多不同的先验能得到相似的结论；那么得出的结论对先验信念的差异是稳健的。持稳健性观点的统计学家不需要认同任何一套特定的先验信念。他们只需要使用贝叶斯统计原理研究哪些后验分布适合于已知数据和所选择的先验分布。其次，数学上的便捷性——尽管现在它已不像过去那样重要了——可以作为选择先验的一个考虑因素。所选择的先验分布可以决定计算后验分布时的容易程度和可能性。

[一]　这是我们在第 3 章中用于求解贝叶斯定理的例子时所用策略的一个推广，它是概率论中全概率公式的一种形式，在第 4 章末推荐的所有概率论书中都有这一内容。

[二]　符号 $f_\theta(\theta)$ 表示 f_θ 是一个适当的概率密度函数——其曲线下方与横轴所围的总面积为 1。事实上，先验分布不需要积分值为 1，甚至不需要为一个有限数，只要后验分布可以调整到等于 1。例如，允许在 θ 的所有可能值为常数的"平坦"先验。

[三]　这当然不是唯一的途径。

一些应用统计学家对设置先验分布的态度相对轻率，他们为这种敷衍行为寻找的一个（不完美的）理由是：对于许多模型，随着样本量的增加，不论最初选择何种先验分布，贝叶斯估计都将收敛到相同的结论，这个结论与最初选择的先验分布无关。[⊖]这并不是说先验的选择不重要。事实上，如果模型足够复杂，先验分布的选择会显著影响中小样本的分析结果，甚至是非常大的样本的分析结果。

10.2　未缩放的后验、共轭以及从后验分布中抽样

在如何设置先验分布的问题上缺乏共识是贝叶斯方法在 20 世纪不如频率学派方法更受欢迎的原因之一。另一个原因是式(10.1)分母上的积分 $f_D(d) = \int_{-\infty}^{\infty} f_D(d\,|\theta) f_\theta(\theta)\mathrm{d}\theta$ 往往难以计算。大多数情况下，$f_D(d)$ 不能用方便的数学形式表达出来，需要通过数值方法来近似。因此，在充足的计算资源出现之前，贝叶斯分析不便于使用。现在，几乎每个数据分析师都可以用功能强大的计算机和便捷的统计软件进行贝叶斯分析了。

在本章的大部分，我们将用 R 软件包来获得后验分布。但是，在这里，我们将考虑两种处理后验分布的方法。第一种方法使用共轭先验来获得数学上的解决方案，但很少被应用。第二种方法是拒绝采样法，需要用计算机进行运算，但比前者更适用。

大多数研究后验分布的方法避免直接计算积分 $\int_{-\infty}^{\infty} f_D(d\,|\theta) f_\theta(\theta)\mathrm{d}\theta$。回忆一下式(10.1)：

$$f_\theta(\theta\,|D=d) = \frac{f_D(d\,|\theta) f_\theta(\theta)}{f_D(d)} = \frac{f_D(d\,|\theta) f_\theta(\theta)}{\int_{-\infty}^{\infty} f_D(d\,|\theta) f_\theta(\theta)\mathrm{d}\theta}$$

我们想计算后验分布的密度函数 $f_\theta(\theta\,|D=d)$，它是关于 θ 的函数。如上所述，困难通常是计算分母 $f_D(d) = \int_{-\infty}^{\infty} f_D(d\,|\theta) f_\theta(\theta)\mathrm{d}\theta$。但是请注意，分母 $f_D(d)$ 不是 θ 的函数——在给定观测数据和先验分布的条件下，它是一个常数，比如 2 或者 e。其目的仅仅是为了确保后验分布的密度函数与横轴所围的总面积等于 1，换句话说，$f_D(d)$ 是一个缩放因子。因此，虽然计算后验分布的密度函数可能很难，但计算一个与后验分布的密度函数成比例的函数通常很容易——我们只须忽略分母。这种观点可以用以下关系表述：

$$f_\theta(\theta\,|D=d) \propto f_D(d\,|\theta) f_\theta(\theta) \tag{10.2}$$

其中，$\propto$ 表示"与之成比例"。我们将式(10.2)的右式称为未缩放的后验，通常并不难计算。[⊖]未缩放的后验与实际的后验具有相同形状，并且它们有一些共同的特性，例如，能被同一 θ 值最大化。

例如，假设我们从正态分布 $N(\theta,\sigma^2)$ 中抽取 n 个独立的观测值 $x_1,x_2,\cdots,x_n$ 后，想要知道 θ 的后验分布，其中方差 σ^2 是已知的。假设 θ 的先验分布是另一个正态分布，比如

⊖　这句话的严谨叙述被称为 Bernstein-von Mises 定理。

⊖　在某些情况下，很难计算未缩放的后验密度函数，因为极大似然函数 $f_D(d\,|\theta)$ 很难处理。在这种情况下，近似贝叶斯计算（Approximate Bayesian Computation，ABC）有时是可行的。关于 ABC 的有关知识，请参阅 Beaumont(2010)。

$N(\gamma, \tau^2)$。服从 $N(\theta, \sigma^2)$ 的随机变量 X 的概率密度函数为

$$f_X(x) = \frac{1}{\sigma\sqrt{2\pi}} \mathrm{e}^{-\frac{(x-\theta)^2}{2\sigma^2}}$$

$f_D(d\,|\theta)$ 是 n 个独立观测值的联合密度函数，它等于 n 个正态密度函数的乘积：

$$f_D(d\,|\theta) = \left(\frac{1}{\sigma\sqrt{2\pi}}\right)^n \prod_{i=1}^{n} \mathrm{e}^{-\frac{(x_i-\theta)^2}{2\sigma^2}} = \left(\frac{1}{\sigma\sqrt{2\pi}}\right)^n \mathrm{e}^{-\sum_{i=1}^{n}\frac{(x_i-\theta)^2}{2\sigma^2}}$$

同样，θ 的先验为服从正态分布 $N(\gamma, \tau^2)$ 的随机变量，其密度函数为

$$f_\theta(\theta) = \frac{1}{\tau\sqrt{2\pi}} \mathrm{e}^{-\frac{(\theta-\gamma)^2}{2\tau^2}}$$

在给定数据条件下，θ 的未缩放的后验分布的密度函数是这两个表达式的乘积，

$$f_D(d\,|\theta)f_\theta(\theta) = \left(\frac{1}{\sigma\sqrt{2\pi}}\right)^n \mathrm{e}^{-\sum_{i=1}^{n}\frac{(x_i-\theta)^2}{2\sigma^2}} \frac{1}{\tau\sqrt{2\pi}} \mathrm{e}^{-\frac{(\theta-\gamma)^2}{2\tau^2}} \tag{10.3}$$

图 10-1 显示的是一个未缩放的后验分布，以及用于计算该分布的先验分布和似然函数。你会发现，未缩放的后验分布的中心位于先验分布和似然函数之间。在这种情况下，我们猜测未缩放的后验分布密度函数与正态分布的密度函数成比例。这种猜测即将被证明是正确的。事实上，当式(10.3)中未缩放的后验乘以适当的比例常数后，它就是一个正态随机变量的密度函数，且有期望

$$E(\theta\,|\,D=d) = \left(\gamma\,\frac{1}{\tau^2} + \overline{x}\,\frac{n}{\sigma^2}\right) \Big/ \left(\frac{1}{\tau^2} + \frac{n}{\sigma^2}\right) \tag{10.4}$$

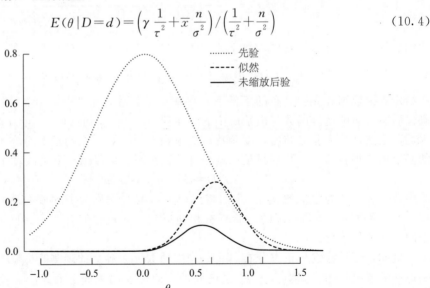

图 10-1　先验密度函数 $f_\theta(\theta)$、似然函数 $f_D(d\,|\theta) = L(\theta)$ 和未缩放的后验密度函数 $f_D(d\,|\theta)f_\theta(\theta)$。先验密度函数为期望为 0、标准差为 1/2 的正态随机变量的密度函数。似然函数由三个独立的观测值(在图的底部实线上显示为向上的三个刻度线)计算得到。观测值服从期望为 3/5、标准差为 2/5 的正态分布。这三个观测结果的样本均值——因此也是 θ 的极大似然估计值——为 0.68

和方差

$$\mathrm{Var}(\theta\,|\,D=d)=1/\left(\frac{1}{\tau^{2}}+\frac{n}{\sigma^{2}}\right) \tag{10.5}$$

后验期望式(10.4)是先验分布的期望 γ 和极大似然估计值 $\bar{x}$ 的加权平均值。权重是先验方差和观测次数的函数——先验方差越小，先验期望的影响就越大，样本量越大，极大似然估计值的影响越大。这种模式——随着样本量的增加后验期望逐渐收敛于极大似然估计值——出现在许多贝叶斯估计的设定中。

在本例中，先验分布和后验分布都属于正态分布族。如果先验分布 $f_{\theta}(\theta)$ 与其对应的后验分布 $f_{\theta}(\theta\,|\,D=d)$ 属于同一分布族，则称 $f_{\theta}(\theta)$ 为**共轭先验**。如果一个参数的共轭先验可以被确定，则可以显式地计算出其后验密度函数。但是通过共轭先验来求解后验分布的策略是有局限性的——它要求先验分布和后验分布同属一个分布族，但是实践中先验分布和后验分布不总是属于同一个分布族。

还有另一个选择。我们可以使用计算机从后验分布中抽取模拟数据。随着数据量的不断增加，我们就可以越来越准确地估计后验密度函数本身或者它的函数。从后验分布中获取样本的一个方法是**拒绝抽样**。其思路是从容易获得样本的某个分布中生成模拟数据——该分布可能是先验分布——之后对模拟数据进行取舍，使保留下来的数据能反映后验分布。例如，对图 10-1 所示的例子进行拒绝抽样，我们可以从先验分布中进行抽样，而舍去不能很好地反映后验分布的样本。图 10-2 是描述这种情境的一个简图。

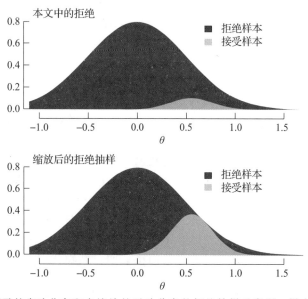

图 10-2　图 10-1 中所示的先验分布和未缩放的后验分布的拒绝抽样示意图。样本来自先验分布，其密度函数由黑色和灰色区域的交界线表示。为了模拟后验分布中的样本，我们以与灰色区域的高度与黑色区域的高度的比值成正比的概率保留先验分布中的样本。例如，从先验分布 -0.5 处抽取的样本几乎肯定会被拒绝，因为它不代表后验分布。相比之下，从先验分布 0.5 处抽取的样本有一定的可能被接受。上方的图描述了本文中的算法。在实际应用中，灰色接受区域将被尽可能地放大，如下方的图。在下面的练习集中将讨论缩放后的算法

如果下列条件成立：

（i）可以从先验分布中抽样；

（ii）如同图 10.1 中所示的例子那样，对于所有的 θ 值，未缩放的后验都小于先验密度函数。

下面是一种从后验分布中抽样的算法：

（1）从先验分布中抽取一个观测值 θ^*。

（2）计算 m，未缩放后验分布除以 θ^* 处的先验分布密度函数的商。[请注意，此时，$m = f_D(d \mid \theta^*) f_\theta(\theta^*) / f_\theta(\theta^*) = f_D(d \mid \theta^*) = L(\theta^*)$，即 θ^* 处的似然函数。]

（3）独立地从连续均匀分布 $U(0,1)$ 中抽取一个随机数 X。

（4）若 $X \leqslant m$，则"接受" θ^* 作为来自后验分布的一个观测值，并保存其值；否则，"拒绝" θ^* 并舍弃。

（5）重复步骤（1）～（4），直到从后验分布中收集到足够多的模拟观测值。该算法的关键步骤是第 4 步，在这一步中，我们拒绝一个候选观测值的概率与未缩放的后验分布跟先验密度函数的比值成正比——这个比值即为似然函数。有较大的似然函数值的先验分布样本会以较大的概率被接受，而取到似然函数值较小的先验分布样本通常被拒绝。

这种算法可能并非人们在实际应用中所使用的拒绝抽样法，练习题中将给出一种更有效、更通用的算法。但如果条件（i）和条件（ii）满足，在大量计算后会得到相同的结果。

拒绝抽样算法经过改良可被用于处理未缩放的后验分布取值大于先验分布的情况。改良后的拒绝抽样算法也可以提升其效率（参照图 10-2 下方的图）。例如，如果这个算法被用于图 10-2 中的先验密度函数和未缩放的后验密度，那么抽取到的大部分样本都将被拒绝——灰色区域的面积相比于黑色区域太小。在练习题中你将看到如何实现这两个目标。当不能直接从先验分布中进行抽样时，我们也可以通过修正这个算法来解决问题。

拒绝采样是一种从后验分布中抽样的直接方法，但它并不是最普遍或最受欢迎的方法。在本书中，最广泛使用的后验抽样算法是**马尔可夫链蒙特卡罗（MCMC）算法**。MCMC 算法的工作原理超出了我们的范围。与拒绝抽样相比，它们的优势在于可以更好地解决"高维"问题，即存在大量参数的问题。[⊖⊖] MCMC 方法在许多软件包中都有应用。可以用 R 软件访问的三个主要软件包是 BUGS(Spiegelhalter et al.，1996)、JAGS(Plummer，2003) 和 Stan(Gelman et al.，2015)。在本章的剩余部分，我们将使用 R 软件包 MCMCpack (Martin et al.，2011) 中的 MCMC 程序。MCMCpack 不如 BUGS、JAGS 或 Stan 灵活，但是就我们的目标而言，其灵活性已经足够了，它便于使用，并且不必安装任何额外软件。在下面的练习集中，在一个简单的例子中我们将证明，共轭先验、拒绝抽样和 MCMC 将

⊖　MCMC 方法与拒绝抽样相比也有一些缺点。MCMC 方法的样本序列通常不是独立的。MCMC 方法还必须在样本开始反映所需的后验分布之前抽取大量的样本。这些最初的抽样，被称为"老化"抽样，之后必须丢弃。在确定是否已经抽取了足够的"老化"样本方面有一些技巧。通过足够的计算，通常可以克服这些缺点。

⊖　与拒绝采样相比，MCMC 适用于更广泛的模型，但当模型变得足够复杂时，MCMC 方法也开始表现得不佳。更现代的方法，如混合蒙特卡罗（也称为哈密顿蒙特卡罗）正变得越来越受欢迎，部分原因是它们能处理非常复杂的模型。关于 MCMC 和哈密顿蒙特卡罗的介绍，请参阅 McElreath(2017)。

给出相同的后验分布。

　　一旦我们获得了参数 θ 的后验分布，就意味着我们可以通过先验分布、似然函数和观测数据得到了关于 θ 的全部信息。尽管如此，后验分布本身可能有些笨拙——它通常是一张代表大量数或无限多数的图片。通过强调后验分布的某种特征，我们可以获得有效的点估计或者区间估计。在接下来的两节中，我们将对后验分布中有关估计的问题进行总结。

练习集 10-1 $^{\ominus}$

1. 在该问题中，我们将利用共轭先验、拒绝抽样和 MCMC 方法完整地演示一个简单的贝叶斯估计的例子，并见证它们得到相同的结果。考虑来自正态分布 $N(\theta, \sigma^2)$ 的 n 个独立观测值 $x_1, x_2, \cdots, x_n$，方差 σ^2 是已知的。假定 θ 的先验分布为 $N(\gamma, \tau^2)$。你可以自行选择 $\theta, \sigma^2, \gamma, \tau^2$ 和 n 的值，但如果先验分布的中心远离似然函数，拒绝抽样将需要很长时间，因为大多数候选样本将被拒绝。在本题中，我们取 $\theta=2, \gamma=0, \tau^2=\sigma^2=1$ 和 $n=20$。首先用 rnorm() 函数从你选择的正态分布中抽取随机数据。

   (a) 方差已知的正态分布的期望参数的共轭先验分布也是正态分布。这意味着后验分布也是正态分布，且该正态分布的参数由式(10.4)和式(10.5)给出。从而使用式(10.4)和式(10.5)可得后验分布的期望和标准差。（可选择用 R 函数计算。）

   (b) 用 MCMC 方法从后验分布中抽取 10 000 个样本，并计算后验样本的均值和标准差。可使用 MCMCpack 包中的 MCnormalnormal() 函数来完成。

   (c) 用拒绝抽样法从后验分布中抽取 10 000 个样本，并计算后验样本的均值和标准差。若你不打算做下一题，可使用 R 包 stfspack 中的 reject.samp.norm() 函数。有关安装说明，参见练习集 2-2 的问题 3，加载完成后，想要查看该函数用法，请使用命令 help(reject.samp.norm)。如果你决定做下一题，那么请先完成问题 2，之后你可以使用自己的函数来解决这里的问题。

2. [选做]在本题中，你将修改前面给出的拒绝抽样算法，使其运算更快，并使其适用于未缩放的后验分布值可能大于似然值的情况。这两点可以通过重新缩放未缩放的后验分布来实现，使其与至少一个 θ 的先验值完全相同，并且永远不会取到比先验更大的任何值，如图 10-2 的下图所示。

   (a) 我们希望能够重新缩放未缩放的后验值，使其与至少一个 θ 的先验值的比等于 1，但永远不会大于 1。请问未缩放的后验值与先验值的比是多少？

   (b) 取什么样的 c 值与未缩放的后验值相乘，得到的乘积等于某个 θ 值的先验分布值，但不会大于先验分布值？

   (c) 利用(a)和(b)中的结论修正前面给出的拒绝抽样算法。

   (d) 编写一个 R 语言函数来进行拒绝抽样。具体来说，从一个 $N(\theta, \sigma^2)$ 分布中利用拒绝抽样法抽取独立样本。假设 σ^2 是已知的，但是从 θ 的后验分布中抽样，而它的先验分布为具有指定的均值和标准差的正态分布。

10.3　使用贝叶斯估计方法获得点估计量

　　许多统计分析——包括贝叶斯分析和频率分析——的一个共同目标是获得参数的点估

　　$\ominus$　答案和详细的解题步骤和 R 脚本，请查阅本书的 GitHub 资源库(github.com/mdedge/stfs/)。

计量。在前几章中我们讨论了一些关于点估计量的频率计算方法，接下来该讨论如何从后验分布中获得一个点估计量了。一个自然的猜测——也是有用的猜测——是反馈一个后验分布中心趋势的指标，如后验值、中位数或众数等。这些量的定义类似于其他分布的均值、中位数和众数。也就是说，对于具有后验分布 $f_{\theta|D}(\theta|D=d)$ 的参数 θ，后验均值 θ_{mean} 是在给定数据条件下 θ 的条件期望，

$$\theta_{\mathrm{mean}} = E(\theta|D=d) = \int_{-\infty}^{\infty} \theta f_{\theta|D}(\theta|D=d)\,\mathrm{d}\theta \tag{10.6}$$

后验中位数 θ_{med} 为位于后验分布中心的 θ 值[⊖]，满足

$$P(\theta \leqslant \theta_{\mathrm{med}}|D=d) = 1/2 \tag{10.7}$$

后验众数 θ_{mode} 是使后验分布取到最大值的 θ 值[⊜]，

$$\theta_{\mathrm{mode}} = \mathrm{argmax} f_{\theta}(\theta|D=d) \tag{10.8}$$

其中，"argmax" 为 "取得极大值时的参数值"。后验众数也称为极大后验（MAP）估计量。图 10-3 展示了一个后验分布的均值、中位数和众数。

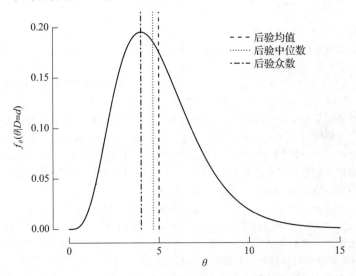

图 10-3   一个后验分布及它的均值、中位数和众数

后验均值、中位数和众数都为合理的点估计量。除了它们明显的合理性外，这些估计量中的每一个都可以被证明也是**贝叶斯估计量**，或极小化损失函数期望值的估计量。

如果你读了第 6 章的决策理论部分，你将能够回忆起损失函数——有时也被称为成本函数——它表示估计量 $\hat{\theta}$ 出错时的糟糕程度。例如，假定一家印刷公司印刷一本书的成本为 20 美元，销售价格为 30 美元。消费者购买该书的总数为 $\theta=1\,000$ 册，但是该公司不知道这个事实。[⊕]这家公司估计能销售 $\hat{\theta}$ 册书，因此生产了 $\hat{\theta}$ 册书。如果 $\hat{\theta}=\theta=1\,000$，那么

⊖　在某些问题中，有多个值满足式(10.7)，因此可能有多个后验中位数。

⊜　有时存在多个后验众数。

⊕　在这个例子中，假设销售量与价格无关。

该公司花费 20 000 美元生产书并且获得销售收入 30 000 美元，这样就赚取 10 000 美元的利润，这是可能实现的最好结果。如果这家公司错误地估计了需求，那么它的利润将下降。如果它所生产的书的数量不及潜在销量，也就是说 $\hat{\theta} < \theta$，那么每少生产一本书会使公司损失 10 美元的利润。如果它所生产的书的数量大于潜在销量，也就是说 $\hat{\theta} > \theta$，那么每多生产一本书就损失 20 美元的生产成本。这个例子中的损失函数，也就是与最好情况相比公司损失的金额为：

$$\lambda(\theta,\hat{\theta}) = \begin{cases} 10(\theta-\hat{\theta}), & \hat{\theta} < \theta \\ 20(\hat{\theta}-\theta), & \hat{\theta} > \theta \end{cases}$$

损失函数有多种形式。表 6-2 列出了一些常见的损失函数，包括平方误差损失函数 $\lambda(\theta,\hat{\theta}) = (\hat{\theta}-\theta)^2$、绝对误差损失函数 $\lambda(\theta,\hat{\theta}) = |\hat{\theta}-\theta|$ 和 0-1 损失函数

$$\lambda(\theta,\hat{\theta}) = \begin{cases} 0, & \hat{\theta} = \theta \\ 1, & \hat{\theta} \neq \theta \end{cases}$$

在第 6 章考虑损失函数时，我们认为被估计量 θ 是一个确定但未知的常数。而在贝叶斯方法中，θ 是随机的，且存在概率分布，这个分布反映了数据和 θ 的先验分布。给定一个损失函数 $\lambda(\theta,\hat{\theta})$，我们可以选择一个 $\hat{\theta}$ 的值，即一个点估计值，该点估计值最小化 θ 的后验分布的损失函数的期望值。⊖ 确切地说，贝叶斯估计量 $\widehat{\theta_B}$ 满足：

$$\widehat{\theta_B} = \underset{\hat{\theta}}{\mathrm{argmin}} \int_{-\infty}^{\infty} \lambda(\theta,\hat{\theta}) f_{\theta|D}(\theta|D=d) \mathrm{d}\theta \tag{10.9}$$

给定了所选择的先验分布、数据、似然函数和损失函数，贝叶斯估计量是使期望损失函数最小化的估计量。这里涉及很多条件：是否选择了合适的先验，是否选择了正确的模型，损失函数是否反映了出错成本，等等。但是，如果我们有了描述感兴趣问题发展变化的模型，那么贝叶斯估计量是一个极具吸引力的估计量。

广泛使用后验均值、中位数和众数的一个原因是它们是建立在直觉上有吸引力的损失函数基础上的贝叶斯估计量。后验均值是平方误差损失 $\lambda(\theta,\hat{\theta}) = (\hat{\theta}-\theta)^2$ 下的贝叶斯估计量，后验中位数是绝对误差损失 $\lambda(\theta,\hat{\theta}) = |\hat{\theta}-\theta|$ 下的贝叶斯估计量，后验众数是 0-1 损失下的贝叶斯估计量，0-1 损失即估计值等于真实值时没有损失，否则就是常数损失⊖。因此，后验均值、中位数、众数并不仅仅是后验分布特征的简单汇总，它们还是"最好的"汇总——只要对"最好"做出适当的定义并且明确错误估计的成本。在下面的一个选做练习中，你将有机会证明这些结论。

⊖ 第 6 章中将"风险"定义为损失函数的期望。在那里，假设被估计量是固定的，而期望是关于估计量的分布求的。在贝叶斯情况下，将估计量 $\hat{\theta}$ 视为固定的，并根据被估计量的后验分布求期望。式(10.9)中的最小值有时被称为"贝叶斯风险"。

⊖ 只有当参数取一组可能的离散值时，后验众数才是贝叶斯估计量。如果参数可以在一个连续的空间取任何值，那么在一些弱条件下，后验众数是贝叶斯估计量的极限值。此时对应的损失函数取值情况为：如果估计值落入围绕参数真实值的一个宽度为 w 的区间，则损失值为 0，否则损失值为常数。当 w 趋向于 0 时就可以获得极限值(关于必要条件的讨论见 Bassett & Deride, 2018)。

练习集 10-2

1. 在此题中，我们将使用 MCMCpack 包中的 `MCMCregress()` 函数来获得简单线性回归模型的后验分布。`MCMCregress()` 使用 Gibbs 抽样——MCMC 方法的一种——它是从线性回归模型中参数的后验分布中进行抽样。`MCMCregress()` 函数得到的是最标准的线性回归，具有正态分布、同方差、独立干扰项，如同第 9 章中的假设。对于用户而言，它与 `lm()` 最显著的区别是，`MCMCregress()` 需要为模型系数和干扰项方差输入先验分布。`MCMCregress()` 要求模型系数的先验分布属于正态族，并且干扰项方差的先验分布属于逆伽马族。用户需输入分布族的参数来确定具体分布。

   (a) 使用极大似然法和 `lm()` 函数拟合模型。使用 `anscombe$x1` 作为自变量，使用 `anscombe$y1` 作为因变量。对输出调用 `summary()` 函数，并记录系数的估计值。

   (b) 要理解先验的选择如何改变回归分析的结果，请使用以下先验期望值和系数精度的每一个组合重新运行回归：期望值 (0,0)，(3,0) 以及 (10,−5)；精度 0.0001，1，100。所有其他设置保持默认值。精度等于 $1/v$，其中 v 是随机变量的方差。使用较低的精度指定的先验更像一个平坦的均匀分布。通过在回归输出上调用 `summary()` 来记录每种情况下的估计系数。估计值将是后验均值（后验中位数显示在分位数表中），但在这种情况下，后验均值、众数和中位数实际上是相同的。要运行第一个例子（在安装和加载 MCMCpack 之后），请使用：

   ```
   y <- anscombe$y1
   x <- anscombe$x1
   reg <- MCMCregress(y ~ x, b0 = c(0,0), B0 = 0.0001)
   summary(reg)
   plot(reg)
   ```

2. [选做，难]证明以下结论：

   (a) 证明后验均值是平方误差损失下的贝叶斯估计量。[即证明 $\theta_0 = E(\theta \mid D)$ 使得 $\int_{-\infty}^{\infty} (\theta - \theta_0)^2 f_{\theta|D}(\theta) \, d\theta$ 最小化，其中 $f_{\theta|D}(\theta)$ 为后验分布。]

   (b) 假设 θ 取有限集 $\{\theta_1, \theta_2, \cdots, \theta_k\}$ 中的值，k 为有限数。证明后验众数是 $0-1$ 损失下的贝叶斯估计量。

   (c) [极难；所需微积分知识超出本书所涵盖的内容]证明后验中位数是绝对误差损失下的贝叶斯估计量。[提示：将积分分解成两部分，然后利用莱布尼茨积分规则交换积分和微分的顺序。你可以假定

   $$\lim_{\theta \to -\infty} (\theta_0 - \theta) f_\theta(\theta), \quad \lim_{\theta \to \infty} (\theta - \theta_0) f_\theta(\theta)$$

   不发散。]

10.4 使用可信区间进行贝叶斯区间估计

类似于频率统计学，用一个区间来描述估计的不确定程度通常是有用的。频率统计在这种描述中使用的主要原理是置信区间。贝叶斯估计中与置信区间类似的区间称为**可信区间**。$^{\ominus}$

一个被估计量 θ 的 $1-\alpha$ 可信区间满足

$\ominus$ 可信区间有时也被称为后验区间，或者被称为贝叶斯置信区间，但这可能会引起混淆。

$$P(\theta \in \nu \mid D=d)=1-\alpha \qquad (10.10)$$

其中 ν 表示可信区间。这与置信区间的定义是类似的，关键的区别是这里 θ 是一个随机变量，而置信区间里的 θ 被视为非随机变量。如果可信区间以 ν_1 和 ν_2 为界，即 $v=(v_1,v_2)$，则可信区间的另一种定义方法是

$$\int_{\nu_1}^{\nu_2} f_\theta(\theta \mid D=d)\mathrm{d}\theta = 1-\alpha$$

其中 $f_\theta(\theta \mid D=d)$ 是给定数据 d 之后，θ 的后验分布。换句话说，根据定义，后验密度与横轴在 ν_1 和 ν_2 之间的所围区域的面积——θ 落在 ν_1 和 ν_2 之间的后验概率——等于 $1-\alpha$。对于可信区间许多人错误地用置信区间的定义来解释：估计值落在区间内的概率为 $1-\alpha$。人们需要结合先验分布(加上所选模型、数据等)综合理解可信区间的定义。

　　给定一个后验分布，有许多满足式(10.10)的不同区间，它们都可以作为可信区间。一种常用的选择方法是找一个对称的可信区间，θ 落在这个区间右边的概率等于它落在左边的概率。更确切地说，如果可信区间以 ν_1 和 ν_2 为界，我们可以选择 ν_1 和 ν_2 满足 $P(\theta<\nu_1 \mid D=d)=P(\theta>\nu_2 \mid D=d)=\alpha/2$。这样的可信区间称为一个基于分位数的可信区间，图 10-4 中上方的图给出了一个这样的可信区间。

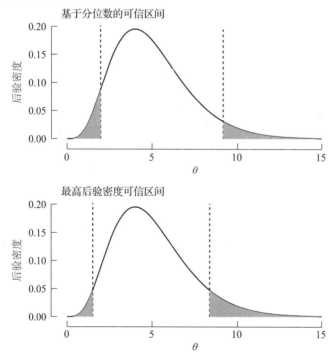

图 10-4　用后验密度(用黑色显示)计算的两个可信区间。在上方的图中，我们有一个以虚线为界的 90% 分位数可信区间。两个灰色阴影区域的面积彼此相等。但是请注意，有一部分无阴影的可信区间的后验密度低于部分被排除在区间之外的灰色阴影区域的后验密度。在下方的图中，我们有相同的后验密度和一个 90% 的最高后验密度可信区间，同样以虚线为界。θ 的值在可信区间内的后验密度高于区间外的所有 θ 值的后验密度。虽然后验分布与上图中的相同，但 90% 可信区间的范围确实不同

当使用不对称的后验分布或具有多个峰值的后验分布计算基于分位数的可信区间时，可能会出现不合适的情况。看一下图 10-4 上方的图，可以看到可信区间外面左侧的一些 θ 值比包含在分位数区间内的某些 θ 值具有更高的后验密度。在给定数据和先验分布条件下，后验密度较高的值被认为是更加合理的，并且我们可能不希望排除这些后验密度较高的值而取后验密度较低的值。解决这种问题的办法是使用一个"最高后验密度"可信集合，这个可信集合包括后验密度大于一个常数 c 的 θ 的所有值，c 的选取使得后验密度大于 c 的区域积分为 $1-\alpha$。$^{\ominus}$图 10-4 下方的图给出了一个最高后验密度的可信区间图。

> **练习集 10-3**
>
> 使用练习集 10-2 中问题 1 的 MCMCregress() 函数的输出结果，计算你在那个问题上使用的所有先验分布下斜率参数的 95% 可信区间。要求分别使用分位数法和最高后验密度法。分位数法所需的信息由 summary() 提供，你可以使用 coda 宏包（Plummer et al.，2006）中的 HPDinterval() 函数计算最高后验密度区间。回顾一下，bootstrap 的斜率参数的置信区间范围约为 0.25 至 0.75。

10.5 ［选读］使用贝叶斯因子进行贝叶斯"假设检验"

贝叶斯假设检验与频率假设检验有很大的不同。对于频率学派来说，"假设"最常采取的形式是对一个模型中的参数施加某种约束，例如，一个零假设可能会假定一个特定的参数等于指定的某个常数。对于贝叶斯学派来说，一个假设通常对模型的形式以及这个模型的可能参数的分布形式的假设。

我们将简单地介绍一种贝叶斯假设检验方法，即**贝叶斯因子**。假设我们有数据 D 和解释数据的两种假设，两种假设分别定义为 H_0 和 H_1。每一种假设包含一个似然函数和决定似然函数的参数的一个先验分布——我们分别用下标 0 和 1 标记两种不同的假设。贝叶斯因子比较了两种模型下观察数据的似然函数——它是在模型参数的先验分布上取平均值。贝叶斯因子为

$$B_{10} = \frac{P(D|H_1)}{P(D|H_0)} \tag{10.11}$$

贝叶斯因子源于贝叶斯定理，如果 H_0 和 H_1 是数据的唯一可能的解释，则 H_1 的后验概率是

$$P(H_1|D) = \frac{P(D|H_1)P(H_1)}{P(D|H_0)P(H_0) + P(D|H_1)P(H_1)}$$

类似地，H_0 的后验概率是

$$P(H_0|D) = \frac{P(D|H_0)P(H_0)}{P(D|H_0)P(H_0) + P(D|H_1)P(H_1)}$$

因为上述两个表达式分母相同，它们的比值为

$\ominus$ 如果后验密度有多个峰值，则最高后验密度可信集合可能为不连续的，例如，两个峰被一个密度很低的低谷隔开。

$$\frac{P(H_1|D)}{P(H_0|D)}=\frac{P(D|H_1)P(H_1)}{P(D|H_0)P(H_0)}=B_{10}\frac{P(H_1)}{P(H_0)}$$

也就是说，每个假设的后验概率之比等于它们的先验概率比乘以贝叶斯因子。如果两个假设的先验概率相等，即 $P(H_1)/P(H_0)=1$，则后验概率的比率[一]就等于贝叶斯因子。

要计算贝叶斯因子，必须对每个假设对应的似然函数取加权平均值，权重为所有参数的先验分布。[二]更确切地说，

$$B_{10}=\frac{P(D|H_1)}{P(D|H_0)}=\frac{\int f_1(D|\theta_1)g_1(\theta_1)\mathrm{d}\theta_1}{\int f_0(D|\theta_0)g_0(\theta_0)\mathrm{d}\theta_0} \tag{10.12}$$

其中 f_k 是假设 k 对应的似然函数，θ_k 表示包含在模型 k 中的参数，g_k 表示在假设 k 下参数的先验分布。[三]人们通常使用数值近似积分来计算贝叶斯因子。

让我们通过一个例子来整合上述碎片化的描述。假设在谷物产量的例子中，我们有两个假设。H_0：假设谷物产量 Y 满足下列模型

$$Y_i=\alpha+\varepsilon_i$$

其中 ε_i 为服从正态分布 $N(0,\sigma^2)$ 的独立随机变量。模型中有两个参数 α 和 σ^2，并假设在 H_0 下，α 有先验分布 $N(0,100)$，同时 σ^2 的先验分布为逆伽马分布 $IG(0.0005,0.0005)$。另一个假设 H_1：假设谷物产量 Y 满足下列模型

$$Y_i=\alpha+\beta x_i+\varepsilon_i$$

其中 x 表示肥料消耗量。α 和 σ^2 的先验分布在假设 H_1 下与在假设 H_0 下相同，同时 β 与 α 具有相同的先验分布，即正态分布 $N(0,100)$。

两个假设的不同之处在于：在假设 H_1 下，模型与 x 有关，多出了一个斜率。如果你的 R 软件中加载了 MCMCpack 函数，则我们可以使用 MCMCregress()[四]来拟合这两种模型[五]

```
y <- anscombe$y1
x <- anscombe$x1
reg0 <- MCMCregress(y~1, b0 = 0, B0 = 1/100, marginal.likelihood = "Laplace")
reg1 <- MCMCregress(y~x, b0 = 0, B0 = 1/100, marginal.likelihood = "Laplace")
```

我们可以使用函数 BayesFactor() 来计算贝叶斯因子，结果如下

[一] 这个比率也被称为假设1(备择假设)的后验胜率，即如果一个事件发生的概率为 p，那么它的胜率为 $p/(1-p)$。

[二] 在解释前一段中给出的贝叶斯因子时使用的假设为真的先验概率，与假设的参数先验分布完全不同。假设为真的先验有时被称为超先验。

[三] 与计算一个后验分布的情形不同，计算贝叶斯因子中使用的先验分布需要是合适的概率密度函数，这意味着它们需要满足积分等于1。

[四] 我们选择的逆伽马参数与默认设置的参数一致，因此在这里无须指定。

[五] 式(10.12)表示模型 k 的"边缘似然"为 $\int f_k(D|\theta_k)g_k(\theta_k)\mathrm{d}\theta_k$。设置 marginal.likelihood="Laplace"使用拉普拉斯方法近似计算贝叶斯因子所需的边缘似然概率。拉普拉斯方法适用于大样本和简单模型。虽然我们这里是一个小样本，但我们只是做一个练习。

```
> summary(BayesFactor(reg1, reg0))
The matrix of Bayes Factors is:
      reg1 reg0
reg1 1.000 3.26
reg0 0.307 1.00
```

比较 H_1 和 H_0 的贝叶斯因子为 $B_{10}=3.26$。(上面程序输出结果中的 0.307 为在两个假设角色互换的情况下计算的贝叶斯因子，即 $1/B_{10}$。)其中一个含义是，如果 H_1 的先验概率为 $P(H_1)=0.5$，则后验概率为 $P(H_1|D)=0.76$——这样表明 H_1 相比收集数据之前更为合理了。贝叶斯因子为 3.26 通常被认为是 H_1 优于 H_0 的合理证据。有一些量化标准可用于贝叶斯因子的定性解释。一套有影响力的参考指标来自 Kass & Raftery，他们认为在 1 到 3 之间的贝叶斯因子"不值一提"，在 3 到 20 之间的贝叶斯因子为接受 H_1 的"积极"证据，在 20 到 150 的贝叶斯因子为"强"证据，超过 150 的贝叶斯因子被认为是"非常强的"证据。(当然，这些临界值是没有理论依据的，类似于频率假设检验中的标准 $p<0.05$。)

一些统计学家更喜欢贝叶斯因子而不是 p 值。贝叶斯因子与后验概率相关联，这使得许多人从直观上觉得贝叶斯因子很有吸引力。贝叶斯因子广受好评的一个原因是它比 p 值更为保守，并且避免了在数据较多时很多频率检验即使与零假设的偏差很小也会拒绝零假设的问题。贝叶斯因子在 p 值难以计算或不可能计算的情况下也适用，例如在非嵌套模型的比较中。

尽管如此，贝叶斯因子仍存在争议。贝叶斯因子与先验分布有关联，且这种关联与贝叶斯点估计和区间估计与先验分布的关联方式不同。用于计算贝叶斯因子的先验分布需要是合理的——先验分布的密度函数在取值区间上的积分值等于 1。随着样本量的增加，贝叶斯点估计和区间估计通常会收敛到类似的结果，而贝叶斯因子对每个相互对立的假设对应的先验分布表现出更强的依赖性。你将在下面的练习集中看到这方面的示例。

练习集 10-4

对本节的无斜率(H_0)和简单回归(H_1)模型配置三种不同的数据。备择假设仅在先验中对系数的精度假定有所不同。记录下每种情况下后验的均值和线性模型系数的 95% 分位数可信区间，以及 H_1 比 H_0 的贝叶斯因子。

(a) 拟合本节中使用的模型。

(b) 将线性模型系数的先验精度(B0)更改为 1/16。(这将先验分布的方差变为 16。)

(c) 将线性模型系数的先验精度(B0)更改为 1/10 000。(这将先验分布的方差变为 10 000。)

(d) 这些结果表明后验均值的敏感性如何？以分位数为基础的可信区间、贝叶斯因子对于先验分布的敏感性呢？

10.6   结论：贝叶斯方法与频率方法

贝叶斯方法提出了一种在某些方面与第 8 章和第 9 章中研究的频率分析方法所表达的观点相反的思想体系。但令人欣慰的是在许多情况下贝叶斯方法和频率分析方法得到的结果是一致的。[○]如果与可用的先验信息量和参数数量相比数据量很大，则后验均值、中位数和众数趋向于与极大似然估计相似，同时可信区间与置信区间也相似。

为什么选择贝叶斯方法而不是频率分析方法呢？有时，贝叶斯分析所提供的结果正是我们所需要的。也就是说，在某些情况下，后验概率是人们真正想要的，例如在有一种合理的方法来设定先验概率，并且对于数据生成过程有一个很好的模型的情况下，贝叶斯方法是一个不错的选择。另一个关注点是贝叶斯方法和频率分析方法哪个"效果"更好，这很难笼统地回答。如前所述，至少对于大型数据集，两者对一大类问题都有很好的效果。有分歧的结论可能来自小数据集和高维问题的研究——在这些研究中需要考虑的参数数量非常多。许多在高维环境下工作的数据分析师甚至已经接受了贝叶斯方法，尽管他们可能对先验分布或后验分布本身不感兴趣，但他们希望贝叶斯统计的某些方面能帮助他们解决一些问题。例如，在参数上引入先验分布是一种正则化参数估计值的很自然的方法。"正则化"描述了防止估计过程对数据集的偶然特征反应过度的尝试，这在复杂的问题中至关重要。还有其他方法可以使参数正则化，但许多人认为贝叶斯方法在这样的情况中大放异彩。[○]

那么，该如何选择呢？一个显而易见的答案是，分析你正在研究的问题，并观察频率分析方法和贝叶斯方法是否都有很好的解决记录。除此之外，你还可以问自己用什么标准定义你的应用是否成功。如果一致性和已知的覆盖概率都是重要的，那么人们会倾向于选择频率分析方法；如果连贯地更新可信度更为重要，那么人们可能会喜欢贝叶斯方法。另一个要考虑的因素是你对你的工作领域的信心程度。在有确立的可靠的数学模型的领域工作的人可能会更倾向于使用能够充分利用其结构的贝叶斯方法。在不具备完善的模型的半参数或非参数频率分析方法的领域，较少假设的方法可能更具吸引力，本章的贝叶斯方法就是如此，它完全依赖于似然函数，就如基于频率分析的方法依赖于似然函数那样。[○]

在本章结束时，我想指出贝叶斯方法和频率分析方法还有一个共同点。在前面提及良好情况下，无论哪种方法都可以进行分析工作。但是，任何一种方法如果使用不当——例如方法不正确、数据不良或假设不充分等——都会产生伪劣的结果。在这里，我们强调一下在许多实证研究领域中出现的"可重复危机"，尤其在心理学中。[○]可重复危机指的是越来越多的人意识到，学术文献中记录的许多现象在重复研究中都不可复现，许多现象可能仅仅是单个样本中出现的偶然事件，并不是现实世界中的真实情况。解决重复危机的建议之一是转向贝叶斯方法。这项建议产生了有益的效果，引导许多研究人员更加关注他们的方法，仅仅是意识到还有另一种方法也产生了明显的效果。但是，贝叶斯方法不能解决它自身的基本问题，比如，许多领域的学术研究人员有强烈的职业动机滥用统计分析程序以发表更多论文，只要有微弱的制度激励就能确保这些现象将稳定出现。一个学术研究系统会反复使用当下流行的方法——用贝叶斯方法代替频率分析方法，仅仅因为这很容易实现。

[○] 当然，这是一把双刃剑——有人可能会问为什么做了额外的贝叶斯理论计算但最后得到的回报是一样的。

[○] 这些应用通常具有"客观贝叶斯"的风格。

[○] 如果你确实将贝叶斯方法与一个显然不是那么"合理的"概率模型结合使用，则在你的分析中也包含一些模型拟合性能评估是很有用的。文献 Gelman et al. (2014)中关于模型检验和改进的章节中有许多好的建议。

[○] 与类似的领域相比，这并不一定意味着可重复危机在心理学上特别严重，只是它受到了更多的关注。

10.7   本章小结

贝叶斯方法允许研究人员用一种原则性方式去组合先验不确定性的精确描述与新数据，贝叶斯统计的主要研究对象是后验分布——它描述了给定先验分布和观测数据条件下相关参数的不确定性。后验分布很难用数学来计算，但计算方法可以在大多数情况下给出任意好的近似值。贝叶斯点估计和区间估计是后验估计的特征，它们度量了后验分布的中心趋势和参数以特定概率落入的区间。贝叶斯假设检验的一个工具是贝叶斯因子，它比较了在一对不同假设下观测数据的概率。

10.8   延伸阅读

Gelman, A., Carlin, J. B., Stern, H. S., Dunson, D. B., Vehtari, A., & Rubin, D. B. (2014). *Bayesian Data Analysis*. CRC Press, Boca Raton, FL.

一本涵盖面广、较为实用的权威教科书。第 3 版结合了软件 Stan，Stan 是一款从后验分布中抽取样本比较灵活的软件。

Gigerenzer, G., & Marewski, J. N. (2015). Surrogate science: the idol of a universal method for scientific inference. *Journal of Management*, 41, 421-440.

这篇文章从历史的角度对心理学中 p 值的运用进行了分析，用许多与本书第 7 章延伸阅读相同的推荐资料对当前的实践进行了批判。我把它放在这里而不是第 7 章，因为它提出了一个额外的观点——用贝叶斯方法取代频率分析的建议的风险是，贝叶斯因子代替 p 值成为一个新"偶像"，这将导致一系列类似于我们现在所面临的问题。

Griffiths, T. L. & Tenenbaum, J. (2006). Statistics and the Bayesian mind. *Significance*, 3, 130-133.

心理学中理解人类认知行为是基本贝叶斯方法的一个尝试，这是贝叶斯统计的一个有趣分支。这是一篇容易理解的（并且简短的）介绍这个分支的文章。

Kass, R. E., & Raftery, A. E. (1995). Bayes factors. *Journal of the American Statistical Association*, 90, 773-795.

全面并充满热情地介绍贝叶斯因子的文章。

McElreath, R. (2015). *Statistical Rethinking*. Chapman & Hall/CRC Press, Boca Raton, FL.

从贝叶斯的角度对统计学进行了精彩的介绍。大部分材料通过在 R 软件包中实现的计算示例进行了说明，它本身对于在 R 中运行贝叶斯数据分析也非常有用。

尾叙　模型与数据

关键词：混淆，交叉验证，广义线性模型，混合模型，多重回归，过度拟合。

在本书的前十章中，我们通过一些统计理论的核心思想体验了统计思维。涉及的主题都十分重要，不了解这些主题的研究人员不太可能施展他们作为数据分析师的能力。如果不了解什么是概率模型，不知道如何使用一个重要的统计软件包，不能检查和操作简单的方程，要成为一名自信的统计方法的使用者几乎是不可能的。对于从事实证研究的工作人员来说，除了需要拥有这些技能，还需要有很强的统计基础知识。

同时，仅仅掌握本书中的思想对于一个专业的数据分析师来说是远远不够的。专业的数据分析师还需要具备专业知识，对科学方法有着敏锐的掌握，并拥有处理真实数据的经验。专业的数据分析师需要能够敏锐地对自己的发现提出质疑和提出一些比较深刻的问题，并积极寻求非传统的解决方案。简言之，专业的数据分析师需要将数据的概率模型与有实质意义的研究问题联系起来。

在这一部分中，我们不打算讨论统计学其他剩余部分的内容。相反，我们的目的是提供一些建议。我们将首先讨论假定在统计分析所起的作用，然后将概述检查合理性的方法。最后，我们将介绍简单回归模型可以扩展的几种方法。

尾叙 1　评估假定

为了使统计分析的结论可信，在分析过程中所做的假定也必须可信。作为数据分析师，我们经常会讨论类似于这样的问题：[一][二]

(i) 对于由模型 M 生成的数据，方法 P 产生了参数 θ 的一个 99% 置信区间。

(ii) 数据由模型 M 描述的一个过程生成。

(iii) 将方法 P 应用于数据 D 产生了一个区间 C。

(iv) 区间 C 是数据 D 的总体的参数 θ 的 99% 置信区间。

最后的结论(iv)是建立在假定(i)～(iii)基础上的。关于如何阐明和确立类似的假定(i)漫长讨论即将结束。通常(iii)在没有计算误差的情况下是无争议的。因此最难判别的是假定(ii)，它声称一个理论模型和一个真实的数据集是相对应的。

假定(ii)——数据是由假设的模型生成的——这一点从字面上理解并不符合事实。例如，真实世界的数据并不是来自正态分布的样本。如果假定(ii)是错误的，即数据不是由假设的模型生成的，则不能保证(iv)中的结论是真实的。最合理的回答是数据与假设的模型不矛盾。这样的回答本身不能替换假定(ii)：第二个假定的合理替换为下述假定：

(ii-a) 数据集 D 与模型 M 生成的数据集相似。但替换后的假定不能有效地导出(iv)。

[一] 这个论证考虑了一个置信区间，但这不是必要的。对于其他类型的估计或假设检验，也可以构造类似的论证。

[二] 在研究过程中，这种统计论证通常是更大的科学论证的一部分，并且可能有多种形式。

尽管如此，我们将继续考虑接受(ii-a)的方法，尽管这可能不足以确立我们想要得到的结论。

评估一个模型的假定是否合理有两种主要方法：(1)仔细检查数据图，对模型假定进行合理性测试；(2)用新数据进行预测。

尾叙 1.1　绘图

回忆一下，前面的肥料消耗量与谷物产量例子中的数据存储在 R 软件的对象 anscombe 中，肥料消耗量存储在 anscombe\$x1 中，谷物产量存储在 anscombe\$y1 中。lm()函数用于拟合一个线性回归模型，要用它查看肥料数据并输出结果，请使用下面的两个命令，如同我们在第 1 章使用的那样：

```
> mod1 <- lm(anscombe$y1 ~ anscombe$x1)
> summary(mod1)
```

第二个命令生成下列输出

```
Coefficients:
               Estimate Std. Error t  value  Pr(>|t|)
(Intercept)     3.0001     1.1247    2.667    0.02573 *
anscombe$x1     0.5001     0.1179    4.241    0.00217 **
—
Residual standard error: 1.237 on 9 degrees of freedom
Multiple R-squared: 0.6665,   Adjusted R-squared: 0.6295
F-statistic: 17.99 on 1 and 9 DF, p-value: 0.00217
```

截距和斜率的估计值与我们在第 3 章、第 8 章和第 9 章中提及的最小二乘法、矩估计法和极大似然法得到的结果相同。标准误差来源于第 9 章中介绍的极大似然估计法。此处报告的 t 统计量与第 9 章中的瓦尔德统计量相同，p 值来自将 t 统计量与 t 分布(不是瓦尔德检验中的标准正态分布)进行比较所得。F 统计量等于第 9 章中的似然比统计量。⊖换句话说，lm()函数实现了我们在第 9 章中所研究的所有极大似然理论(并且还实现了更多的理论)。

anscombe 数据框包含的不仅仅是我们一直在检查的变量，它还包含三对其他变量：anscombe\$x2 和 anscombe\$y2、anscombe\$x3 和 anscombe\$y3、anscombe\$x4 和 anscombe\$y4。在继续阅读之前，请拟合并检验每对变量的简单回归模型(你在第 1 章和第 3 章中的练习中已经完成了部分内容)：

```
> mod2 <- lm(anscombe$y2 ~ anscombe$x2)
> summary(mod2)
> mod3 <- lm(anscombe$y3 ~ anscombe$x3)
> summary(mod3)
> mod4 <- lm(anscombe$y4 ~ anscombe$x4)
> summary(mod4)
```

⊖　在具有 k 个相互独立的自变量的多元回归中(如图尾叙-1 所示)，lm()报告的 F 统计量是似然比检验统计量，与只有一个截距项的完全模型相比，需要除以 k。

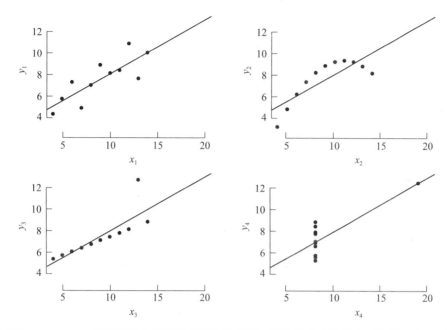

图尾叙-1 anscombe 数据框中的这四对变量的散点图，以及其对应的最小二乘线。这四组数据的最小二乘相关系数估计值和它们对应的标准误差，以及其他统计数据全部是相同的。这四组数据只有左上图中的数据满足标准线性回归假定。由 Francis Anscombe 构造的这四组数据集被称为 anscombe 四数据（此图是根据维基百科页面上 anscombe 的四数据图片修改而来，未注明日期，根据 CC BY-SA 3.0 许可使用。）

这三个额外模型的输出结果与我们在本书中讨论过的一些估计值的输出结果几乎是一样的例如系数估计值、标准误差、t（瓦尔德）统计量、p 值、F 统计量和 R^2 估计值。如果我们要估计每对变量的相关系数，我们将看到相同的现象。

有人可能会说因为这四组数据集的输出都是相同的，因此这四组数据集确保了完全相同的结论。但这样的推断是不正确的，在第 1 章我们说过，极大似然估计值（及其标准误差）取决于模型的假定。如果模型的假定不可信，则估计值可能无效或无意义。回忆一下第 9 章，为了说明最小二乘线的极大似然解释，我们做了如下假定：

假定 A1：线性性质。 对所有的 x，$E(\varepsilon \mid X = x) = 0$。

假定 A2：同方差性。 $\mathrm{Var}(\varepsilon \mid X = x) = \sigma^2$。

假定 A3-P：单位独立性。 对所有的 i 和所有的 $j \neq i$，ε_i 与 ε_j 独立。

假定 A4-P：同分布。 对所有的 i，ε_i 均服从正态分布。

如果满足这四个假设，则由极大似然理论提供的结果保证仅适用于 lm() 输出。通常不可能说它们对于真实数据是否为"真"，但我们通常可以评估它们是否是数据的合理描述。

如第 1 章所述，我们标记为"肥料数据"的数据不是肥料数据，甚至不是真实数据。它们是由 Francis Anscombe 构造的数据。我现在要重申的一点是：数值计算结果不能代替数据直观结果。

请看图尾叙-1，它显示了四对变量的散点图以及它们的（相同的）最小二乘线。这四个数据集截然不同，只有一个可以用简单线性回归模型进行分析，也是我们在本书中一直用的。右上图违反线性假定，这些点用曲线比用直线描述更好。在左下图中，我们看不到所需要的大致对称的点"云"。相反，大多数点落在一条线上，其中一个点偏离了其他点所遵循的模式。在右下图中，所有估计值和推断是由 lm() 完全依靠单个离群点的位置而生成的。

这些模式都不能从 lm() 输出的汇总中读取出来。看数据是查看它们的最佳方式。一条很好的原则是，在不查看支持分析合理性的曲线图的情况下，永远不要依赖统计分析结果。如果必须要选择单一的统计方法作为唯一的研究工具，不要选择线性回归结果，请选择散点图。

练习集尾叙-1

绘图的一个障碍是探索性数据分析工作可能会做一些错误的假设检验。例如，如果散点图导致数据分析师观察到某种模式，则存在通过假设检验探索该模式的可能性，从而导致进一步的绘图和检验，以探索数据集的实际随机特征。这样很容易"发现"一些虚假结果。这个问题的一个解决方案是使用显示数据与模型假定的特定拟合图，而不是显示变量之间的关联图。如果在 R 语言 lm() 命令的输出中调用 plot() 函数，你可以看到为线性回归模型设计的四个这样的图。residuals vs. fitted values 散点图主要检验模型线性性质假定(尽管其他模式可以从图中看到)。一个 Q-Q 散点图(Q-Q 表示"分位数-分位数")检验了残差与正态分布的拟合情况。Spread vs. level 图显示同方差性信息，residuals vs. leverage 图提醒我们离群点会不会过度影响分析结果的信息。使用 plot() 查看基于 anscombe 四数据的四个模型的这四个散点图，请留意是否可以看到与图尾叙-1 中相同的违背经典假定的行为。

尾叙 1.2   假定的检验

评估假定合理性的另一种方法是进行统计检验。这种方法的逻辑与第 7 章所述的假设检验相同。如果一个特定的假定成立，计算具有一个已知分布的检验统计量，并将统计值与其分布比较生成 p 值。如果这一假定成立，则较小的 p 值表示检验统计量落在一个不可能的区域。

假定的检验可能很有用，但它们必须遵守与假定相关的所有注意事项。例如，检验通常对样本量很敏感。在小样本中，即使明显违反假定，也可能无法通过检验得到证据。在大样本中，本可安全忽略的小的违反假定却会导致较小的 p 值，从而否定假定。仅仅依靠一刀切的标准(如 $p < 0.05$)来决定假定是否合理是不明智的。相反，这样的检验只能是分析数据表现的补充形式。它们可以揭示在一个图中观察到的模式是否比假定模型产生的数据中通常预期的表现得更明显。

在 R 语言中，检验线性回归模型假定的一个包是 gvlma(用于"线性模型假定的全局检验"：Peña & Slate, 2012)。安装并加载软件包后，gvlma() 函数对线性模型假定进行四次特定检验，并得到一个组合四个特定检验的总 p 值。在安装并加载宏包后，对线性回归模型的输出调用 gvlma() 并关联 anscombe$x1 与 anscombe$y1 后，得到下面的列表：

```
> gvlma(mod1)
                      Value p-value                Decision
Global Stat          1.24763  0.8702  Assumptions acceptable.
Skewness             0.02736  0.8686  Assumptions acceptable.
Kurtosis             0.26208  0.6087  Assumptions acceptable.
Link Function        0.68565  0.4076  Assumptions acceptable.
Heteroscedasticity   0.27255  0.6016  Assumptions acceptable.
```

"偏度"和"峰度"检验评估残差的正态性表现。⊖ 如果残差分布不对称，则偏度检验产生较小的 p 值，如果残差分布的尾部太重或者太轻，峰度检验会产生较小的 p 值。"连接函数"检验线性性质假定的合理性。异方差性检验同方差性假定的合理性。如果数据事实上是由满足所有标准线性回归假定的模型生成，则这四个检验统计量中的每一个都服从 $\chi^2(1)$ 分布，它们的和服从 $\chi^2(4)$ 分布，称为"全局统计量"。

使用 gvlma() 函数不能进行单位独立性假定的检验。要验证单位独立性，通常我们通过收集数据的方式进行判断，并寻找假定来源相依性的具体证据。例如，如果数据是从一所小学的学生那里收集的，我们可能会寻找证明同一教室学生观测结果相依性的证据。

在下面的练习中，你将把 gvlma() 检验应用于 anscombe 四数据中的其他三对变量构建的其他线性模型中。

练习集尾叙-2

将 gvlma() 应用于 anscombe 四数据中其他三对变量拟合的 lm() 对象，在每种情况下，你注意到了什么？

尾叙 1.3　样本外预测

评估模型适用性的第三种方法是使用模型对新数据进行预测。新数据不属于用于拟合模型的数据。⊖ 这就确保模型不仅仅拟合手中的数据，而且还可以描述一些初始样本之外的真实世界。建立一个能够在新数据中做出良好预测的模型要比建立一个适合现有数据的模型困难得多。

人们不需要收集新数据就可以获得样本外预测的许多好处。事实上，人们可以保留一部分数据集用于进行模型预测。这种策略的一种变体是 k 折**交叉验证**，将数据集分成 k 个大小相等的份，拟合模型 k 次，每次保留一份样本。对于拟合的每个模型，预测的质量由

⊖　标准线性回归模型中假定干扰来自正态分布，而不是残差。（回忆一下，干扰是样本值 y 到真实回归线 $y = \alpha + \beta x$ 的竖直距离，而残差是样本值 y 到估计的回归线 $\hat{y} = \hat{\alpha} + \hat{\beta} x$ 的竖直距离。）我们观察不到干扰，因此无法直接评估假定。但如果线性假定成立，并且有足够的数据，那么残差是干扰的良好估计。

⊖　"预测"一词在有些地区被用作"与某某有关"的缩写。例如当一位处理肥料数据的数据分析师只是想表达肥料消耗量与谷物产量有关时，她可能会说，肥料消耗量"预测"了谷物产量。这种行话让局外人感到困惑（例如，见 Abraham，2010）。它还对业内人员产生了有害影响，使得他们可能会将确定一个适合特定数据集的模型这一更容易的任务，与构建一个广义模型这一更难的任务混为一谈。在使用这种语言的环境中，通常无法尝试更难的任务。

保留的数据进行评估。

　　样本外预测对于评估**过度拟合**的严重性特别有用。模型的复杂性各不相同，更复杂的模型能够识别数据中更复杂的模式。复杂模型的问题在于它们可能将概率波动误认为数据中的真实模式——这就是过度拟合。[⊖]这样的例子如图尾叙-2 所示。这个图包括本书一直在用的"肥料"数据，但不是用一条直线去拟合，而是拟合了一个数据的高阶多项式。多项式完美拟合我们现有的数据，但它可能在新数据中检验失败。比如，荒谬的预测有，(1) 肥料消耗量少于 4kg/ha 或超过 14kg/ha 的国家得到较大的谷物产量，(2) 肥料消耗量略多于 4kg/ha 的国家竟然得到了负的谷物产量。

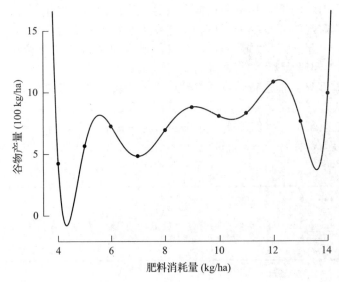

图尾叙-2　"肥料"数据用 10 次多项式（过度）拟合，而不是直线拟合

　　样本外预测是解决过度拟合的最可靠方法。一个依赖于噪声而非真实结构的模型将应用于新数据集中，其随机方面将不同于原始数据集。

　　我们在本书中讨论的简单线性回归模型，通常不会造成过度拟合的风险，因为模型太简单了。过度拟合是我们下面扩展简单回归需要考虑的一个主要因素。

尾叙 2　简单线性回归的拓展

　　当数据提供强有力的证据表明简单线性回归的假定被违反时，我们该怎么办呢？一种选择是退而求其次，采用不需要相关假定的方法。例如，bootstrap 方法并不要求干扰是正态分布的，因此，在最小二乘线的极大似然解释不合适的某些情况下，可以使用基于 bootstrap 方法的置信区间。在极端情况下，人们总是可以把最小二乘线简单地表述为最小化平方误差的直线。这种解释不需要概率性假设。这种无模型要求的直线有时是有用的。

　　⊖　过度拟合也可以用所谓的"偏差-方差权衡"来检验。更复杂的模型可以拟合更复杂的模式，因此不要通过强加一个简便的结构来获取小的偏差。但其代价是，它们可能需要大量数据进行拟合，并由此产生较大波动的估计值和预测值。正则化方法（见第 10 章 10.6 节）试图平衡偏差和方差之间矛盾。

另一种方法是使用一个明确适应研究问题或数据的关键特征的模型。应用统计学的文献以及应用统计思维的领域充满了无数这样的建模工作。在这里，我们将概述三种可以扩展简单线性回归模型的方法。这些方法可以认为是对我们所研究的模型具体违反某些假定行为进行解释的方法。其中的每一种方法都在很多其他书中出现过，这里我们只选取几段内容，目的是告诉你已学的方法还可以以这些方式去应用。

尾叙 2.1　多元回归

多元回归，也称为"多元线性回归"，或"回归"，通过包括一个以上自变量来扩展简单线性回归模型。这种模型的一种表示方式是

$$Y = \alpha + \beta_1 x_1 + \beta_2 x_2 + \cdots + \beta_k x_k + \varepsilon \tag{P.1}$$

其中 Y 是因变量，$\beta_1, \beta_2, \cdots, \beta_k$ 是回归系数，$x_1, x_2, \cdots, x_k$ 是 k 个不同的自变量的值，ε 是一个随机干扰项，通常被假定为服从正态分布 $N(0, \sigma^2)$。$\beta_1, \beta_2, \cdots, \beta_k$ 中的每一个 β_i 都被解释为在其他变量保持不变的条件下，与之对应的 x_i 的一个单位变化引起的 $E(Y|x)$ 的变化。这里的符号的变化是：下标用于区分不同的自变量，而不是不同的观测值。这表明，该公式用于计算在自变量 $x_1, x_2, \cdots, x_k$ 的值的基础上的 Y 的一个观测值。因此，简单线性回归讨论的是在二维散点图中画一条线，而多元回归可以看作通过高维点云绘制一个平面。图尾叙-3 是一个有两个自变量的例子。

多元回归的数学原理用矩阵符号来解释是比较容易的，而这里需要的矩阵代数有点超出我们的范围了。尽管如此，许多最重要的事实是我们已经探讨过的内容的直接延伸。在第 8 章使用的假定下[⊖]，系数的最小二乘估计量是一致的，区间估计可以通过 bootstrap 方法得到。在第 9 章的假定下[⊖]，最小二乘估计量是极大似然估计量，在系数 $\beta_1, \beta_2, \cdots, \beta_k$ 中有 m 项等于 0 的假定下，似然比统计量服从自由度为 m 的卡方分布 $\chi^2(m)$。

多元回归系数的最小二乘估计量的计算公式与简单线性回归中系数的计算公式类似，并对不同变量之间的相关性进行了调整。甚至还有一种方法可以通过重复应用简单线性回归来获得多元回归的最小二乘估计，你将在下面的练习集中看到这一点。大多数人在数据分析入门课程中学到的许多方法，包括 t 检验、相关分析、方差分析（ANOVA）和协方差分析（ANCOVA），都是多元回归的特例，你将在后面的练习集中对此加以验证。

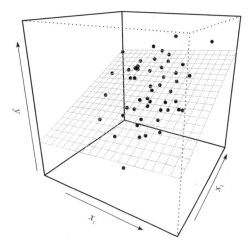

图尾叙-3　多元回归的输出是一个（在最小二乘意义上）"最"适合点云的平面

⊖　即期望值为 0 的独立干扰项。
⊖　独立、同方差、期望值为 0 的正态分布干扰项。

尽管简单回归和多元回归之间有相似之处，但在多元回归的环境中出现了一些新的问题。最棘手的问题与因果关系有关，到目前为止，我们一直在回避因果关系。对回归的一种解释，我们可以称之为预测性解释，认为回归系数是为了评估自变量和因变量之间的关联模式。在经济学和相关领域中出现的另一种常见解释是因果关系。在因果关系解释下，回归系数衡量了自变量与因变量之间的因果关系的强度。

下面是对这两种观点的说明。假设一个研究人员提出了一个学龄儿童阅读速度的模型

$$Y = \alpha + \beta_1 \cdot age + \beta_2 \cdot st + \varepsilon$$

其中 Y 表示阅读速度，可以用标准化文本中每分钟的阅读单词数来度量。变量 st 表示"学校类型"，孩子在私立学校就读取 1，在公立学校就读取 0。由于多种原因，该模型值得怀疑，但我们仍然使用它。假如我们对公立和私立学校的 8 岁儿童的阅读速度差异感兴趣，根据线性性质假定，$E[\varepsilon] = 0$ 对于所有自变量的组合均成立，所以在这个模型下的期望差异是

$$E(Y \mid age=8, st=1) - E(Y \mid age=8, st=0) = (\alpha + \beta_1 \cdot 8 + \beta_2 \cdot 1) - (\alpha + \beta_1 \cdot 8 + \beta_2 \cdot 0) = \beta_2$$

无论是预测性解释还是因果性解释，私立学校和公立学校儿童之间的期望差异均为 β_2。在预测性解释下，β_2 是一个适用于观察性研究[一]的期望，在这种解释中，哪些孩子被送到哪所学校是不受我们影响的。

在预测性解释中，私立学校教育不一定会导致这种差异。与此相反，因果解释认为私立学校教育确实导致了这种差异。假设我们把一个本来会在公立学校就读的学生送进私立学校，而不改变他所处环境的任何其他因素。根据因果关系的解释，这个学生的阅读速度比送公立学校每分钟改变了 β_2 个单词。预测性解释并没有对这种情况下会发生什么给出结论。

当然，我们可以想象出许多不适用因果解释的回归模型——回归系数是根据变量之间的关联模式而不是它们的因果关系来估计的。例如，有一个数据集，记录了学龄儿童的阅读速度和鞋码数据。在一个以阅读速度为因变量、以鞋码为自变量的回归中，斜率估计值将是正的，因为鞋码和阅读速度都与年龄相关。但是大家都知道，给孩子穿上小丑鞋并不能使其加快阅读速度。因果性解释的倡导者并不会声称回归——或任何相关方法——是一种自动揭示因果关系的工具。相反，他们认为应该了解在什么条件下，回归系数确实揭示了因果信息，而且最好设计符合这些条件的研究和数据分析，使因果解释能够进行。

回归系数估计通常不反映因果关系的一个重要原因是不可测的**混淆**（confounding）变量。不可测的混淆变量是排除在反映自变量和因变量之间关联关系的回归方程之外的变量，这些变量对因变量也有影响。例如，在一个将鞋码与学龄儿童阅读速度联系起来的回归中，年龄是一个混淆变量。儿童随着年龄的增长而成长，他们的阅读能力也在提高。[二]为了评估鞋码对阅读速度的因果效应，多元回归

[一] "观察性研究"（observational study）是一种研究者不能操纵变量之间假定的因果关系的研究。与此对应的是实验性数据（experimental data），研究者通常通过随机分配改变假定的因果变量。如果有可能操纵假定的因果变量，那么基于实验数据的因果主张就容易得多。无论是观察性数据还是实验性数据都可以通过多元回归进行分析。

[二] 将年龄与认知发展、练习量和学校里的教学水平拉上关系，还也太粗糙了。但明显地，这不是鞋的责任。

$$Y = \alpha + \beta_1 \cdot \text{shoe.size} + \beta_2 \cdot \text{age} + \varepsilon$$

是对简单回归模型

$$Y = \alpha + \beta_1 \cdot \text{shoe.size} + \varepsilon$$

的一种改进。如果有可能完全正确地考虑所有的变量，包括所有的混淆变量，并且没有错误地度量它们，而且模型假定也成立，那么用因果关系解释回归估计是合理的。

在实践中，使用回归分析很难证明观察性数据的因果结论。通常情况下，我们不可能知道是否所有相关的混淆变量都已被度量。此外，很难将混淆变量与中间变量或介质区分开来——这些变量受自变量的因果影响，反过来又对因变量有因果影响。$^{\ominus}$ 这样的变量看起来像混淆变量——它们与自变量和结果都有关联——但如果将它们纳入回归，自变量的部分影响将被错误地归因于中间变量。$^{\ominus}$ 最后，即使在回归中完全正确地考虑了变量，如果这些变量的度量是不完美的，那么来自回归的因果效应的估计就会有偏差（见 Westfall & Yarkoni，2016 中一些例子）。

简而言之，多元回归在许多情况下是一个有用的模型，但当因果关系出现问题时，解释回归的结果并不容易。

练习集尾叙-3

1. [选做]多元回归系数的最小二乘估计值可以通过重复应用简单线性回归得到。你可以使用 R 软件内置的数据集 mtcars 来验证这一事实，该数据集包括由 *Motor Trends* 杂志在 1974 年测试的汽车的各种特性的数据。

   (a) 使用最小二乘法函数 lm() 拟合模型 $MPG = \beta_0 + \beta_1 \cdot AM + \beta_2 \cdot HP + \varepsilon$，其中 MPG 表示每加仑英里数，AM 表示变速器类型（自动与手动），HP 表示马力大小。模型拟合的 R 语言命令是 mod.fit <-lm(mpg~am+hp,data=mtcars)。并将输出保存到一个名为 mod.fit 的对象中。调用结果用 summary()。

   (b) 为了只使用简单线性回归获得与(a)中相同的权重估计值斜率，请完成以下步骤。

     (i) 以变速器类型为因变量、马力为自变量进行简单线性回归，并保存残差。例如，运行

```
resid.am.hp <- lm(am ~ hp, data = mtcars)$residuals
```

     (ii) 拟合另一个简单线性回归，以每加仑英里数为因变量，马力为自变量，并保存残差。

     (iii) 拟合第三个简单线性回归，以(ii)的残差为因变量，以(i)的残差为自变量。

        比较(iii)中得到的斜率估计值与(a)中的变速器类型的斜率。你发现了什么？

   (c) 修改(b)中的程序，只用简单线性回归去获得(a)中马力的斜率估计值。

  $\ominus$ 例如，当司机踩下汽车油门时，燃料输入发动机，开始燃烧，汽车被启动。输入发动机的燃料是一个中间变量。中间变量也被称为内生变量。

  $\ominus$ 有时，在包含一个中间变量之后，估计的回归系数的变化是有参考价值的。在油门踏板的案例中（见上一脚注），在将输入发动机的燃料纳入模型后，油门踏板的估计回归系数将接近零。在这种情况下，我们了解到油门踏板是通过燃料注入产生影响的。这个结论是可靠的，因为我们已经知道燃料是因果关系的中间变量——因果关系的中间变量也称为"介质"——而不是一个混淆变量。如果我们不知道这一点，并且我们认为燃料注入是一个混淆变量——燃料导致油门踏板的按压——那么我们可能会得出一个错误的结论：按压油门踏板不会导致汽车加速。

(d) 在多元回归中，最小二乘回归平面——因为它的维度是两维以上，回归函数是一个平面而不是一条线——为所有自变量取其样本均值时的因变量的样本均值。这与练习集 3-2 问题 1(b) 的结果类似。利用这个事实，用估计的斜率和每加仑英里数、重量和马力的样本均值去获得 (a) 中的截距。

2. [选做] 其他几种方法可以被视为多元回归的特例，有时被称为一般线性模型的具体例子。（这与广义线性模型不同，广义线性模型是我们下一小节的主题。）很明显，简单线性回归是多元回归的一个特例，是只有一个自变量的多元回归。在本题中，我们将在一个实例中验证多元回归在标准 t 检验、皮尔逊相关分析和单因素方差分析(ANOVA)中有同样的结果。（如果你以前从未听说过这些方法，请不必担心。）

(a) 独立样本的 t 检验（也称为学生检验）的经典版本是用来检验零假设：两个样本是独立地从同一正态分布中抽取的。计算 mtcars 数据集中自动与手动变速器汽车的油耗的 t 检验，代码为

```
t.test(mtcars$mpg ~ mtcars$am, var.equal = TRUE)
```

（指令 var.equal= TRUE 给出了"经典" t 检验，它假定是同方差的。在 R 语言中有一些默认的修改，适用于两个样本是抽取自方差不同的两个总体的情形。）使用代码

```
mod <- lm(mtcars$mpg ~ mtcars$am)
summary(mod)
```

拟合一个简单线性回归。这两项分析的检验统计量和 p 值是什么？

(b) 皮尔逊相关系数是总体相关系数的一个估计量。它也是两个随机变量的总体相关系数等于零的零假设的标准假设检验的基础。对肥料数据进行检验，代码为

```
cor.test(anscombe$x1, anscombe$y1)
```

将其结果与简单线性回归的结果进行比较。

(c) 许多形式的方差分析可以从线性回归的角度解释。在所谓的单因素方差分析中，零假设假定分为 k 组的观测值都是独立地服从同一正态分布的。包含这 k 组中的观测成员的变量称为"因素"。在内置的 PlantGrowth 数据中，植物的重量与它们在实验中接受的处理一起被记录下来。为了拟合这些数据的方差分析，请使用

```
anova.fit <- aov(weight ~ group, data = PlantGrowth)
summary(anova.fit)
```

现在用同样的公式拟合一个线性回归模型，并对其进行总结。你发现了什么？

尾叙 2.2　广义线性模型

多元回归满足了模型中多于一个解释变量的需要。简单线性回归的另一个限制是，它需要一种特定类型的因变量——因变量是在连续尺度上测量的，并且因变量对自变量的变化必须做出线性反应。**广义线性模型**可以对因变量的这些限制加以放宽。

最广泛使用的广义线性模型是二值因变量的模型，因变量只能取两个值。1987 年，心理学家 Cowles 和 Davis 做了一项人格测试，并要求参与测试的人说明是否自愿参与进一步

的研究。他们将人格测试所评估的外向性和神经质与性别一起作为自变量。因变量是参与者是否自愿参加未来的研究。如果参与者说他们会参与，我们将因变量表示为 $Y=1$，否则 $Y=0$。

对于 Cowles 和 Davis 的数据，一个可能的模型是

$$Y=\alpha+\beta_1 \cdot Ex+\beta_2 \cdot Ne+\beta_3 \cdot M+\varepsilon$$

其中 Ex 表示外向性，Ne 表示神经质，如果参与者是男性，则 $M=1$，否则为 0。这是一个多元回归模型，但它是一个糟糕的模型。由于 Y 必须等于 0 或 1，这个模型对干扰项施加了强烈的约束，它违反了正态性、线性性质和同方差的假定。它的一个改进是用一个人决定做志愿者的概率来代替是否决定做志愿者，比如

$$P(Y=1)=\alpha+\beta_1 \cdot Ex+\beta_2 \cdot Ne+\beta_3 \cdot M$$

这仍然会导致无实际意义的结果，如概率大于 1 或小于 0。对 $P(Y=1)$ 进行建模是个很好的想法，但将其建模为自变量的线性函数可能会带来麻烦。[一] 假设 $P(Y=1)$ 是自变量的函数，并且要将函数值限制在 0 和 1，这样的有界函数很多——每一个累积分布函数都是一个可能的选择。例如，我们可以令

$$P(Y=1)=\Phi(\alpha+\beta_1 \cdot Ex+\beta_2 \cdot Ne+\beta_3 \cdot M) \tag{P.2}$$

其中 Φ 是 $N(0,1)$ 的累积分布函数。式(P.2)是 probit [二] 模型的一种特殊情形，它也是一种广义线性模型。

对于二值变量，最流行的选择是 logistic 回归模型，满足

$$P(Y=1)=\frac{e^{\alpha+\beta_1 x_1+\beta_2 x_2+\cdots+\beta_k x_k}}{1+e^{\alpha+\beta_1 x_1+\beta_2 x_2+\cdots+\beta_k x_k}}$$

logistic 回归系数有一个自然的解释，即结果发生的优势比，这是 probit 模型所缺乏的。probit 模型和 logistic 模型的系数通常都是通过极大似然法估计的。一般而言不能用解析法使似然达到最大，所以要用数值近似法。图尾叙-4 展示了最小二乘线、probit 模型和 logistic 模型对一些二值数据的拟合。区间估计来自 bootstrap 方法或观测结果的费希尔信息。在贝叶斯数据分析中，系数的后验分布可以用马尔可夫链蒙特卡罗等计算方法来估计。

20 世纪 70 年代，人们注意到了这些模型和其他一些模型——其中重要的是包括了计数数据的模型——有一个共同的框架。由这种共同结构描述的模型被称为广义线性模型。对广义线性模型的完整的描述超出了我们讨论的范围，但最突出的特点是，广义线性模型认为存在一个特定的函数 g，满足

$$E(Y|x_1,x_2,\cdots,x_k)=g(\alpha+\beta_1 x_1+\beta_2 x_2+\cdots+\beta_k x_k)$$

线性回归模型 $g(z)=z$、probit 回归模型 $g(z)=\Phi(z)$ 和 logistic 回归 $g(z)=e^z(1+e^z)$ 满足了这种关系。一般来说，g 的反函数，或 g^{-1}，被称为连接函数，广义线性模型的部分特征在于它们使用的连接函数。

[一] 有些人确实使用了这种方法，有时被称为"线性概率模型"，在某些情况下这个模型还是有效的。相关参考资料和近年的技术评估见 Horrace & Oaxaca(2006)。

[二] "probit"是"probability unit"的合成词。

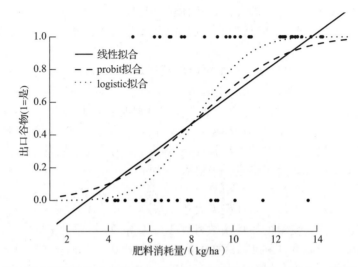

图尾叙-4 受运行示例启发构造的假设数据。数据结果是二值的，表示一个国家是否出口粮食。数据与三个不同的模型最小二乘（线性）模型、probit 模型和 logistic 模型的拟合结果一起显示，每个模型都是在横轴上显示肥料消耗量，纵轴上显示出口谷物的估计概率。这些模型在某些方面是相似的，但一个明显的区别是，线性模型产生的估计概率出现了小于 0 和大于 1 的不合理情形

　　广义线性模型是通用的，但这种增加的通用性有时是以难以验证的假定为代价的，在某些情况下，这些假定比线性回归情况下的假定更重要。例如，识别 probit 模型的一种方法被称为潜在变量表述。我们假定每个单位都与一个潜在的——也就是没有观测到的——变量 Z 有关。我们不观测 Z 本身的值；我们只看 Z 是否大于 0，在 $Z>0$ 的情况下，Y——作为二值变量——等于 1。如果

$$Z=\alpha+\beta_1 x_1+\beta_2 x_2+\cdots+\beta_k x_k+\varepsilon \tag{P.3}$$

其中 ε 为服从 $N(0,1)$，这个模型等价于式（P.2）中的模型。也就是说，未观测到的变量 Z 完全遵循标准多元回归假定——线性性质，以及干扰项的独立性、正态性和同方差性。在标准线性回归中，我们没有直接观测到 ε，这给评估假定的合理性带来了一些困难。现在，我们也不能观测到 Z，所以事情就更难了。此外，在线性回归中，即使干扰项是异方差的，最小二乘估计量也是一致的，而在 probit 回归中，异方差的干扰项会导致估计量的不一致，你将在下面的一道练习中看到这一点。

练习集尾叙-4

1. ［选做］Cowles 和 Davis 的数据可以在数据框 Cowles 中的 car（Fox & Weisberg，2011）中获取，请使用 glm() 函数估计式（P.2）中的模型。

2. ［选做］

　　(a) 在线性回归中，即使存在异方差，最小二乘估计量也是一致的。为确认这一事实，请重做练习集 6-9 的问题 1(a)，但通过给 het.coef 参数分配一个非零值来引入异方差性。要在图表中观测异方差，可以使用：

```
plot(sim.lm(5000, 3, 1/2, het.coef = .25))
```

然后，为了在样本量为 100 的样本下估计最小二乘估计值的均值和方差，使用

```
ests <- sim.lm.ests(n = 100, nsim = 1000, a = 3, b = 1/2, het.coef = .25)
colMeans(ests)
apply(ests, 2, var)
```

对 10，50 和 1 000 的样本量重复这一步骤。

(b) 使用式(P.3)中 probit 模型的潜变量表述来模拟数据。并用 glm() 函数拟合模型。下面是一种有 100 个观测值的方法。设 $\alpha = -1$，$\beta = 0.2$。

```
#Simulate data
n <- 100
a <- -1
b <- 0.2
x <- rnorm(n, 0, 2)
eps <- rnorm(n, 0, 1)
z <- a + b*x + eps
y <- as.numeric(z > 0)

#Fit the model
prob.fit <- glm(y ~ x, family = binomial("probit"))
summary(prob.fit)
```

增加观测值的数量，看看估计值会发生什么变化。你认为它们是一致的吗？

(c) 对潜变量的误差项引入异方差性。用上述参数实现此目的的一个方法是用以下方法生成干扰项：

```
eps <- rnorm(n, 0, 1 + max(-1, 0.1*x))
```

增加观测值的数量，看看估计值会发生什么变化。你认为它们是一致的吗？将上述函数中调用的 0.1 改为不同的值，从而改变异方差的严重程度。

尾叙 2.3　混合模型

混合模型，也称为分层模型、多层次模型或随机效应模型，提供了一种处理违反独立性假定的方法。假设在前面肥料的例子中，数据来自同一批撒哈拉以南的非洲国家，但是，不是每个国家只进行一个测量，而是连续十年的肥料消耗量和谷物产量数据。图尾叙-5 给出了一个模拟图。

对图尾叙-5 中的数据进行简单线性回归模型拟合，得到以下结果：

```
Coefficients:
              Estimate  Std. Error  value    Pr(>|t|)
(Intercept)   3.11366   0.34591     9.001    8.63e-15 ***
x             0.52696   0.03626     14.532   < 2e-16 ***
```

　　截距和斜率的估计值与每个国家只有一个观测点的情况相似，这是因为在模拟数据时我们有意设计成可以给出相似的数字。然而，标准误差却很小，这使得 t 统计量更大，p 值更小。标准误差较小是因为数据集放大了 10 倍，并且间接使用了独立性假定。从而在其他条件相同的情况下，标准误差估计值应该缩小到原来的 $1/\sqrt{10}$ 左右。

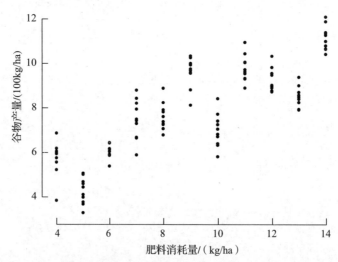

图尾叙-5　模拟数据来自相同的国家 10 年的肥料抽样数据，在模拟中，每个国家每年使用相同数量的肥料。来自同一国家的谷物产量观测结果往往比来自不同国家的观测结果更相似

　　如果观测结果不是独立的，那么标准误差的减少可能会不太准确——不独立观测结果比独立的观测结果带来的新信息更少。举个例子，设想我们对某大学学生的体重感兴趣，而我们可以测量 100 次体重。错误的做法是对一个学生进行 100 次测量。这 100 次测量结果会有很大的相依性——接近于相同——而且这些数据所反映的关于大学生体重的信息远远少于从 100 个随机选择的学生中测量的体重结果。把来自同一个国家的 10 个观测值算作独立的观测值也是类似的——我们把不独立的观测值当作独立的信息来源，导致对不确定性的信息估计太少。

　　为了获得更好的标准误差估计值，我们需要修改线性回归模型以考虑来自同一国家的观测结果的相依性。实现此目的的一个方法是在模型中引入一个额外的随机项，将会看到来自同一国家的观测值比来自不同国家的观测值更加相似。[⊖]标准线性回归模型为

$$Y_i = \alpha + \beta x_i + \varepsilon_i$$

请注意，我们重新使用了下标 i 来表示据集中的第 i 个观测值。在前两节中，为了严谨起见，我们暂时未用这个下标。方程右边的唯一随机项是 ε_i，即与观测值 i 相关。现在我们将使用一个新的模型——混合模型：

$$Y_{ij} = \alpha + \beta x_{ij} + \mu_i + \varepsilon_{ij} \tag{P.4}$$

⊖　这里介绍的方法并不是修正回归模型以便考虑观测值之间有相依性的唯一选择。Diggle 等(2002)提供了许多可以选择的参考。一个技术性不强的资源是 Singer & Willett(2003)。在通常情况下，经济学家对这种类型的数据有自己的方法，这在 Baltagi(2008)中有所涉及。

式(P.4)中有一些新的符号约定，现在我们有两个下标：i 和 j。在这时的肥料例子中，i 仍然指第 i 个国家，j 是指第 j 年。因此，举例来说，x_{23} 是第三年与第二个国家对应的 x 值。我们仍然假设干扰项 ε_{ij} 是独立的，并服从正态分布。除了干扰项外，μ 项也是随机的。每个国家都有自己的 μ——例如，国家 1 的每一个谷物产量观测值都包括 μ_1 作为其项之一。如果在安哥拉种植谷物比在干燥的纳米比亚更容易，那么安哥拉的 μ 将大于纳米比亚的 μ。

假设 μ_i 是相互独立的并且服从 $N(0, \tau^2)$，也是独立于干扰项的。μ_i 项被称为"随机效应"，因为它在不同的国家有随机的差异。而 α 和 β 则不是，它们是"固定效应"。该模型是"混合"的，因为它包括固定效应和随机效应。

在式(P.4)的模型中，随机效应刻画了同一国家的观测结果之间的相依性。正如你将在下面练习集中的一道选做题中看到的那样，来自同一国家的观测值的随机部分是正相关的，并且其相关系数为 $\tau^2/(\tau^2+\sigma^2)$。因此，该模型可以看作对某些违反标准线性回归模型观测结果之间独立性的修正模型。

要估计混合模型(P.4)的参数，这意味着要估计 α、β、τ^2 和 σ^2。在频率论方法中，估计用极大似然法，或者，更常见地，用一种称为带约束的极大似然估计法，该方法解决了在随机效应模型中出现的一些技术问题。而似然函数的极大化通常必须用数值方法解决。区间估计来自观测数据的费希尔信息或 bootstrap 方法。在给定数据和先验分布的条件下，贝叶斯方法得到参数的后验分布。使用带约束的极大似然法对图尾叙-5 中的数据用式(P.4)中的模型进行拟合，得到下列固定效应估计值和标准误差：

```
Fixed effects:
            Estimate Std. Error t value
(Intercept)  3.1137    1.0327     3.015
x            0.5270    0.1083     4.868
```

系数的估计值与线性回归模型的估计值几乎相同，但是标准误差估计值要大得多。你将在下面的选做练习中看到这些较大的标准误差估计值在这种情况下更合适。

可以在模型中加入更多的固定效应和随机效应。添加随机效应使得观测值之间的相依关系更加复杂。比如说我们可以增加一个随机效应，使每个国家都有一个不同的关于肥料使用的斜率，比如

$$Y_{ij} = \alpha + (\beta + \beta_i) x_{ij} + \mu_i + \varepsilon_{ij}$$

其中 β_i 是一个随机效应。或者每一年都可以有自己的随机效应，比如

$$Y_{ij} = \alpha + \beta x_{ij} + \mu_i + \omega_j + \varepsilon_{ij}$$

其中 ω_j 是一个随机效应，每年取不同的值。或者可能有几个层次的嵌套随机效应，赤道国家和非赤道国家可能共享不同的随机截距，比如

$$Y_{ijk} = \alpha + \beta x_{ijk} + \mu_i + \mu_{ij} + \varepsilon_{ijk}$$

其中 i 在这里表示大区(赤道或非赤道)，j 表示国家，k 表示年份。

如果有足够的背景信息来支持特定的模型，那么所有这些灵活性都可以得到充分的利用。有时很难证明建模假定的合理性，但这却是很重要的。与广义线性模型一样，混合模型中的不良假定更难识别，它有更多的关键成分是不可观测的。

练习集尾叙-5

1. [选做]证明在式(P.4)的模型下,具有相同随机效应的两个观测值(在例子中是来自同一个国家的两个观测值)是相关的,相关系数为 $\tau^2/(\tau^2+\sigma^2)$。[提示:只须证明观测值的随机部分的相关系数为 $\tau^2/(\tau^2+\sigma^2)$。这是因为,对于常数 b、随机变量 X 和 Y,

$$\mathrm{Cor}(b+X,Y)=\frac{E([b+X]Y)-E(b+X)E(Y)}{\sqrt{\mathrm{Var}(b+X)}\sqrt{\mathrm{Var}(Y)}}=\frac{bE(Y)+E(XY)-bE(Y)-E(X)E(Y)}{\sqrt{\mathrm{Var}(X)}\sqrt{\mathrm{Var}(Y)}}$$

$$=\mathrm{Cor}(X,Y)\quad]$$

2. [选做]图尾叙-5中的数据可用如下 R 代码来模拟:

```
set.seed(8675309)
alpha <- 3
beta <- 1/2
eps.sd <- sqrt(1/2)
re.sd <- 1
yrs <- 10
x <- rep(anscombe$x1, 10)
rand.ints <- rnorm(length(anscombe$x1), 0, re.sd)
y <- alpha + beta*x + rep(rand.ints, 10) + rnorm(length(x), 0, eps.sd)
```

模拟更多的数据集,并计算截距和斜率的最小二乘估计值。估计量分布的期望估计值和标准差估计值是什么?使用线性回归估计的标准误差与混合模型估计的标准误差作为标准差的估计如何?(提示:不要每次都重新设置种子。这将使你得到许多完全相同的数据集。)

尾叙 3　结论

我们并肩而行的日子快结束了,感谢你一路走来。最后,我们重温一下贯穿本书的三个主题:(1)模型的功能和局限;(2)方法的多元化;(3)基本统计思维的价值。

概率模型——特别是在第 5 章首次介绍的简单线性回归模型是本书的主角。第 3 章中,在获得概率模型之前,我们可以对数据进行可视化描述和汇总描述,我们甚至可以进行非正式的预测。但是,我们很难对特定的汇总的合理性进行解释,或者说出它们的含义。模型假定的引入,并与数据相结合,使得我们对汇总的解释就丰富了很多。

模型提供了一个框架,以明确陈述假定,揭示这些假定的结果,并针对具体的研究问题对数据进行审视。它们编码了科学知识,或者至少是科学假说。

对模型及其相关假定的依赖也使我们面临风险。如果模型对产生数据集的过程进行了错误的描述,那么最终的结论可能是错误的,甚至是严重错误的。假定的基础可能是先前的知识、新的数据或良好的理论。但是,如果它们是有疑问的——它们在某种程度上几乎总是有疑问的——那么仔细检查它们与数据的一致性是明智的,并且要考虑如果这些假定被推翻,将会产生什么后果。

本书的第二个中心主题是方法的多元化——有各种方法来解决研究的问题。我们大多数人都知道,在研究设计和数据收集方面是这样的,但它也同样适用于建模和数据分析。我们已经考虑了三种对同一个简单线性回归问题的不同看法,每一种看法都有原则性和内在的一致性，但又各不相同。即使对于简单线性回归问题这个简单的问题，也有更多可能的方法。而在更复杂的情况下，可能的方法会成倍增加。每种方法都有自己的长处、弱点和限制。虽然有些方法在特定情况下明显比其他方法好，但往往会有合理的论据支持多种方法来解决同一个特定的问题。

现有方法的多元化以及它们所带来的创造性，使统计学变得令人兴奋，使统计工作让人激动。同时，各种可能性也会使人迷失方向。防止学生迷失方向的一个方法是为每种可能的数据类型只提供一个方法。两个连续变量？计算一个皮尔逊相关系数。一个类别和一个连续变量？运行单因素方差分析（ANOVA）。早餐的时间呢？煮燕麦。午餐呢？涂上花生酱。

本书的前提是，要想自信地、创造性地对数据进行推断，就不能止步于对一系列数据分析模型的浅显了解。在投入大量精力研究简单线性回归的过程中，你已经熟悉了模型的语言，熟悉了统计学家考虑的问题，以及一些重要的数据、模型和参数之间关系的思考方式。你会发现，这些基础思想在你拓展技能的时候是非常有用的——我希望你会有动力去做这一切。本章末和前面各章末的延伸阅读是提升你的平台。

就像我们用休谟的话开篇一样，我们用休谟的话告别："在我们关于事实的推理中，有所有可以想象的保证措施，从最高的确定性到最低的道德证据。因此，一个明智的人将他的信念与证据相称。"

尾叙 4　延伸阅读

统计学、数据和图形显示

Anscombe，F. J. (1973). Graphs in statistical analysis. *American Statistician*，27，17-21.

　　统计分析中数据显示重要性的一个实例。

Cleveland，W. S. (1993). *Visualizing Data*. Hobart Press，Summit，NJ.

　　一本关于数据可视化的优秀书籍。

Donoho，D. (2017). 50 Years of data science. *Journal of Computational and Graphical Statistics*，26，745-766.

　　一篇叙述统计学与数据科学的新兴领域之间关系的精辟文章。

Nolan，D.，& Lang，D. T. (2015). *Data Science in R：A Case Studies Approach to Computational Reasoning and Problem Solving*. CRC Press，Boca Raton，FL.

　　这本书在第 2 章末尾已经推荐过一次，但值得在此再推荐一下。Nolan 和 Lang 通过几个案例提供了一个将你所学的概念应用于现实世界的亲身体验之旅。

Tufte，E. R. (1983). *The Visual Display of Quantitative Information*. Graphics Press，Cheshire，CT.

　　对信息型数据展示的设计充满了周到的，创造性的想法。（顺便说一句，"Anscombe 四组数"一词就是在这里创造出来的。）

简单线性回归的拓展

Angrist，J. D.，& Pischke，J. S. (2009). *Mostly Harmless Econometrics：An Empiricist's Companion*. Princeton University Press.

在许多情况下，人们可能想了解几个变量对一个感兴趣的结果的因果效应，但不可能做一个随机实验。社会科学家，特别是经济学家，一直在努力思考如何估计在这种情况下的因果效应。本书是对这方面努力结果的一个框架性介绍。〔还有其他接近因果关系的框架，但有不同的传统，见 Imbens & Rubin(2015)或 Pearl，Glymour，& Jewell(2016)。〕此书数学层面与本书相似，但需要对矩阵和多元回归达到一定的熟悉程度。

Dobson，A. J.，& Barnett，A. (2008). *An Introduction to Generalized Linear Models*. CRC Press，Boca Raton，FL.

广义线性模型的权威性介绍。

Freedman，D. A. (2009). *Statistical Models：Theory and Practice*. Cambridge University Press.

这本书对多元回归和相关方法进行了清晰而有趣的阐述，重点是在回归结果的基础上提出了因果关系必需的假设。

James，G.，Witten，D.，Hastie，T.，& Tibshirani，R. (2013). *An Introduction to Statistical Learning*. Springer，New York.

这本书是对大数据集的预测方法的介绍。许多方法可以被视为对我们所涉及的回归方法的修正和概括。另一组作者编写了 *The Elements of Statistical Learning*(Hastie，Tibshirani，& Friedman，2009)，该书在更高的数学水平上涵盖了类似的材料，是一个很好的参考。其中关于模型评估和选择的章节包含了对过度拟合和解决方法的扩展讨论。

Rabe-Hesketh，S.，& Skrondal，A. (2008). *Multilevel and Longitudinal Modeling Using Stata*. STATA Press，College Station，TX.

虽然这本书(实际上是两卷)依赖于专有的 Stata 软件，但它对随机效应建模(也叫"多层次"建模)提供了很好的解释。第 1 章给出了与这篇尾叙类似的内容，同样非常出色。

Cosma Shalizi(to be published)，*Advanced Data Analysis from an Elementary Point of View*.

在我们编写本书时，Cosma Shalizi 的网站上有这本书的草稿，但还没有印刷出来。它的优点之一是提出了一些方法，不需要自变量在回归函数中是线性的。

附　录

附录 A　微积分

关键词：导数，微分，函数（数学），微积分基本定理，积分，极限，最优化，多项式。

统计学在某种程度上是一门数学学科，要理解它，就需要使用一些数学语言。要完全掌握本书的内容，有必要了解一点微积分知识。你不需要知道如何处理大多数的微积分问题，但是你需要理解一些核心的微积分概念，并掌握它们在解决实际问题时所起的作用。特别地，你至少需要能够非正式地回答下列问题：

(1) 什么是数学函数？

(2) 什么是极限？

(3) 什么是导数？

(4) 导数如何用于优化（即极大化或极小化）一个函数？

(5) 什么是不定积分？

(6) 什么是定积分？

(7) 导数和积分的关系是什么？

(8) 如何计算多项式函数的导数、不定积分和定积分？

就本书的水平而言，你不需要知道许多计算特定导数和积分的方法。你也不需要明白"极限"这样的术语的严谨数学定义。如果你能对上面(1)～(8)项给出准确的——即使有些粗略——答案，那么你完全可以跳过本附录。如果你对(1)～(8)项中的问题没有任何思路，那么你可能需要比本附录提供的材料更多的微积分。每章末的"延伸阅读"部分我们给出了一些推荐阅读。

A.1　数学函数

微积分的研究对象是**数学函数**。（我们在这里强调"数学"函数是因为当我们用 R 软件进行计算时，我们指的是一种不同类型的函数。在本附录中，"函数"总是指"数学函数"。）你可以将函数看作数学对象，它接收一个或多个变量的值作为输入，并产生另一个值作为输出。我们将输入变量称为自变量，输出变量称为因变量，输出值称为函数值。

例如，我们有一个仅含有一个自变量的函数，我们记自变量为 x，然后平方自变量以产生输出值 x^2。我们可以把它写成

$$f(x) = x^2$$

等式左边的"$f(x)$"读作"fx"，括号不发音。如果我们将自变量 $x=2$ 传递给 $f(x)$，那么我们将得到输出 $f(x) = 2^2 = 4$。如果将 3 作为输入传递给 $f(x)$，则得到 $f(x) = 3^2 = 9$。我们可以绘制一个函数的自变量和输出值之间的关系，绘制一条曲线，其中横轴表示函数

的自变量，纵轴表示函数的输出。得到的图形称为函数图。例如，图 A-1 给出了函数 $f(x)=x^2$ 的图形。

我们也可以有多个自变量的函数。例如，

$$f(x,y)=x^2-y^3$$

是 x 和 y 的函数。当我们使用一个以上变量的函数时，我们将通过一次处理一个变量的方式来处理它们。

函数对每个自变量值只产生一个输出，这是函数的一个重要性质。在我们的例子中，可以用图示的方法来理解这个性质，如果我们在图 A-1 中的横轴上任意一点画一条竖直线，它与表示 $f(x)$ 的曲线最多相交一次。$^{\ominus}$关于函数我们可以问很多类型的问题。在这一讨论中，我们将把微积分所涉及的两个主要类型的问题转化为关于函数图像的问题，这些问题的含义将在后面变得更加精确：

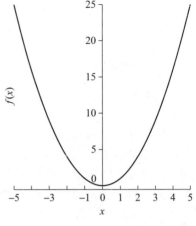

图 A-1　$f(x)=x^2$

(1) $f(x)$ 的输出随 x 的变化有多快？（见图 A-2）。

(2) $f(x)$ 曲线下方、x 轴上方、x 值限定在 a 和 b 之间的图形面积是多少？（见图 A-5）。

第一个问题可用微分回答，第二个问题可用积分回答。值得注意的是，这两个问题是互为逆问题的，具体解释我们稍后给出。

A.2　微分学

微分学是对变化率的数学研究。假设函数 $f(x)=x^2$ 描述了一个跑步者相对于一个起点的位置。我们假设在这个例子中，x 不能取负值。在时间 x 时，跑步者距离测量点的距离为 x^2 个单位。我们如何确定跑步者位置变化的速度？也就是说，我们如何确定跑步者的速度？

回答这个问题的一种方法是先考虑在定义的时间窗口内的平均速度。例如，假设时间用 s 来测量，距离用 ft 来测量，我们可以确定跑步者在第二秒和第三秒之间的平均速度（ft/s）。两秒时，跑步者在 $f(x)=2^2=4\mathrm{ft}$ 处，三秒时，跑步者在 $f(x)=3^2=9\mathrm{ft}$ 处。1 秒过去了，跑步者走了 5ft，所以跑步者在这段时间内的平均速度是 5ft/s。在数学上，我们把这种推理表示为

$$\frac{f(x)\text{的变化量}}{x\text{的变化量}}=\frac{f(3)-f(2)}{3-2}=\frac{3^2-2^2}{1}=5$$

我们可以用类似的推理来确定跑步者在任何间隔内的平均速度。然而，请注意，跑步者在整个间隔时间内并没有一直是 5ft/s 的速度——跑步者的速度在间隔时间内可能是变化的，5ft/s 只是一个平均速度。

在微分学中，我们不关心区间内的平均变化率。相反，我们关心的是瞬时变化率。在跑步者的例子中，我们可能想知道跑步者在某一特定时刻的速度。为了找到瞬时变化率，

$\ominus$　但是，同一函数的几个不同自变量可能会产生相同的输出。在我们的示例中，$f(x)=x^2$，取 $x=-2$ 或 $x=2$ 都产生 $f(x)=4$。因此，一条水平线可以与函数图像相交不止一次。

我们需要一个新的概念——极限。

让我们先假设我们想要测量的起始位置为 x，在一个宽度为 Δx（发音 "delta x"）的区间内的平均变化率 $f(x)$。当我们求时间 $t=2$ 到 $t=3$ 之间的平均变化率时，我们是求起始时刻为 $x=2$，区间的宽度为 $\Delta x=1$ 的平均变化率。在那种情况下，区间内平均变化率的公式由以下公式给出：

$$\frac{f(3)-f(2)}{3-2}=\frac{f(x+\Delta x)-f(x)}{\Delta x}$$

但是，现在假设我们想知道 $x=3$ 时的瞬时变化率。有人可能认为瞬时变化率是宽度为 0 的区间内的变化率，即 $\Delta x=0$。但是我们无法通过将 $\Delta x=0$ 代入平均变化率的表达式 $[f(x+\Delta x)-f(x)]/\Delta x$ 中来计算瞬时变化率。如果我们要这样做，就必须除以零，这是算术规则不允许的。我们可以做的一件事是检查当 Δx 越来越接近 0 时会发生什么。表 A-1 显示了 $x=3$ 和 Δx 从 2 减少到 0.001 时的情况。

表 A-1　在 $x=3$ 处，Δx 接近于 0 的情况

Δx	$\dfrac{f(3+\Delta x)-f(3)}{\Delta x}$
2	8
1	7
0.5	6.5
0.1	6.1
0.01	6.01
0.001	6.001

当 Δx 接近 0 时，$x=3$ 至 $x=3+\Delta x$ 之间的平均变化率接近于 6。极限的正式定义超出了我们的范围。非正式地说，函数的极限是当函数的一个自变量接近某一特定量时，函数接近的输出值。例如，当 Δx 接近零时，$f(x)$ 在 $x=3$ 到 $x=3+\Delta x$ 之间的平均变化率的极限是 6。我们把它写成

$$\lim_{\Delta x \to 0}\frac{f(3+\Delta x)-f(3)}{\Delta x}$$

"lim" 代表极限，在本例中，当 Δx 接近零时，我们取一个极限，把 "$\Delta x \to 0$" 放在 "lim" 的下方。这个极限是，当 $x=3$ 时 $f(x)$ 的瞬时变化率。

为了回答 "$f(x)$ 随 x 变化的速度有多快" 这一问题，我们希望找到一个函数 $f'(x)$，给出任意 x 值的 $f(x)$ 的瞬时变化率。我们将这个函数定义为

$$f'(x)=\lim_{\Delta x \to 0}\frac{f(x+\Delta x)-f(x)}{\Delta x} \tag{A.1}$$

我们称 $f'(x)$ 为函数 $f(x)$ 的导数，我们把求 $f(x)$ 的导数的过程叫作微分。为了求 $f(x)=x^2$ 的微分，我们首先把 $f(x)$ 代入求导公式的一般表达式：⊖

$$f'(x)=\lim_{\Delta x \to 0}\frac{f(x+\Delta x)-f(x)}{\Delta x}=\lim_{\Delta x \to 0}\frac{(x+\Delta x)^2-x^2}{\Delta x}$$

⊖　关于圆括号使用的注意事项：一般来说，圆括号的意思是对在括号内的 "整个量执行运算"。因此 $f(x)$ 表示 "将函数应用于 x"，$f(x+\Delta x)$ 表示 "应用函数于 $x+\Delta x$"。当我们不知道放在括号前面的这个字母是表示一个函数或只是一个数字时，可能会产生困惑。如果括号前面的字母表示一个函数，那么将该函数应用于括号中的数量。如果括号前面的字母代表一个数字，那么我们只须将括号中的数量乘以该数字。所以在这里的公式中，$f(x+\Delta x)$ 意味着 "将函数应用于 $x+\Delta x$"，但是 $2x(x+\Delta x)$ 是指用 $2x$ 乘以 $x+\Delta x$，因为 x 是一个数字而不是一个函数。解决歧义所需的信息来自上下文。有一种惯例——尽管第 7 章中有一个例外情况——字母 f 用于表示函数，不用它表示数字。

在右边，我们只是用 $f(x)$ 的自变量的平方替换了左边的 f，这就是函数 $f(x)=x^2$ 的作用。将表达式 $(x+\Delta x)^2$ 进行展开，然后消去 x^2 的正、负项得：

$$f'(x)=\lim_{\Delta x \to 0}\frac{(x+\Delta x)^2-x^2}{\Delta x}=\lim_{\Delta x \to 0}\frac{x^2+2x(\Delta x)+(\Delta x)^2-x^2}{\Delta x}=\lim_{\Delta x \to 0}\frac{2x(\Delta x)+(\Delta x)^2}{\Delta x}$$

除以分母中的 Δx 项，得到

$$f'(x)=\lim_{\Delta x \to 0}2x+\Delta x$$

在这个式子中，很容易看到，当 Δx 接近零时，$2x+\Delta x$ 接近 $2x$。因此，当 $f(x)=x^2$ 时，求得 $f(x)$ 的导数为

$$f'(x)=2x$$

事实上，这是一个更一般结果的特例。形如 $f(x)=ax^n$ 的函数，称为 x 的多项式函数，导数是

$$f'(x)=nax^{n-1} \qquad \text{(A. 2)}$$

当 n 是正整数时的证明在下面的一道选做练习中，但式(A.2)适用于任何实数 n。短语"放前面，并减一"描述了函数 $f(x)=ax^n$ 在求微分过程中，指数的变化。也就是说，在求导数过程中，函数前面乘以指数 n（放前面），x 的指数减一（并减一）。

　　在图像上，导数可以解释为函数 $f(x)$ 在 x 点的切线的斜率。图 A-2 中的虚线就是这样一条切线的例子。

　　在统计学中，微分学被用来寻找使函数的输出极大化或极小化的自变量。寻求这样的自变量过程被称为**最优化**。例如，我们可能希望找到自变量值，以最大限度地提高统计模型与数据集的匹配质量。当函数达到极大值或极小值时，函数图像的切线斜率为零

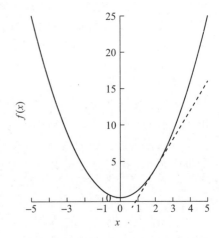

图 A-2　虚线是 $f(x)$ 在 $x=2$ 处的切线

（见图 A-3）。[一] 由此可见，找到候选极大值点和极小值点的一种方法是找到所有使函数导数为零的自变量值。[二] 对于函数 $f(x)=x^2$，我们已经知道 $f'(x)=2x$。方程 $2x=0$ 的唯一解是 $x=0$。结论成立——我们可以从 $f(x)$ 的图形中看到，当 $x=0$ 时，$f(x)$ 最小。[三]

　[一]　作为一个比喻，想象一下把一个球竖直向上抛向空中。球将向上移动并减速，直到它达到其最大高度，在向下加速之前，它将在该高度停留片刻。也就是说，有一个球向上运动停止的瞬间，该瞬间正好发生在球处于最大高度时。类似地，对于具有一些基本性质的函数（例如没有不连续的跳跃），当函数达到局部极大值或极小值时，将有一瞬间函数的变化率为零。

　[二]　如果函数有导数不存在的点，则不能保证用导数为 0 找到全部极大值点和极小值点。例如，绝对值函数 $f(x)=|x|$ 在 $x=0$ 处有最小值，但导数在 $x=0$ 处或 $f'(0)$ 是没有定义的。本书中的大多数函数，至少对涉及其导数的函数是处处可微的，这意味着它们对所有可能的自变量值都有一个确定的导数。

　[三]　如果无法检查图形，则为了确保这是最小值，我们必须采取确认二阶导数即导数的导数为正的附加步骤，正如你将在练习集 A-1 的问题 2 中看到的那样。在正文中，我们也将最优化有多个变量的函数，在这种情况下，甚至需要检查二阶导数构成的矩阵的某些属性，那将更具技术性，但在概念上更为直观。通常当超出了我们的范围的时候，我们会额外处理这些步骤。你只须知道将导数设置为零就可以了，但如果事先不知道具体结果，那么额外的步骤是很重要的。

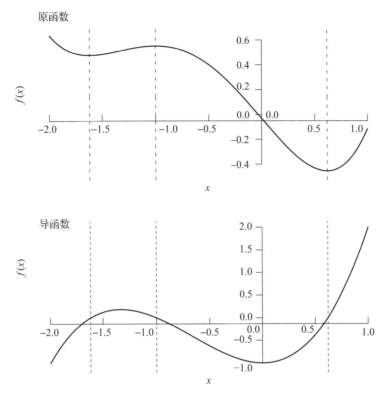

图 A-3　上图是函数 $f(x)=x^4/4+2x^3/3-x$ 的图像，虚线标明了局部最大值和局部最小值处。下图是函数的导函数图，我们看到在局部最大值和局部最小值处，函数的导数为 0

因为我们考虑当自变量 x 变化时，$f(x)$ 的变化率，所以我们说 $f(x)$ "关于 x" 求导。当我们考虑有多个自变量的函数时，明确我们对哪个自变量求导变得很重要。除了我们正在微分的那个自变量，函数中的其他任何变量都被当作常数。那么，如何处理常数呢？一个函数乘以一个常数的导数就是这个常数乘以原来的函数的导数。也就是说，如果 $g(x)=af(x)$，其中 a 不依赖于 x，那么 $g(x)$ 的导数就是 a 乘以 $f(x)$ 的导数，即

$$g'(x)=af'(x) \tag{A.3}$$

从前面的例子中我们知道 x^2 的导数是 $2x$。由式(A.3)中可以看出，$2x^2$ 的导数是 $4x$，$3x^2$ 的导数是 $6x$。

在统计应用中，我们需要知道两个函数和的导数，两个函数和的导数等于这两个函数的导数之和。因此，若 $h(x)=f(x)+g(x)$，则 $h(x)$ 的导数为：

$$h'(x)=f'(x)+g'(x) \tag{A.4}$$

这个公式对于任意的 $f(x)$ 和 $g(x)$ 均成立。作为一个例子，我们从式(A.2)知道 x^2 的导数是 $2x$，x^3 的导数是 $3x^2$。从而由式(A.4)可以知道，$h(x)=x^2+x^3$ 的导数为 $h'(x)=2x+3x^2$。

只要你理解了导数是关于变化率的信息，并能够对函数进行极大化和极小化运算，你就能够理解本书中使用微分的方法了。

练习集 A-1 [⊖]

1. 对下面的每个函数，完成下列步骤：

   (i) 画出 x 在 -5 到 5 之间的函数图像。

   (ii) 利用式(A.2)~式(A.4)求导。[记住：对所有的 x 都有 $x^0 = 1$，所以对任意常数 a，有 $ax^0 = a$。这个记号将出现在(a)中。]

   (iii) 求出满足 $f'(x) = 0$ 的所有 x 值。[在(c)中，有两个 x 值使得 $f'(x) = 0$。]

   (a) $f(x) = x^2 - 2x + 1 (= x^2 - 2x + 1x^0)$；

   (b) $f(x) = -3x^2 + 12x - 5$；

   (c) $f(x) = x^3 - 3x^2$。

2. 对于上一个问题中的函数，你会注意到导数为零的 x 坐标对应于原函数的极大值点或极小值点。对于问题 1 的(a)~(c)中的函数，对导函数再求导数，也就是求原函数的二阶导数，记为 $f''(x)$。计算二阶导数在满足 $f'(x) = 0$ 的 x 处的值。你注意到二阶导数在原函数的极小值处和二阶导数在原函数的极大值处有什么不同吗？

3. [选做]证明式(A.3)和式(A.4)中的结论。

4. [选做，较难]证明对任意的 a 和任意的正整数[⊖]n，函数 $f(x) = ax^n$ 的导数为

$$f'(x) = nax^{n-1}$$

你需要用到二项式定理

$$(x + y)^n = \sum_{i=0}^{n} \binom{n}{i} x^{n-i} y^i = x^n + nx^{n-1}y + \binom{n}{2} x^{n-2}y^2 + \binom{n}{3} x^{n-3}y^3 + \cdots + nxy^{n-1} + y^n$$

$\binom{n}{i}$ 是二项式系数，它等于 $n! / [i! \, (n-i)!]$。符号 "!" 表示阶乘，它告诉我们取所有正整数的乘积直到包括我们感兴趣的数。例如，$5! = 5 \cdot 4 \cdot 3 \cdot 2 \cdot 1$，更一般地，对于正整数 k，有 $k! = k \cdot (k-1) \cdot (k-2) \cdots 3 \cdot 2 \cdot 1$。根据定义，可以有最特殊的一个结果是 $0! = 1$。（提示：只需要考虑二项式展开的前几项。）

A.3 积分学

积分学所关心的问题与瞬时变化率的问题不同。让我们从一个函数 $f(x) = 2x$ 开始，我们需要求出 $f(x)$ 下方，x 轴上方在 x 的某个范围内所围区域的面积。$f(x) = 2x$ 的图像如图 A-4 所示。更具体地说，我们要寻找一个函数 $F(x)$，它可以用来给出 $f(x)$ 与 x 轴在 x 轴上任意两点之间所围的面积。设我们所说的 x 轴上的两点是点 a 和点 b。我们将使用一个约定：当 $f(x)$ 大于零时，则对任意两点，我们规定上面所说的面积是正的；当 $f(x)$ 小于零时，$f(x)$ 与 x 轴上的两点所围区域的面积将算作负值。我们想要构建一个函数 $F(x)$，将其称为 $f(x)$ 的不定积分，它满足 $F(b) - F(a)$ 等于竖直线 $x = a$、竖直线 $x = b$、x 轴以及 $f(x)$ 之间围成的区域的面积。$f(x) = 2x$，$a = 1$，$b = 2$ 所代表的区域如图 A-5 所示。

⊖ 详细的答案和 R 脚本请查看本书的 GitHub 资源库(gitHub.com/mdedge/stfs/)。

⊖ 式(A.2)中的规则适用于任何实数 n，但此处给出的证明方法只适合 n 为正整数的情形。

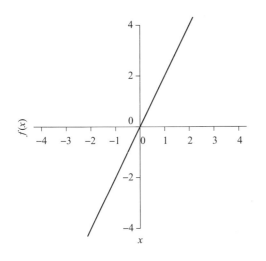

图 A-4　$f(x) = 2x$　　　　　　图 A-5　灰色区域的面积表示 $f(x)$ 从 $a=1$ 到 $b=2$ 之间的定积分

　　我们需要一些术语。称函数 $F(x)$ 是 $f(x)$ 关于 x 的 "不定积分"。$F(b) - F(a)$ 是一个 "定积分"，我们使用 "从 a 到 b 的定积分" 这种表述。换句话说，不定积分是一个我们可以用来求面积的函数。从 a 到 b 的定积分是一个实际的面积，或者在有多个变量的问题中是体积。我们把 $f(x)$ 关于 x 的不定积分写成

$$\int f(x)\mathrm{d}x = F(x)$$

"d" 称为微分算子。引用 Silvanus Thompson(Thompson & Gardner，1998)的话，你可以把 "d" 理解为 "一点"，并把 $\int$ 理解为 "仅仅是一个加长了的 S"，意思是 "求和"——我们在本书中多次看到积分类似于求和。然后，$\mathrm{d}x$ 告诉我们，我们是对 x 求积分，因此，这个积分将告诉我们，它是求函数和 x 轴的某一段之间所围的面积。为了表示 $f(x)$ 关于 x 从 a 到 b 的定积分，我们分别在积分符号的底部和顶部加上 a 和 b，即

$$\int_b^a f(x)\mathrm{d}x = F(b) - F(a)$$

　　对于 $f(x) = 2x$ 的积分，我们很容易得到。从图 A-5 可以看出，$f(x) = 2x$ 在任何定区间上的定积分的可以表示成一个三角形的面积或一个矩形和一个三角形的面积之和，矩形的面积是 bh，b 是矩形的底长，h 是矩形的高。三角形的面积是 $bh/2$，这里 b 是三角形的底长，h 是三角形的高。如果你计算了几个有策略地选择出的定积分，你可以对不定积分进行猜测。

练习集 A-2

1. 通过计算 $f(x) = 2x$ 在相关区域的面积，推导出在下列区间上的定积分值。记住，当 $f(x)$ 为正时，定积分中的面积为 x 轴上方、$f(x)$ 下方的面积为正。当 $f(x)$ 为负时，定积分中的面积为 x 轴下方、$f(x)$ 上方的面积为负。对于每个区间，画出定积分表示的区域，注意哪一部分(如果有的话)是正的，哪一部分(如果有的话)是负的。

(a) $x=0$ 到 $x=1$；

(b) $x=0$ 到 $x=2$；

(c) $x=1$ 到 $x=3$；

(d) $x=-2$ 到 $x=2$；

(e) $x=-1$ 到 $x=3$。

2. 填写下表中 $f(x)=2x$ 从 0 到 b 之间的定积分，其中 $b=1,2,3,4,5$。你能猜到不定积分的形式吗？（提示：你能把右列的定积分，表示为 b 的函数吗？）

b	$f(x)=2x$ 从 0 到 b 的定积分（即 $\int_{0}^{b} 2x\,dx$）
1	
2	
3	
4	
5	

你可能已经从上面的练习中知道，$f(x)=2x$ 的不定积分是 $F(x)=x^2+C$。[我们经常将一个函数 $f(x)$ 的不定积分写为大写字母 $F(x)$。[⊖]]如果在此之前你没有学习过积分，你可能不会在不定积分中添加 "C"。C 表示一个不依赖于 x 的任意项，为什么要加上 C 呢？假设我告诉你某个函数的不定积分是 $F(x)=x+5$。这意味着你可以通过执行 $F(b)-F(a)=(b+5)-(a+5)$ 得到这个函数的定积分。但请注意，添加的 5 没有影响：$(b+5)-(a+5)=b-a$。我们可以用任何我们喜欢的常数来替换 5，例如 6，-7，938，或 π 等，我们会得到相同的定积分。在本书中，添加的 C 无关紧要。[⊖]

在 $f(x)=2x$ 的例子中，我们计算定积分是通过把我们想要的面积分解成简单的形状来计算的，并且我们可以用得到的定积分来猜测不定积分。然而，对于大多数函数，函数图像下的面积不能分解成简单的形状。当我们刚才使用的方法不适用时，我们如何找到不定积分，从而得到我们需要的定积分呢？我们将依赖于积分和微分之间的关系。

回忆一下，在上一节中，我们对 $f(x)=x^2$ 求导，得到 $f'(x)=2x$。现在，我们可以看到 $f(x)=2x$ 的不定积分是 $F(x)=x^2+C$。也就是说，在这种情况下，微分和积分是相反的过程：如果我们从 $f(x)=2x$ 开始，求一个不定积分，然后对得到的不定积分求导数，我们最终会得到原来的函数。值得注意的是，这并不是这个例子的偶然性质，它是普遍成立的。只要 $f(x)$ 具备一些基本性质，则

$$\int f'(x)\,dx = f(x)+C \tag{A.5}$$

⊖ 从第 4 章开始，我们使用小写和大写符号来区分两类描述概率分布的函数。正如你将看到的，使用相同的符号有一定的意义，即连续型随机变量的累积分布函数用大写字母表示，概率密度函数用小写字母表示。

⊖ 返回到示例，当 $f(x)=2x$ 时，定积分仍然是 $\int_{a}^{b} 2x\,dx = b^2-a^2$ 与 C 的值无关。

也就是说，$f(x)$的导数的不定积分等于$f(x)$本身(加上一个常数)。同样，如果$F(x)$是$f(x)$的不定积分，则

$$F'(x) = f(x)$$

也就是说，$f(x)$的不定积分的导数是$f(x)$本身。通过微分的逆过程得到的不定积分可以用来求定积分，或者曲线下的面积，即使不可能把这个面积分解成简单的形状。这种关系更正式的表述，也被称为**微积分基本定理**(fundamental theorem of calculus)。

由于不定积分和导数之间的互逆关系(见图 A-6)，式(A.3)和式(A.4)的形式对于积分也是成立的，即一个函数乘以一个常数的不定积分等于这个常数乘以原函数的不定积分。也就是说，如果$g(x) = af(x)$，且a不依赖于x，则

$$\int g(x)\mathrm{d}x = \int af(x)\mathrm{d}x = a\int f(x)\mathrm{d}x \tag{A.6}$$

对应于式(A.4)的是：两个函数的和的不定积分是单个函数的不定积分之和。因此，如果$h(x) = f(x) + g(x)$，则

$$\int h(x)\mathrm{d}x = \int [f(x) + g(x)]\mathrm{d}x = \int f(x)\mathrm{d}x + \int g(x)\mathrm{d}x \tag{A.7}$$

和微分一样，积分在概率和统计中也是至关重要的。特别地，当需要描述随机变量的行为时，积分是必要的。在第 4 章和第 5 章中，积分的作用变得更加清晰了。

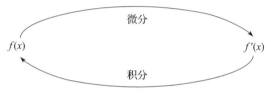

图 A-6　微分和积分的互逆关系

练习集 A-3

当$n \neq -1$时，函数$f(x) = ax^n$关于x的不定积分是什么？换句话说，求$\int ax^n \mathrm{d}x$。[提示：回忆一下，ax^n关于x的导数是nax^{n-1}，并且$\int f'(x)\mathrm{d}x = f(x) + C$。第二个提示：什么函数的导数是$ax^n$？]

A.4　[选读]微积分基本定理的解释

事实上，微分和积分是互逆的过程，刚开始并不容易理解。这两种运算似乎没有任何联系。最简单的理解方法就是用图解释。

考虑图 A-7，其中$f(x) = x^2$的图像为一条黑色曲线。假设有一个函数$F(x)$，它给出了$f(x)$与x轴所围的区域从 0 到x之间的面积——在这里$F(x)$是$f(x)$的不定积分。$F(3)$的值是深灰色阴影区域的面积。微积分基本定理认为：函数$F(x)$给出了$f(x)$下方区域的面积它的导数是$f(x)$本身。让我们看看这幅图是否证实了这一说法。回忆一下$F(x)$

的导数，根据式（A.1）的定义，

$$F'(x) = \lim_{w \to 0} \frac{F(x+w) - F(x)}{w}$$

这个表达式与式（A.1）相同，只是我们现在使用 $F(x)$ 而不是 $f(x)$，并且将 Δx 换成了 w。$F(3+w)$ 的值为 $f(x)$ 下方 0 到 $3+w$ 之间区域的面积，即黑色矩形加上深灰色区域 $F(3)$，再加上浅灰色小区域的面积 ε 的总和。黑色矩形的面积等于底长 w 乘以高 $f(3)$，即 $wf(3)$。因此，

$$F(3+w) = F(3) + wf(3) + \varepsilon$$

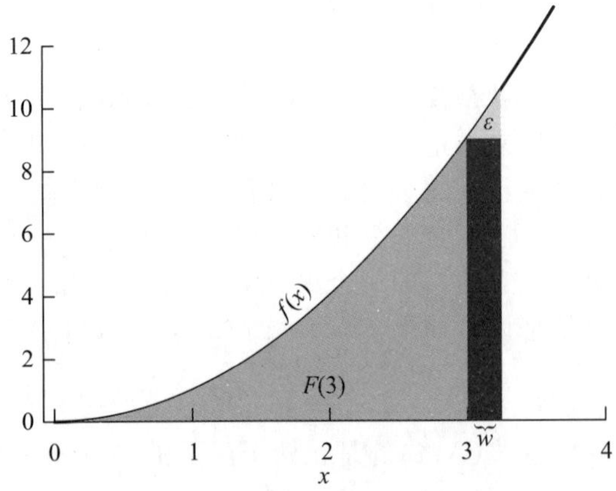

3 并没有什么特别之处，它只是恰好是图片中使用的值。让我们用 x 代替它，因为我们总是能够将 $F(x+w)$ 分解为 $F(x)$ 加上一个矩形，以及一个矩形上方的一个小

图 A-7　$f(x) = x^2$ 的图像（黑色曲线），用一些标注来说明微积分基本定理

区域的面积之和，矩形上方小区域的面积我们用 ε 表示，那么我们有

$$F(x+w) = F(x) + wf(x) + \varepsilon$$

现在我们可以将 $F(x+w)$ 的表达式代入 $F'(x)$ 的计算公式，得到

$$F'(x) = \lim_{w \to 0} \frac{F(x) + Wf(x) + \varepsilon - F(x)}{w} = \lim_{w \to 0} \frac{wf(x) + \varepsilon}{w}$$

把它分成两部分，在第一项中消去 w，我们得到

$$F'(x) = f(x) + \lim_{w \to 0} \frac{\varepsilon}{w}$$

如果 $\lim\limits_{w \to 0} \varepsilon / w = 0$，则微积分基本定理 $F'(x) = f(x)$ 成立。为了完成结论证明，请注意，如果 w 非常小，并且 $f(x)$ 在 x 附近没有表现得太不稳定，那么矩形顶的小面积 ε 近似为一个三角形的面积。记住三角形的面积等于底乘高除以 2。再看图 A-7。近似三角形的高为 $f(x+w) - f(x)$，底为 w，因此 $\varepsilon \approx [f(x+w) - f(x)]w/2$。将这个表达式代入 $F'(x)$ 的表达式，得到

$$F'(x) \approx f(x) + \lim_{w \to 0} \frac{[f(x+w) - f(x)]w}{2w} = f(x) + \lim_{w \to 0} \frac{f(x+w) - f(x)}{2} = f(x)$$

最后一步依赖于 $f(x)$ 是一个"好"函数的假定——光滑和连续——如果 w 很小，$f(x)$ 在 x 和 $x+w$ 之间不会有太大变化。如果 $f(x)$ 满足条件，那么，按照我们的构造，$F(x)$ 是 $f(x)$ 的不定积分它的导数是 $f(x)$ 本身。这就是微积分基本定理。

A.5　小结

探索统计学原理的一种方式是建立数学结构，允许我们对数据进行推断。在本书中，我们的目标是使用容易理解的数学和计算来理解统计推断。

你需要了解一些关于微积分的基本事实，以便理解本书其他部分的论证。也就是说，

你应该知道 $f(x)$ 的导数是一个函数，表示 $f(x)$ 的瞬时变化，$f(x)$ 的积分可用于计算 $f(x)$ 的与 x 轴之间所围区域的面积。

下面是对附录开头提出的问题的简要回答。

(1) 什么是数学函数？

将一个或多个参数输入一个数学函数并得到一个输出。例如 $f(x)=x^3+2$ 将一个数字 x 作为输入，输出该数字的三次方加 2 的值。

(2) 什么是极限？

极限是指当输入的数值在接近一个特定的值时，一个函数的输出结果达到稳定的值。例如，如果 $\lim_{x \to 0} f(x)=2$，那么当一个输入的参数趋近于 0 时，函数的输出结果就接近于 2。

(3) 什么是导数？

假设有一个函数 $f(x)$。$f(x)$ 的导数通常写成 $f'(x)$，反映了 $f(x)$ 在 x 处的瞬时变化率。在图形上，瞬时变化率可以解释为与 $f(x)$ 的图形相切的直线在 x 处的斜率。

(4) 如何利用导数来最优化函数？

如果一个函数 $f(x)$ 对所有的 x 值都有一个确定的导数，那么局部最大值和最小值位于满足 $f'(x)=0$ 的 x 处。

(5) 什么是不定积分？

假设有一个函数 $f(x)$。$f(x)$ 的不定积分通常用大写的 $F(x)$ 来表示，它是一个以 $f(x)$ 为导数的函数。$F(x)$ 也可以用来计算函数图形下方的面积。

(6) 什么是定积分？

假设有一个函数 $f(x)$，a 和 b 是常数，$a<b$。如果 $f(x)$ 在 a 与 b 之间不会出现负值，那么 $f(x)$ 从 a 到 b 的定积分就是曲线 $f(x)$ 与 x 轴、竖直线 $x=a$ 和 $x=b$ 所围区域的面积。如果不定积分 $F(x)$ 是已知的，那么定积分可以用 $F(b)-F(a)$ 计算。

(7) 导数、不定积分和定积分的关系如何？

微分和积分是互逆的过程。也就是说，如果 $\int f(x)\mathrm{d}x=F(x)$，那么 $F'(x)=f(x)$。一个函数的不定积分的导数等于原来的函数。定积分是由不定积分计算出来的。定积分的计算公式为 $\int_a^b f(x)\mathrm{d}x=F(b)-F(a)$，其中 $F(x)$ 是 $f(x)$ 的一个不定积分。

(8) 如何计算多项式函数的导数和不定积分？

如果 $f(x)=ax^n$，那么关于 x 的导数是 $f'(x)=nax^{n-1}$，并且不定积分是 $F(x)=\dfrac{ax^{n+1}}{n+1}+C$，这里 C 为任意常数。

A.6　延伸阅读

有很多好的微积分书籍。

Edwards, C. H. , & Penney, D. E. (1982). *Calculus with Analytic Geometry*. Prentice-Hall, Upper Saddle River, NJ.

我用过这本书，很喜欢它。

Fox，J.（2009）．*A Mathematical Primer for Social Statistics*．Sage Publications，Newbury
　Park，CA．

　　Fox 对微积分的介绍很适合那些特别关注统计学的人，且比本附录提供了更多的微积
分知识。

Thompson，S.P．，& Gardner，M.（1998）．*Calculus Made Easy*．Macmillan，London．

　　这是一个有趣、友好的入门介绍，1910 年初版。原书已经公版，因此可以免费获取。
另一个很好的资源是 Khan Academy，它提供关于这些主题的简短、免费的视频讲座。

　　如果你想在继续学习之前得到更多的支持和练习机会，你可以使用任何一本微积分书
籍，特别是关于极限、导数和积分的定义，微积分基本定理，极大值，极小值，以及对多
项式的微积分运算的章节。你可能会受到启发而去学习其他内容，这是非常好的一点。但
就本书而言，你并不需要其他大部分的内容。

附录 B　R 语言拓展

　　在第 2 章中，我们对 R 语言的一些功能进行了介绍。在本附录中，我们将更加详细地
介绍 R 语言中可用的数据类型，以及一些非常重要的函数。第 2 章末的延伸阅读提供了一
些进一步学习的参考书籍和在线资源。

B.1　模式

　　在第 2 章中，我们将 x 保存为长度为 1 的数值向量，这是 R 对象的一种类型。"数值"
指的是存储的数据类型，而"向量"是数据结构的类型。数据的类型在 R 中被称为"模
式"，R 语言中有多种可以使用的数据模式。

　　三个重要的 R 模式是数值型、逻辑型和字符型。本书中使用的大部分数据都是数值
型。数值模式包括小数和整数。赋值语句 x<-7，x<-0.479 和 x<-sqrt(7) 全部产生
数值型数据。分类数据是使用因子来存储的，它是一种不同类型的数值数据。如果你有一
组水果，而你想分析苹果、橙子和菠萝之间的差异，你可以把水果的类型存储为一个因
子。我们将在本附录的后面介绍因子。

　　逻辑数据只能取两个值——TRUE 和 FALSE（大写字母很重要）。人们可以直接指定
TRUE 和 FALSE 的值，如 x<-TRUE。然而，我们通常是在想要检查其他数据是否符合某
些条件时才使用逻辑数据。例如，假设我们给变量 p 分配了一个数值：

```
> p <- pnorm(-2)
> p
[1] 0.02275013
```

我们可能对 p 是否小于其他数值感兴趣，比如 0.05。我们可以用下面的命令来检查，它返
回一个逻辑值：

```
> p < 0.05
[1] TRUE
```

我也可以保存这个逻辑值，以后再参考：

```
> sig <- (p < 0.05)
> sig
[1] TRUE
```

在 R 语言中，"小于"和"大于"用我们熟悉的符号"<"和">"来表示。与常用的符号稍微有区别的是，"小于或等于"用"<="表示，"大于或等于"用">="表示，"等于"用"=="。使用双等号的部分原因是单等号被用于赋值语句了。也就是说，"x=5"代表变量 x 的值为 5，但"x==5"返回一个逻辑向量，如果变量 x 等于 5，则返回 TRUE，如果 x 不等于 5 则返回 FALSE。

第三种模式是字符型数据，在本书中不太重要。文本字符串被存储为字符数据。在 R 的命令行中，字符数据和变量名是通过引号来区分的。字符数据有引号：

```
> this.is.an.object.name <- "This, in contrast, is a datum."
> this.is.an.object.name
[1] "This, in contrast, is a datum."
```

当你想指定一个字符时，要记得用引号。如果没有用引号，R 会认为你是在试图命名一个对象或引用一个已经创建的对象。

还有一点，R 用 NA(大写，没有引号)这个值来存储缺失的数据。NA 值可以出现在数值、逻辑或字符向量中。因为本书中我们存储在 R 中的数据集或者模拟数据，所以我们不会遇到缺失数据。

B.2　数据结构与数据提取

数据结构是指可以构建任何数据模式的方式。我们将讨论四种数据结构——向量、矩阵、数据框和列表，以及从它们中提取特定子集的方法。

B.2.1　向量

R 中最基本的数据结构是向量。在第 2 章中我们提到，在 R 中，单个数字被视为长度为 1 的数值向量。向量里可能有任意模式的数据，但是任何一个向量只能容纳一种模式的数据。原则上，向量可以有任意正整数的长度。(实际上，R 的内存不能容纳长度很大的向量。)你可以用 c()函数(表示连接函数)将若干单个数据合并成一个向量。比如说：

```
> x <- c(1,2,4,8)
> y <- c("So What", "Freddie Freeloader", "Blue in Green")
> z <- c(TRUE, TRUE, FALSE, FALSE)
```

这些命令使 x 成为长度为 4 的数值向量，y 成为长度为 3 的字符向量，而 z 是一个长度为 4 的逻辑向量。

当你分析数据时，你经常需要一种方法来检查指定的数据子集。从一个向量中提取一个特定条目的最直接的方法是提供目标条目的索引。例如，如果你想要提取 x 中的第 3 个条目，你可以输入

```
> x[3]
[1] 4
```

你也可以得到 x 除去一个条目的其他所有条目。如果你不想要 x 中的第 4 个条目,你可以输入

```
> x[-4]
[1] 1 2 4
```

我们也可以选择一组条目。为了得到第 1 个和第 3 个条目,你可以制作一个包括数字 1 和 3 的向量,然后用它来提取数据:

```
> x[c(1,3)]
[1] 1 4
```

也许从向量中提取信息最有力的方法是只选择向量中符合某种条件的子向量。要想只看到 x 中大于 3 的条目,可以

```
> x[x > 3]
[1] 4 8
```

这一点很重要,方括号内的"x>3"实际上产生了一个逻辑向量。

```
> x > 3
[1] FALSE FALSE TRUE TRUE
```

换句话说,当你输入"x[x>3]"时,你要求的是 x 中对应于逻辑向量 x>3 中 TRUE 的条目的(即位置相同)条目。括号内的逻辑语句不一定是关于你试图从中提取数据的向量,它可以是关于另一个相同长度的向量的语句。

你也可以用 &(和)和 |(或)运算符来组合逻辑语句。例如:

```
> x <- c(1,2,4,8)
> w <- c(1,3,9,27)
> x[x > 3 & w > 20]
[1] 8
```

返回一个长度为 1、值为 8 的向量。为什么呢?请注意"和"语句中的两个逻辑向量是:

```
> x > 3
[1] FALSE FALSE TRUE TRUE
> w > 20
[1] FALSE FALSE FALSE TRUE
```

第一个命令对第 3 个条目和第 4 个条目来说是真的,第二个命令仅对第 4 个条目来说是真的。在两个向量中唯一为真的条目是第 4 个,所以把这两个命令结合起来是

```
> x > 3 & w > 20
[1] FALSE FALSE FALSE TRUE
```

因此 x[x>3 & w>20]返回 x 的第 4 个条目,即 8。你可能对 x 中所有大于 3 的条目或与 w

中大于 20 的条目在同一位置的 x 中的条目感兴趣。你可以使用或运算符

```
> x[x > 3 | w > 20]
[1] 4 8
```

在 R 和其他编程语言中，我们使用"或"的方式与我们平时日常语言中有点不同。在日常语言中，我们经常使用"或"来表示"一个或另一个，但不是两个都有"。盘子在柜子里，或者在碗架上。但在编程过程中，如果一个"或"字所连接的语句中的任何一个为真或两个都是真的，那么该语句就是真的。因此，"二加二等于四，或鲸鱼是哺乳动物"是真的，"我在骑独角兽，或二加二等于四"也是真的。

表 B-1 显示了两个逻辑向量和对它们应用几种常见的逻辑运算符的结果。

表 B-1　两个逻辑向量 x 和 y，以及应用 &(和)、|(或)、==(等于)、!=(不等于)和!(非)运算符的运算结果

x	y	x&y	x | y	x == y	x != y	!(x&y)
FALSE	FALSE	FALSE	FALSE	TRUE	FALSE	TRUE
FALSE	TRUE	FALSE	TRUE	FALSE	TRUE	TRUE
TRUE	FALSE	FALSE	TRUE	FALSE	TRUE	TRUE
TRUE	TRUE	TRUE	TRUE	TRUE	FALSE	FALSE

B.2.2　矩阵

R 中第二个重要的数据结构是矩阵。向量可以被认为是安排在单一有序的行或列中的数据，而矩阵既有行又有列。创建矩阵的一种方法是从一个向量开始。假设我们有一个由 1 到 12 的整数组成的向量。

```
> vec <- 1:12
> vec
[1]  1  2  3  4  5  6  7  8  9 10 11 12
```

(注意：我们用符号：创建了一个整数序列的向量，也可以通过 for() 循环手动实现。)我们能够将这个向量重新组合成一个矩阵。

```
> mat <- matrix(vec, nrow = 3, ncol = 4)
> mat
     [,1]  [,2]  [,3]  [,4]
[1,]    1     4     7    10
[2,]    2     5     8    11
[3,]    3     6     9    12
```

我们已经创建了一个有行和列的对象。这个特定的矩阵有 3 行和 4 列，我们称之为 3×4 (三乘四)矩阵。在分析数据时，我们经常用列来区分不同类型的度量，用行来区分同一类型的不同的度量单位(例如，不同的人、不同的动物、不同的学校等)。为了从矩阵中提取数据，我们可以使用与向量相同的策略，提取向量时，我们要么提供要提取的数值向量，要么提供逻辑向量——其中每个所需的元素都对应于向量中的 TRUE 条目。然而，现在我们必须同时指定我们想要提取的行和列。首先是行信息，其次是逗号，然后是列信息。如

果行的信息空缺，R 会默认是提取所有的行，如果列的信息空缺，R 会默认是提取所有的列。下面的一些例子会帮助我们理解。

如果要获得第二行和第三列的数据：

```
> mat[2,3]
[1] 8
```

提取整个第一行：

```
> mat[1,]
[1]  1  4  7 10
```

提取整个第四列：

```
> mat[,4]
[1]  10  11  12
```

提取第三行中大于 7 的数据：

```
mat[3, mat[3,] > 7]
[1]  9  12
```

从第 3 行的数据是 6 的那一列中提取第 1 行的条目：

```
> mat[1, mat[3,] == 6]
[1] 4
```

为了理解上一语句，请看下列带注释的矩阵：

```
> mat
     [,1]  [,2]  [,3]  [,4]
[1,]   1    4    7     10   #4 is the entry in column 2 in row 1
[2,]   2    5    8     11
[3,]   3    6    9     12   #The entry in column 2 of row 3 is 6
```

从矩阵中提取数据时要记住两件事：（1）总是用逗号将行信息和列信息分开；（2）行优先。

B.2.3　数据框

我们将使用的第三个数据结构是数据框。数据框和矩阵一样有行和列，我们可以用从矩阵中提取数据的方式来在数据框中提取数据。数据框有两个矩阵所缺乏的重要特征。首先，它们可以在不同的列中存储不同模式的数据。其次，可以使用 $ 符号从数据框中提取特定的列，我们将在下面看到。⊖

我们可以通过查看 R 中包含的一个内置数据框来学习数据框。我们看一下数据框 iris，这也是在第 2 章的教程中提到的。

我们可以通过在命令行输入 iris 来查看整个数据框，也可以通过 head() 函数查看前六行：

⊖　对于希望在矩阵代数运算中使用其数据的读者来说，有一个问题是数据框不能像矩阵那样做乘法或求逆。

```
> head(iris)
  Sepal.Length Sepal.Width Petal.Length Petal.Width Species
1          5.1         3.5          1.4         0.2  setosa
2          4.9         3.0          1.4         0.2  setosa
3          4.7         3.2          1.3         0.2  setosa
4          4.6         3.1          1.5         0.2  setosa
5          5.0         3.6          1.4         0.2  setosa
6          5.4         3.9          1.7         0.4  setosa
```

请注意，这些列有名字。我们可以使用 $ 符号从数据框中按列名提取一列：

```
> iris$Sepal.Length[1:6]
[1] 5.1 4.9 4.7 4.6 5.0 5.4
```

在这里，我使用[1:6]提取了前六个条目。在数据框中，我们似乎也有多种数据类型——Species 列与其他列不同。快速浏览一下就会发现 Species 列包含字符数据，因为每个条目都是由一串字母组成的。这是不正确的。直接检查 Species 列可以显示一些还没有被注意到的东西。

```
> iris$Species[1:6]
[1] setosa setosa setosa setosa setosa setosa
Levels: setosa versicolor virginica
```

Levels 行提示了 Species 列实际上是一个因子，一种用于编码类别的特殊类型的数值数据。因子可以有与每个值相关的文本标签，而这些标签就是我们在这里看到的东西。Levels 行显示了这个因子中包含的所有独特的类别标签。在这种情况下，这三个级别对应于数据集中包括的三种鸢尾花。尽管 Species 列包括了一种特殊的数值数据作为文本，但我们依然有一个包括数值数据和字符数据的数据框：

```
> iris.char <- iris
> iris.char$Species <- as.character(iris.char$Species)
> head(iris.char)
  Sepal.Length Sepal.Width Petal.Length Petal.Width Species
1          5.1         3.5          1.4         0.2  setosa
2          4.9         3.0          1.4         0.2  setosa
3          4.7         3.2          1.3         0.2  setosa
4          4.6         3.1          1.5         0.2  setosa
5          5.0         3.6          1.4         0.2  setosa
6          5.4         3.9          1.7         0.4  setosa
> iris.char$Species[1:6]
[1] "setosa" "setosa" "setosa" "setosa" "setosa" "setosa"
```

第一步，我们通过复制 iris 的数据框，建立了一个名为 iris.char 的新数据框。第二步，我们将新数据中的 Species 列替换为其本身的一个版本，并使用 as.character() 函数将其强制变为字符数据。由此产生的数据框看起来和旧的一样，但是现在，当我们观察 Species 列本身时，我们看到它包括了字符数据。因此，新的数据框包括数值数据和字符数据。

B.2.4　列表

我们要考虑的最后一个数据结构是列表——尽管很简单。你已经见过了一些列表：数据框实际上是列表的一个子类别。列表是一种在单一数据结构中组织不同 R 对象的方法。例如，这里有一个命令可以制作列表，其中第一个条目是一个字符向量，第二个条目是一个数值矩阵，第三条目是 iris 数据框。

```
my.list <- list(c("a","b","c"), matrix(1:12, nrow = 3), iris)
```

列表中的条目是用双括号来索引的。例如，要提取数值矩阵，它是 my.list 中的第二个条目，我们将使用

```
> my.list[[2]]
     [,1] [,2] [,3] [,4]
[1,]   1    4    7   10
[2,]   2    5    8   11
[3,]   3    6    9   12
```

我们可以继续提取。为了提取该矩阵的第三行和第一列的条目，我们可以使用

```
> my.list[[2]][3,1]
[1] 3
```

我们也可以给列表中的条目指定名称，并使用这些名称来提取数据。例如，我们可以重新制作 my.list，使其条目具有如下名称：

```
my.list <- list(char.vec = c("a","b","c"), num.mat = matrix(1:12, nrow = 3),
iris.dat = iris)
```

然后，我们可以像以前一样用 my.list[[2]] 提取第二个条目，或者用

```
> my.list$num.mat
     [,1] [,2] [,3] [,4]
[1,]   1    4    7   10
[2,]   2    5    8   11
[3,]   3    6    9   12
```

B.3　R 函数

R 函数，就像数学函数一样，输入参数（自变量）并返回一个输出。对于 R 函数，参数在函数名后的括号内，返回的输出是一个 R 对象，如向量或矩阵。许多 R 函数都是内置的，更多的 R 函数都可以使用数千个可免费 R 包获得，而且你还可以自己编写 R 函数，数量没有限制。没有人能对 R 函数有完全的了解，高手的诀窍是知道如何在正确的时间找到正确的函数。

最重要的 R 函数都列入了 Tom Short 的 R 参考卡（Short，2004）中了。你可以从下列网页找到该 R 参考卡：http://cran.r-project.org/doc/contrib/Shortrefcard.pdf，或者在搜索引擎中输入 R Reference Card 也能得到，我的桌面上放了它的一份打印本。在本书中，我们只需要该卡所列命令的一个子集。我将根据 R 参考卡中显示的标题列出我们所需的重要的命令。

B.3.1　获得帮助

学习使用 R 语言最重要的一步是学习如何在你遇到问题时获得帮助。网络搜索通常是最好

的，特别是当你开始做或正在做一些新的事情时，但这里有一些有用的内置函数可提供帮助。

help()　　help()函数可以帮助你了解任何你可能需要用到的函数的使用方法。例如，help(mean)显示一页关于mean()函数的信息，mean()计算一个数值向量的均值。该页面上包括该函数所接受的参数、关于该函数的一般信息以及如何使用该函数的示例。关键是你必须知道函数的名称。

help.search()　　如果你不知道你需要的函数的名称，你可以使用help.search()。help.search()将使用一个字符串（请记得加引号），并搜索所有帮助页以查找可能适用的函数。例如，如果我不知道使用mean()计算一个数值向量的均值，我们可以尝试使用命令help.search("mean")。这将列出一个涉及求平均方法的函数列表，以及包含这些函数的包。在这种特殊情况下，help.search()并不是很有帮助。此时出现了很多函数，我们想要的——base::mean()——反而被淹没了。（我们看到"base:mean()"，因为mean()在基本包中，每当R启动时就会自动加载。）在这种情况下直接使用网络搜索通常比help.search()更有效。

example()　　R帮助页面的底部有example()函数将向你显示当你运行这些示例时会发生什么。example()的参数是另一个R函数的名称。你可以尝试example(plot)。

str()　　str()显示了一个R对象的结构。输入str(iris)将看到iris是一个包含5个变量的150个观察结果的数据框，其中4个是简单数值变量，1个是因子。

ls()　　返回你已创建且尚未从当前环境中删除的所有对象的名称。在完成前面的最后两段中的命令后，请尝试输入ls()，查看已创建的变量的名称。

B.3.2　数据创建

c()　　你已经见过c()函数了，用于连接，你已经使用过它来将单个元素组合成向量。你也可以使用c()将向量组合成一个更长的向量：

```
> x <- c(1,2)
> y <- c(3,4)
> z <- c(x,y)
> z
[1] 1 2 3 4
```

from:to　　这是快速生成整数序列的方法。例如：

```
> x <- 1:10
> x
[1] 1 2 3 4 5 6 7 8 9 10
```

matrix()　　使用matrix()将一个向量结构化成一个矩阵。例如：

```
> x <- 1:12
> matrix(x, nrow = 3, ncol = 4)
     [,1] [,2] [,3] [,4]
[1,]    1    4    7   10
[2,]    2    5    8   11
[3,]    3    6    9   12
```

你还可以更改这些条目添加到矩阵中的顺序：

```
> matrix(x, nrow = 3, ncol = 4, byrow = TRUE)
     [,1]  [,2]  [,3]  [,4]
[1,]   1     2     3     4
[2,]   5     6     7     8
[3,]   9    10    11    12
```

或者你可以省略 x 参数来创建一个空白矩阵，以便稍后填入项目：

```
> matrix(nrow = 3, ncol = 4)
      [,1]  [,2]  [,3]  [,4]
[1,]   NA    NA    NA    NA
[2,]   NA    NA    NA    NA
[3,]   NA    NA    NA    NA
```

rbind() 和 **cbind()**　这两个命令将按行或列组合向量从而形成一个矩阵或数据集：

```
> x <- c(1,2,3)
> y <- c(4,5,6)
> z <- c(7,8,9)
> rbind(x,y,z)
    [,1]  [,2]  [,3]
x    1     2     3
y    4     5     6
z    7     8     9
> cbind(x,y,z)
     x y z
[1,] 1 4 7
[2,] 2 5 8
[3,] 3 6 9
```

B.3.3　变量信息

length()　返回向量的长度。例如：

```
> x <- c(1,2,3,4,5)
> length(x)
[1] 5
```

dim()　类似于 length()，但用于矩阵和数据框。返回行数和列数：

```
> dim(iris)
[1] 150 5
```

B.3.4　数学函数

sum(),mean(),median(),var(),sd()　这些函数分别返回一个数值向量的和、均值、中位数、样本方差和样本标准差。如果参数中的向量有任何缺失值，所有这些函数都返回 NA，除非参数 na.rm 设置为 TRUE。

```
> x <- iris$Sepal.Length
> sum(x)
[1] 876.5
> mean(x)
[1] 5.843333
> median(x)
[1] 5.8
> sd(x)
[1] 0.8280661
> var(x)
[1] 0.6856935
```

B.3.5　绘图

关于 R 中的绘图有很多需要学习的地方，但最重要的两个命令是 plot() 和 hist()。

Plot(x,y)　绘制两个数值向量 x 和 y 的散点图。尝试

```
> plot(anscombe$x1, anscombe$y1)
```

并将结果与图 1-1 进行比较。可以提供更多的信息使 plot() 显示结果更丰富，可以改变标题、轴标签、点的外观以及许多其他方面的细节。用于生成书中图的代码可以在 github.com/mdedge/stfs 上找到。

hist(x)　制作一个数值向量的直方图。例如：

```
> hist(iris$Sepal.Width)
```

B.3.6　最优化与模型拟合

lm()　lm() 计算与线性回归相关的估计值和推断统计量，并将结果作为 R 对象返回。线性回归是本书的核心统计方法。lm() 使用公式表示法，其中因变量在符号～的左边，带有自变量的公式在～的右边。例如：可以用

```
> lm(anscombe$y1 ~ anscombe$x1)
```

来拟合一个线性模型。R 与其他统计软件不同的一个地方是，在 R 中，人们通常会将分析结果保存为对象，然后再探究这些对象。例如，上面的命令很少产生有用的输出，但下面的命令提供了很多信息：

```
> my.lm <- lm(anscombe$y1 ~ anscombe$x1)
> summary(my.lm)
```

B.3.7　从分布中抽随机数

rnorm(),rbinom(),rpois()等　这些函数从正态分布、二项分布和泊松分布中生成伪随机数据。我们还可以从 R 中的许多其他分布中生成数据。我们在第 4 章的一个练习中提到更多关于伪随机数的生成。R 中的随机数生成函数以所请求的随机数数目和用于概率分布的参数作为参数。（如果你还不知道这意味着什么，请不要担心。）例如，

```
> rnorm(10, mean = 0, sd = 1)
```

从期望为 0,标准差为 1 的正态分布中产生 10 个伪随机数。

B.3.8　编程

下面我们将编写几个小程序来模拟和分析数据。如果你以前从来没有编写过程序,请不要担心。我们将用于编程的几个主要函数是 function()、return()、if() 和 for()。通过第 2 章和其后几章所包含的示例,将使编程变得更加清晰。

function()　function() 允许你创建新的 R 函数,你可以在稍后的同一会话中再次调用这些函数。如果你发现重新运行时需要复制和粘贴大段的代码,那么你可能应该编写一个函数。定义函数的基本部分包括:函数名称、函数所接受的参数、函数所执行的操作以及函数返回的对象等。这些内容具体组合如下,斜体部分表示非实际代码:

```
name_of_function <- function(comma-separated arguments){
    operations that the function performs
    return(object the function returns)
}
```

用下列代码调用这个函数,

```
name_of_function(arguments, comma-separated)
```

在下面的段落中, mysum() 和 slowsum() 是用户定义的函数示例。

return()　当编写 R 函数时,有时会在末尾包含一个 return() 语句,括号中是该函数输出的对象。例如,你可以编写这样一个简单的函数

```
mysum <- function(x, y){
  z <- x + y
  return(z)
}
```

这个函数对两个数字求和(或对两个长度相同的向量求和)。我们将这两个数字的和存储为 z, 然后返回 z。现在如果我们运行

```
> sum.val <- mysum(2, 3)
```

变量 sum.val 是一个长度为 1、值为 5(即 2+3)的数值向量。我们也可以直接将 mysum() 定义为

```
mysum <- function(x, y){
  return(x + y)
}
```

也有同样的结果。这里有一个秘密: return() 通常是不必要的。我们只需要写

```
mysum <- function(x, y){
  x + y
}
```

得到同样的结果, R 返回函数中最后一个语句的求值。有时使用 return() 会让代码读起

来更加清楚，尤其对初学者更是如此，本书中我们有时也会在不必要的时候使用它。如果由于某些原因，函数可能需要提前返回一个值，则 return() 很有用，例如，return() 可以嵌套在 if() 语句中，如果满足某些条件，则返回一个值，而不对函数中的其余代码进行求值。

在定义了 mysum() 之后，我们可以通过输入来使用 mysum()，例如，

```
> mysum(2,2)
[1] 4
```

if()　　如果满足括号中的逻辑条件，R 将执行后面花括号中的操作。例如，我们可以修改上面定义的 mysum() 函数，以包含一个选项如果需要的话允许我们选择输出：

```
mysum <- function(x, y, doubleit = FALSE){
  z <- x + y
  if(doubleit == TRUE){
    z <- z*2
  }
  return(z)
}
```

我们默认将 doubleit 设置为 FALSE。如果 doubleit 是 FALSE，那么花括号中的语句将被忽略，然后我们返回 z。如果用户将 doubleit 设置为 TRUE，我们在返回 z 之前将 z 乘以 2。所以，我们可以做以下事情：

```
> mysum(2,2)
[1] 4
> mysum(2, 2, doubleit = TRUE)
[1] 8
```

for()　　for() 允许对向量中的每个元素重复一组命令。例如，我们编写一个函数 slowsum()，使用 for() 循环对一个向量中的所有项求和。你很快就会明白它为什么求和"慢"：

```
slowsum <- function(x){
  s <- 0
  for(i in x){
    s <- s + i
  }
  return(s)
}
```

此函数将和的初值设为 0，然后循环遍参数中的每个条目并将其添加到和中。一旦完成了全部条目，就返回和的最终值。R 有一个内置的函数，用于做同样的事情，称为 sum()。我们可以通过与 sum() 的函数进行比较来检查我们的函数是否有效：

```
> sum(1:100)
[1] 5050
> slowsum(1:100)
[1] 5050
```

这似乎已经验证了。然而，在这种情况下，使用 for() 实际上是一个糟糕的举动，这通常是一个有争议的选择。使用 for() 循环并不符合 R 的哲学，R 鼓励向量化操作——在整个向量上执行操作，而不是在向量的每个元素上。许多程序员认为没有向量化的 R 代码更难读取，而且非向量化的代码有时比需要的要慢，特别是当 for() 循环正在替换已经优化了的内置函数时。为了查看这种情况下的速度差异，我们将使用 rnorm() 创建一个 1 000 万个条目的向量，并使用 system,time() 函数查看 sum() 和 slowsum() 的运行时间：

```
> vec <- rnorm(10000000, mean = 0, sd = 1)
> system.time(sum(vec))
  user system elapsed
  0.02 0.00 0.02
> system.time(slowsum(vec))
  user system elapsed
  5.33 0.00 5.33
```

你可以看到，在这种情况下，使用 for() 求和所花费的时间大约是使用内置的 sum() 函数的 266 倍。五秒钟可能看起来不多，但当你使用脚本执行大数据操作时，时间会快速增加。

尽管 for() 有缺陷，但是我仍在正文和一些答案中使用它。因为对于我们的目的，for() 很好用，而且通常使用 for() 的解答对于初学者来说能更直观地编写、阅读和理解 R 语言。大多数专业的 R 用户会鼓励你使用 apply() 函数族（apply()、lapply()、sapply()、tapply() 等）替代 for() 循环。我也鼓励你在你感到舒服的时候学习这些函数。一旦你开始像 R 程序员一样思考，这些函数通常会让你用更少的代码来做同样的事情⊖。

apply() apply() 允许你使用矩阵中的每一行或列来计算向量函数。例如，如果你想知道矩阵中每一列的中位数，你可以使用 apply() 来得到一个中位数的向量。通常可以使用 apply() 而不是 for()。让我们编写一个命名为 mat 的 10×10 的矩阵：

```
> mat <- matrix(1:100, nrow = 10, ncol = 10)
> mat
      [,1] [,2] [,3] [,4] [,5] [,6] [,7] [,8] [,9] [,10]
 [1,]    1   11   21   31   41   51   61   71   81    91
 [2,]    2   12   22   32   42   52   62   72   82    92
 [3,]    3   13   23   33   43   53   63   73   83    93
 [4,]    4   14   24   34   44   54   64   74   84    94
 [5,]    5   15   25   35   45   55   65   75   85    95
 [6,]    6   16   26   36   46   56   66   76   86    96
 [7,]    7   17   27   37   47   57   67   77   87    97
 [8,]    8   18   28   38   48   58   68   78   88    98
 [9,]    9   19   29   39   49   59   69   79   89    99
[10,]   10   20   30   40   50   60   70   80   90   100
```

如果你想知道 mat 中每一列的平均值，一种方法是使用一个 for() 循环。例如，用代码

⊖ 你可能会遇到过 apply() 及其相关函数族比 for() 更快的说法。更准确地说，有时编写 for() 循环更容易，但最终运行得很慢。

```
mymeans <- numeric(10)
for(i in 1:10){
  mymeans[i] <- mean(mat[,i])
}
```

打印 mymeans 会显示你想要的平均值：

```
> mymeans
 [1] 5.5 15.5 25.5 35.5 45.5 55.5 65.5 75.5 85.5 95.5
```

这个运行得很好，但是如果你使用 apply() 代替，也同样有效

```
> apply(mat, 2, mean)
 [1] 5.5 15.5 25.5 35.5 45.5 55.5 65.5 75.5 85.5 95.5
```

若要使用 apply()，你需要指定一个矩阵、一个"边缘"——表示是否要考虑矩阵的行或列——以及要使用的函数。在我们的例子中，矩阵是 mat，列的边缘是 2，行的边缘是 1，要应用的函数是 mean。许多 R 用户认为，该应用程序比 for() 更容易阅读，而且也更"像 R"。在某些情况下，但不是目前的这种情况$^{\ominus}$，apply() 也更快。

B.3.9　数据的输入与输出(I/O)

在本书中，我们使用随机生成或内置在 R 中的数据集。在实际应用中，你希望将数据集导入 R 中进行分析。数据输入和输出的一些最重要的函数是 getwd()、setwd()、write.table() 和 read.table()。对于生成具有图像的图形文件，根据你想要保存的文件格式，有几个函数——我将使用 tiff() 命令给出一个示例。

getwd() 和 setwd()　这两个函数可以让你看到并更改 R 的工作目录。每当 R 运行时，你都可以看到使用 getwd() 的工作目录，

```
> getwd()
[1] "/mnt/Data"
```

除非你直接指示 R 不这样做，否则工作目录是 R 将查找文件的地方，在默认情况下，工作目录也是写入文件的地方。你可以使用 setwd() 函数更改工作目录。在我的机器上，我可以运行

```
> setwd("/mnt/Data/mdedge")
> getwd()
[1] "/mnt/Data/mdedge"
```

R 可以同时使用目录名的绝对规范和相对规范。用于指定目录名的系统因操作系统而异。如果你正在使用 RStudio，你可以使用下拉菜单"Session"中的选项以几种方式更改目录。

$\ominus$　在这种情况下，在 20 万列和 5 行的矩阵上进行测试表明，上述 for() 循环需要 23 秒，apply() 解决方案需要 32 秒。apply() 及其相关函数族并不总是更快。在这种情况下，R 有一个内置函数 colMeans() 来获取矩阵的列的数目，它比阿喀琉斯还快，在我的计算机上可以在 0.06 秒内完成。在 R 中，有很多方法可以做事情，你必须权衡编写代码时容易构思所节省的时间，以及通过优化代码使其运行得更快所节省的时间。

write.table() 和 **read.table()**　这两个函数允许你将数据集写入文本文件,并将文本文件读入数据集。例如,我们可以将 iris 数据集写入名为 iris.txt 的文本文件

```
> write.table(iris, "iris.txt")
```

这样做将在工作目录中生成一个文本文件,其前几行如下所示:

```
"Sepal.Length" "Sepal.Width" "Petal.Length" "Petal.Width" "Species"
"1" 5.1 3.5 1.4 0.2 "setosa"
"2" 4.9 3 1.4 0.2 "setosa"
"3" 4.7 3.2 1.3 0.2 "setosa"
"4" 4.6 3.1 1.5 0.2 "setosa"
"5" 5 3.6 1.4 0.2 "setosa"
```

在默认情况下,写入列名和行名(在这种情况中,行名是数字)。在默认情况下,行名、列名、字符向量和因子名称都带有引号。不同的列用空格分隔。所有这些都可以改变。例如,要删去引号和行名,并使用逗号而不是空格分隔数据条目,我们可以使用

```
> write.table(iris, "iris.csv", quote = FALSE, sep = ",", row.names = FALSE)
```

它产生了一个看起来有些不同的文本文件,前几行为

```
Sepal.Length,Sepal.Width,Petal.Length,Petal.Width,Species
5.1,3.5,1.4,0.2,setosa
4.9,3,1.4,0.2,setosa
4.7,3.2,1.3,0.2,setosa
4.6,3.1,1.5,0.2,setosa
```

这个 .csv 格式的文件可以使用 Microsoft Excel 打开。

若要将数据从文本文件读取到 R 数据集中,请使用 read.table()。例如,在运行上面的 write.table()命令后,我们可以通过读取 iris.txt 文件来生成数据:

```
> iris.dat <- read.table("iris.txt")
```

此命令工作良好,但 read.table()的设置必须与你正在读取的文本文件的约定相匹配。例如,如果我们以这种方式使用 iris.csv,我们会得到一个糟糕的结果:

```
> iris.dat <- read.table("iris.csv")
> head(iris.dat)
V1
1 Sepal.Length,Sepal.Width,Petal.Length,Petal.Width,Species
2                                5.1,3.5,1.4,0.2,setosa
3                                  4.9,3,1.4,0.2,setosa
4                                4.7,3.2,1.3,0.2,setosa
5                                4.6,3.1,1.5,0.2,setosa
6                                  5,3.6,1.4,0.2,setosa
```

结果的数据集只有一列,因为 read.table()的默认行为是查找空格作为列分隔符,但是 iris.csv 不包含任何空格。它也没有将标题行识别为列名。我们可以通过更改默认值来

解决这些问题：

```
> iris.dat <- read.table("iris.csv", sep = ",", header = TRUE)
> head(iris.dat)
  Sepal.Length Sepal.Width Petal.Length Petal.Width Species
1          5.1         3.5          1.4         0.2 setosa
2          4.9         3.0          1.4         0.2 setosa
3          4.7         3.2          1.3         0.2 setosa
4          4.6         3.1          1.5         0.2 setosa
5          5.0         3.6          1.4         0.2 setosa
6          5.4         3.9          1.7         0.4 setosa
```

这个看起来好多了。

如果合作者用另一个数据分析包使用的格式为你提供数据，如 SAS、SPSS 或 Stata，那么你可以使用 R 包中的 foreign 函数（R Core Team，2017）来读取它。

也可以使用 save() 函数来将数据集或其他 R 对象存放在一个 .RData 文件中，它对于标准文本编辑器是不可读的，但使用 load() 函数易于加载到 R 中。当你需要将非常大的数据文件或复杂的数据结构——如列表或数组——加载到 R 中时，save() 和 load() 函数特别有用。

保存图像用 tiff() 及相关函数族　从 R 中读取图像和图表或将图像和图表保存到另一个软件包中的最佳方法是将你的图像和图表直接保存为一个文件。例如，由以下三个命令组成的序列将在工作目录中生成一个类似于图 1-1 的 .tif 图像文件：

```
> tiff("fig1_1.tif", width = 6, height = 4.5, units = "in", res = 600)
> plot(anscombe$x1, anscombe$y1, xlab = "Fertilizer Consumption (kg/hectare)",
ylab = "Cereal Yield (100 kg/hectare)", pch = 19, bty = "n")
> dev.off()
```

第一个命令 tiff() 启动一个具有指定名称、大小和分辨率的 .tif 文件。第二个命令将散点图输入 .tif 文件中。第三个命令 dev.off()，关闭图形对象并将其保存到一个 .tif 文件中。也有类似的工具用于生成 BMP、JPEG、PNG、PDF 和 PostScript 图形文件。使用这些实用程序的优点包括能够指定图形的大小和分辨率，以及在你需要时精确地复制它们。

附录 C　部分练习答案

练习集 2-2

1. 有关代码见 github.com/mdedge/stfs。你会看到花瓣长度和宽度是密切相关的，并且可以根据花瓣长度和宽度区分所有三个品种。
2. 代码在问题中已经给出了。gpairs() 图包括了 iris 数据集中任意两个变量的散点图。

练习集 3-1

1. 代码见 github.com/mdedge/stfs。截距为 3.00，斜率为 0.500。
2. 完整推导见 github.com/mdedge/stfs。

练习集 3-2

1. (a) 假设我们已经知道 $\tilde{b}$，那么作为 a 的函数的误差平方的和是

$$g(a) = \sum_{i=1}^{n} (y_i^2 - 2ay_i - 2\tilde{b}x_iy_i + a^2 + 2a\tilde{b}x_i + \tilde{b}^2x_i^2)$$

关于 a 的导数是

$$g'(a) = \sum_{i=1}^{n} (-2y_i + 2a + 2\tilde{b}x_i)$$

我们通过找到满足 $g'(a)=0$ 的 a 值来找到 $\tilde{a}$，使用与正文中用于 $\tilde{b}$ 的平行步骤（见 github. com/mdedge/stfs），我们找到满足 $g'(a)=0$ 的唯一 a 值，

$$\tilde{a} = \left(\sum_{i=1}^{n} y_i - \tilde{b} \sum_{i=1}^{n} x_i\right)/n$$

(b) 如果 $x = \overline{x}$，那么 $\tilde{y} = \tilde{a} + \tilde{b}\overline{x}$，用 $\overline{y} - \tilde{b}\overline{x}$ 代替 $\tilde{a}$ 得到 $\tilde{y} = (\overline{y} - \tilde{b}\overline{x}) + \tilde{b}\overline{x} = \overline{y}$，所以当 $x = \overline{x}$ 时，直线的 y 坐标是 $\overline{y}$。

2. 斜率是 $b' = \left(\sum_{i=1}^{n} x_iy_i\right)/\left(\sum_{i=1}^{n} x_i^2\right)$。获得斜率的一种方法是在式(3.5)中设 $\tilde{a}=0$，这是可行的。因为我们知道式(3.5)的 b 值满足对任意的 a 值(包括 0)，最小化线误差平方和。

3. 见 github. com/mdedge/stfs。

4. (a)~(c)的相关代码，见 github. com/mdedge/stfs。截距为 3.24，斜率为 0.48。在这种情况下，最小二乘法和 L1 线是相似的。

   (e) L1 线穿过除一个离线点外的几乎所有点。相反，最小二乘线被拉向离群点。线误差平方和对大的线误差很敏感。因此，最小二乘线将被拉向个别的离群点，以避免产生大的误差。相比之下，L1 线对大的线误差的权重不如最小二乘线。

练习集 4-1

有关此练习集的答案见 github. com/mdedge/stfs。

练习集 4-2

1. 如果事件 A 和 B 是互相独立的，那么 $P(A|B) = P(A)$。由条件概率的定义得到
$$P(A \cap B)/P(B) = P(A)$$
两边同时乘 $P(B)$，得到 $P(A \cap B) = P(A)P(B)$。为了证明第二部分，由
$$P(A \cap B) = P(A)P(B)$$
两边同时除以 $P(A)$。等式左边变为 $P(A \cap B)/P(A)$，由式(4.1)知它就是 $P(B|A)$，因此 $P(B|A) = P(B)$。

2. 见 github. com/mdedge/stfs 或下一节的推导。该结果称为贝叶斯定理，我们将在下一节中详细介绍。

练习集 4-3

1. 概率质量函数是：$f_X(0) = f_X(3) = \dfrac{1}{8}$，$f_X(1) = f_X(2) = \dfrac{3}{8}$，对其他所有的 x，$f_X(x) = 0$。

2. 总和为 1。概率公理(ii)(见 4.1 节)告诉我们，包括所有可能结果的事件的概率为 1。

3. $F_X(b) - F_X(a)$。记住 $F_X(b) = P(X \leqslant b)$，$F_X(a) = P(X \leqslant a)$，因此 $F_X(b) - F_X(a) = P(X \leqslant b) - P(X \leqslant a)$，或者 X 小于或等于 b 且大于 a 的概率 $P(a < X \leqslant b)$。

练习集 4-4

1. 有三个部分要考虑。对于任何 $x < 0$，$P(X \leqslant x) = 0$，所以累积分布函数在 x 从负无穷大到 $x = 0$ 是一条高度为 0 的水平线。类似地，如果 $x > 1$，那么 $P(X \leqslant x) = 1$，所以累积分布函数有另一条水平线，这条线高度为 1，从 $x = 1$ 开始延伸到正无穷。剩余的区间为 $0 \leqslant x \leqslant 1$，即 X 可以取值的区间。要求在 [0, 1] 内所有相同大小的间隔都有同样的可能包含 X 的结果是一条斜率一致的连接 (0, 0) 和 (1, 1) 的直线。在这种情况下，所需的斜率为 1。你可以简单地绘制函数，请参阅 github.com/mdedge/stfs 以获取在 R 中绘制它的代码。

2. 就像离散随机变量的情况一样，$P(a < X \leqslant b) = F_X(b) - F_X(a)$。这意味着如果落在两个相等大小的区间的概率不同，那么这两个区间上 F_X 的平均斜率必不同。具体地说，概率较高的区间必然有较高的平均斜率。请从 github.com/mdedge/stfs 获取 R 代码，绘制满足问题中描述的可能的累积分布函数。

练习集 4-5

1. $\int_{-\infty}^{\infty} f_X(x)\mathrm{d}x = 1$。对于任何累积分布函数，$\lim_{x \to \infty} F_X(x) = 1$ 和 $\lim_{x \to \infty} F_X(x) = \int_{-\infty}^{\infty} f_X(x)\mathrm{d}x$。概率密度函数曲线下方的总面积始终为 1。

2. 见 github.com/mdedge/stfs。

练习集 4-6

1. 泊松分布的概率质量函数为 $P(X = k) = \lambda^k \mathrm{e}^{-\lambda}/k!$。对 k 和 λ 取适当的值得到：(i) e^{-5}，(ii) $5\mathrm{e}^{-5}$，(iii) $(25/2)\mathrm{e}^{-5}$。

2. 使用参数为 1/2 的几何分布的概率质量函数。如果第一个"正面"出现在第 6 次抛硬币，那么在此之前有五个反面。将 $p = \dfrac{1}{2}$，$k = 5$ 代入

$$P(X = k) = (1 - p)^k p$$

得到 $P(X = 5) = \left(\dfrac{1}{2}\right)^5 \left(\dfrac{1}{2}\right) = 1/64$。

3. (a)

```
> x <- seq(-3, 3, length.out = 1000)
> plot(x, dnorm(x, mean = 0, sd = 1), type = "l")
```

(b)

```
> x <- seq(-3, 3, length.out = 1000)
> plot(x, pnorm(x, mean = 0, sd = 1), type = "l")
```

(c) 用 qnorm(0.975,mean= 0,sd= 1) 得到 1.96

4. (a)

```
> normsims <- rnorm(1000, mean = 0, sd = 1)
> hist(normsims)
```

(b) 有关代码和解释，见 github. com/mdedge/stfs。

练习集 5-1

1. (a) 如果 X 是伯努利随机变量，则质量函数为 $f_X(x) = P(X=x) = (1-p)^{1-x}p^x$，对于 $x \in \{0,1\}$。因为 X 只有两个可能取值，所以求和很容易。期望是

$$E(X) = \sum_{x=0}^{1} x f_X(x) = \sum_{x=0}^{1} x p^x (1-p)^{1-x} = 0 p^0 (1-p)^1 + 1 p^1 (1-p)^0 = p$$

(b) 二项随机变量是 n 次独立试验中成功的次数，每次试验成功的概率为 p。我们已经知道伯努利随机变量就是对成功概率为 p 的单次试验建模。因此，二项随机变量是 n 个独立伯努利随机变量的和，我们可以将 n 个独立伯努利随机变量标记为 $X_1, X_2, \cdots, X_n$。所以如果 $X = \sum_{i=1}^{n} X_i$，其中 X_i 是从成功概率为 p 的伯努利分布中独立抽取的随机变量，那么 X 的分布为参数为 n 和 p 的二项随机变量。现在我们能写为 $E(X) = E(\sum_{i=1}^{n} X_i)$。因为期望是线性的，和的期望等于期望的和。这让我们可以使用(a)部分的结果快速完成工作：$E(X) = E(\sum_{i=1}^{n} X_i) = \sum_{i=1}^{n} E(X_i) = \sum_{i=1}^{n} p = np$。

(c) 和(d)推导见 github. com/mdedge/stfs。

2. (a) 当 $n=1$ 时，直方图应该类似于期望为 0 和标准差为 1 的正态随机变量的密度函数：我们从正态分布中抽取一个一个的样本并绘图。也就是说，它应该是对称的，以 0 为中心，大致呈钟形。绝大多数数据应介于 -2 和 2 之间。当我们抽取更大的样本并取其均值时，大数定律表明样本均值应该通常比个体观察更接近预期。事实上，当我们增加样本数量时，我们发现样本数量越少，其均值更远离预期的均值。样本数量越多分布的形状更加呈正态分布形状。

(b) 请访问 github. com/mdedge/stfs 以获取使用 rexp() 模拟指数分布随机变量的代码的修改版本。指数分布的密度函数的形状与正态分布的形状明显不同。当期望值为 1 时，大多数观测值是在 0 的附近，并且观测值向右尾偏。同样，当我们取样本均值时，我们发现随着样本量的增加，样本均值越来越接近预期。另外也请注意：分布的形状也会发生变化。也就是说，随着样本量的增加它开始看起来更像正态分布了。这是中心极限定理的预览。

练习集 5-2

1. 由定义知 $Var(X) = E([X-E(X)]^2)$。展开表达式得到 $Var(X) = E(X^2 - 2XE(X) + [E(X)]^2)$。
应用期望的线性性质，则有 $Var(X) = E(X^2) - E(2XE(X)) + E([E(X)]^2)$。注意

$E(X)$是一个常数，$[E(X)]^2$也是一个常数。常数的期望就是常数本身，所以我们有$\mathrm{Var}(X)=E(X^2)-2E(X)E(X)+[E(X)]^2$。最后，由于$E(X)E(X)=[E(X)]^2$，合并$[E(X)]^2$项，得到$\mathrm{Var}(X)=E(X^2)-[E(X)]^2$。

2. (a) 应用定义，我们得到$\mathrm{Var}(X+c)=E([X+c-E(X+c)]^2)$。由期望的线性性质，我们可以将其改写为$\mathrm{Var}(X+c)=E([X+c-E(X)-c]^2)$，从而$\mathrm{Var}(X+c)=E([X-E(X)]^2)=\mathrm{Var}(X)$。

   (b) 这一次，我们从式(5.7)开始，由它知$\mathrm{Var}(cX)=E([cX]^2)-[E(cX)]^2$。期望的线性性质让我们可以从期望中提出常数，从而$\mathrm{Var}(cX)=c^2E(X^2)-[cE(X)]^2=c^2(E(X^2)-[E(X)]^2)=c^2\mathrm{Var}(X)$。

3. 完整的推导见 github.com/mdedge/stfs。

4. (a) 伯努利随机变量只有两个可能取值：0 和 1。请注意，$0^2=0$ 和 $1^2=1$，如果 X 是伯努利随机变量，那么在每种情况下 $X^2=X$，这意味着 $E(X^2)=E(X)=p$。由式(5.7)知方差 $\mathrm{Var}(X)=p-p^2=p(1-p)$。

   (b) 参数为 n，p 的二项随机变量是参数为 p 的 n 个独立伯努利随机变量的和。因为独立随机变量之和的方差是方差的和，所以二项随机变量的方差是 $\mathrm{Var}(X)=np(1-p)$。

   $$\left[\text{这比计算 } E(X^2)=\sum_{x=0}^{n}x^2\binom{n}{x}p^x(1-p)^{n-x}\text{ 要容易得多。}\right]$$

5. 首先应用式(5.8)，注意 $\mathrm{Var}[(1/n)(X_1+X_2+\cdots+X_n)]=(1/n^2)\mathrm{Var}(X_1+X_2+\cdots+X_n)$，因为 $1/n$ 是一个常数。因为 $X_1,X_2,\cdots,X_n$ 是独立的，所以和的方差是方差的和，即 $n\sigma^2$。因此，方差 $\mathrm{Var}[(1/n)(X_1+X_2+\cdots+X_n)]=(1/n^2)n\sigma^2=\sigma^2/n$。标准差是方差的平方根，或 $\sigma/\sqrt{n}$。这是统计学中的一个重要结果。只要我们是从具有有限方差的分布中抽取观测值，随着观测值数量的增加，样本均值的变异性越来越小。

6. 相关步骤见 github.com/mdedge/stfs。

练习集 5-3

1. (a) 我们必须求出 $E(XY)$，$E(X)$ 和 $E(Y)$。我们通过联合质量函数得到下表：

结果	概率	X	Y	XY
$X=-1$, $Y=1$	1/3	-1	1	-1
$X=1$, $Y=1$	1/3	1	1	1
$X=0$, $Y=-2$	1/3	0	-2	0
		$E(X)=0$	$E(Y)=0$	$E(XY)=0$

在最底行，我们是通过概率加权的平均值来求得期望的，在这些情况下，所有的期望都是相等的。因此，$\mathrm{Cov}(X,Y)=E(XY)-E(X)E(Y)=0$。

   (b) $\mathrm{Cov}(X,Y)=0$，但 X 和 Y 不是独立的。例如，$P(X=0\bigcap Y=-2)=1/3\neq P(X=0)P(Y=-2)=1/9$。你可以在其他取值上进行验证，但只需要一个就能证明两个随机变量不是独立的。

2. 请参阅 github.com/mdedge/stfs 处的证明：协方差随所考虑的随机变量的线性缩放而

变化，但相关性不随缩放而变化。

3. 证明见 github. com/mdedge/stfs。

练习集 5-4

2. 探索参数集(1，1)的命令见 github. com/mdedge/stfs。在这种情况下，正态分布是样本量为 5 的样本均值分布的可接受近似分布，对于大小为 10 和 50 的样本，它是一个很好的近似分布。形状参数的其他值表明，更偏态或更 U 形的分布需要更大的样本，但对于这里看到的参数集，正态分布很好地近似了大小为 50 的样本均值的分布。

3. 运行模拟的代码见 github. com/mdedge/stfs。对所需的参数和样本量，在期望的大约 2 个标准差内，正态分布是样本均值分布的很好拟合。但是，当超过 2 个标准差时，帕累托样本均值分布比正态分布有更重的尾分布：极端观测结果的可能性比预测的要大得多。例如，超出期望 5 个标准差的观测值大约是正态分布预测的 100 倍。因此，用这种分布，并且 $n=1000$ 时，分布在中央的收敛性很好，在尾部收敛性较差。如果极端事件（例如，里氏震级大于 8 级的地震）的概率很重要，那么中心极限定理可能会导致非常糟糕的预测。

练习集 5-5

1. 根据式(5.16)，相关系数为 $\rho_{X,Y} = \beta\sigma_X/\sigma_Y = \beta\sigma_X/\sqrt{\beta^2\sigma_X^2 + \sigma_\varepsilon^2}$。对相关系数平方：

$$\rho_{X,Y}^2 = \left(\frac{\beta\sigma_X}{\sqrt{\beta^2\sigma_X^2 + \sigma_\varepsilon^2}}\right)^2 = \frac{\beta^2\sigma_X^2}{\beta^2\sigma_X^2 + \sigma_\varepsilon^2} = 1 - \frac{\sigma_\varepsilon^2}{\beta^2\sigma_X^2 + \sigma_\varepsilon^2} = 1 - \frac{\mathrm{Var}(Y|X=x)}{\mathrm{Var}(Y)}$$

如果 X 和 Y 之间的关系是线性的——就像这里的模型一样——那么 X 和 Y 的相关系数的平方等于 1 减去 Y 关于 X 的条件方差与 Y 的方差的比值。这就是为什么人们有时将平方相关系数称为"被解释的方差比例"。当 X 和 Y 之间的关系具有我们在上一节中开发的模型的属性时，这句话是合理的。

2. 当使用相同的参数重复模拟时，产生的数据是不同的。sigma.disturb 越大，x 和 y 之间的相关性越小，模拟结果差异越大。改变 a 会改变 y 轴上的数字，但几乎没有其他变化。改变 b 既会改变 x 和 y 的关系强度，也会改变关系方向：绝对值越大关系强度越大，将 b 值从正改为负会改变关系的方向。改变 sigma.x 则将改变 x 轴和 y 轴上观测值的分布。

练习集 6-1

1. 样本均值的期望是：

$$E[\hat{\theta}_n(D)] = E\left(\frac{1}{n}\sum_{i=1}^{n} X_i\right) = \frac{1}{n}\sum_{i=1}^{n} E(X_i) = E(X_1) = \theta$$

第一步是将期望算子应用于式(6.1)。第二步来自期望的线性性质。第三步来自所有 X_i 具有相同期望的事实，第四步来自正态分布的第一个参数等于其期望的事实。因为估计量的期望等于我们试图估计的被估计量，所以估计量的偏差为零——我们说它是"无偏的"。

2. 代码见 github. com/mdedge/stfs。你应该看到样本中位数的直方图以 θ 为中心，并且样本中位数的均值非常接近于 θ。结果正确地表明，当数据是正态分布 $N(\theta,1)$ 的独立样本时，样本中位数是 θ 的无偏估计；虽然这些结果并不是证明的证据，但它们确实表明在这种情况下什么才是正确的答案。

练习集 6-2

1. 我们以前见过这个(练习集 5-2 的问题 5)。因为每个观测都是独立的，所以由式(5.8)和式(5.9)可以得到 $\mathrm{Var}(\hat{\theta}_n)=1/n$，记住模型中每个 X_i 的方差是 1。该结论由方差的性质以及观测值是独立且同分布的这一事实得到。我们没有使用正态性假设。因此，如果数据 $X_1,X_2,\cdots,X_n$ 是独立同分布的，满足 $\mathrm{Var}(X_1)=\mathrm{Var}(X_2)=\cdots=\mathrm{Var}(X_n)=\sigma^2$，那么作为期望的估计量的样本均值的方差是 $\mathrm{Var}(\hat{\theta}_n)=\sigma^2/n$。

2. 相关代码见 github.com/mdedge/stfs。当我们运行模拟时，我们发现对于大小为 25 的样本，样本均值的方差为 0.04，而样本中位数的方差为 0.06。你还可以使用 boxplot() 来查看样本中位数不如样本均值精确。通过更改 mat.samps() 命令中的参数 n，尝试使用不同的样本量。你能看到，尽管随着样本量的增加，样本均值和样本中位数的方差都会减小，但样本中位数的方差比样本均值更大(从而精确度较低)。

练习集 6-3

1. 为了表示的紧凑性，我们将 $\hat{\theta}_n(D)$ 写为 $\hat{\theta}_n$，虽然估计量是应用于随机数据的函数，但将数据隐去了。从式(6.4)中给出的均方误差的定义开始，然后展开定义中的平方项并应用期望的线性性质，得到：

$$\mathrm{MSE}(\hat{\theta}_n)=E\big[(\hat{\theta}_n-\theta)^2\big]=E(\hat{\theta}_n^2-2\theta\hat{\theta}_n+\theta^2)=E(\hat{\theta}_n^2)-2\theta E(\hat{\theta}_n)+\theta^2$$

由式(5.7)给出的方差恒等式，则有 $E(\hat{\theta}_n^2)=\mathrm{Var}(\hat{\theta}_n^2)+[E(\hat{\theta}_n)]^2$，从而

$$\mathrm{MSE}(\hat{\theta}_n)=\mathrm{Var}(\hat{\theta}_n^2)+[E(\hat{\theta}_n)]^2-2\theta E(\hat{\theta}_n)+\theta^2$$

注意 $[E(\hat{\theta}_n)]^2-2\theta E(\hat{\theta}_n)+\theta^2=[E(\hat{\theta}_n)-\theta]^2=B(\hat{\theta}_n)^2$。这就完整地证明了

$$\mathrm{MSE}(\hat{\theta}_n)=B(\hat{\theta}_n)^2+\mathrm{Var}(\hat{\theta}_n)$$

2. 我们已经看到样本均值和样本中位数都是正态分布第一个参数的无偏估计量(练习集 6-1 的问题 2)。由于每个估计量的偏差均为零，从而每个估计量的均方误差都等于其方差，如式(6.5)。我们看到正态分布数据样本的均值的方差低于正态分布数据样本的中位数的方差(练习集 6-2 的问题 2)。因此，作为正态分布第一个参数的估计量，样本均值比样本中位数具有更低的均方误差。

练习集 6-4

1. 由大数定理，样本均值是随机变量分布期望的一致估计量，无论随机变量的分布族如何，只在期望存在。注意，$\overline{X}_n$ 是估计量，μ 是被估计量，式(5.3)等价于式(6.6)。样本均值也是正态分布第一个参数的一致估计量，因为如果 $X\sim N(\theta,1)$，则有 $E(X)=\theta$。

2. 有关代码见 github.com/mdedge/stfs。你能看到样本中位数的方差随着样本量的增加而减小。虽然我们无法通过模拟严格地证明它，但是随着样本量的增加，样本中位数的方差接近于零。

3. (a) 样本均值 $\overline{X}=(1/n)\sum_1^n X_i$ 既无偏又一致。我们在练习集 6-1 的问题 1 中证明了它是

无偏的，我们刚刚在上面的问题 1 中又证明了它是一致的。

(b) 移位的样本均值是有偏差的，$E\left[(1/n)\sum_1^n X_i + 1\right] = \theta + 1$。移位的样本均值也不是一致的。移位后的样本均值依概率收敛于 $\theta + 1$，不收敛于 θ，因此它是不一致的。

(c) 第一个观测是无偏的，即 $E(X_1) = \theta$。这是根据式 (5.21) 得出的。然而，第一个观测并不一致。不管样本量有多大，第一个观测的方差仍为 1。因为即使我们抽取一个大样本，而这个估计量仍然只使用第一个观测。

(d) "缩小"的样本均值是有偏差的，$E\left\{[1/(n+1)]\sum_1^n X_i\right\} = [n/(n+1)]\theta$，这意味着 $B\left\{[1/(n+1)]\sum_{i=1}^n X_i\right\} = (n/(n+1)-1)\theta = -\theta/(n+1)$。同时，缩小的样本均值是一致的。不妨设每个观测值的真实方差为 1，缩小的样本均值的方差为 $\mathrm{Var}\left\{[1/(n+1)]\sum_{i=1}^n X_i\right\} = n/(n+1)^2$。使用式 (6.5)，缩小的样本均值的均方误差为 $(\theta^2 + n)/(n+1)^2$。随着样本量 n 的增加，分母变得远大于分子，因此均方误差收敛于零，根据式 (6.7)，这意味着缩小的样本均值是 θ 的一致估计量。(a)~(d) 部分表明：估计量可能是无偏且一致的、有偏且不一致的、无偏且不一致的或有偏且一致的。

4. 证明见 github. com/mdedge/stfs。

练习集 6-5

1. (a) R 代码见 github. com/mdedge/stfs，该代码使用五个观测值的样本估计了正态分布第一个参数的均值估计量和中位数估计量的相对有效性。当我运行代码时，我获得了 1.4 的相对有效性。在这种情况下，样本均值是比样本中位数更有效的估计量。

(b) 代码见 github. com/mdedge/stfs。随着样本量的增加，相对有效性似乎在 1.5 和 1.6 之间趋于平稳。这与理论结果一致——一些数学运算（超出我们的范围）表明真正的渐近相对有效性是 $\pi/2 \approx 1.57$。

2. R 代码见 github. com/mdedge/stfs。你会看到事情已经逆转：如果数据是从拉普拉斯分布中抽取的，那么中位数实际上是比均值更有效的估计量，即方差更低，尤其是对于大样本。关键是有效性不是统计量的属性，而是模型下估计量的属性。如果模型发生变化，那么估计量的相对有效性也可能发生变化。

练习集 6-6 和练习集 6-7

有关这些练习集的解答见 github. com/mdedge/stfs。

练习集 6-8

代码见 github. com/mdedge/stfs。当 γ 和 Λ 较大时，中位数和均值都是向上偏，并且它们的方差都增加。然而，与均值相比，中位数受异常观测值的影响要小得多。这个练习证明了中位数对异常值的稳健性。描述此属性的一种方法是定义统计量的崩溃点——粗略地说，它是使该统计量变得任意糟糕所需的来自污染分布的观测值的比例。均值的崩溃点为零：如果污染分布与目标分布足够远，一个来自不同分布的单一观测结果就有可能会打乱样本平均值的分布。相比之下，中位数的崩溃点为 1/2，这是可能的最大值了。只要有超过 50% 的数据来自感兴趣的分布，样本中位数至少会在从正确分布中得出的观测值范围内。

练习集 6-9

1. (a) 在这种情况下，最小二乘估计量是无偏且一致的。（你将有机会在第 9 章的一些选做练习中证明它们。）在每个样本量下，估计量的均值都接近真实值，并且估计量的方差随着样本量的增加而减小。

  (b) 最小绝对误差估计量的结果与 (a) 部分的结果相似，但方差稍大一些。

  (c) 在这种情况下（常数方差的正态分布干扰项），最小二乘估计量比最小绝对误差估计量更有效：两组估计量都是无偏的，最小二乘估计量的方差比最小绝对误差估计量的方差更小。

2. (a) 当干扰项服从拉普拉斯分布时，观测云具有不同的竖直分散模式，但这种影响太微妙，仅靠观察无法可靠地检测到。

  (b) 两组估计量似乎都近似无偏，模拟表明它们可能是一致的。然而，相对有效性相反：现在最小二乘估计量的效率低于最小绝对误差估计量。

3. (a) 该命令以截距为 3、斜率为 1/2 的直线（未绘制）为中心绘制散点云。在一些试验中，右下角有一些点与其余数据相去甚远。无论是从它们与其余数据相去甚远，或是它们是由不同过程产生的意义上讲，它们都是异常值（离群值）。

  (b) 有异常值的情形，两组估计量都不是无偏的或一致的。两者都倾向于产生过低的斜率估计：线被右下方的异常点向"下拉"了。然而，最小绝对误差估计量比最小二乘估计量更稳健，平均来说更接近真实值并且具有更低的方差。

4. (a)(b) 在这种情况下，$E(\tilde{\beta}) = \beta + \gamma\rho$，其中 ρ 是 X 和 Z 的相关系数。这意味着如果 Z 对 Y（$\gamma=0$）没有影响或 X 和 Z 不相关（$\rho=0$），那么 $\tilde{\beta}$ 是无偏的。否则，如果数据分析忽略了 Z，那么 β 的估计就是有偏的，并且偏差大小和方向都依赖于 γ 和 ρ。这个问题不是最小二乘估计量特有的。计量经济学家称之为"遗漏变量偏差"。换句话说，问题在于 Z 对 Y 的部分因果效应被错误地归因于 X 了。

  (c) 如果我们想从因果关系上解释 β 的估计，那么混淆肯定是一个问题，例如，如果我们想做出这样的断言：将 X 增加 1 会导致 Y 的值增大 β 个单位。$\tilde{\beta}$ 仍是最小二乘线的斜率，如果用于拟合直线的数据确实代表了需要预测的数据，那么预测可能是有用的。但是，如果我们想操纵 X 来产生期望的 y 的变化，那么预测就会误导我们。即使在最大的样本中，这个问题仍然存在。你可能被告知随机实验是推断因果关系的最佳方式，式 $E(\tilde{\beta}) = \beta + \gamma\rho$ 是解释这种说法的一种方式。考虑一直在用的农业的例子。我们把谷物产量认为是肥料消耗量的函数，但谷物产量也可能依赖于其他许多因素：纬度、种植的作物、灌溉、劳动力供应量等。如果我们不考虑这些因素，可能会导致遗漏变量偏差。在实验中，要考虑的（X）被随机分配到所研究的单位。例如，如果我们想做一个国家层面的肥料生产量实验，那么我们将随机决定每个国家应该向其田地施用多少肥料。如果我们随机分配肥料使用水平，那么我们就确保了每个混淆因素都与肥料使用水平无关即我们可以认为 $\rho=0$。如果 $\rho=0$ 对所有可能的混淆因素都成立，那么 $E(\widetilde{\beta})=\beta$，我们可以得到 β 的无偏估计值——X 对 Y 的因果效应——明确地不需要考虑混淆因素。有一些方法可以从观测数据中推断因果关系——此时数据不是来自随机实验——我们将在尾叙中详细介绍这些方法。

练习集 7-1

1. (a) 观测值的标准差为 σ。这是因为正态分布的第二个参数等于分布的方差。

   (b) 估计的标准误差是 $\mathrm{SE}(\hat{\theta}_n)=\sigma/\sqrt{n}$。回忆练习集 6-2 问题 1，$\mathrm{Var}(\hat{\theta}_n)=\sigma^2/n$。从这个事实和式 (7.1) 可以直接得出标准误差。

   (c) 代入问题中的数字得到 $\mathrm{SE}(\hat{\theta}_n)=1/5=0.2$

   (d) 使用 mat.samps() 函数抽取一组样本：

   ```
   > s.mat <- mat.samps(n = 25, nsim =10000)
   ```

   使用 apply()（或使用练习集 6-1 中问题 2 给出的 for() 循环）计算每个样本的中位数：

   ```
   > ests.median <- apply(s.mat, 1, median)
   ```

   使用 sd() 函数估计样本中位数的标准误差，如 sd(ests.median)。你得到的答案大约为 0.25，这大于样本均值的标准误差。

2. (a) 我们需要计算概率 $P(\hat{\theta}_n-\omega<\theta<\hat{\theta}_n+\omega)$，$\theta$ 是固定的，在这个问题中 ω 也是固定的，所以这实际上是关于随机变量 $\hat{\theta}_n$ 的概率，$\hat{\theta}_n$ 是表达式中唯一的随机变量。而 $\hat{\theta}_n-\omega<\theta<\hat{\theta}_n+\omega$ 等价于 $\theta-\omega<\hat{\theta}_n<\theta+\omega$。因此 $P(\hat{\theta}_n-\omega<\theta<\hat{\theta}_n+\omega)=P(\theta-\omega<\hat{\theta}_n<\theta+\omega)=P(\theta-\omega<\hat{\theta}_n)-P(\hat{\theta}_n<\theta+\omega)$。回忆一下，正态分布的随机变量是连续的，我们知道 $P(\hat{\theta}_n<\theta+\omega)=P(\hat{\theta}_n\leqslant\theta+\omega)$，因此，如果累积分布函数 $\hat{\theta}_n$ 的写法为 $F_{\hat{\theta}_n}$，那么我们所求的概率为 $F_{\hat{\theta}_n}(\theta+\omega)-F_{\hat{\theta}_n}(\theta-\omega)$：因为 $\hat{\theta}_n$ 服从期望 θ 和标准差为 ω 的正态分布，所以这是正态分布随机变量落在其均值的 1 个标准差范围内的概率。你可以在表中查找此概率或使用 R 中的 pnorm() 函数直接计算，该函数是用来求正态分布的累积分布函数的，如 pnorm(1)-pnorm(-1)，返回 0.683。因此，区间 $(\hat{\theta}_n-\omega,\hat{\theta}_n+\omega)$ 大约有 68% 的时间包含 θ。这里有一点很微妙但很重要，我们将在下一节强调：概率陈述是关于随机的区间的，而不是关于 θ 的，因为 θ 不是随机的。

   (b) 用类似于 (a) 中的推理，在 R 中，pnorm(2)-pnorm(-2) 返回 0.954。因此，区间 $(\hat{\theta}_n-2\omega,\hat{\theta}_n+2\omega)$ 有 95% 的时间包含 θ。

练习集 7-2

(a) $z_{a/2}\approx0.674$，你可以使用 R 命令 qnorm(0.75) 进行验证。用于绘制适当图像的 R 代码见 github.com/mdedge/stfs。

(b) 根据式(7.3)，置信区间的构造为$(\hat{\theta}_n - \omega z_{a/2}, \hat{\theta}_n + \omega z_{a/2})$。因此，$\hat{\theta}$位于区间两个边界的中点——在这种情况下，$\hat{\theta}=3$。

(c) 区间的下界为2，$\hat{\theta}=3$，给出方程$3 - \omega z_{a/2} = 2$，这意味着$\omega z_{a/2} = 1$。由(a)部分，$z_{a/2} \approx 0.674$，由此得出标准误差是$\omega = 1/z_{a/2} \approx 1/0.674 \approx 1.48$。

(d) 为了求95%的置信区间，我们需要用到$z_{0.025}$，它大约为1.96。那么95%的置信区间是$(\hat{\theta}_n - \omega z_{a/2}, \hat{\theta}_n + \omega z_{a/2}) \approx (3 - 1.48 \times 1.96, 3 + 1.48 \times 1.96) \approx (0.09, 5.91)$。这是一个比50%置信区间所涵盖的范围更大的范围。

(e) $3/1.48 \approx 2.02$。估计值与零相差大约两个标准误差。

(f) 我们需要求解方程$\hat{\theta} - \omega z_{a/2} = 3 - 1.48 z_{a/2} = 0$去得到$a$值。也就是说，我们需要用到$z_{a/2} = 3/1.48 \approx 2.02$。因此，$a$的必要值是1减去从正态分布中抽取的随机变量落在其期望的2.02个标准差内的概率。这种随机变量比期望大2.02个标准差的概率为$1 - \Phi(2.02)$，或在R中为1-pnorm(2.02)。由于正态分布是对称的，因此此类随机变量比期望大2.02个标准差或比期望小2.02个标准差的概率是该数量的两倍，大约为0.043。这是a的必要值。

(g) 如果$\theta = 0$，那么观察到$|\hat{\theta}| > 3$的概率是观察到一个正态随机变量偏离其期望$(\hat{\theta} - \theta)/\omega = 3/1.48 = 2.02$个标准差的概率。根据(f)部分的解决方案中的推导，该概率为0.043。

练习集 7-3

1. 有许多可能的答案。让我们把该解答分成两部分：第一，如果假设是真的，为什么你不相信这个理论是真的？第二，如果假设是错误的，为什么你不相信理论是错误的？首先，假设我们发现亚利桑那州的女性比美国其他女性矮。有很多理由不把这一发现作为支持该理论的证据，该理论假定天气、一个人的体型和一个人对居住地的决定之间存在因果关系。最重要的是它犯了混淆的错误。除了炎热的天气，亚利桑那州还有很多特点，例如，它干燥，它与墨西哥接壤，它包含了纳瓦霍民族的大部分，它是退休人员的热门目的地，而且它还一直是一个铜矿开采中心。当一个人选择研究亚利桑那人时，他不会得到一组居住在比平均温度高，而其他方面又与其他地方的没有区别的人的数据，相反，他会得到居住在一个有很多不寻常特性的地方的一群人的数据。原则上，亚利桑那人和其他人之间的任何差异——尽管可能并不总是可信的——都可能是由这些额外的特性导致的。

其次，没有发现亚利桑那州女性和其他女性在身高上的显著差异并不会推翻这个理论。首先，我只取样了25名女性。正如我们很快就会看到的，25个样本不够大，不足以检测出总体均值之间小或中等的差异，即使理论是正确的，但对身高的影响可能是很弱的。亚利桑那州是炎热气候影响的一个好的检验案例，这种假设是不成熟的。虽然该州的主要人口中心很热，但该州北部的海拔较高，冬季相当寒冷。因此，全州范围内的采样会稀释热的影响，可能会掩盖只对该州最热的部分进行采样会产生的明显效应。用身高作为测量变量也有同样的问题。身高是人体尺寸的一个不完美的代表。混淆除了产生虚假的效应外，还可能掩盖真实的效应。有种可能是，身材矮小的人真的被炎热的气候所吸引，但亚利桑那州的其他一些特征吸引了身材高大的人去那里，掩盖了这种影响。

我列出的问题并不详尽，但已让你感受到了经验研究人员面临的许多困难。

2. (a) 标准误差是标准差除以样本量的平方根，在本例中为 1mm。

(b) 由式(7.3)，置信区间为 $(\hat{\theta}-\omega z_{\alpha/2},\hat{\theta}+\omega z_{\alpha/2})$，其中 $\hat{\theta}$ 为估计量，ω 为标准误差，$z_{\alpha/2}=\Phi^{-1}(1-\alpha/2)$，即标准正态分布的 $(1-\alpha/2)$ 分位数。对于 95％ 置信区间，可以使用 R 命令 qnorm(0.975) 得到 $z_{\alpha/2}$，为 1.96。因此，由 $\omega=1$ 知 95％ 置信区间为 $(\overline{x}-1.96,\overline{x}+1.96)$，其中 $\overline{x}$ 是样本均值。

(c) 我们首先求出 $\overline{x}$ 的值，从而可以得到双侧 $p=0.05$。这些值中较小的值与给出单边 $p=0.025$ 的值相同。因此，我们想要找到 $\overline{x}$ 的值使其满足方程 $\Phi_{100,1}(\overline{x})=0.025$，其中 $\Phi_{100,1}$ 是 $N(100,1)$ 的累积分布函数，即 $P(\overline{X}\leqslant\overline{x}|\mu=100)=0.025$。也就是说，我们需要计算 $\Phi_{100,1}^{-1}(0.025)=\overline{x}$。在 R 中，我们使用命令 qnorm(0.025, mean=100,sd=1) 求得 $\overline{x}=98.04$，或 $\overline{x}=100-1.96$。根据对称性，如果 $\overline{x}=100+1.96$，双侧 $p=0.05$。因此，如果 $\overline{x}<98.04$ 或 $\overline{x}>101.96$，则零假设 $\mu=100$ 的检验的双侧 p 值将小于 0.05。根据(b)的结果，这些正是 μ 不等于 100 的 95％ 置信区间。

(d) R 代码见 github.com/mdedge/stfs。p 值的分布近似均匀分布。p 值小于 0.05 的比例约为 0.05。同样，p 值小于 0.10 的比例应为 0.10 左右。这是一个很好的结果——它意味着当零假设成立时，检验的结果与宣传的大致一致。

(e) 从 github.com/mdedge/stfs 获得代码模拟从 $N(101,4)$ 分布中抽取样本量为 4 的正态样本，并检验零假设 $\mu=100$。p 值的分布不再是均匀的：它有一个低的 p 值的集中区，它表示不可能是从 $\mu=100$ 中抽出的样本。约 17％ 的 p 值小于 0.05，约 26％ 的 p 值小于 0.10。

(f) 从 github.com/mdedge/stfs 获得代码模拟从 $N(102,4)$ 分布中抽取样本量为 4 的正态样本，并检验零假设 $\mu=100$。再一次，p 值的分布呈现出低值集，甚至比(e)部分更为明显，约 51％ 的 p 值小于 0.05，约 64％ 的 p 值小于 0.10。

(g) 从 github.com/mdedge/stfs 获得代码模拟从 $N(101,4)$ 分布中抽取样本量为 16 的正态样本，并检验零假设 $\mu=100$。再一次，p 值的分布呈现出低值集，甚至比(e)中更为显著。约 51％ 的 p 值小于 0.05，约 64％ 的 p 值小于 0.10。这些值与(f)中的值相同：将真实均值和在零假设下的均值之间的差增加一倍，与将样本量增加四倍时对 p 值分布的影响相同。这得到一个很好的结果：这两种改变都会使真实参数和零假设下参数值的差增加一倍。

练习集 7-4

(a) 零假设成立的占比为 $\tau=\dfrac{t_n+f_p}{t_n+f_p+f_n+t_p}=t_n+f_p$，等式成立是因为分母 $t_n+f_p+f_n+t_p=1$。

(b) 零假设不成立的占比为 $\tau=f_n+t_p$。

(c) 检验的功效为 $\pi=P(R|H_0^c)=t_p/(f_n+t_p)$，由(b)知该值等于 t_p/φ。

(d) 关于 $P(H_0|R)=\alpha\tau/(\alpha\tau+\pi\varphi)$ 的证明见 github.com/mdedge/stfs。由于 τ，α，π 都在

0 到 1 之间，错误发现率随着检验的功效 π 的增加而降低。这是重视检验的一个重要原因。

(e) 表中阴性预测值为 $P(R \mid H_0^C) = t_n/(f_n + t_n)$。用与（d）类似的推导，预测值等于 $P(H_0 \mid R^C) = [(1-\alpha)\tau]/[(1-\alpha)\tau + (1-\pi)\varphi]$。因为 τ，α，π 都在 0 到 1 之间，预测错误率随着检验的功效 π 的增加而增加。

练习集 7-5

1. (a) 如果研究小组采用该方法，检验 7 个变量，如果任何一个结果是显著的则拒绝零假设，那么有 18% 的概率会错误地拒绝零假设，超过了三倍的名义显著水平。即使每一个单独的检验以正确的概率拒绝零假设，这一结果也正确。代码见 github.com/mdedge/stfs。

   (b) 在其他条件相同的情况下，增加被检验变量的数量会增加至少一个检验导致对零假设的错误拒绝的概率，也称为错误发现率。增加测量之间的关联度往往会降低至少一个检验导致拒绝零假设的概率。控制错误发现率的一种方法是 Bonferroni 校正：在该方法中将每个 p 值与值 α/k 进行比较，其中 α 是期望的错误发现率，k 是进行的假设检验的数量。

2. 当每组大小增加到 50 时进行检查，拒绝的概率为 11%～12%，当每组大小增加到 100 时进行检查，拒绝的概率为 20%。随着重复检验的增多，情况变得更糟。有关代码见 github.com/mdedge/stfs。

练习集 7-6

见 github.com/mdedge/stfs。

练习集 8-1

1. (a) 随着样本量 n 的增加，经验分布函数与真实累积分布函数更加接近。当样本量较大时，经验分布函数和真实累积分布函数不能明显区分。

   (b) 见 github.com/mdedge/stfs 的代码，绘制一个类似的指数分布和泊松分布的图。泊松分布看起来不同，因为它是离散的，所以它真实累积分布函数看起来像一个阶梯形跳跃函数。

2. 见 github.com/mdedge/stfs。

练习集 8-2

1. (a) 有两个表达式。利用式(5.7)中的恒等式，嵌入式估计量为

$$\widetilde{\sigma}^2 = \frac{1}{n}\sum_{i=1}^{n} X_i^2 + \left(\frac{1}{n}\sum_{i=1}^{n} X_i\right)^2$$

同样，我们可以直接用方差的定义得到

$$\widetilde{\sigma}^2 = \frac{1}{n}\sum_{i=1}^{n} (X_i - \overline{X})^2, \quad 其中 \ \overline{X} = \frac{1}{n}\sum_{i=1}^{n} X_i$$

这两个表达式是等价的。证明见 github.com/mdedge/stfs。

   (b) 标准差的嵌入式估计量是方差的嵌入式估计量的平方根。

   (c) 与方差一样，协方差的嵌入式估计量有两个等价表达式，具体取决于使用式(5.15)

中的哪一个表达式作为基础。第一个是

$$\sigma_{\widetilde{X,Y}} = \frac{1}{n}\sum_{i=1}^{n}(X_i - \overline{X})(Y_i - \overline{Y})$$

其中

$$\overline{X} = \frac{1}{n}\sum_{i=1}^{n}X_i, \overline{Y} = \frac{1}{n}\sum_{i=1}^{n}Y_i$$

第二个表达式是

$$\sigma_{\widetilde{X,Y}} = \frac{1}{n}\sum_{i=1}^{n}X_iY_i - \overline{X}\,\overline{Y}$$

这两个表达式相等的证明类似于(a)部分中两个表达式相等的证明。

(d) 相关系数是两个变量的协方差除以它们标准差的乘积。因此，我们可以用协方差和标准差的嵌入式估计量来构造相关系数的嵌入式估计量的表达式——通常记作 r。例如，

$$r_{X,Y} = \frac{\displaystyle\sum_{i=1}^{n}(X_i - \overline{X})(Y_i - \overline{Y})}{\sqrt{\displaystyle\sum_{i=1}^{n}(X_i - \overline{X})^2}\sqrt{\displaystyle\sum_{i=1}^{n}(Y_i - \overline{Y})^2}}$$

这是几个等价表达式中的一个，其他版本使用了协方差和标准差的嵌入式估计量的不同等价形式。

2. (a) 代码见 github. com/mdedge/stfs，它给出的答案非常接近 0.8，而不是 1。

(b) 你的模拟答案接近于下表：

n	2	3	4	5	6	7	8	9	10
嵌入式估计量	1/2	2/3	3/4	4/5	5/6	6/7	7/8	8/9	9/10

如果 σ^2 是真实方差，$\widetilde{\sigma_n^2}$ 是使用 n 个独立的观测样本的方差的嵌入式估计量，则 $E(\widetilde{\sigma_n^2}) = [(n-1)/n]\sigma^2$。因此，$\widetilde{\sigma_n^2}$ 是向下偏移的，特别是在样本量较小的情况下。我们可以通过 $\widetilde{\sigma_n^2}$ 乘以 $n/(n-1)$ 得到 σ^2 的一个无偏估计量，让其变得稍微大一些，以纠正其向下的偏移倾向。这就产生了所谓的"样本方差"，$s^2 = \sum_{i=1}^{n}(X_i - \overline{X})^2/(n-1)$，其中 $\overline{X}$ 为样本均值。R 中的 var() 函数是计算样本方差的。"样本标准差"是样本方差的平方根。虽然样本方差是无偏的，但样本标准差略微向下偏移，其偏移小于标准差的嵌入式估计量。（两个版本都不是稳健的样本标准差估计量，因为它们依赖于样本与均值偏差的平方和——这对离群点非常敏感。）

(c) 见 github. com/mdedge/stfs 中的一种证明方法。

3. 用样本矩作为矩估计值的代码见 github. com/mdedge/stfs。真实值为：

$$E(X^4) = 3, \quad E(X^5) = 0, \quad E(X^6) = 15, \quad E(X^7) = 0, \quad E(X^8) = 105$$

练习集 8-3

1. 由练习集 5-1 的问题 1(d)，如果 X 是 (a, b) 上的连续均匀分布随机变量，则 X 的期望 $E(X) = (a+b)/2$，这里 $a = 0$，所以 $E(X) = b/2$，因此 $b = 2E(X)$，b 的矩估计量为 $\widetilde{b} = (2/n) \sum\limits_{i=1}^{n} X_i$。

2. 见 github. com/mdedge/stfs。

练习集 8-4

1. 运行 wrap. bm() 表明，为了使样本均值的 bootstrap 分布近似于样本均值的真实分布，n 和 B 必须适当大。当 n 为 5 时，即使 B 很大，bootstrap 分布看起来不是正态分布，它的均值和标准差在真实值附近变化很大。类似地，当 B 为 10 时，bootstrap 分布是真实分布的一个很差的近似，即使 n 很大。在这个问题中，在 $n \geqslant 20$ 和 $B \geqslant 1\,000$ 时，样本均值的 bootstrap 分布是样本均值真实分布的合理近似。n 和 B 的值在不同的设置中会产生不同的结果。这种估计正态样本均值分布的设置，比人们在实践中看到的许多问题的要求要低。

2. 对于问题 1 中指定的 n 和 B，bootstrap 中程数的标准误差是不精确的。即使将 n 增加到 $1\,000$，标准误差仍然是可变的。中程数对数据的微小变化很敏感，因为它是两个值（样本的最大值和最小值）的函数，如果样本稍有变化，这两个值就会发生很大的变化。

3. 假设有一个分布函数 $F_X(x)$。因为它是一个分布函数，$F_X(x)$ 关于 x 单调递增，其最小值为 0，最大值为 1。在图形上，从分布函数对应的随机变量中抽出一个观测值等价于以下步骤：

   (i) 从均匀分布 $U(0,1)$ 中随机抽出 $Y = y$

   (ii) 画一条高度为 y 的水平线

   (iii) 在高度为 y 的水平线与 $F_X(x)$ 的交点处画一条垂直于横轴的直线。

   (iv) 高度为 y 的水平线与 $F_X(x)$ 交点的正下方横轴上的值就是从分布函数 $F_X(x)$ 中得到的观测结果。

   要从分布 $F_X(x)$ 得到更多的独立样本，只需要对 $U(0,1)$ 独立重复这个过程。假设我们为一组观测值 $x_1, x_2, \cdots, x_n$ 构造一个经验分布函数，经验分布函数除了 x 坐标等于观测值 $x_1, x_2, \cdots, x_n$ 的点外，在其余任何地方都是水平的。在观测值处将有长度为 $1/n$ 的竖直线段。（如果观测值 $x_1, x_2, \cdots, x_n$ 中有 k 个是相同的，那么在这个值处有高度为 k/n 的竖直线段。）这意味着，对于在步骤 (i) 中抽取的每一个 $U(0,1)$ 随机数 $Y = y$，在高度 y 处的水平线与每一个观测相对应的竖直线在经验分布函数上相交的概率为 $1/n$，如果高度为 y 的水平线在与观测值对应的竖直线在经验分布函数上相交，则将等于该观测值的值添加到 bootstrap 样本中。因此，每次我们从经验分布函数中抽样时，原始数据集中的每个观测结果都有 $1/n$ 的概率被复制到 bootstrap 样本中，不管它之前是否被选中。这等价于对原样本进行有放回抽样。

练习集 8-5

1. 第一步选择一个检验统计量。一种明智的选择是，施了 Z 物质的麦田和没有施 Z 物质的麦田之间的小麦平均产量的差值。我们也可以选择小麦产量中位数的差值，或者其他值。下一步确定一种排列数据的方法。假设 Y 代表一片麦田的小麦产量。进一步假设 $Z=1$ 是接收了随机分配的物质 Z，$Z=0$ 是没有收到随机分配的物质。拟合数据的一个模型是 $Y_i = \alpha + \beta Z_i + \varepsilon_i$，其中，$\alpha$ 和 β 为常数，Z_i 和 ε 为随机变量，且 $E(\varepsilon)=0$。下标 i 表示一个特定的麦田，假设所有麦田相互独立，这意味着 ε_i 是独立的。这是我们在正文中建立的模型，只不过用 Z 代替了 X。因此，我们可以以类似的方式检验它，打乱 Z_i 的顺序，使 Z_i 与小麦产量 Y_i 无关。如果 $\beta=0$，那么每一种排列都会导致一个与原始数据完全相同的假设数据集。对于我们尝试的每一种排列，我们计算与 $Z=1$ 对应的麦田和与 $Z=0$ 对应的麦田之间的小麦产量的均值差。这些差形成一个排列分布，将它与我们观测到的原始均值差进行比较。

至于被检验的假设：人们倾向于取零假设为"物质 Z 不影响预期产量"。但我们实际上是在检验下列零假设：物质 Z 不会影响整个农田小麦产量的分布，也就是说，$\beta=0$，且 ε_i 的分布不依赖于 Z_i。

2. 调用 sim. perm. B()，在显著性水平为 0.05 的情况下评估零假设被拒绝的概率，并绘制 $n=10$ 和 $\beta=0$ 的置换 p 值的直方图，命令如下：

```
ps <- sim.perm.B(0, 0, n = 10)
mean(ps < 0.05)
hist(ps)
```

当我运行这些代码时，我得到了以下结果。你的确切结果可能会稍有不同。

	$n=10$	$n=50$	$n=100$
$\beta=0$	0.034	0.046	0.052
$\beta=0.1$	0.086	0.300	0.486
$\beta=0.2$	0.182	0.760	0.978

表的最上面一行 $\beta=0$ 令人鼓舞。当我们设置显著性水平为 0.05 时，第一类错误率实际上大约为 0.05。在接下来的两行中，不出所料地看到，随着样本量的增加（从左到右），以及随着效应量的增加（$\beta=0.2$ 对 $\beta=0.1$），置换检验的功效增加了。

练习集 9-1

1. 这种说法是错误的。在频率统计中，θ 不是随机的，所以我们不能对它做概率的表述。在贝叶斯统计中，使 $L(\theta)$ 极大化的 θ 值通常不是给定数据下 θ 的最可能值，但有时是（见第 10 章）。一个更好的表述是"使 $L(\theta)$ 极大化的 θ 值，是使获得观测数据的概率极大化的 θ 值"。这一说法对于离散随机变量是正确的；对于连续随机变量，可以修改为"使 $L(\theta)$ 极大化的 θ 值，是使观测数据对应的联合概率密度最大的 θ 值"。

2. (a) 密度函数为 $f_X(x) = \dfrac{1}{\sigma\sqrt{2\pi}} e^{-\frac{(x-\mu)^2}{2\sigma^2}}$。

(b) 对数似然函数是密度的对数，$l(\mu) = \ln\left(\dfrac{1}{\sigma\sqrt{2\pi}} e^{-\frac{(x-\mu)^2}{2\sigma^2}}\right)$。这个表达式可以简化。

首先，注意它是一个乘积，乘积的对数是乘数的对数之和：$l(\mu)=\ln\left(\dfrac{1}{\sigma\sqrt{2\pi}}\right)+$

$\ln\left(e^{-\frac{(x-\mu)^2}{2\sigma^2}}\right)$。第二项包含指数的对数。求 e 的幂与求自然对数是互逆运算，所以

$$l(\mu)=\ln\left(\frac{1}{\sigma\sqrt{2\pi}}\right)-\frac{(x-\mu)^2}{2\sigma^2}$$

我们可以进一步简化第一项，但这已经足够了。

（c）由于两个随机变量是独立的，因此联合密度函数是两个边缘密度函数的乘积：

$$f_{X_1,X_2}(x_1,x_2)=\frac{1}{\sigma\sqrt{2\pi}}e^{-\frac{(x_1-\mu)^2}{2\sigma^2}}\cdot\frac{1}{\sigma\sqrt{2\pi}}e^{-\frac{(x_2-\mu)^2}{2\sigma^2}}=\frac{1}{\sigma^2 2\pi}e^{-\frac{(x_1-\mu)^2+(x_2+\mu)^2}{2\sigma^2}}$$

（d）两个观测数据的对数似然是两个观测数据联合密度函数的对数。我们可以直接取（c）部分表达式的对数，也可以从（b）部分开始，记住乘积的对数就是乘积项的对数之和。不管怎样，我们都能得到

$$l(\mu)=2\ln\left(\frac{1}{\sigma\sqrt{2\pi}}\right)-\frac{(x_1-\mu)^2}{2\sigma^2}-\frac{(x_2-\mu)^2}{2\sigma^2}$$

（e）推广（d）部分的结果，可以得到

$$l(\mu)=n\ln\left(\frac{1}{\sigma\sqrt{2\pi}}\right)-\sum_{i=1}^{n}\frac{(x_i-\mu)^2}{2\sigma^2}=n\ln\left(\frac{1}{\sigma\sqrt{2\pi}}\right)-\frac{1}{2\sigma^2}\sum_{i=1}^{n}(x_i-\mu)^2$$

练习集 9-2

1.（a）似然函数等于联合概率质量函数。因为假设观测值是独立的，它们的联合概率质量函数是它们各自概率质量函数的乘积。因此，它是

$$L(p)=\prod_{i=1}^{n}p^{x_i}(1-p)^{1-x_i}$$

（b）对数似然函数是似然函数的自然对数，在这种情况下是

$$l(p)=\ln[L(p)]=\ln\left[\prod_{i=1}^{n}p^{x_i}(1-p)^{1-x_i}\right]=\sum_{i=1}^{n}\ln\left[p^{x_i}(1-p)^{1-x_i}\right]$$

$$=\sum_{i=1}^{n}[x_i\ln(p)+(1-x_i)\ln(1-p)]$$

（c）代码见 github.com/mdedge/stfs。

（d）p 的极大似然估计值是样本均值，即取 1 所占的比例。

2.（a）对数似然函数为

$$l(\theta)=\ln[L(\theta)]=n\ln\left(\frac{1}{\sigma\sqrt{2\pi}}\right)-\sum_{i=1}^{n}\frac{(x_i-\theta)^2}{2\sigma^2}$$

$$=n\ln\left(\frac{1}{\sigma\sqrt{2\pi}}\right)-\frac{1}{2\sigma^2}\sum_{i=1}^{n}(x_i^2-2x_i\theta+\theta^2)$$

为了使对数似然函数最大化，我们对 θ 求导得：

$$\frac{\partial l(\theta)}{\partial \theta} = -\frac{1}{\sigma^2} \sum_{i=1}^{n} (\theta - x_i) = -\frac{n}{\theta^2}(\theta - \overline{x})$$

其中 $\overline{x}$ 是样本均值 $(1/n)\sum_{i=1}^{n} x_i$。因为 n 和 σ^2 都是正的，使得导数等于 0 的唯一值是 $\theta = \overline{x}$。为了检验这个解是极大化对数似然函数，而不是极小化对数似然函数，我们需要确认这点的二阶导数值是负的。这点的二阶导数值等于 $-n/\sigma^2$，因此总是负的。因而 $\theta = \overline{x}$ 使得对数似然函数极大化，从而使似然函数极大化。因此，θ 的极大似然估计量为 $\hat{\theta} = \overline{x}$，即样本均值。

(b) 观测值的自然对数为正态分布，即 $\ln(Y_i) \sim N(\theta, \sigma^2)$。因此，由（a）部分知，$\theta$ 的极大似然估计量为 $\hat{\theta} = (1/n)\sum_{i=1}^{n} \ln(Y_i)$。由极大似然估计量的函数不变性知 $E(Y) = e^{\theta + \sigma^2/2}$ 的极大似然估计是 $e^{\hat{\theta} + \sigma^2/2}$（原书错误——译者注）。这与矩估计量不同，$E(Y) = e^{\theta + \sigma^2/2}$ 的矩估计量为样本均值 $(1/n)\sum_{i=1}^{n} Y_i$。

练习集 9-3

1. 证明见 github.com/mdedge/stfs。最小二乘估计量的无偏性不能像矩估计量或极大似然估计量那样能一眼看出，我们必须直接证明它。然而，该证明并不依赖于正态性、独立性或干扰项同方差性的假定。因此，在第 8 章中使用的较弱假定下，最小二乘估计量也是无偏的。

2. 推导见 github.com/mdedge/stfs。所求的方差是 $\mathrm{Var}(\hat{\beta}) = \sigma^2 / \sum_{i=1}^{n} (x_i - \overline{x})^2$，$\hat{\beta}$ 的方差随着观测次数的增加而减小。证明依赖于干扰项的独立性和同方差性，但不依赖于正态性。

3. 推导见 github.com/mdedge/stfs。σ^2 的极大似然估计量是 $\widehat{\sigma^2} = (1/n)\sum (Y_i - \alpha - \beta x_i)^2$。

   当 α 和 β 未知时，我们用它们的极大似然估计量代替它们，σ^2 的极大似然估计变为 $\widehat{\sigma^2} = (1/n)\sum_{i=1}^{n} (Y_i - \hat{\alpha} - \hat{\beta}x_i)^2$，它是平方线误差的平均值。然而，如果 α 和 β 的估计量必须被估计，那么干扰项方差的极大似然函估计量的期望为 $E(\widehat{\sigma^2}) = [(n-2)/n]\sigma^2$。因此，极大似然估计是向下偏移的。理解偏差的一种方法是注意到 σ^2 的极大似然估计与平方线误差的和成正比，选择 $\hat{\alpha}$，$\hat{\beta}$ 使这个和尽可能小。因此，就 α 和 β 估计误差而言，它们的误差会使平方线误差小于已知 α 和 β 的真实值时的误差。干扰项方差的一个无偏估计量是 $\widetilde{\sigma^2} = [n/(n-2)]\widehat{\sigma^2} = [1/(n-2)]\sum_{i=1}^{n} (Y_i - \hat{\alpha} - \hat{\beta}x_i)^2$。当 n 很大时，$n/(n-2) \approx 1$，这两个估计量几乎相同。在实际应用中，无偏估计量使用得较多。

4. 证明见 github.com/mdedge/stfs。结合起来，你已经在问题 1、问题 2 和问题 3 中证明了，在本节的假定下，$\hat{\beta}$ 服从期望为 β 和方差为 $\sigma^2 / \sum_{i=1}^{n} (x_i - \overline{x})^2$ 的正态分布。

练习集 9-4

推导见 github.com/mdedge/stfs。$\hat{\theta}=\overline{x}$ 是 θ 的极大似然估计量，$\text{Var}(\hat{\theta})=\theta/n$。我们可以通过用 $\hat{\theta}$ 替换 θ 来估计。费希尔信息法只给出 $\hat{\theta}$ 的渐近方差，但由于(b)和(c)给出的表达式相同，所以也是小样本方差。

练习集 9-5

1. 极大似然估计 $\hat{\beta}$ 就是最小二乘斜率，我们已经计算得到 $\hat{\beta}=0.5$（见第 3 章）。因为问题中指定的零假设为 $\beta_0=0$，$\hat{\beta}$ 的方差见式(9.12)，将 σ^2 用 $\widetilde{\sigma^2}$ 替代，如式(9.14b)。用例中数据计算这个值，得到的结果大约是 0.014。有关 R 函数计算检验统计量的代码，请参阅 github.com/mdedge/stfs。lm() 函数也会计算得瓦尔德统计量，但它会标记为"t"。检验统计量是 $W^* \approx 4.24$，$p=2\varphi(-|W^*|)\approx 0.000\,02$。将检验统计量与适当的 t 分布进行比较，得到的 p 值为 0.002（使用自由度为 9 的 t 分布，因为有 11 个数据点减去 2 个估计参数），这与第 8 章中的置换检验是完全一致的。

2. 在零假设下，瓦尔德检验统计量服从 $N(0,1)$ 分布。瓦尔德统计量的平方因此服从从 $N(0,1)$ 中抽取的一个随机变量的平方的分布，换句话说，它服从 $\chi^2(1)$。

3. 用具有独立正态分布干扰项的模拟数据集（默认情况下）计算瓦尔德检验的 p 值的代码见 github.com/mdedge/stfs。当我运行模拟时，我得到了下列结果。你的结果可能会略有不同。

	$n=10$	$n=50$	$n=100$
$\beta=0$	0.088	0.060	0.039
$\beta=0.1$	0.127	0.317	0.530
$\beta=0.2$	0.257	0.789	0.956

　　瓦尔德检验表的第一行 $\beta=0$ 令人不安。当 $n=10$ 时，瓦尔德检验有 9% 的模拟出现 $p<0.05$。这个问题的出现是因为干扰项方差需要估计。增加 n 可以更好地估计未知方差，问题可以得到改善。一种解决方法——R 中 lm() 函数所采用的方法——将瓦尔德统计量与适当的 t 分布而不是标准正态分布进行比较。在这种模拟中，对于 $n=50$ 和 $n=100$，瓦尔德检验的功效与上面排列检验的相似。

练习集 9-6

1. (a)和(b)似然比检验统计量表达式的推导和计算代码见 github.com/mdedge/stfs。将代码应用于本文示例中的农业数据，得到 $\Lambda^* \approx 17.99$。（我添加了星号，表明 Λ 的这个值是使用 σ^2 的估计值计算得来的。）因为我们保持参数 β 是常数，我们比较 Λ^* 和 $\chi^2(1)$ 分布。用 pchisq(17.99,1) 找到 p 为 0.000\,02。

   (c)(b)部分的 p 值和练习集 9-5 的问题 1 中的 p 值是相同的。(b)的检验统计量为瓦尔德统计量的平方，这个关系解释了 p 值相等的原因。将(b)部分的检验统计量与 $\chi^2(1)$——标准正态分布的平方分布——进行比较，我们在练习集 9-5 中是将检验统计量与标准正态分布进行比较。这两种检验的结论相同不是巧合——在简单线性回归情况下，瓦尔德检验和似然比检验是等价的，即使在小样本情况下。

2. 证明见 github. com/mdedge/stfs。

练习集 10-1

1. （a）代码见 github. com/mdedge/stfs。我的样本均值是 2. 15，非常接近真实的期望 2。在我的模拟数据中，共轭后验的期望值为 2. 047，后验方差为 0. 0476。后验标准差是方差的平方根，大约是 0. 218。

（b）安装和加载 MCMCpack 包并定义了（a）部分中的变量后，使用

```
mn.mod < - MCnormalnormal(z, sigma2 = 1, mu0 = prior.mean, tau20 = prior.sd^2, mc = 10000)
```

调用 summary(mn. mod) 显示的结果与（a）部分结果极为相似。

（c）使用问题 2(d) 中的 reject. samp. norm() 函数得到的结果与（a）部分和（b）部分得到的结果极其相似。微小的差异是由于 MCMC 和拒绝抽样固有的随机性。

2. （a）比率等于似然函数：$f_D(d \mid \theta) f_\theta(\theta) / f_\theta(\theta) = f_D(d \mid \theta) = L(\theta)$。

（b）如果 c 乘以未缩放的后验等于先验，则 $cL(\theta) f_\theta(\theta) = f_\theta(\theta)$，则意味着 $c = 1/L(\theta)$。类似地，如果 $cL(\theta) f_\theta(\theta) < f_\theta(\theta)$，我们取 $c = 1/\max(L(\theta))$，则满足 $cL(\theta) f_\theta(\theta) = f_\theta(\theta)$ 的 θ 为极大化似然函数的 θ 值。

（c）与文中给出的算法唯一不同的地方是第二个步骤。不把 m 作为似然函数计算，我们可以把 m 作为似然函数除以似然函数的最大值计算，这保证了 m 在 0 到 1 之间，但它也可以大到 1。这通常意味着更大比例的样本可以被接受，这提高了算法的效率。

（d）解决此题的函数见 github. com/mdedge/stfs。

练习集 10-2

1. （a）用 summary(lm(anscombe$y1 ~ anscombe$x1)) 求得截距和斜率的最小二乘估计值（分别为 3 和 0. 5）。

（b）适用于所有 9 个可能先验的模型的代码见 github. com/mdedge/stfs。当先验精确度低，即先验方差高时，先验均值并不特别重要，这三个选择可以得出类似的结论。如果先验的精确度更高，那么先验的均值就更重要，估计值通常接近于先验的均值。

2. 证明见 github. com/mdedge/stfs。

练习集 10-3

在练习集 10-2 的问题 1 中拟合模型后，查看汇总输出中斜率参数的 2.5% 分位数和 97.5% 分位数。对于这些模型，分位数和最高后验密度区间是相似的。当先验的精确度很低时，可信区间与你已经计算的频率置信区间基本一致。如果精确度较高，则可信区间被拉向先验均值。

练习集 10-4

代码见 github. com/mdedge/stfs。

（a）贝叶斯因子 B_{10}：3. 26。根据 K & R 准则，这是接受 H_1 而非 H_0 的证据。

(b) 贝叶斯因子 B_{10}：26.9。根据 K & R 准则，这是接受 H_1 而非 H_0 的证据。

(c) 贝叶斯因子 B_{10}：30.26。根据 K & R 准则，这是接受 H_0 而非 H_1 的证据。我们已经从数据支持 H_1 转向让它们支持 H_0。

(d) 在这种情况下，改变先验精度(或方差)对点估计和可信区间的影响很小。相比之下，贝叶斯因子的变化是必然的。使用中间先验方差，我们对包含斜率的模型有相对较弱但"正"的支持。在降低先验方差后，这种支持变得更强。增加先验方差导致贝叶斯因子反转。

练习集尾叙-1

通过命令 `plot(lm(y1~ x1,data= anscombe))` 可以看到 anscombe 四数据中第一个数据集的图像集。对于 anscombe 四数据中的其他数据集，相应地更改变量名即可。

练习集尾叙-2

安装和加载软件包后，用 `gvlma(lm(y1~ x1,data= anscombe))` 拟合四个模型并运行诊断程序，必要时用其他变量名替换 y1 和 x1。从图中可以看出，使用第一个数据集的检验没有显示出需要担心的理由。(但请记住，本例中的样本量非常小，这意味着检测偏差的能力很低。)第二个模型表明，"连接函数"检验——用来检测偏离线性性质的情况——返回一个低的 p 值。这是有道理的：数据显然符合曲线而不是直线。第三个数据集显示了正态性的问题。这并不像看散点图那样能提供丰富的信息，但检验至少像它应该的那样返回了一个警报。第四个结果更令人不安——检验没有发现假设有任何问题，即使散点图表明有些地方是错的。简而言之，这些检验与散点图结合起来是有用的，但它们不能取代散点图。

练习集尾叙-3

1. (a) 编码在正文中。

    (b) 下面是一些代码：

    ```
    resid.am.hp <- lm(am ~ hp, data = mtcars)$residuals #1
    resid.mpg.hp <- lm(mpg ~ hp, data = mtcars)$residuals #2
    resid.mod.hp <- lm(resid.mpg.hp ~ resid.am.hp) #3
    summary(resid.mod.hp)
    ```

    这里对变速器类型残差的估计斜率与(a)部分中对变速器类型的估计斜率是相同的。多元回归系数的估计是在其他自变量保持不变的情况下，对自变量与因变量之间的关联进行评估。在这种情况下，通过残差化重量和每加仑汽油行驶里程与马力的关系，我们得到了这两个变量的不同版本，它们与马力的关系已被"移除"。

    (c)

    ```
    resid.hp.am <- lm(hp ~ am, data = mtcars)$residuals #1
    resid.mpg.am <- lm(mpg ~ am, data = mtcars)$residuals #2
    resid.mod.am <- lm(resid.mpg.am ~ resid.hp.am) #3
    summary(resid.mod.am)
    ```

(d)

```
mean(mtcars$mpg) - mean(mtcars$am)*5.277 - mean(mtcars$hp)*(-0.05888)
```

2. 在(a)和(b)部分中，两种分析的 t 统计量和对应的 p 值相等。在(c)部分，F 统计量和对应的 p 值是相等的。

练习集尾叙-4

1. glm()为广义线性模型。一旦汽车数据被加载，你就可以使用

```
probit.fit <- glm(volunteer ~ extraversion + neuroticism + sex, data = Cowles,
family = binomial("probit"))
summary(probit.fit)
```

得到估计值。为了拟合 logistic 模型，你可以使用命令 family = binomial("logit")。

2. (a) 代码见 github. com/mdedge/stfs。

(b) 是的，它们是一致的。与此相对应，将 n 设置为 10 000 或 100 000 将给出非常接近于模拟中系数的估计值。

(c) 当模型中潜在变量存在异方差时，模型系数的估计量不是一致的——它们收敛于错误的数。它们的错误程度随着异方差的严重程度而增加。

练习集尾叙-5

1. 证明见 github. com/mdedge/stfs。

2. 代码见 github. com/mdedge/stfs。最小二乘估计是无偏的。在代码中指定的参数下，截距估计的标准差约为 0.93，斜率估计的标准差约为 0.10。这些标准差与正文中报告的混合模型标准误差估计值基本一致。它们比简单线性回归的标准误差估计要大得多。忽略观测结果之间的相依性会导致我们高估我们所拥有的信息量，从而导致标准误差估计过小。

练习集 A-1

1. (a) (ii) $f'(x) = 2x - 2$；(iii) $x = 1$。

(b) (ii) $f'(x) = -6x + 12$；(iii) $x = 2$。

(c) (ii) $f'(x) = 3x^2 - 6x = 3x(x-2)$；(iii) $x = 0$，$x = 2$。

2. 注意问题 1 中的函数，(a) 在 $x = 1$ 处极小化，(b) 中的函数在 $x = 2$ 处极大化，(c) 中的函数在 $x = 0$ 处局部最大化，在 $x = 2$ 处局部最小化。二阶导数为(a) $f''(x) = 2$，(b) $f''(x) = -6$，(c) $f''(x) = 6x - 6$。代入适当的 x 表明，如果 $f'(c) = 0$，$f''(c)$ 是正的，那么 $f(x)$ 在 $x = c$ 处取到局部最小值。同样，如果 $f'(c) = 0$，$f''(c)$ 是负的，那么 $f(x)$ 在 $x = c$ 处取到局部最大值。这些猜想被证明是真实的。一种理解方法是，在斜率为 0，斜率函数仍在增加处(即二阶导数为正)，函数是取到局部最小值。

3. 按导数的定义，$g'(x) = \lim_{\Delta x \to 0} [g(x + \Delta x) - g(x)] / (\Delta x)$。因为 $g(x) = af(x)$，$g'(x) = \lim_{\Delta x \to 0} \dfrac{af(x + \Delta x) - af(x)}{\Delta x} = a \lim_{\Delta x \to 0} \dfrac{f(x + \Delta x) - f(x)}{\Delta x} = af'(x)$。

第一步来自 $g(x)$ 的定义，第二步来自分配律，第三步来自 $f'(x)$ 的定义。

由于 $h(x)=f(x)+g(x)$，

$$h'(x)=\lim_{\Delta x\to 0}\frac{f(x+\Delta x)+g(x+\Delta x)-f(x)-g(x)}{\Delta x}$$

$$=\lim_{\Delta x\to 0}\frac{f(x+\Delta x)-f(x)}{\Delta x}+\lim_{\Delta x\to 0}\frac{g(x+\Delta x)-g(x)}{\Delta x}=f'(x)+g'(x)$$

4. 证明见 github. com/mdedge/stfs。

练习集 A-2

1. (a) 1；(b) 4；(c) 8；(d) 0；(e) 8。

2.

b	$f(x)=2x$ 从 0 到 b 的定积分（即 $\int_0^b 2x\mathrm{d}x$）
1	1
2	4
3	9
4	16
5	25

练习集 A-3

为了解决这个问题，考虑到 ax^n 对 x 的导数为 nax^{n-1}。因为微分和积分是互逆运算，意味着 $\int f'(x)\mathrm{d}x=f(x)+C$。联系起来看，$\int nax^{n-1}\mathrm{d}x=ax^n+C$。这意味着，将被积函数中 x 的幂指数提高 1（因此 $n-1$ 变成了 n），然后除以新的指数值（这就去掉了前面的 n），然后加上 C，就得到不定积分。同样的情况也适用于指数为 n 而不是 $n-1$。我们在指数上加 1，然后除以指数的新值。因此，$\int ax^n\mathrm{d}x=ax^{n+1}/(n+1)+C$。为了记住这一点，你可以说这是"上加一，放下面"——指数加 1（"上"），然后除以新指数（"下"）。记住，对于多项式的微分，要记住的短语是"放前面，并减一"。当我们积分的时候，我们要做的与微分恰恰相反。

当 $n=-1$ 时，此规则不适用。因为当 $n=-1$ 时，"上加一，放下面"的规则将迫使我们去除以 0，这是不允许的。我们须用第 9 章中关于 ax^{-1} 的积分。

数学符号表

∞	无穷大
$+$，$-$	加号，减号
$\cdot(\mathrm{x})$，$/$	乘号，除号
x^k	x 的 k 次方
$\sqrt{}$	平方根
$=$，$\neq$，$\approx$	等于，不等于，约等于
$<$，$>$，$\leqslant$，$\geqslant$	小于，大于，小于或等于，大于或等于
$\in$	属于，例如：$x\in(1,3)$ 是 $1<x<3$；$x\in[1,3]$ 是 $1\leqslant x\leqslant 3$；$x\in\{1,2,3\}$ 是 x 为 1 或 2 或 3，不要和希腊字母 ε 混淆
$\dbinom{n}{k}$	二项式系数，从 n 个里选择 k 个的选法数
$k!$	k 的阶乘，即 $k(k-1)\cdots 1$，由定义 $0!=1$
max，min	最大值，最小值
argmax，argmin	达到最大值时的参数取值，达到最小值时的参数取值
$\cup$，$\cap$	并集，交集
log，ln	对数，自然对数（即以欧拉常数 e 为底的对数）
$f(x)$	x 的函数，一般情况下，字母 f 与 g 用来表示函数
$\displaystyle\sum_{i=1}^{n}x_i$	对下标 i 从 1 到 n 求和，即 $x_1+x_2+\cdots+x_n$
$\displaystyle\lim_{x\to a}f(x)$	x 趋近于 a 时 $f(x)$ 的极限
$f'(x)$	$f(x)$ 的导数，符号 $\dfrac{\mathrm{d}}{\mathrm{d}x}f(x)$ 表示是 $f(x)$ 关于 x 的导数
$\displaystyle\int f(x)\mathrm{d}x$	$f(x)$ 关于 x 的不定积分
$\displaystyle\int_a^b f(x)\mathrm{d}x$	$f(x)$ 关于 x 在 a 到 b 上的定积分
P	概率
$P(A\mid B)$	（给定 B 时 A 的）条件概率。条件分布函数、条件期望、条件方差等也都是通过竖线来表示的
W,X,Y,Z	随机变量记号，随机变量通常用大写的英文字母，或大写的拉丁字母表示，随机变量的取值写作相应的小写字母
$N(\mu,\sigma^2)$	参数为 μ 和 σ^2 的正态分布
f_X,F_X	f_X 表示随机变量 X 的概率密度函数，F_X 表示随机变量 X 的累积分布函数

E	期望
Var，SD	方差，标准差
Cov，Cor	协方差，相关系数
θ，$\hat{\theta}$	参数通常由希腊字母表示，估计量由希腊字母加上"$\hat{}$"表示
SE	标准误差
H_0，H_a	零假设，备择假设
p	p 值
L，l	似然函数，对数似然函数

术 语 表

赋值(R)(assignment(R)) 在 R 中，给一个变量指定值的命令。见 2.1 节。

渐近性(asymptotic) 一般来说，"渐近性"指的是极限行为(见"极限")。在本书中，"渐近"通常指的是一个统计估计量或其他程序在收集的数据数量(即样本量)变得非常大时的行为。例如，渐近正态性意味着当样本大小趋近于无穷时，一个统计量的分布收敛于一个正态分布。

贝叶斯估计量(Bayes estimator) 在贝叶斯统计中，一种使损失函数的期望值最小的估计量，其中期望是对后验分布求的。见 10.3 节。

贝叶斯因子(Bayes factor) 在贝叶斯统计中，一种比较数据与两个假设的兼容性程度的统计量。见 10.5 节。

贝叶斯定理(Bayes'theorem) 一个描述条件概率相互关系的数学陈述。特别地，如果 A 和 B 是事件，那么贝叶斯定理认为 $P(A|B)=P(B|A)P(A)/P(B)$。见 4.3 节。

贝叶斯统计(Bayesian statistics) 一种统计方法，使用贝叶斯定理对数据进行更新后再对参数进行概率陈述的。见框 4-2、插叙和第 10 章。

豆机(bean machine) 用于说明中心极限定理的设计，其中球或其他圆物通过均匀间隔的三角形网格落下。球将以类似于正态分布的随机变量的概率密度函数的形状沉淀在底部。也称为五角形板或高尔顿板。见 5.5 节。

最佳拟合线(best-fit line) 一条以"最佳"的方式通过若干点的线。更正式地说，使各点的损失函数之和最小的直线，其中损失函数表示将点和线分离的特定距离产生的损失。我们经常使用最小二乘线最小化点和线之间竖直距离的平方和，但我们可以选择最小化距离的另一个函数(例如，绝对值)，或选择不是竖直的其他距离。见第 3 章。

偏差(bias) 估计量的期望值和被估计量的真实值之间的差值。一个无偏估计量的期望值应等于

该被估计量的真值。见 6.1 节。

bootstrap 方法(自助法)(bootstrapping) 一套通过使用原始数据模拟出新的样本去近似一个统计量的抽样分布的方法。见 8.2 节。

因果关系(causality) 变量组之间潜在的因果关系。因果推断是指试图识别被研究的变量之间的因果关系。

中心极限定理(central limit theorem，CLT) CLT 有多个版本，本书中所讨论的认为：n 个独立同分布的随机变量，如果它们每一个都有有限的方差，那么它们的均值或和的分布在 n 趋向于无穷大时接近正态分布。见 5.5 节。

条件分布(conditional distribution) 假设有两个随机变量 X 和 Y。$Y|X=x$ 的条件分布是在假设 X 取特定值 x 的情况下 Y 的分布。条件分布与其他概率分布有相同的属性和同样的数字特征。也就是说，我们可以定义条件累积分布函数、条件概率质量函数、条件概率密度函数、条件期望、条件方差等。见 5.4 节。

条件概率(conditional probability) 条件概率 $P(A|B)$ 是指假设 B 已经发生的情况下，A 发生的概率。它被定义为 $P(A\cap B)/P(B)$。见 4.2 节。

置信区间(confidence interval) 使用某种方法构造的区间估计，它以某个指定的概率包含被估计量的真实值。置信集具有相同的属性，但它不一定是一个不间断的区间。见 7.2 节。

混淆(confounding) 混淆是一个变量，它会引起因变量与自变量之间的关联。如果不考虑混淆，那么对自变量的因果效应的估计将会有偏差。见 2.1 节。

共轭先验(conjugate prior) 一个先验分布，将贝叶斯定理与似然函数结合时，产生的后验分布与先验分布是同一分布族的成员，称此时的先验分布为共轭先验。例如，如果数据来自泊松分布，那么如果参数 λ 的先验密度是伽马分布，

那么 λ 的后验密度也是伽马分布。在适用的情况下，共轭先验使贝叶斯方法变得容易，因为后验分布可以直接计算。

一致性（consistency）　随着样本量的增加，一个一致的估计量收敛于被估计量的真实值。见 6.4 节。

连续随机变量（continuous random variable）　一个随机变量，它的可能取值范围是不可数的无限集。（与离散随机变量形成对比。）连续随机变量的分布可以用累积分布函数或概率密度函数来表述。见 4.5 节。

相关性（correlation）　两个变量间的相关性是它们的协方差的缩放，使得 1 是最大可能值，-1 是最小可能值。见 5.3 节。

成本函数（cost function）　见"损失函数"。

协方差（covariance）　对两个随机变量偏离独立性程度的一种度量。其定义为 $\mathrm{Cov}(X,Y)=E([X-E(X)][Y-E(Y)])$。如果 X 和 Y 是独立的，那么 $\mathrm{Cov}(X,Y)=0$，但协方差并非对所有形式的依赖都敏感——两个随机变量的协方差为零，但可能不是独立的。见 5.3 节。样本协方差是基于样本数据的协方差的估计量。

覆盖概率（coverage probability）　构造置信区间的过程产生的一个区间，它包含或覆盖被估量的真实值的概率。见 7.2 节。

可信区间或区域（credible interval/region）　在贝叶斯统计中，根据后验分布看似合理的一组候选参数值。见 10.4 节。

交叉验证（cross-validation）　一种评估预测模型对拟合模型所用数据之外的数据进行推广的能力的策略。也就是说，减少过度拟合的影响。在 k 折交叉验证中，数据集被分解成 k 个大小相同的部分，模型拟合 k 次，每次都保留其中一个部分。对于每个版本的模型，预测的质量将用排除在外的那部分数据进行评估。见尾叙 1.3。

累积分布函数（cumulative distribution function）　如果 X 是一个随机变量，那么它的累积分布函数给出了 X 取值小于或等于其自变量值的概率。也就是说，如果 F_x 是 X 的累积分布函数，则 $F_x(x)=P(X\leqslant x)$。见 4.4 节。

数据框（R）（data frame（R））　一种数据结构，其中数据被排列成一个包含行和列的矩形，但不同的列可以保存不同的数据类型（即模式）。见 B.2.3 节。

数据生成过程（data-generating process）　见"过程、数据生成"。

决策理论（decision theory）　决策理论是一个很广泛的领域。统计决策理论是决策理论和统计理论的一个分支，涉及评估统计方法的性质，被视为决策规则。见 6.6 节和 10.3 节。

因变量（dependent variable）　在研究工作或概率模型中被当作输出的变量。例如，在一个线性回归模型中，因变量 Y 被看作自变量加上一个干扰项的加权和。关于哪个变量是因变量取决于研究中变量之间的假定因果关系（因变量被视为一个结果，而自变量被视为潜在的原因）或在应用中对因变量具有特别的兴趣。因变量也称为响应变量或结果变量。

导数（derivative）　假设我们有一个数学函数 $f(x)$。$f(x)$ 的导数表示为 $f'(x)$ 或 $\dfrac{\mathrm{d}}{\mathrm{d}x}f(x)$，是一个函数，其输出可以视为 $f(x)$ 的瞬时变化率。二阶导数是导数的导数。导数在最优化问题中很有用。见框 3-1 和 A.2 节。

微分（differentiation）　求一个函数的导数的过程。见框 3-1 和 A.2 节。

离散随机变量（discrete random variable）　具有可数个可能值的随机变量，它不像连续随机变量可以接受无限不可数个可能值中的任意一个。一个离散随机变量的分布可以用一个累积分布函数或一个概率质量函数来描述。见 4.4 节。

分布族（distribution family）　一组概率分布，描述它们的函数具有统一的数学形式，但其中特定的数字（即参数）可能会不同。例如 $f_X(x)=2\mathrm{e}^{-2x}$ 和 $g_X(x)=5\mathrm{e}^{-5x}$（对于 $x\geqslant 0$）的概率密度函数具有相同的形式 $\lambda\mathrm{e}^{-\lambda x}$，但参数 λ 的值不同（这种形式的概率密度函数所描述的分布是指数分布族的成员，它们对应的随机变量是指数分布的随机变量）。见 4.7 节。

干扰项（disturbance）　在线性回归模型中，称与自变量无关的,对因变量有贡献的随机变量为干扰项。也被称为"误差"项。干扰项与残差或线误差之间有关系,但是残差度量的是估计线(或者多元回归中的估计面)与散点图上的数据点之间的竖直距离,干扰项则是表示数据点与真实但未知的回归线(或平面)之间的距离。见5.6节。

效应大小(effect size) 一种对一个变量和另一个变量之间关联强度的度量。(虽然"效应"一词暗示了一种因果关系,但效应大小被用来衡量关联的强度,而这并不一定是因果关系。)效应大小在许多研究工作中是估计的主要兴趣,它在功效分析中也很有用,在那里它们是统计检验的功效函数的主要依据。见7.8节。

有效性(efficiency) 粗略地讲,一个有效估计量是指在给定样本量下有相对较高精度的估计量。见6.5节。

经验分布函数(empirical distribution function) 累积分布函数的一个一致估计量。如果经验分布函数的自变量是c,那么输出是数据集中小于或等于c的数据值的比例。见第8章。

估计(estimation) 试图利用数据尽可能准确地识别一个感兴趣的未知量。估计的目标,即感兴趣的未知量,被称为被估计量。数据输入的函数被称为估计量,所得到的值称为估计值。见第6章。

事件(event) 粗略地讲,是在概率模型中可能发生的事情。更正式地说,在概率模型中定义的所有可能结果集的一个子集。见4.1节。

期望或期望值(expectation or Expected value) 粗略地讲,是随机变量分布的平均值。随机变量可以取的值的加权平均值,其中的权重是随机变量取每个值的概率(或每个值对应的概率密度)。见5.1节。

探索性数据分析(exploratory data analysis) 通过数值模拟和数据显示来探索数据的基本属性的数据分析。见第2章和插叙。

表达式(R)(expression(R)) 一个R命令,其结果是将输出显示给人看,而不是作为一个变量存储。与赋值形成对比。见2.1节。

指数分布(exponential distribution) 一种常用于模拟等待时间的分布族。见4.7节。

错误发现率(false discovery rate) 错误拒绝零假设的比例(意味着零假设被错误拒绝)。见练习集7-4。

费希尔信息(Fisher information) 似然函数的函数,用于找到最大似然估计量的渐近标准误差。见9.2.2节。

for( )循环(for( )loop) 在计算机编程中,一种多次迭代一个过程的方案,通常是对一组输入的每个成员迭代一次。见2.2节和B.3.8节。

频率统计(frequentist statistics) 一种统计方法,其方法的合理性是根据该方法的长期属性——方法在应用于许多可能的数据集时的行为——来证明的。与贝叶斯统计形成对比。见框4-2、插叙和第6~9章。

数学函数(function(mathematical)) 一个数学函数接受一个输入或自变量,并产生一个输出。例如,如果我们定义了函数$f(x)=x^2$,那么有$f(3)=9$。在本例中,3是参数(自变量或输入),9是输出。见框3-1和附录A。

函数(R)(function(R)) 在概念上类似于数学函数,这是R中的一个预定义的程序,可以应用于用户提供的输入。基础R中有许多函数,更多函数存在于用户编写的包中,用户可以编写自己的函数。见2.2节和B.3节。

泛函(functional) 泛函是一个数学函数,其自变量(或参数)是另一个函数。见8.1.1节。

极大似然估计的函数不变性(functional invariance property of maximum-likelihood estimators) 如果$\hat{\theta}$是参数θ的极大似然估计,则θ的函数的极大似然估计是应用于θ的极大似然估计的相同函数,即$g(\theta)$的最大似然估计是$g(\hat{\theta})$。见9.1节。

微积分基本定理(fundamental theorem of calculus) 关于积分和积分是互逆过程的描述。如果$f(x)$是一个函数,$F(x)$是其积分,则$F(x)$的导数为$f(x)$。见A.4节。

广义线性模型(generalized linear model) 一种为不服从回归假定的因变量建立类似于回归模型

的建模策略，如二值模型（0/1）、计数模型、logistic 回归、probit 回归就是一些例子。见 2.2 节。

异方差性（heteroscedasticity）　在线性回归模型中，如果干扰项的方差随自变量的值不同而发生变化，则称干扰项是异方差的。

同方差性（homoscedasticity）　在线性回归模型中，如果干扰项的方差为常数，即无论自变量取什么值，干扰项的方差始终为常数，则称干扰项是同方差的。见 5.6 节。

假设检验（hypothesis test）　粗略地讲，是一种统计方法，评估观测数据集与假设的数据生成过程的一致程度，在统计中有多种方法进行假设检验。见 7.3 节。

独立性（independence）　如果其中一个事件的发生不影响另一个事件的发生，即 $P(A/B)=P(A)$，则称两个事件 A 和 B 是独立的，如果 A 和 B 是独立的，那么 $P(A\bigcap B)=P(A)P(B)$。类似地，如果两个随机变量 X 和 Y 是独立的，那么其中一个变量的概率密度函数或概率质量函数不受另一个变量取值的影响，即 $f_{X|Y}(x,y)=f_X(x)$。它们的联合质量函数或联合密度函数也等于各自密度的乘积，$f_{X,Y}(x,y)=f_X(x)f_Y(y)$。见 4.2 节和 5.3 节。

自变量（independent variable）　研究报告或概率模型中的一个变量，被当作模型或过程的输入。例如，在一个线性回归模型中，一个因变量 Y 被看作一个自变量与一个干扰项的加权和。哪些变量是因变量取决于所研究的变量之间假定的因果关系（其中因变量被视为结果，自变量被视为潜在的原因）或因变量在应用中的特殊意义。在回归分析中，自变量也被称为协变量、解释变量、预测变量或回归变量。

示性变量（indicator variable）　一个取值为 0 或 1 的随机变量。示性变量在一些概率问题中是有用的结构，它们可以用来"指示"结果已经发生。相关应用的例子，见第 8 章开头对经验分布函数的描述。

实现（instance）　随机变量的实现是随机变量在给定的试验结果或样本上取的值。也被称为取值。

为了重复正文中给出的例子我们可以用一个随机变量 X 来模拟一个六面骰子的结果，它可以取从 1 到 6 的任何整数值。在我们掷骰子时，我们能够观察到一个随机变量的实现。通常，我们将随机变量写成大写英文字母，把这些随机变量的实现用小写英文字母表示。但也有例外，比如线性回归模型中的干扰项，它通常是用希腊字母 ε 写的。见 4.4 节。

积分（integral）　一个函数 $f(x)$ 从 a 到 b 的定积分，记为 $\int_a^b f(x)\mathrm{d}x$，等于位于曲线 $f(x)$ 下方、水平坐标轴上方，竖线 $x=a$ 和 $x=b$ 之间图形的面积。不定积分是计算定积分的有用函数，如果 $F(x)$ 是 $f(x)$ 的不定积分，那么 $\int_a^b f(x)\mathrm{d}x=F(b)-F(a)$。详见框 4-3 和 A.3 节。

四分位距（interquartile range）　一个数据集的第 75 百分位数和第 25 百分位数之差。

交集（intersection）　在集合论中，"交集"的符号是 $\bigcap$。例如，如果 A 和 B 是集合，那么 $A\bigcap B$ 是它们共有元素的集合，即同属于 A 和 B 的元素。在概率中，如果 A 和 B 是事件，那么 $P(A\bigcap B)$ 是指 A 和 B 同时发生的概率。见框 4-1。

区间估计（interval estimation）　粗略地讲，区间估计是试图确定感兴趣的未知量的合理候选值的估计范围。见 7.2 节、8.2 节、9.2 节和 10.4 节。

联合分布（joint distribution）　两个（或多个）随机变量的分布。联合分布可以通过联合累积分布函数、联合概率质量函数（如果所有随机变量都是离散的）和联合概率密度函数（如果所有随机变量都是连续的）来定义。见 5.3 节。

大数定律（law of large numbers）　假设总体 X 的期望 $E(X)$ 存在，随着样本量 n 趋于无穷大，n 个独立同分布的随机样本 $X_1,X_2,\cdots,X_n$ 的均值接近于它们的共享期望值 $E(X)$。见 5.1 节。

无意识统计学家定律（law of the unconscious statistician）　一个随机变量 X 的一个函数 g 的期望值是 $E[g(X)]=\int_{-\infty}^{+\infty}g(x)f_X(x)\mathrm{d}x$（如果 X

是连续随机变量，f_X 是 X 的概率密度函数），和 $E[g(X)] = \sum_x g(x) f_X(x)$（如果 X 是离散随机变量，f_X 是 X 的概率质量函数）。见 5.1 节。

水平（level）　统计假设检验的最大可容忍的第一类错误率（也称显著水平）。见 7.4 节。

似然函数（likelihood function）　粗略地讲，是指回答下列问题的函数："给定一个具有特定参数值的假设数据生成过程，观测到手头数据的概率是多少？"似然函数与数据的联合概率质量函数或联合概率密度函数具有相同的形式，但它被视为参数的函数，而不是数据的函数。似然函数是频率统计学中多种估计和推断方法的基础。见第 9 章。

似然比检验（likelihood-ratio test）　一种统计检验，在这种检验中，最大值是在比较两个竞争假设下的似然函数而取得的。见 9.4 节。

极限（limit）　当自变量接近于一个指定值时，函数接近的值。例如，$\lim_{x \to 0} f(x)$ 是 $f(x)$ 在 x 接近于零时接近的值。见 A.2 节。

线误差（line error）　散点图上的数据点和通过数据绘制的线之间的竖直距离。也称为残差。见 3.1 节。

线值（line value）　数据点的横坐标对应的通过散点图绘制的直线上的点的纵坐标值，位于数据点的正上方或正下方。也称为拟合值或预测值。

线性回归（linear regression）　一种统计方法，因变量被建模为一组自变量和一个随机干扰项的加权和。也就是说，如果 Y 是一个因变量，X_1，$X_2, \cdots, X_n$ 为自变量，那么一个标准的线性回归模型为 $Y = \beta_0 + \beta_1 X_1 + \cdots + \beta_k X_k + \varepsilon$，其中 β 项是（可能是未知的）常数。最后一项 ε 也被称为"干扰"项或"误差"项，是一个随机变量，通常它的期望值为 0。（在本书中，X 被视为随机变量，但在实践中，它们通常被视为非随机的数，那样的话干扰项是唯一的随机变量。）

线性性质假定（linearity assumption）　在线性回归模型中，线性性质假定是不管自变量取什么值，干扰项的期望值均为 0。见 5.6 节。

期望的线性性质（linearity of expectation）　期望的一种性质，认为随机变量的线性和的期望值是随机变量的期望的相应的线性和。特别地，$E(aX + bY + c) = aE(X) + bE(Y) + c$，其中 X 和 Y 是随机变量，a，b 和 c 是固定常数。见 5.1 节。

对数（logarithm，log）　一个函数，可以将乘法问题转化为加法问题。特别地，如果 a 是一个对数的底，那么对数函数满足 $x = a^{\log_a x}$。对于我们学习本书的目的而言，对数最有用的性质是 $\log(ab) = \log a + \log b$。在本书中，我们将以欧拉常数 $e \approx 2.781$ 为底的对数，称为自然对数，记为 ln。见框 9-1。

对数似然（log-likelihood）　似然函数的自然对数。

损失函数（loss function）　通常，用来求决策产生的损失（或利润）金额的函数。在本书中，"损失函数"有两个不同但有关联的用法。在第 3 章中，损失函数描述了绘制的线与该线"未命中"的数据点之间的某种总损失，即一种指定大小的线误差的损失。在第 6 章和第 10 章中，我们讨论的损失函数用一个指定的量去量化估计与被估计量的真实值之差的损失，也称为成本函数或目标函数。见 3.1 节、6.6 节和 10.3 节。

马尔可夫链蒙特卡罗（Markov chain Monte Carlo，MCMC）　一种从后验分布中抽取样本的计算方法。见 10.2 节。

矩阵(R)（matrix(R)）　一种数据结构，其中单一数据类型（即模式）的条目被排列成一个由行和列组成的矩形。见 B.2.2 节。

极大似然估计（maximum-likelihood estimation）　一种统计估计的方法，其中估计量是使似然函数最大化的候选参数值。更宽泛地说，选择使数据最有可能发生的参数值作为估计值。见 9.1 节。

样本均值（mean，sample）　是一个样本的平均值。如果样本值记为 $x_1, x_2, \cdots, x_n$，则样本均值为 $\frac{1}{n} \sum_{i=1}^{n} x_n$。样本均值也是一阶样本矩和期望的一个嵌入式估计量。

均方误差（mean squared error，MSE）　估计量与被估计量之差的平方的期望值。见 6.3 节。

中位数(median)　粗略地讲，它是随机变量分布的"中间数"，如果将样本数据从小到大排列，则它是样本的中间数。严格地说，一个随机变量 X 的分布的中位数是一个满足 $P(X \leqslant m) = 0.5$ 的数字 m，或该分布的 0.5 分位数。一个样本中位数是分布中位数的嵌入式估计量。

矩方法(method of moment)　一种估计分布参数的方法。在矩估计法中，将分布的 k 个参数用该分布的前 k 阶矩表示出来。为了得到参数的矩估计量，我们可以用各阶矩的嵌入式估计量——样本矩——来替换这些表达式中的矩。见 8.1.2 节。

混合模型(mixed model)　除固定效应外，还包括一个或多个随机效应的回归模型。混合模型有许多用途，包括容纳非独立的数据。也被称为层级模型和随机效应模型。见尾叙 2.3 节。

模式(mode(R))　在 R 中，模式是一种数据类型。我们讨论了三种模式：数字型、逻辑型和字符型。见 B.1 节。

众数(mode(statistics))　样本众数是数据样本中最常见的数值。类似地，随机变量的众数是与概率密度函数的最大值对应的可能值(如果随机变量是连续的)或概率质量函数的最大值(如果随机变量是离散的)对应的可能值。

矩(moment)　如果 X 是一个随机变量，那么它的 k 阶矩是 X 的 k 次幂的期望值，即 $E(X^k)$。

多元回归(multiple regression)　具有多个自变量的线性回归。见 2.1 节。

非参数(nonparametric)　非参数概率模型是一种不能用有限的参数集来描述的概率模型。在实践中，当不能假定数据是从已知概率分布的模型中抽取的时，经常使用非参数方法。见插叙和第 8 章。

正态分布(normal distribution)　正态分布的随机变量具有对称的钟形概率密度函数。正态分布很重要的一个原因是，许多统计数据——特别是那些可以被看作独立随机变量之和或均值的统计数据——可能具有近似正态的分布。见 4.7 节和 5.5 节。

零假设(null hypothesis)　在费希尔和皮尔逊假设检验中，零假设是一种假设，它与数据的一致性(粗略地说)程度被直接评估。通常，如果零假设为真，我们检查数据集或检验统计量是否与我们期望观测到的相符。如果检验统计量或数据集与我们在零假设下的预期相差很远，那么它可以作为反对零假设的证据，我们可以决定拒绝零假设。见 7.3 和 7.4 节。

观察性研究(observational study)　一种对感兴趣的变量不受研究人员控制的研究。在观察数据的基础上建立因果主张在理论上有时是可能的，但在实践中却是困难的。相比之下，实验或实验研究的部分或全部自变量由研究人员控制。

最优化(optimization)　试图找到一个函数的参数，使该函数最大化或最小化。最优化的一种方法是使用微积分，找到函数的导数为零时的参数。另一种方法是用数值方法最优化函数，使用计算机和算法，以合理的方式探索可能的最优化参数。

异常点(outlier)　与数据分布的其余部分相距很远，或是从不受关注的数据生成过程中产生的观测值。见 6.7 节。

过度拟合(overfitting)　一个模型如果将数据中的偶然模式即不能推广到其他数据集的模式误认为是真正的模式，这就是过度拟合。使用过度复杂的模型可能会导致过拟合。见尾叙 1.3 节。

p 值操作(p hacking)　任何导致 p 值系统地低于正确做法时的 p 值的方法。常见的例子包括进行许多次假设检验，只报告产生低 p 值的检验的方法，或者经常收集数据并检验 p 值，只有在 p 值较低时才停止数据收集的方法。见 7.6 节。

p 值(p value)　反对零假设的证据强度的度量。粗略地说，p 值是如果零假设为真，样本出现当前结果或更极端结果的概率。见 7.3 节和 7.4 节。

参数(parameter)　一个控制从特定概率模型中抽取的随机变量的属性的数字。参数通常用希腊字母表示，例如 β，θ，μ。这种表示模式的一个例外是线性回归中的干扰项，它是一个随机变量而不是一个参数，但通常也用希腊字母 ε 表示。见 4.7 节。

参数化（parametric）　一个参数化的概率模型是一个行为完全由一个有限的参数集来描述的概率模型。

百分位数（percentile）　见"分位数"。

置换检验（permutation test）　一种统计检验，其中数据的某些部分或特征被随机打乱或排列，并使用被打乱的数据重新计算检验统计量。在对数据进行排列并多次重新计算检验统计量后，将检验统计量的原始值与随机排列后计算的检验统计量的分布进行比较。见 8.3 节。

嵌入式估计量（plug-in estimator）　它是一种总体水平的估计量，它是通过将样本数据的分布视为数据生成过程对应的概率分布来构造的。见 8.1.1 节。

点估计（point estimation）　一种估计设置，其目标是对感兴趣的未知量确定单一的猜测或点估计。见第 6 章。

多项式（polynomial）　一个 x 的多项式函数是若干项的和，每一项都是 x 的幂乘以一个常数。也就是说，x 的多项式函数的形式是 $f(x) = \sum_i a_i x^{b_i}$，其中 a_i 和 b_i 是常数。见框 3-1 和附录 A。

总体（population）　数据生成过程的一种类型。数据生成是从一个感兴趣的总体中抽取随机样本，在整个总体中某些统计量的值是人们感兴趣的量。另见"过程，数据生成"。

后验分布（posterior distribution）　在贝叶斯统计中，后验分布是一种（在某种意义上）在观测数据后，描述感兴趣的参数仍然存在的不确定性的分布。利用贝叶斯定理，结合先验分布和似然函数，构造了后验分布。后验分布的各种结果可用于点估计（例如，后验分布的均值、中位数或众数）或区间估计（例如，可信区间）。见第 10 章。

功效（或势）（power）　在一个指定的备择假设下，一个给定的统计检验拒绝零假设的概率。见 7.8 节。

功效函数（power function）　与统计检验对应的函数，其输出是在函数的参数所描述情况下的检验的功效。例如，功效函数可以以样本量、检验的水平（即Ⅰ型错误率）和零假设下的假定效应量作为输入，并返回检验的功效。见 7.8 节。

先验分布（prior distribution）　在贝叶斯统计中，用于"描述"（在某种意义上）在观测数据之前相关参数的可能值的概率分布。贝叶斯统计有几种方法，它们对先验分布的作用采用了不同的态度。先验分布可以用来反映数据分析人员对参数的信念，或专家对参数的了解，或者选择它仅仅因为它导致了具有理想属性的估计和推断。见 10.1 节。

概率模型（probabilistic model）　一种设计为包含至少一个随机（即概率）组件的数据生成过程的模型。也称为统计模型。

概率（probability）　在现实中，概率有多种解释，包括一个事件的长期频率和一定程度的信念两种解释。不管现实世界对概率做何种解释，概率都是服从概率公理的数学对象。见 4.1 节。

概率密度函数（probability density function）　如果 X 是一个连续随机变量，则其概率密度函数是其累积分布函数的导数。概率密度函数在许多方面表现得与概率质量函数相似。见 4.6 节。

概率质量函数（probability mass function）　一种描述离散随机变量分布的函数。具体地说，如果 X 是一个离散随机变量，那么它的概率质量函数返回 X 取指定值的概率。也就是说，如果 $f(x)$ 是 X 的概率质量函数，那么 $f_x(x) = P(X = x)$。见 4.4 节。

过程，数据生成（process, data-generating）　一个生成（或假定生成）观测数据的过程。通常，但并非总是，数据生成过程被认为从一个总体中随机选择并测量一个单位的样本。在本书的几个地方讨论过，包括第 4 章的开始、插叙和第 6 章的第一个脚注。

发表偏差（publication bias）　与具有统计意义的假设检验相关的研究比没有统计意义的研究更容易发表的情况。见 7.6 节。

分位数（quantile）　随机变量 X 分布的 p 分位数是一个满足 $P(X \leqslant c) = p$ 的数 c。样本分位数是类似的；样本的 p 分位数是一个数字 c，p 是样本中数据值小于或等于 c 的比例。百分位数是

p 用百分比表示的分位数。

分位数函数(quantile function)　一个随机变量 X 的分位数函数以一个介于 0 和 1 之间的数字 p 作为其参数，并返回一个满足 $P(X \leqslant c) = p$ 的数字 c。数字 c 称为 X 分布的 p 分位数。分位数函数是累积分布函数的反函数。即如果 X 的分位数函数为 Q_X，X 的累积分布函数为 F_x，则 $F_X(c) = p$ 意味着 $Q_X(p) = c$，反之亦然。

R　一种对统计和数据分析很有用的编程语言。见第 2 章和书中的示例。

随机变量(random variable)　一种对随机行为的可能结果进行编码的数学对象。例如，如果我们对掷一个六面骰子感兴趣，我们可以构造一个随机变量，取从 1 到 6 的整数值。随机变量不是数字，但其取值(也称为实现)是数字。随机变量通常用大写英文字母表示，它们的实现用小写英文字母表示。一个重要的反例是线性回归中的干扰项，它是一个随机变量，但通常也用小写希腊字母 ε 表示。见 4.4 节。

拒绝抽样(rejection sampling)　一种从后验分布中抽取样本的方法。在拒绝抽样中，模拟数据从先验分布中抽取，其被接受的概率依赖于它们与似然函数的兼容性。见 10.2 节。

重抽样方法(resampling methods)　涉及从原始数据中抽样或对原始数据进行重组(即置换)后抽取样本的统计方法。bootstrap 和置换检验就是例子。见 8.2 节和 8.3 节。

残差(residual)　见"线误差"。

风险(risk)　在统计决策理论中，估计量(或更一般地说，决策规则)的风险，是所用估计量产生的估计值对应的损失的期望。(对估计量的分布求期望，并将参数视为常数。)见 6.6 节。

稳健性(robustness)　粗略地说，稳健统计方法是一种即使它的假定在一定程度上违反了，或者一定比例的数据实际上是由不关注的数据生成过程产生的，但仍能提供有用信息的统计方法。见 6.7 节。

样本(sample)　从总体或数据生成过程中抽取的一组数据。

样本矩(sample moment)　第 k 阶样本矩是将每个观测值 k 次方后的平均值。样本矩是分布矩的嵌入式估计。见 8.1.1 节。

样本量(sample size)　样本中包含的数据数量。大多数统计方法随着样本量的增加而改进——估计值通常变得更加精确，如果零假设是错误的，在其他条件相同的情况下，假设检验在更大的样本量下有更大的功效。

抽样分布(sampling distribution)　假设一个统计量 $S(D)$ 是以数据集 D 为基础计算出来的。S 的抽样分布是描述 S 从与 D 相同的数据生成过程中重复抽样行为的概率分布。换句话说，一个基于数据集的统计量的抽样描述了如果我们多次重复研究并每次抽取等效不同值——由于是随机样本——的数据集时统计量的值。见第 6 章。

半参数(semiparametric)　半参数化概率模型是一个具有参数部分和非参数部分的模型。见第 8 章。

集合(set)　所讨论对象的全体，无序。见框 4-1。

统计显著性(significance, statistical)　如果假设检验的结果导致对零假设的拒绝，那么假设检验的结果被认为是显著的。统计学意义上不等于实际显著性。见 7.4 节。

简单线性回归(simple linear regression)　有一个自变量的线性回归。简单线性回归是本书中各种统计方法的主要例子。

模拟(simulation)　一种产生随机数以仿真服从特定概率模型的数据集的过程。所有相关参数的真实值都已知的统计方法的行为可以通过模拟数据集来进行研究，

水平(size)　也称 Ⅰ 型错误率或第一类错误率，即统计检验在零假设实际上是正确的情况下拒绝零假设的概率。见 7.4 节。

标准差(standard deviation)　一种随机变量分散程度的度量，它等于方差的平方根。见 5.1 节。样本标准差是数据集分散的度量，也是随机变量标准差的一个估计量。

标准误差(standard error)　估计量的标准差，估计量被认为是一个随机变量，在重复的不同研究中抽取许多值，也就是说，它会有一个抽样

分布。见 7.1 节。

标准正态分布(standard normal distribution)　标准正态分布 $N(0,1)$，即期望为 0，方差为 1 的正态分布。因为标准差是方差的平方根，所以标准差也是 1。

统计量(statistic)　只包含数据(视为随机变量的样本)作为参数，不含其他未知参数的数学函数。

检验统计量(test statistic)　在统计假设检验中，检验统计量通常与零假设下的抽样分布进行比较。检验统计量是数据的一个函数，旨在检测偏离零假设的情况。见 7.3 节。

第一类错误(type Ⅰ error)　在皮尔逊假设检验中，零假设是正确的，但检验拒绝了零假设。见 7.4 节。

第二类错误(type Ⅱ error)　在皮尔逊假设检验中，零假设是错误的，但该检验并不拒绝零假设。见 7.4 节。

并集(union)　在集合论中，兼 "或"，用 ∪ 表示。例如，如果 A 和 B 是集合，那么 $A \cup B$ 是属于 A 与 B 至少一个的元素的集合。在概率中，如果 A 和 B 是事件，那么 $P(A \cup B)$ 是指 A 与 B 中至少有一个发生的概率。见框 4-1。

方差(variance)　方差是描述一个随机变量分散程度的指标。特别地 $\mathrm{Var}(X) = E[(X - E[X])^2]$，见 5.1 节。样本方差是数据集分散程度的一种度量，也是随机变量方差的一个估计量。

向量(R)(vector(R))　在 R 语言中，具有相同模式的对象的一维有序集合。见 B.2 节。

瓦尔德检验(Wald test)　瓦尔德检验是一种统计检验，其中参数估计值与零假设下的参数值之差被估计量的标准误差(或者，在大多数应用中，是标准误差的估计值)缩放。由此产生的检验统计量在零假设下具有渐近正态分布。见 9.3 节。

威尔克斯定理(Wilks' theorem)　该定理指出，对于一大类概率模型和零假设，如果零假设为真，基于似然比的检验统计量服从卡方分布。见 9.4 节。

赢家诅咒(winner's curse)　假设我们通过比较 θ 的估计量与在零假设下其抽样分布来检验参数 $\theta = 0$ 的零假设。导致零假设被拒绝的估计值很可能高估了 θ，特别在低功效的情况下。这就是赢家诅咒。见 7.8 节。

参 考 文 献

Abraham, L. (2010). Can You Really Predict the Success of a Marriage in 15 Minutes? An Excerpt from Laurie Abraham's The Husband and Wife's Club. *Slate*. https://slate.com/human-interest/2010/03/a-dissection-of-john-gottman-s-love-lab.html?via=gdpr-consent.

Angrist, J. D., & Pischke, J. S. (2009). *Mostly Harmless Econometrics: An Empiricist's Companion*. Princeton University Press.

Anscombe, F. J. (1973). Graphs in statistical analysis. *American Statistician*, 27, 17–21.

Anscombe's quartet (n.d.). *Wikipedia*. https://en.wikipedia.org/wiki/Anscombe%27s_quartet

Baltagi, B. (2008). *Econometric Analysis of Panel Data*. Wiley, Hoboken, NJ.

Bassett R. & Deride, J. (2018). Maximum a posteriori estimators as a limit of Bayes estimators. *Mathematical Programming*. https://doi.org/10.1007/s10107-018-1241-0.

Beckerman, A. P., Childs, D. Z., & Petchey, O. L. (2017). *Getting Started with R: An Introduction for Biologists*. Oxford University Press.

Beaumont, M. A. (2010). Approximate Bayesian computation in evolution and ecology. *Annual Review of Ecology, Evolution, and Systematics*, 41, 379–406.

Bem, D. J. (2000). Writing the empirical journal article. In J. M. Darley, M. P. Zanna, & H. L. Roediger (Eds.), *The Compleat Academic: A Career Guide* (pp. 171–201). Washington, DC: American Psychological Association.

Benjamini, Y., & Hochberg, Y. (1995). Controlling the false discovery rate: a practical and powerful approach to multiple testing. *Journal of the Royal Statistical Society, Series B*, 57, 289–300.

Bickel, P. J., & Doksum, K. A. (2007). *Mathematical Statistics: Basic Ideas and Selected Topics*, Volume I, 2nd Edition. Pearson Prentice Hall, Upper Saddle River, NJ.

Blitzstein, J. K., & Hwang, J. (2014). *Introduction to Probability*. CRC Press. Boca Raton, FL.

Canty, A. & Ripley, B. (2017). boot: Bootstrap R (S-Plus) functions. R package version 1.3-20.

Casella, G., & Berger, R. L. (2002). *Statistical Inference*, Volume 2. Duxbury Press, Belmont, CA.

Champely, S. (2009). pwr: Basic functions for power analysis. R package.

Cleveland, W. S. (1993). *Visualizing Data*. Hobart Press, Summit, NJ.

Cohen, J. (1994). The earth is round (p <.05). *American Psychologist*, 49, 997–1003.

Cowles, M., & Davis, C. (1987). The subject matter of psychology: volunteers. *British Journal of Social Psychology*, 26, 97–102.

Dalgaard, P. (2008). *Introductory Statistics with R*. Springer, New York, NY.

Davison, A. C. & Hinkley, D. V. (1997). *Bootstrap Methods and Their Applications*. Cambridge University Press.

Diaconis, P., & Skyrms, B. (2017). *Ten Great Ideas about Chance*. Princeton University Press.

Diggle, P. J., Heagerty, P., Liang, K. Y., & Zeger, S. (2002). *Analysis of Longitudinal Data*. Oxford University Press.

Dobson, A. J., & Barnett, A. (2008). *An Introduction to Generalized Linear Models*. CRC Press, Boca Raton, FL.

Donoho, D. (2017). 50 Years of data science. *Journal of Computational and Graphical Statistics*, 26, 745–766.

Edwards, C. H., & Penney, D. E. (1982). *Calculus with Analytic Geometry*. Prentice-Hall, Upper Saddle River, NJ.

Efron, B. (1979). Bootstrap methods: another look at the jackknife. *Annals of Statistics*, 7, 1–26.

Efron, B. (1987). Better bootstrap confidence intervals. *Journal of the American Statistical Association*, 82, 171–185.

Efron, B. (1998). RA Fisher in the 21st century. *Statistical Science*, 13, 95–114.

Efron, B., & Tibshirani, R. (1986). Bootstrap methods for standard errors, confidence intervals, and other measures of statistical accuracy. *Statistical Science*, 1, 54–75.

Eliason, S. R. (1993). *Maximum Likelihood Estimation: Logic and Practice*. Sage Publications, Newbury Park, CA.

Emerson, J. W., Green, W. A., Schloerke, B., Crowley, J., Cook, D., Hofmann, H., & Wickham, H. (2013). The generalized pairs plot. *Journal of Computational and Graphical Statistics*, 22, 79–91.

Ernst, M. D. (2004). Permutation methods: a basis for exact inference. *Statistical Science*, 19, 676–685.

Fisher, R. A. (1936). The use of multiple measurements in taxonomic problems. *Annals of Eugenics*, 7, 179–188.

Fox, J. (2009). *A Mathematical Primer for Social Statistics*. Sage Publications, Newbury Park, CA.

Fox, J. & Weisberg, S. (2011). *An R Companion to Applied Regression*, 2nd Edition. Sage Publications, Thousand Oaks, CA.

Freedman, D. A. (2009). *Statistical Models: Theory and Practice*. Cambridge University Press.

Friedman, J., Hastie, T., & Tibshirani, R. (2001). *The Elements of Statistical Learning*. Springer, New York.

Fundamental theorem of calculus (n.d.). *Wikipedia*. https://en.wikipedia.org/wiki/Fundamental_theorem_of_calculus.

Gelman, A., Carlin, J. B., Stern, H. S., Dunson, D. B., Vehtari, A., & Rubin, D. B. (2014). *Bayesian Data Analysis*. CRC Press, Boca Raton, FL.

Gelman, A., Lee, D., & Guo, J. (2015). Stan: A probabilistic programming language for Bayesian inference and optimization. *Journal of Educational and Behavioral Statistics*, 40, 530–543.

Gelman, A., & Loken, E. (2013). The garden of forking paths: Why multiple comparisons can be a problem, even when there is no "fishing expedition" or "p-hacking" and the research hypothesis was posited ahead of time. http://www.stat.columbia.edu/~gelman/research/unpublished/p_hacking.pdf.

Gelman, A., & Shalizi, C. R. (2013). Philosophy and the practice of Bayesian statistics. *British Journal of Mathematical and Statistical Psychology*, 66, 8–38.

Gigerenzer, G., & Marewski, J. N. (2015). Surrogate science: The idol of a universal method for scientific inference. *Journal of Management*, 41, 421–440.

Good, P. I., & Hardin, J. W. (2012). *Common Errors in Statistics (and How to Avoid Them)*. Wiley, Hoboken, NJ.

Griffiths, T. L. & Tenenbaum, J. (2006). Statistics and the Bayesian mind. *Significance*, 3, 130–133.

Hájek, A. (2011). Interpretations of Probability. *Stanford Encyclopedia of Philosophy*. https://plato.stanford.edu/entries/probability-interpret/.

Hoekstra, R., Morey, R. D., Rouder, J. N., & Wagenmakers, E. J. (2014). Robust misinterpretation of confidence intervals. *Psychonomic Bulletin & Review*, 21, 1157–1164.

Hoel, P. G., Port, S. C., & Stone, C. J. (1971). *Introduction to Probability Theory*. Houghton Mifflin, Boston, MA.

Hoffrage, U., & Gigerenzer, G. (1998). Using natural frequencies to improve diagnostic inferences. *Academic Medicine*, 73, 538–540.

Hogg, R. V., McKean, J., & Craig, A. T. (2005). *Introduction to Mathematical Statistics*. Pearson Education, Harlow, Essex.

Homer. Odyssey (Pope)/Book XII. (2016, July 3). Wikisource. https://en.wikisource.org/w/index.php?title=Odyssey_(Pope)/Book_XII&oldid=6311168.

Hothorn, T., Hornik, K., Van De Wiel, M. A., & Zeileis, A. (2008). Implementing a class of permutation tests: the coin package. *Journal of Statistical Software*, 28, 1–23.

Hume, D. (1748, this edition 1999). *An Enquiry concerning Human Understanding*, ed. Beauchamp, T. L. Oxford University Press.

Imbens, G. W., & Rubin, D. B. (2015). *Causal Inference in Statistics, Social, and Biomedical Sciences*. Cambridge University Press.

Ioannidis, J. P. (2005). Why most published research findings are false. *PLoS Medicine*, 2, e124.

James, G., Witten, D., Hastie, T., & Tibshirani, R. (2013). *An Introduction to Statistical Learning*. Springer, New York, NY.

John, L. K., Loewenstein, G., & Prelec, D. (2012). Measuring the prevalence of questionable research practices with incentives for truth telling. *Psychological Science*, 23, 524–532.

Kabacoff, R. I. (2010). *R in Action*. Manning, Shelter Island, NY.

Kampstra, P. (2008). Beanplot: A boxplot alternative for visual comparison of distributions. *Journal of Statistical Software*, 28, 1–9.

Kass, R. E., & Raftery, A. E. (1995). Bayes factors. *Journal of the American Statistical Association*, 90, 773–795.

Klassen, T. P., & Hartling, L. (2005). Acyclovir for treating varicella in otherwise healthy children and adolescents. *Cochrane Database of Systematic Reviews*, 19, CD002980.

Koenker, R., Portnoy, S. Ng, P. T., Zeileis, A., Grosjean, P., & Ripley, B. D. (2017). Package quantreg: Quantile Regression. R Package.

Kolmogorov, A. N. (1933). *Grundbegriffe der Wahrscheinlichkeitrechnung*, Ergebnisse Der Mathematik. Translated as *Foundations of Probability*. Chelsea Publishing Company. New York.

Kraemer, H. C., & Blasey, C. (2015). *How Many Subjects? Statistical Power Analysis in Research*. Sage Publications, Thousand Oaks, CA.

Lehmann E. L. & Romano, J. P. (2005). *Testing Statistical Hypotheses*, 3rd Edition. Springer, New York.

Lindsey, J. (2013). RMUTIL: Utilities for nonlinear regression and repeated measurements. R package.

Louçã, F. (2009). Emancipation through interaction—How eugenics and statistics converged and diverged. *Journal of the History of Biology*, 42, 649–684.

Lyon, A. (2013). Why are normal distributions normal? *The British Journal for the Philosophy of Science*, 65, 621–649.

Martin, A. D., Quinn, K. M., & Park, J. H. (2011). MCMCpack: Markov chain Monte Carlo in R. *Journal of Statistical Software*, 42, 1–21.

Matloff, N. (2011). *The Art of R Programming: A Tour of Statistical Software Design*. No Starch Press, San Francisco, CA.

Mayo, D. G. (2018). *Statistical Inference as Severe Testing: How to Get Beyond the Statistics Wars*. Cambridge University Press.

McDowell, M. A., Fryar, C. D., Ogden, C. L., & Flegal, K. M. (2008). Anthropometric reference data for children and adults: United States, 2003–2006. *National Health Statistics Reports*, 10, 1–48.

McElreath, R. (2015). *Statistical Rethinking*. Chapman & Hall/CRC Press, Boca Raton, FL.

McElreath, R. (2017). Markov chains: Why walk when you can flow? Blog posted 28 November 2017. http://elevanth.org/blog/2017/11/28/build-a-better-markov-chain/.

Meehl, P. E. (1978). Theoretical risks and tabular asterisks: Sir Karl, Sir Ronald, and the slow progress of soft psychology. *Journal of Consulting and Clinical Psychology*, 46, 806–834.

Meehl, P. E. (1990). Why summaries of research on psychological theories are often uninterpretable. *Psychological Reports*, 66, 195–244.

Muggeo, V. M., & Lovison, G. (2014). The "three plus one" likelihood-based test statistics: unified geometrical and graphical interpretations. *The American Statistician*, 68, 302–306.

Munafò, M. R., Nosek, B. A., Bishop, D. V., Button, K. S., Chambers, C. D., du Sert, N. P., Simonsohn, U., Wagenmakers, E.-J., Ware, J.-J., & Ioannidis, J. P. A. (2017). A manifesto for reproducible science. *Nature Human Behaviour*, 1, 0021.

Nolan, D., & Lang, D. T. (2015). *Data Science in R: A Case Studies Approach to Computational Reasoning and Problem Solving*. CRC Press, Boca Raton, FL.

Open Science Collaboration (2015). Estimating the reproducibility of psychological science. *Science*, 349, aac4716.

Pearl, J., Glymour, M., & Jewell, N. P. (2016). *Causal Inference in Statistics: A Primer*. Wiley, Hoboken, NJ.

Peña, E. A., & Slate, E. H. (2006). Global validation of linear model assumptions. *Journal of the American Statistical Association*, 101, 341–354.

Plummer, M. (2003). JAGS: A program for analysis of Bayesian graphical models using Gibbs sampling. In *Proceedings of the 3rd International Workshop on Distributed Statistical Computing (DSC 2003), March 20–22, 2003, Vienna, Austria*.

Plummer, M., Best, N., Cowles, K., & Vines, K. (2006). CODA: convergence diagnosis and output analysis for MCMC. *R News*, 6, 7–11.

R Core Team (2015). R: A Language and Environment for Statistical Computing. R Foundation for Statistical Computing. https://www.R-project.org.

R Core Team (2017). `foreign`: Read Data Stored by Minitab, S, SAS, SPSS, Stata, Systat, Weka, dBase,.... R package version 0.8-69. https://CRAN.R-project.org/package=foreign

Rabe-Hesketh, S., & Skrondal, A. (2008). *Multilevel and Longitudinal Modeling Using Stata*. STATA Press, College Station, TX.

Rosenthal, R. (1979). The file drawer problem and tolerance for null results. *Psychological Bulletin*, 86, 638–641.

Ross, S. M. (2002). *A First Course in Probability*. Pearson, Upper Saddle River, NJ.

Ruppert, D., Wand, M. P., & Carroll, R. J. (2009). Semiparametric regression during 2003–2007. *Electronic Journal of Statistics*, 3, 1193–1256.

Shaffer, J. P. (1995). Multiple hypothesis testing. *Annual Review of Psychology*, 46, 561–584.

Shalizi, C. (to be published). *Advanced Data Analysis from an Elementary Point of View*.

Short, T. (2004). R reference card. https://cran.r-project.org/doc/contrib/Short-refcard.pdf

Silvey, S. D. (1975). *Statistical Inference*. Chapman & Hall, London.

Simmons, J. P., Nelson, L. D., & Simonsohn, U. (2011). False-positive psychology: Undisclosed flexibility in data collection and analysis allows presenting anything as significant. *Psychological Science*, 22, 1359–1366.

Singer, J. D., & Willett, J. B. (2003). *Applied Longitudinal Data Analysis: Modeling Change and Event Occurrence*. Oxford University Press.

Spiegelhalter, D., Thomas, A., Best, N., & Gilks, W. (1996). BUGS 0.5: Bayesian Inference Using Gibbs Sampling Manual (version ii). MRC Biostatistics Unit, Institute of Public Health, Cambridge, UK.

Stigler, S. M. (1983). Who discovered Bayes's theorem? *The American Statistician*, 37, 290–296.

Stigler, S. M. (2007). The epic story of maximum likelihood. *Statistical Science*, 22, 598–620.

Stigler, S. M. (2010). The changing history of robustness. *The American Statistician*, 64, 277–281.

Stuart, A., & Ord, J. K. (1987). *Kendall's Advanced Theory of Statistics*, Volume 1. Oxford University Press.

Székely, G. J., & Rizzo, M. L. (2017). The energy of data. *Annual Review of Statistics and Its Application*, 4, 447–479.

Taleb, N. N. (2008). The fourth quadrant: a map of the limits of statistics. *Edge*. https://www.edge.org/conversation/the-fourth-quadrant-a-map-of-the-limits-of-statistics.

Taylor, J., & Tibshirani, R. J. (2015). Statistical learning and selective inference. *Proceedings of the National Academy of Sciences of the USA*, 112, 7629–7634.

Thompson, S. P., & Gardner, M. (1998). *Calculus Made Easy*. Macmillan, London.

Tufte, E. R. (1983). *The Visual Display of Quantitative Information*. Graphics Press, Cheshire, CT.

Venables, W. N. & Ripley, B. D. (2002). *Modern Applied Statistics with S*, 4th Edition. Springer, New York.

Wasserman, L. (2013). *All of Statistics: A Concise Course in Statistical Inference*, 2nd Edition. Springer, New York.

Wasserstein, R. L., & Lazar, N. A. (2016). The ASA's statement on *p*-values: context, process, and purpose. *The American Statistician*, 70, 129–133.

Westfall, J., & Yarkoni, T. (2016). Statistically controlling for confounding constructs is harder than you think. *PloS One*, 11, e0152719.

Whitehead, J. (1997). *The Design and Analysis of Sequential Clinical Trials*. Wiley, Hoboken, NJ.

Wickham, H. (2014). *Advanced R*. CRC Press, Boca Raton, FL.

Wickham, H. & Chang, W. (2016). `devtools`: Tools to make developing R packages easier. R package version 1.12.0. http://CRAN.R-project.org/package=devtools.

Wilcox, R. R. (2011). *Introduction to Robust Estimation and Hypothesis Testing*. Academic Press, Cambridge, MA.

Xie, Y. (2013). `animation`: An R package for creating animations and demonstrating statistical methods. *Journal of Statistical Software*, 53, 1–27.

Young, G. A., & Smith, R. L. (2005). *Essentials of Statistical Inference*. Cambridge University Press.